混凝土施工与检测关键技术

主　编　武钦风
副主编　韩三幸　武　伟

哈尔滨工业大学出版社

内容简介

本书从混凝土基础知识逐渐展开,对普通混凝土、常用特殊混凝土及所用原材料的技术性质、影响因素、使用范围、施工要点、质量控制、检验规则、配合比设计和常用的试验检测项目的试验方法等内容进行详细的阐述,同时针对混凝土施工过程中常见的问题进行解析。

本书突出实用性和规范性,具有明显的工具功能,适用于施工管理人员、技术人员、质检人员、试验检测人员及监理人员的日常自修,也可作为混凝土工程建设队伍整体业务素质提高的培训教材,可起到立竿见影的作用。

图书在版编目(CIP)数据

混凝土施工与检测关键技术/武钦风主编. —哈尔滨:哈尔滨工业大学出版社,2015.2
ISBN 978-7-5603-4956-5

Ⅰ.①混… Ⅱ.①武… Ⅲ.①混凝土施工 ②混凝土施工—质量检验 Ⅳ.①TU755

中国版本图书馆 CIP 数据核字(2014)第 231900 号

策划编辑	王桂芝
责任编辑	何波玲
出版发行	哈尔滨工业大学出版社
社　　址	哈尔滨市南岗区复华四道街 10 号　邮编 150006
传　　真	0451-86414749
网　　址	http://hitpress.hit.edu.cn
印　　刷	哈尔滨市工大节能印刷厂
开　　本	787mm×1092mm　1/16　印张 22.5　字数 542 千字
版　　次	2015 年 2 月第 1 版　2015 年 2 月第 1 次印刷
书　　号	ISBN 978-7-5603-4956-5
定　　价	78.00 元

(如因印装质量问题影响阅读,我社负责调换)

前　言

每一混凝土结构、每一建设工程，都有一定的寿命和特定的社会使命，对于建设工程而言，百年大计，质量第一，预防为主。因此，我们每一位建设者都同时肩负着社会责任和保护国家、人民生命财产安全的责任。作为建设者必须清醒地认识到这一点，必须以自己的聪明才干、辛勤劳动和一丝不苟的态度对待工程质量，不可有半点的懈怠和掉以轻心，否则就是谋财害命，就是犯罪。近年来，不少工程质量事故给国家、人民生命财产带来了无法弥补的巨大损失和惨痛教训，给我们的建设者们频频敲响警钟。

混凝土是建设工程最重要的组成部分，用途极其广泛。混凝土工程遍及我国疆土各个角落，工程浩大纷繁、所处环境各异。严寒酷暑、干旱潮湿等不同地理环境对混凝土会产生不同的影响。正因为这些影响因素的错综复杂，所以对混凝土及组成混凝土材料的要求也多种多样。为了适应不同环境下不同要求的需要，我国统一管理，统一标准，制定了相应的有关混凝土的国家技术标准，各行业也制定了各行业的技术标准。这些标准之间尽管原则相通，但也有所不同、各有侧重，造成实际工作中使用和查找的诸多不便。为此，为了实际应用的方便和准确，作者根据自己多年的实践经验和理论思考编写了本书。

本书具有以下两个特点：

1. 突出针对性和规范性。 本书以国标为主，铁标为辅，部分内容参照建设部等行业标准，在使用中要注意区别。对使用国标的建设工程与铁路工程可直接采用本书观点。

2. 注重实用性和广泛性，便于查找和应用。 本书基于相关标准、文献的精华及工程技术管理人员长期实践的经验进行编写，系统介绍了"两标"覆盖的混凝土及其工程建设必备的理论知识和关键技术，力求做到内容丰富、覆盖面宽、涉及面广；以条款形式分析解答混凝土应用中常见的问题，通俗易懂，具有明显的实用性和工具性，便于查找和直接应用。

混凝土施工关键技术是重要的也是复杂的，想用一两本书的篇幅来承载和容纳所有混凝土工程及所用原材料这一庞大的系统工程知识，都是勉为其难的。加之作者认识水平和学识能力有限，尽管竭力尽心，不敢疏忽，但难免还会存在疏漏及不妥之处。在此，恳请选用该书的朋友们不吝赐教，提出宝贵的意见和建议，待今后再版时补充修正，使之臻予完善，以飨读者。

衷心希望本书能在我国的混凝土工程建设中有所贡献，并能成为广大建设者的忠实伙伴和得力助手。

作　者

2014 年 7 月

目　录

第一章　混凝土 ……………………………………………………………… 1

第一节　混凝土的基本知识 ………………………………………………… 1
一、混凝土、混凝土组成图及内部结构 …………………………………… 1
二、结构混凝土 …………………………………………………………… 2
三、混凝土结构 …………………………………………………………… 3
四、混凝土的4个发展阶段 ……………………………………………… 3
五、混凝土工程施工的10大关键环节 ………………………………… 3
六、决定混凝土工程质量最重要的两大因素 ………………………… 3
七、提高混凝土工程质量的两大措施 ………………………………… 4
八、优质经济的混凝土必须同时满足的4个方面要求 ……………… 4
九、获得优质经济混凝土的3大基本条件 …………………………… 4
十、混凝土强度等级划分及依据、混凝土试件的制作及养护 ……… 4
十一、混凝土的分类 …………………………………………………… 9

第二节　普通混凝土及常用的特殊混凝土 ……………………………… 9
一、普通混凝土范畴内的各种混凝土定义 …………………………… 9
二、普通混凝土中有特殊要求的混凝土 ……………………………… 10
三、常用的特殊混凝土 ………………………………………………… 14

第三节　水泥混凝土的技术性质 ………………………………………… 43
一、混凝土拌合物的工作性 …………………………………………… 43
二、硬化后混凝土的性质 ……………………………………………… 49
三、长期性和耐久性 …………………………………………………… 53

第四节　混凝土性质的影响因素及预防措施 …………………………… 53
一、混凝土工作性的影响因素 ………………………………………… 53
二、混凝土强度的影响因素 …………………………………………… 55
三、混凝土弹性模量的影响因素 ……………………………………… 59
四、混凝土耐久性和长期性的影响因素 ……………………………… 59

第五节　混凝土的施工 …………………………………………………… 69
一、混凝土的施工搅拌 ………………………………………………… 70
二、混凝土的运输 ……………………………………………………… 71
三、混凝土浇筑 ………………………………………………………… 71

四、混凝土振捣 ······ 72
　　五、混凝土的养护 ······ 73
　第六节　混凝土的检验规则及生产管理控制 ······ 76
　　一、混凝土的检验规则 ······ 76
　　二、混凝土生产管理控制水平 ······ 78
　第七节　混凝土强度检验评定及合格性评定 ······ 80
　　一、混凝土强度检验评定 ······ 80
　　二、混凝土强度的合格性评定 ······ 83
　　三、混凝土强度评定与合格性评定要点 ······ 83

第二章　混凝土原材料 ······ 85
　第一节　水　泥 ······ 85
　　一、水泥及水泥的分类 ······ 85
　　二、通用硅酸盐水泥6大品种的定义、代号及强度等级 ······ 89
　　三、通用硅酸盐水泥技术指标及解析 ······ 89
　　四、水泥强度的产生及水化热 ······ 92
　　五、通用硅酸盐水泥强度等级划分依据及方法 ······ 93
　　六、通用硅酸盐水泥6大品种的检验规则 ······ 93
　　七、通用硅酸盐水泥合格判定 ······ 94
　　八、水泥包装及标志 ······ 94
　　九、水泥的运输与储存 ······ 94
　　十、水泥受潮程度鉴别与处理 ······ 95
　　十一、水泥的应用 ······ 95
　第二节　集（骨）料 ······ 98
　　一、集（骨）料的含义 ······ 98
　　二、集料的主要技术性能及其对混凝土性能的影响 ······ 98
　　三、粗骨（集）料（石子） ······ 101
　　四、细骨（集）料（砂） ······ 106
　　五、粗、细集料（石子、砂）验收规则 ······ 109
　第三节　矿物掺合料 ······ 113
　　一、定　义 ······ 113
　　二、掺合料与外加剂的区别 ······ 113
　　三、矿物掺合料的分类 ······ 113
　　四、矿物掺合料活性的分类 ······ 114
　　五、矿物掺合料在混凝土中的效应 ······ 114
　　六、混凝土中常用的几种矿物掺合料的品种及性能 ······ 114

七、在使用惰性掺合料时应注意的问题 120
　　八、矿物掺合料的检验规则 120
　　九、用于水泥和混凝土砂浆中粉煤灰的标志、包装、运输及储存 123
　　十、用于水泥和混凝土砂浆中的粉煤灰试验方法 123
　第四节　高强高性能混凝土用矿物外加剂 127
　　一、高强高性能混凝土用矿物外加剂的定义 127
　　二、高强高性能混凝土用矿物外加剂的分类、等级划分、代号及标记 127
　　三、高强高性能混凝土用矿物外加剂的技术要求 128
　　四、高强高性能混凝土用矿物外加剂的检验规则及合格判定、复验 128
　　五、高强高性能混凝土用矿物外加剂的包装、标志、运输及储存 128
　　六、高强高性能混凝土用矿物外加剂的试验方法 128
　第五节　外加剂 132
　　一、外加剂的定义 132
　　二、外加剂的主要功能和分类 133
　　三、外加剂的主要技术性能 134
　　四、外加剂的种类、代号、定义、功能及适用范围 141
　　五、外加剂的应用及解析 144
　　六、外加剂的检验规则 155
　　七、影响水泥和外加剂适应性的主要因素 158
　　八、应用外加剂注意事项 158
　第六节　混凝土用水 158
　　一、混凝土用水的定义 158
　　二、混凝土用水的技术要求 159
　　三、检验方法 160
　　四、检验规则 160
　　五、结果评定 161
　　六、铁路混凝土工程拌和用水的检验要求 161

第三章　混凝土配合比设计 162
　第一节　混凝土配合比设计简介 162
　　一、概述 162
　　二、对设计工作者的建议 162
　　三、配合比设计的几个主要环节 162
　　四、普通混凝土配合比设计流程 163
　　五、配合比表达方式 165
　　六、混凝土配合比设计方法 165

第二节 施工配合比 …… 181
一、施工配合比的含义 …… 181
二、施工配合比的换算原则 …… 181
三、施工配合比的换算步骤 …… 181
四、施工配合比与理论配合比的区别 …… 182

第三节 普通混凝土配合比设计和施工配合比换算范例 …… 182
一、普通混凝土配合比设计范例 …… 182
二、施工配合比换算范例 …… 187

第四节 配合比设计中的问题解析 …… 188
一、混凝土的试配强度 …… 188
二、混凝土的水胶比 …… 188
三、混凝土用水量 …… 188
四、胶凝材料用量 …… 189
五、砂 率 …… 190
六、试拌和调整 …… 191
七、初步配合比及其作用 …… 191
八、基准配合比及其作用 …… 191
九、初步理论配合比的含义 …… 191
十、理论配合比 …… 191
十一、初步配合比、基准配合比、初步理论配合比、理论配合比的区别 …… 191
十二、混凝土掺用引气剂的要求、掺量及作用 …… 192
十三、保证混凝土耐久性的重要手段 …… 192
十四、石子的规格和品种与水泥用量的关系 …… 192
十五、施工配合比换算中如何计算含水率 …… 192
十六、确定配合比的3个参数 …… 194
十七、确定最佳砂率的方法 …… 194
十八、限制石子的最大粒径及其目的 …… 194
十九、控制混凝土的最大、最小水泥用量 …… 194
二十、配制低强度等级的混凝土最好不用高标号水泥 …… 195

第四章 施工用混凝土及组成混凝土材料的试验 …… 196

第一节 概述 …… 196
一、混凝土试验 …… 196
二、混凝土组成材料的试验 …… 196

第二节 试验基础知识 …… 197
一、试验检测工作的目的 …… 197

二、试验检测工作关键的术语含义 ……………………………………………… 197
三、抽样检验的类型 ……………………………………………………………… 199
四、随机抽样的4种方法 ………………………………………………………… 199
五、技术标准的含义 ……………………………………………………………… 200
六、试验检测必须掌握的3大技术 ……………………………………………… 200
七、运算规则 ……………………………………………………………………… 201
八、数字修约 ……………………………………………………………………… 201
九、极限数值及表示极限数值的基本用语 ……………………………………… 203
十、测定值或其计算值与标准规定的极限数值作比较的方法 ………………… 204
十一、测试过程中的误差、准确度、精密度、精确度及有效数字的概念 …… 204
十二、试验数据统计分析的一般方法 …………………………………………… 207
十三、可疑数据的判断和舍弃 …………………………………………………… 208
十四、数据的表达 ………………………………………………………………… 209

第三节 混凝土的试验方法 …………………………………………………………… 211
一、混凝土力学性能试验 ………………………………………………………… 211
二、长期耐久性试验 ……………………………………………………………… 220
三、混凝土拌合物性能试验 ……………………………………………………… 225

第四节 水泥试验 ……………………………………………………………………… 234
一、水泥细度试验 ………………………………………………………………… 234
二、水泥胶砂流动度测定方法 …………………………………………………… 236
三、水泥密度试验 ………………………………………………………………… 237
四、水泥标准稠度用水量、凝结时间、安定性检验方法 ……………………… 238
五、水泥比表面积测定方法（勃氏法） ………………………………………… 244
六、水泥胶砂强度检验方法（ISO法） ………………………………………… 247

第五节 细骨料（砂）、粗骨料（石子）试验方法 ………………………………… 253
一、细骨料（砂）的试验方法 …………………………………………………… 253
二、粗骨料（石子）试验方法 …………………………………………………… 264

第六节 外加剂试验方法 ……………………………………………………………… 277
一、概述 …………………………………………………………………………… 277
二、掺外加剂的混凝土拌合物性能试验方法 …………………………………… 279
三、掺外加剂的硬化混凝土性能试验方法 ……………………………………… 282
四、混凝土外加剂对水泥的适应性检测方法 …………………………………… 283

第五章 混凝土施工过程中常见问题解析 …………………………………………… 285
一、混凝土分项工程 ……………………………………………………………… 285
二、常用材料的单位质量 ………………………………………………………… 285

三、混凝土施工前必须做好的准备工作 ……………………………………… 286
四、地基清理应注意的事项 ……………………………………………………… 286
五、在岩石地基上灌筑混凝土时应事先将地基处理平整 …………………… 286
六、灌筑混凝土前对模板的处理 ………………………………………………… 286
七、严格控制水胶比的目的及施工中要经常测定砂子含水率的原因 ……… 286
八、引起混凝土强度波动的主要因素 …………………………………………… 287
九、混凝土质量管理内容 ………………………………………………………… 287
十、质量控制与质量检验的区别 ………………………………………………… 287
十一、混凝土质量检验的内容 …………………………………………………… 287
十二、现场混凝土坍落度的调整 ………………………………………………… 288
十三、混凝土离析与泌水 ………………………………………………………… 288
十四、混凝土"假凝"和"速凝"现象的原因及预防 …………………………… 289
十五、外加剂与水泥及混凝土的相容性（适应性） …………………………… 290
十六、影响混凝土拌合物和易性的主要因素 …………………………………… 291
十七、混凝土拌合物和易性的3个指标及其作用 ……………………………… 291
十八、多加水对混凝土拌合物和易性的影响 …………………………………… 292
十九、提高混凝土拌合物的流动性的措施 ……………………………………… 292
二十、骨料（砂、石）对混凝土拌合物性质的影响 …………………………… 292
二十一、影响混凝土拌合物凝结时间的主要因素 ……………………………… 293
二十二、混凝土有关温度的控制 ………………………………………………… 293
二十三、混凝土有关拆模的规定 ………………………………………………… 293
二十四、高温季节施工对混凝土性能的影响 …………………………………… 294
二十五、干热气候条件下施工的混凝土的特点 ………………………………… 295
二十六、冬季施工和炎热施工时混凝土的特点及应采取的措施 ……………… 295
二十七、混凝土早期受冻对混凝土强度的影响 ………………………………… 296
二十八、混凝土因冻融作用而遭到破坏的原因及预防措施 …………………… 296
二十九、混凝土渗水的原因及其预防措施 ……………………………………… 297
三十、混凝土产生麻面、蜂窝、空洞的主要原因 ……………………………… 297
三十一、高度较大的结构构件混凝土强度上部低、下部高的原因 …………… 298
三十二、混凝土产生"松顶"的原因及其预防措施 …………………………… 298
三十三、常见混凝土裂缝的种类、特征、区别、产生原因及预防 …………… 298
三十四、冬期混凝土施工的要求 ………………………………………………… 300
三十五、混凝土拌合物的运输时间应尽量缩短 ………………………………… 301
三十六、混凝土拌合物经远距离运输至浇筑现场应再测定坍落度 …………… 301
三十七、避免混凝土拌合物在运输过程中发生离析、漏浆、泌水和坍落度

　　　　损失的措施 …………………………………………………………… 301
　三十八、浇筑混凝土时应注意的事项 ………………………………………… 301
　三十九、不同降雨等级下混凝土施工采取的措施 …………………………… 302
　四十、振捣混凝土的作用 ……………………………………………………… 302
　四十一、混凝土在潮湿养护后再放置在干燥处，对强度的影响 …………… 303
　四十二、灌筑混凝土时要留有一定数量试件的原因 ………………………… 303
　四十三、在泵送混凝土时引起泵管堵塞的原因 ……………………………… 304
　四十四、喷射混凝土的特点及其在施工中常出现的问题 …………………… 304
　四十五、喷射混凝土的最佳水灰比的选定 …………………………………… 305
　四十六、满足道路混凝土的特殊要求应采取的措施 ………………………… 305
　四十七、直接在结构构件上检验混凝土质量的方法 ………………………… 305
　四十八、关于水泥使用的要求 ………………………………………………… 306
　四十九、膨胀水泥的特点和用途 ……………………………………………… 306
　五十、白色硅酸盐水泥与普通硅酸盐水泥的区别 …………………………… 307
　五十一、不同水泥不能随意掺和使用 ………………………………………… 307
　五十二、快硬硅酸盐水泥的特点及用途 ……………………………………… 307
　五十三、高铝水泥的特点和用途 ……………………………………………… 307
　五十四、大坝水泥的特点和用途 ……………………………………………… 308
　五十五、抗硫酸盐硅酸盐水泥的用途 ………………………………………… 308
　五十六、矿渣水泥、火山灰质水泥和粉煤灰水泥的特点 …………………… 308
　五十七、水泥中氧化镁（MgO）和三氧化硫（SO_3）的危害 …………… 309
　五十八、水泥受潮对水泥性质的影响 ………………………………………… 309
　五十九、河砂、海砂和山砂的区别及其配制混凝土时应注意的事项 ……… 310
　六十、砂石中泥土、三氧化硫和有机物质对混凝土性能的危害 …………… 310
　六十一、砂子粗细对混凝土拌合物和易性的影响 …………………………… 310
　六十二、砂子体积随含水率的变化而发生胀缩现象 ………………………… 311
　六十三、砂子的含水状态 ……………………………………………………… 311
　六十四、混凝土中砂石级配必须符合规范要求 ……………………………… 311
　六十五、砂的级配区及其特点 ………………………………………………… 311
　六十六、碎石中存在山皮与水锈（风化）对混凝土性能的影响 …………… 312
　六十七、用碎石配制的混凝土比用卵石配制的混凝土强度较高的原因 …… 312
　六十八、石灰石碎石比花岗石碎石配制的混凝土抗折强度高的原因 ……… 312
　六十九、对混凝土粗骨料强度检验有用压碎指标来代替立方体
　　　　强度的趋势 …………………………………………………………… 312
　七十、酸类、盐类和海水对混凝土的侵蚀作用 ……………………………… 313

七十一、引气剂能引气的原因 ……………………………………………… 313
　　七十二、减水剂的作用 …………………………………………………… 313
　　七十三、混凝土中M减水剂(木钙)掺量过多对混凝土的影响 ………… 314
　　七十四、盐类外加剂对混凝土强度的影响 ……………………………… 314
　　七十五、三乙醇胺在混凝土中的作用 …………………………………… 314
　　七十六、速凝剂促使硅酸盐水泥速凝的原因 …………………………… 315
　　七十七、早强剂和速凝剂使混凝土的后期强度增长的原因 …………… 315
　　七十八、使用含有碱分的外加剂时应注意的事项 ……………………… 315
附录一　回弹仪检测技术 ……………………………………………………… 316
　　一、基本规定 ………………………………………………………………… 316
　　二、回弹仪检测 ……………………………………………………………… 333
　　三、回弹值计算 ……………………………………………………………… 335
　　四、由回弹值换算混凝土强度的方法 ……………………………………… 335
　　五、构件或结构混凝土强度计算 …………………………………………… 336
附录二　现场实体混凝土强度与回弹结果强度的粗略比较方法 …………… 338
附录三　跳桌安装及标定 ……………………………………………………… 339
附录四　试料层体积的测定方法 ……………………………………………… 340
附录五　砂的表观密度试验(简易法) ………………………………………… 341
附录六　砂的含水率试验(快速法) …………………………………………… 342
参考文献 ………………………………………………………………………… 343

第一章 混凝土

第一节 混凝土的基本知识

一、混凝土、混凝土组成图及内部结构

（一）什么是混凝土

广义的混凝土，指由胶凝材料（无机材料如水泥、石灰，有机材料如沥青）、骨料（集料）及水、外掺料、外加剂按一定比例拌和并在一定条件下凝结硬化而成的一种复合材料的总称。一般所称的混凝土为水泥混凝土，即由水泥、骨料（砂石）、外加剂、外掺料及水按适当比例拌和成型，并在一定条件下凝结硬化而成的人造石材。骨料总体积占混凝土体积的60%～80%，水占13%～23%，胶凝材料为7%～17%，另外还有少量的气体存在（1%～3%）。

混凝土可简写成"砼"，这是结构学家蔡方荫教授提出的，它的寓意为"人工石"。

骨料（集料）通常为砂石的总称，石子又称为粗骨料，砂称为细骨料。

混凝土是一种碱性脆性材料，可耐一定浓度的碱，但在酸性水溶液的环境及潮湿条件下有缓慢的侵蚀作用。混凝土的抗压强度很高，但其他强度较小，如抗折能力很小，仅为抗压强度的 $\frac{1}{10} \sim \frac{1}{5}$。

（二）混凝土组成图

混凝土由粗、细集料构成骨架，水泥石分布在集料颗粒表面，将它们胶结为具有强度的整体。混凝土结构组成如图1.1所示。

图1.1 混凝土结构组成

（三）混凝土内部结构

1. 悬浮—密实结构

统一考察粗、细集料颗粒整体的紧密堆积，按粒子干涉理论，为避免次级颗粒对前级颗粒密排的干涉，前级颗粒之间必须留出比次级颗粒粒径稍大的空隙供次级颗粒排布。按此组合的混凝土，经过多级密垛虽然可以获得较大的密实度，但是各级集料均被次级集料所隔开，不能直接靠拢而形成骨架，形成悬浮—密实结构，其结构如图1.2(a)所示。这种结构的

新拌混凝土具有较小的内摩擦力,易于泵送振捣,但是弹性模量、抗折强度、收缩、徐变等性能不佳。

2. 骨架—空隙结构

当混凝土中粗集料所占的比例较高,细集料很少时,粗集料可以相互靠拢形成骨架。但由于细颗粒数量过少,不足以填满粗集料之间的空隙,因此形成骨架—空隙结构,如图1.2(b)所示。除了透水混凝土等特殊场合,应当避免这种结构,因为其防水、抗化学介质渗透的能力差。

3. 密实—骨架结构

当集料中断去中间尺寸的颗粒,既有较多数量粗集料可形成空间骨架,同时又有相当数量的细集料可填实骨架的空隙时,形成密实—骨架结构,如图1.2(c)所示。这种结构的新拌混凝土有较高的内摩擦阻力,不易泵送,但弹性模量、抗折强度高,收缩、徐变小。

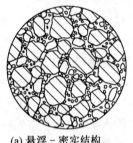 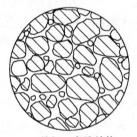 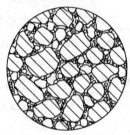

(a) 悬浮—密实结构　　　　(b) 骨架—空隙结构　　　　(c) 密实—骨架结构

图1.2　混凝土内部结构

由以上分析可知,粗、细集料的级配和堆积状态对混凝土的结构和性能有重要影响,而水泥石是将粗集料胶结成整体的关键。因此水泥水化形成水泥石的过程、水泥石的结构以及集料与水泥石的界面是混凝土内部结构的决定因素。

水泥混凝土材料是建设工程中用量最大的材料,它广泛应用于工业和民用建筑以及交通、水利、能源、海洋、市政等工程。

二、结构混凝土

(一)什么是结构混凝土

笼统地说结构混凝土是用于混凝土结构物中的混凝土,具体地讲是由水泥、砂石、掺合料、外加剂、水经过认真的选择与配合比设计试验后,最终确定的科学的配方,然后根据配方,进行严格配料、搅拌、运输、浇筑、振捣、养护、质量检验与验收等各个环节,最终形成各种混凝土结构的混凝土。实际所说的混凝土,只有用于混凝土结构中才有意义,而混凝土本身只是一种复合材料的总称。

配合比是结构混凝土的核心和基础,因为在进行配合比设计过程中,已涵盖混凝土的全部,如材料组成、比例、工艺、性能检测等,最终成为组成各种性能可控的混凝土材料。

(二)结构混凝土与混凝土的区别

结构混凝土与混凝土的区别在于,结构混凝土具有针对性能和用途的可控性,即按人们的意志去调控,并形成一套管理方法,使之在工程建设中发挥更大作用。而混凝土只是一种人造石材或者说是一种复合材料的总称。

（三）原材料在结构混凝土中的含义和作用

原材料是指组成混凝土的各种材料，一般包括水泥、矿物掺合料、砂、石（卵石、碎石）、外加剂、水等。

原材料的作用：水泥和矿物掺合料（总称为胶凝材料）遇水后发生水化反应，使之凝结硬化，将砂、石胶结成为整体形成强度的作用，同时也起到填充砂、石的空隙作用。砂、石主要有两种作用：一是骨架作用；二是填充作用。砂填充石子的空隙，小石子填充大石子的空隙，大石子是骨架的主体，而砂、石则形成骨架体系。掺合料和外加剂能改善混凝土拌合物和硬化后混凝土的性能，使其能够发挥更大作用。

三、混凝土结构

混凝土结构是以混凝土为主制成的结构物或构件，包括素混凝土结构、钢筋混凝土结构、预应力混凝土结构、现浇结构及装配式结构。

素混凝土结构是由单一的混凝土组成的混凝土结构或布置少量的不作为受力钢筋的混凝土，如起连接作用和传力作用等。

钢筋混凝土结构是在混凝土中布置一定量钢筋的混凝土结构。

预应力混凝土结构是由混凝土与预应力钢筋、钢丝、钢绞线等组成的并在混凝土施工前或施工后的一定时间内需对预应力筋实施预应力（对预应力给予规定的拉应力，即张拉），使预应力筋与混凝土共同抵抗外来力作用的混凝土结构。张拉分为先张法和后张法。先张法是在混凝土施工前对所布设的预应力筋实施张拉的方法；后张法是在混凝土施工后当混凝土强度达到要求（至少≥75%）时实施对所布设的预应力筋实施张拉的方法。

现浇结构是现浇混凝土结构物的简称，是在现场支模并整体浇筑而成的混凝土结构。

装配式结构是装配式混凝土结构物的简称，是以预制构件为主要受力构件，经装配、连接组合而成的混凝土结构。

四、混凝土的4个发展阶段

随着科学技术的不断发展，混凝土经历了4个发展阶段：一是混凝土材料科学探索时期；二是干硬性混凝土、预应力及预制混凝土时期；三是外加剂使用和流动性混凝土时期；四是高强度和高性能混凝土时期。目前高性能混凝土是混凝土技术前沿领域，已用于某些领域，但还处于研究和开发之中。

五、混凝土工程施工的10大关键环节

混凝土工程施工的10大关键环节（工序）：原材料选用、进场原材料管理、配合比设计、施工配合比换算、搅拌、运输、浇筑、振捣、实体养护和质量检查。

六、决定混凝土工程质量最重要的两大因素

原材料的选用和施工技术、管理是决定混凝土工程质量最重要的两大因素。

七、提高混凝土工程质量的两大措施

(1)首先充分重视混凝土各组成材料的质量和配比,把好材料验收关并严格执行配合比。

(2)必须加强全面的施工管理和监督力度,使施工的每道工序符合标准和规范要求,充分体现质量第一,预防为主的原则。

八、优质经济的混凝土必须同时满足的4个方面要求

一是强度,二是耐久性,三是工作性,四是经济性。

九、获得优质经济混凝土的3大基本条件

(1)选择适宜的原材料,既要考虑就地取材,便利易得,又要考虑质地优良,满足工程要求。

(2)选择适宜的混凝土配合比,使配合比不仅满足各项技术要求,而且应最大限度地节约水泥。

(3)加强施工控制,使优质经济的混凝土能在工程中充分实现,这在很大程度上取决于施工过程中的配料、搅拌、运输、浇筑、振捣、养护等环节。如果忽视其中任何一个环节,都将导致混凝土质量出现问题,甚至使混凝土结构受到破坏。

十、混凝土强度等级划分及依据、混凝土试件的制作及养护

(一)混凝土强度等级划分

目前混凝土强度等级(GB 50164—2011)划分为C10,C15,C20,C25,C30,C35,C40,C45,C50,C55,C60,C65,C70,C75,C80,C85,C90,C95,C100共19个等级,其中小于等于C55的混凝土较常用。

(二)混凝土强度等级划分依据

混凝土强度等级(GB 50164—2011)划分依据是根据混凝土立方体抗压强度标准值确定强度等级。表示方法用符号"C"和立方体抗压强度标准值两项内容表示。

立方体抗压强度标准值是指按标准方法制作和养护的边长为150 mm的立方体试件,在28 d养护龄期,采用标准试验方法测得的抗压强度总体分布中的一个值,强度低于该值的百分率不超过5%(即具有95%的保证率的抗压强度),以$MPa(N/mm^2)$计。标准试件是指边长为150 mm×150 mm×150 mm的立方体试件。抗压强度是指单位面积上能够承受的压力或抵抗压力破坏的能力。

混凝土强度是混凝土的力学性质,表征其抵抗外力作用的能力,混凝土强度一般指混凝土立方体抗压强度。

(三)混凝土试件的制作及养护(标准方法)

1. 混凝土试件的制作

混凝土试件的制作分立方体、棱柱体和圆柱体试件制作3种。

(1)一般规定。

①成型前,应检查试模尺寸并使其符合规定;试模内表面应涂一薄层矿物油或其他不与混凝土发生反应的脱模剂。

②在实验室拌制混凝土时,其材料用量应以质量计。水泥、掺合料、水和外加剂的称量精度为±0.5%,骨料为±1%。

③取样或实验室拌制的混凝土应在拌制后尽可能短的时间内成型,一般不宜超过15 min。

④根据混凝土拌合物的稠度确定混凝土成型方法,坍落度不大于70 mm的混凝土宜用振动振实;大于70 mm的宜用捣棒人工捣实。检验现浇混凝土或预制构件的混凝土,试件成型方法宜与实际采用的方法相同。

(2)混凝土立方体、棱柱体试件的制作及试件尺寸。

①用振动台振实制作试件应按下述方法进行:

a.将混凝土拌合物一次装入试模,装料时应用抹刀沿各试模壁插捣,并使混凝土拌合物高出试模口。

b.试模应附着或固定在振动台上,振动时试模不得有任何跳动,振动应持续到表面出浆为止,不得过振。

②用人工插捣制作试件应按下述方法进行:

a.混凝土拌合物应分两层装入模内,每层的装料厚度大致相等。

b.插捣应按螺旋方向从边缘向中心均匀进行。在插捣底层混凝土时,捣棒应达到试模底部,插捣上层时,捣棒应贯穿上层后插入下层20~30 mm,插捣时捣棒应保持垂直,不得倾斜,然后应用抹刀沿试模内壁插拔数次。

c.每层插捣次数按在 10 000 mm^2 截面积内不得少于 12 次。

d.插捣后应用橡皮锤轻轻敲击试模四周,直至插捣棒留下的空洞消失为止。

注:插捣棒为 Φ16 mm×600 mm,端部呈半球形光圆金属制品。

③用插入式振捣棒振实制作试件应按下述方法进行:

a.将混凝土拌合物一次装入试模,装料时应用抹刀沿各试模壁插捣,并使混凝土拌合物高出试模口。

b.宜用直径为 25 mm 的插入式振捣棒,插入试模振捣时,振捣棒距试模底板 10~20 mm且不得触及试模底板,振动应持续到表面出浆为止,且应避免过振,以防止混凝土离析,一般振捣时间为 20 s。振捣棒拔出时要缓慢,拔出后不得留有孔洞。

④成型完毕的试件表面应刮除试模上口多余的混凝土,待混凝土临近初凝时,用抹刀抹平。

⑤立方体、棱柱体试件尺寸:

立方体试件尺寸有 100 mm×100 mm×100 mm,150 mm×150 mm×150 mm,200 mm×200 mm×200 mm。

常用棱柱体试件尺寸有 100 mm×100 mm×300 mm,150 mm×150 mm×300 mm,200 mm×200 mm×400 mm,150 mm×150 mm×600 mm,150 mm×150 mm×550 mm。

(3)圆柱体试件的制作。

①圆柱体试件的种类有直径为 100 mm、150 mm 和 200 mm 3 种,其高度是直径的两

倍。粗骨料的最大粒径应小于试件直径的1/4。

②制作试件所采用的试验设备应符合下列规定：

a.试模：试模应由刚性、金属制成的圆筒形和底板构成，用适当的方法组装而成。试模组装后不能有变形和漏水现象。试模的尺寸误差：直径误差应小于$d/200$，高度误差应小于$h/100$；试模底板的平面度公差应不超过0.02 mm；组装试模时，圆筒形模纵轴与底板应成直角，其允许公差为0.5°。

b.试验需用振动台、捣棒等。

c.压板：用于端面平整处理的压板，应采用厚度为6 mm及其以上的平板玻璃，压板直径应比试模的直径大25 mm以上。

③圆柱体试件的制作方法。

在实验室制作试件时，应根据混凝土拌合物的稠度确定混凝土成型方法，混凝土坍落度不大于70 mm宜用振动台振实，大于70 mm时宜用捣棒人工捣实。

a.采用人工插捣成型时，分层浇筑混凝土。当试件的直径为200 mm时，分3层装料；当试件直径为150 mm或100 mm时，分2层装料，各层厚度大致相等，浇筑时以试模的纵轴为对称轴，呈对称方式装入混凝土拌合物，浇筑完一层后用捣棒摊平上表面。试件的直径为200 mm时，每层用捣棒插捣25次；试件的直径为150 mm时，每层插捣15次；试件的直径为100 mm时，每层插捣8次。插捣应按螺旋方向从边缘向中心均匀进行。在插捣底层混凝土时，捣棒应达到试模底部，插捣上层时，捣棒应贯穿该层后插入下一层20～30 mm，插捣时捣棒应保持垂直，不得倾斜。当所确定的插捣次数有可能使混凝土拌合物产生离析现象时可酌情减少插捣次数至拌合物不产生离析的程度。插捣结束后，用橡皮锤轻轻敲打试模侧面，直到捣棒插捣后留下的孔消失为止。

b.采用插入式振捣棒振实时，直径为100～200 mm的试件应分2层浇筑混凝土。每层厚度大致相等，以试模的纵轴为对称轴，呈对称方式装入混凝土拌合物。振捣棒的插入密度按浇筑层上表面每6 000 mm²插入一次确定，振捣下层时振捣棒不得触及试模的底板，振捣上层时，振捣棒插入下层大约15 mm深，不得超过20 mm。振捣时间根据混凝土的质量及振捣棒的性能确定，以使混凝土充分密实为原则。振捣棒要缓慢拔出，拔出后用橡皮锤轻轻敲打试模侧面，直到捣棒插捣后留下的孔消失为止。

c.采用振动台振实时，应将试模牢固地安装在振动台上，以试模的纵轴为对称轴，呈对称方式一次装入混凝土，然后进行振动密实。装料量以振动时砂浆不外溢为宜。振动时间根据混凝土的质量和振动台的性能确定，以使混凝土充分密实为原则。

d.试件成型后，混凝土表面稍高于试模顶面1～2 mm。

e.试件表面处理按下述方法进行：

(a)拆模前当混凝土具有一定强度后，清除上表面的浮浆，并用干布吸去表面水，抹上同配比的水泥净浆，用压板均匀地盖在试模顶部。找平层水泥净浆的厚度要尽量薄并与试件的纵轴相垂直，为了防止压板与水泥浆之间黏固，在压板的下面垫上结实的薄纸。

(b)找平处理后的端面应与试件的纵轴垂直，端面的平面度公差应不大于0.1 mm。

(c)不进行试件端部找平层处理时，应将试件上端面研磨整平。

(4)混凝土试件尺寸与粗集料最大粒径的关系。

混凝土试件尺寸与粗集料最大粒径的关系见表1.1。

表1.1　混凝土试件尺寸与粗集料最大粒径的关系(试模尺寸选用表)　　　　mm

试件尺寸及形状	适用范围	试件尺寸及形状	适用范围
100×100×100 立方体 150×150×150 立方体	劈裂抗拉强度和其他试验,每组3块	100×100×515 棱柱体	收缩试验(非接触法和接触法),每组3个试件
200×200×200 立方体	抗压强度试验,每组3块	800×600×100 平面薄板型	早期抗裂试验(加水拌和至24 h±0.5 h),每组至少两个试件
Φ100×200 圆柱体 Φ150×300 圆柱体 Φ200×400 圆柱体	劈裂抗拉、抗压强度试验,但一般情况下用立方体试件,每组3块	100×100×300 棱柱体	抗压疲劳变形试验
		最小边长 100×100×400	徐变试验：骨料最大粒径31.5 mm时
100×100×300 棱柱体 150×150×300 棱柱体 200×200×400 棱柱体	轴心抗压强度和静力受压弹性模量试验,每组6块	最小边长 150×150×≥450 棱柱体	徐变试验：骨料最大粒径40 mm时
150×150×600(或550)棱柱体 100×100×400 棱柱体	抗折强度试验,每组3块	喷大板切割法试模：450×350×120(切6块)或450×200×120(切3块) 凿方切割法：切混凝土支护处350×150×支护厚度	喷射混凝土抗压强度试验,多用于隧道,需切割成100×100×100的试件,每组3块
100×100×400 棱柱体	抗冻试验(快冻法)、动弹性模量试验		
100×100×100 立方体	抗冻试验(快冻法)、抗硫酸盐侵蚀试验	长宽比不应小于3的棱柱体或立方体试件	碳化片试验,通常多选用棱柱体(可用多次),立方体试件只能用一次
150×150×150 立方体并附加尺寸 150×150×2 000 聚四氟乙烯片	抗冻试验(单面冻融法或称盐冻法)	75×75×275 棱柱体	碱骨料反应试验(碱-硅酸反应和碱—碳酸盐反应)

续表 1.1

上口 175×下口 185×高 150 圆台形	抗渗试验,每组 6 块	100×100×300 棱柱体,配 Φ65、Q235 普通低碳钢热轧盘条,调直长为 299±1	混凝土中钢筋的锈蚀试验
Φ100×100 或 Φ100×200 圆柱体	快速氯离子迁移系数法(或称 RCM 法)和电通量法,统称抗氯离子渗透试验,每组 3 个试件		

注:①抗压、劈裂抗拉强度试验:150 mm×150 mm×150 mm 立方体和 150 mm×300 mm 圆柱体为标准试件,其他尺寸为非标准试件;抗折强度试验:150 mm×150 mm×600 mm(或 550 mm)的棱柱体试件为标准试件,其他尺寸为非标准试件;

②最大粒径:一般工程中指公称最大粒径(圆孔筛)

2. 混凝土试件的养护

(1)试件成型后应立即用不透水的薄膜覆盖表面。

(2)采用标准养护条件的试件,应在温度为(20±5)℃的环境中静置 1~2 d,然后编号,拆模。拆模后应立即放入温度为(20±2)℃,相对湿度为 95% 以上的标准养护室中养护,或在温度为(20±2)℃的不流动的 Ca(OH)$_2$ 饱和溶液中养护。标准养护室内的试件应放在支架上,彼此间隔 10~20 mm,试件表面应保持潮湿,并不得被水直接冲淋。

(3)同条件养护试件的拆模时间与实际构件的拆模时间相同,拆模后,试件仍需保持同条件养护(即与实体在一起养护)。

(4)标准养护龄期为 28 d(从搅拌加水开始计时)或 56 d(无特别要求均为 28 d)。

注:《铁路混凝土工程质量验收标准》(TB 10424—2010)规定:除预应力混凝土、喷射混凝土、蒸汽养护混凝土的力学性能标准养护试件的龄期为 28 d 外,其他混凝土标准养护的龄期为 56 d。

(四)喷射混凝土强度检查试件制作方法

喷大板切割法:应在施工的同时,将混凝土喷射在 450 mm×350 mm×120 mm(可制成 6 块)或 450 mm×200 mm×120 mm(可制成 3 块)的立方体模型内,当混凝土达到一定强度后,加工成 100 mm×100 mm×100 mm 的立方体试件,在标准条件下养护至 28 d 进行试验(精确至 0.1 MPa)。

采用喷大板切割法,当对强度有怀疑时,可用凿方切割法。凿方切割法应在具有一定强度的支护上,用凿岩机打密排钻孔,取出长 350 mm、宽 150 mm 的混凝土块,加工成 100 mm×100 mm×100 mm 的立方体试件,在标准条件下养护至 28 d 进行试验(精确至 0.1 MPa)。

采用喷大板切割法,当对强度有怀疑时,也可采用钻孔取芯法。钻孔取芯法应在具有 28 d 强度的支护试体上,用钻孔取芯机钻取并加工成高 100 mm、直径 100 mm 的圆柱体进行试验(精确至 0.1 MPa)。

注:在不具备切割条件时,也可采用边长为 150 mm 的立方体无底试模喷射成型试件。

十一、混凝土的分类

混凝土的分类标准较多,一般按以下分类。

(一)按胶凝材料分类

按胶凝材料分类可分为水泥混凝土和其他混凝土,如硅酸盐水泥混凝土、铝酸盐水泥混凝土、沥青混凝土、硫黄混凝土、树脂混凝土及石膏混凝土等。

(二)按密度分类

按密度分类可分为特重混凝土(密度大于 2 700 kg/m³(重矿集料组成的混凝土));重混凝土(密度为 1 900~2 500 kg/m³(砂石组成的混凝土))和轻混凝土(密度小于 1 900 kg/m³(轻集料组成的混凝土))。

(三)按性能和用途分类

按性能和用途分类可分为防水混凝土、泵送混凝土、抗冻混凝土、抗渗混凝土、高强混凝土、高性能混凝土、耐热混凝土、绝热混凝土、耐油混凝土、耐酸混凝土、耐碱混凝土、补偿收缩混凝土、喷射混凝土、道路混凝土、无砂透水混凝土、特细砂混凝土、碾压混凝土等。

(四)按流动性(或稠度)分类

按流动性(或稠度)分类可分为:

干硬性混凝土:其拌合物坍落度小于 10 mm,须用维勃稠度(s)表示其稠度的混凝土;

塑性混凝土:拌合物坍落度在 10~90 mm 之间的混凝土;

流动性混凝土:拌合物坍落度在 100~150 mm 之间的混凝土;

大流动性混凝土:拌合物坍落度不低于 160 mm 的混凝土;

自密混凝土:拌合物坍落度在 200~270 mm 之间,坍落扩展度应不低于 550 mm。

第二节 普通混凝土及常用特殊混凝土

一、普通混凝土范畴内的各种混凝土定义

目前我国普通混凝土的定义是按干表观密度范围确定的,即干密度为 2 000~2 800 kg/m³ 的干硬性混凝土、塑性混凝土、流动性混凝土、大流动性混凝土、抗渗混凝土、抗冻混凝土、高强混凝土、泵送混凝土和大体混凝土等均属于普通混凝土。在建工行业,普通混凝土简称混凝土,是指水泥混凝土,其组成材料主要是水泥、砂石、水,随着科学的发展进步,其组成材料多为水泥、砂石、矿物掺合料、外加剂(多指减水剂)和水。

(1)干硬性混凝土指拌合物坍落小于 10 mm 且需用维勃稠度(s)表示其稠度的混凝土。

(2)塑性混凝土指拌合物坍落度为 10~90 mm 的混凝土。

(3)流动性混凝土指拌合物坍落度为 100~150 mm 的混凝土。

(4)大流动性混凝土指拌合物坍落度不低于 160 mm 的混凝土。

(5)抗渗混凝土指抗渗等级不低于 P_6 的混凝土(P 为抗渗符号,右下角数值表示等级值)。

(6)抗冻混凝土指抗冻等级不低于F_{50}的混凝土(F 为抗冻等级符号,右下角数为抗冻循环次数值,分 F_{50},F_{100},F_{150},F_{200},F_{350},F_{400},$>F_{400}$)。

(7)高强混凝土(HSC)指强度等级不低于 C60 的混凝土。其主要特点包括:强度高,变形小,能适应现代工程结构大跨度、重载和承受恶劣环境条件的需要。

(8)泵送混凝土指可在施工现场通过压力泵及输送管道进行浇筑的,坍落度一般在 100~180 mm 的混凝土。坍落度设计值不宜大于 180 mm,高强混凝土的扩展度不宜小于 500 mm,自密混凝土的扩展度不宜小于 600 mm,坍落度经时损失不宜大于 30 mm/h。

(9)大体积混凝土指体积较大的,可能由胶凝材料水化热引起的温度应力导致有害裂缝的结构混凝土。具体地讲,是混凝土结构物实体最小几何尺寸不小于 1 m 的大体量混凝土,或预计会因混凝土中胶凝材料水化引起的温度变化和收缩而导致有害裂缝产生的混凝土。

二、普通混凝土中有特殊要求的混凝土

有特殊要求的混凝土有抗渗混凝土、抗冻混凝土、高强混凝土、泵送混凝土和大体积混凝土等。

(一)特殊要求

特殊要求主要体现在所使用的原材料和砂率、胶凝材料的最小用量、最大水胶比、骨料的最大粒径、含泥量、泥块含量必须满足各自的特殊性,尤其在配合比设计中应特别考虑这些特殊性。

(二)特殊性

1. 抗渗混凝土的特殊要求

(1)水泥宜采用普通硅酸盐水泥。

(2)粗骨料采用连续级配,其最大公粒径不应大于 40 mm,含泥量不得大于 1%,泥块含量不得大于 0.5%。

(3)细骨料宜采用中砂,含泥量不得大于 3%,泥块含量不得大于 1%。

(4)宜掺用外加剂和矿物掺合料,粉煤灰等级应为Ⅰ级或Ⅱ级。

(5)最大水胶比有严格的要求,见表 1.2。

(6)每立方米混凝土中的胶凝材料的最小用量不宜小于 320 kg。

(7)砂率宜为 35%~45%。

(8)配制混凝土抗渗水压值应比设计值提高 0.2 MPa。

(9)掺用引气剂或引气型外加剂的抗渗混凝土,含气量应控制在 3.0%~5.0%。

表 1.2　抗渗混凝土最大水胶比（JGJ 55—2011）

设计抗渗等级	最大水胶比	
	设计 C20~C30	C30 以上
P6	0.60	0.55
P8~P12	0.55	0.50
>P12	0.50	0.45

(10)用途及原材料的选用。抗渗混凝土原材料的质量和选用是重要环节。抗渗混凝土多用于地下工程，掺加外加剂和矿物掺合料对提高抗渗性能和适合地下环境特点是十分有利的，骨料粒径太大和含泥及泥块较多对抗渗性能不利。采用普通水泥有利于提高混凝土的耐久性；采用较小的水胶比可提高混凝土的密实性，进而提高抗渗性，胶凝材料和细骨料用量太少将对抗渗性能不利。在混凝土中掺用引气剂的目的是为了适量引气，有利于提高抗渗性能。配制混凝土时抗渗等级比设计等级要求高 0.2 MPa，其目的是确保实际工程对抗渗的要求。

(11)设计抗渗混凝土配合比的重要法则是控制最大水胶比和最小胶凝材料用量，同时适量增加砂率。

2. 抗冻混凝土的特殊要求

(1)水泥应采用硅酸盐水泥或普通硅酸盐水泥。
(2)粗骨料宜选用连续级配，其含泥量不得大于 1.0%，泥块含量不得大于 0.5%。
(3)细骨料含泥量不得大于 3.0%，泥块含量不得大于 1.0%。
(4)粗、细骨料均应进行坚固性试验，并应符合《普通混凝土用砂、石质量及检验方法标准》(JGJ 52)的规定。
(5)抗冻等级不小于 F100 的抗冻混凝土宜掺用引气剂。
(6)在钢筋混凝土和预应力混凝土中不得掺用含有氯盐的防冻剂，在预应力混凝土中不得掺用亚硝酸盐或碳酸盐的防冻剂。
(7)最大水胶比和最小胶凝材料用量应符合表 1.3 的规定。

表 1.3　抗冻混凝土最大水胶比和最小胶凝材料用量（JGJ 55—2011）

设计抗冻等级	最大水胶比		最小胶凝材料用量 /(kg·m^{-3})
	无引气剂时	掺引气剂时	
F50	0.55	0.60	300
F100	0.50	0.55	320
不低于 F150	—	0.50	350

(8)复合矿物掺合料掺量宜符合表 1.4 的规定。

表 1.4　复合矿物掺合料最大掺量（JGJ 55—2011）

水胶比	最大掺量/%	
	采用硅酸盐水泥时	采用普通硅酸盐水泥时
≤0.40	60	50
>0.40	50	40

注：①采用其他通用硅酸盐水泥时，可将水泥混合材掺量20%以上的混合材量计入矿物掺合料；
②复合矿物掺合料中各矿物掺合料组分的掺量不宜超过钢筋混凝土中矿物掺合料最大掺量

(9)掺用引气剂的混凝土最小含气量应符合混凝土最小含气量的规定。

3. 高强混凝土的特殊要求

(1)水泥应选用硅酸盐水泥或普通硅酸盐水泥。

(2)粗骨料宜采用连续级配，其最大公称粒径不宜大于 25 mm，针片状颗粒含量不宜大于 5.0%，含泥量不应大于 0.5%，泥块含量不应大于 0.2%。

(3)细骨料的细度模数宜为 2.6~3.0，含泥量不应大于 2.0%，泥块含量不应大于 0.5%。

(4)宜采用减水率不小于 25% 的高性能减水剂。

(5)宜复合掺用粒化高炉矿渣粉、粉煤灰和硅灰等矿物掺合料；粉煤灰等级不应低于Ⅱ级；对强度等级不低于 C80 的高强混凝土宜掺用硅灰。

(6)水胶比、胶凝材料用量和砂率见表 1.5。

表 1.5　高强混凝土水胶比、胶凝材料用量和砂率（JGJ 55—2011）

强度等级	水胶比	胶凝材料用量/(kg·m⁻³)	砂率/%
≥C60,<C80	0.28~0.34	480~560	35~42
≥C80,<C100	0.26~0.28	520~580	
C100	0.24~0.26	550~600	

(7)外加剂和矿物掺合料的品种、掺量应通过试配确定，矿物掺合料掺量宜为 25%~40%，硅灰掺量不宜大于 10%，一般为 3%~8%。

(8)水泥用量不宜大于 500 kg/m³。

(9)在试配过程中，应采用 3 个不同的配合比进行混凝土强度试验，其中一个可作为依据，计算后调整拌合物的试拌配合比，另外两个配合比的水胶比宜较试拌配合比分别增加和减少 0.02。

(10)高强混凝土设计配合比确定后，尚应采用该配合比进行不少于 3 盘混凝土的重复试验，每盘混凝土应至少成型一组试件，每组混凝土的抗压强度不应低于配制强度。

(11)高强混凝土抗压强度测定宜采用标准尺寸试件，使用非标准尺寸试件时，尺寸折算系数应经试验确定，采用标准尺寸的试件最为合理。

4. 泵送混凝土的特殊性

(1)水泥宜选用硅酸盐水泥、普通硅酸盐水泥、矿渣硅酸盐水泥和粉煤灰硅酸盐水泥，这些水泥配制的混凝土拌合物性能较稳定，易泵送。

(2)粗骨料宜采用连续级配,其针片状颗粒含量不宜大于10%,粗骨料的最大公称粒径与输送管径之比宜符合表1.6的规定。

表1.6 粗骨料的最大公称粒径与输送管径之比(JGJ 55—2011)

粗骨料品种	泵送高度/m	粗骨料最大公称粒径与输送管径之比
碎石	<50	≤1:3.0
	50~100	≤1:4.0
	>100	≤1:5.0
卵石	<50	≤1:2.5
	50~100	≤1:3.0
	>100	≤1:4.0

(3)细骨料宜采用中砂,其通过直径为315 μm筛孔的颗粒含量不宜少于15%。

(4)泵送混凝土应掺用泵送剂或减水剂,并宜掺用矿物掺合料。

(5)胶凝材料用量不宜小于300 kg/m³,如用量过少,浆体太稀,黏度不足,混凝土易离析。

(6)砂率宜为35%~45%。

(7)泵送混凝土试配时应考虑坍落度经时损失,可通过调整外加剂进行控制,通常控制在30 mm/h以内比较好。

(8)良好的骨料颗粒粒型和级配有利于配制泵送性能良好的混凝土。

(9)配制泵送混凝土的基本方法:在混凝土中掺用泵送剂或减水剂以及粉煤灰并调整合适掺量。掺泵送剂比减水剂更为合理。

(10)泵送混凝土试配时要求的坍落度值按下式计算:

$$T_t = T_p + \Delta T$$

式中 T_t——试配时的坍落值;

T_p——入泵时要求的坍落值;

ΔT——预计坍落度经时损失。

5.大体积混凝土的特殊要求

(1)水泥宜采用中、低热硅酸盐水泥或低热矿渣硅酸盐水泥。水泥的3 d和7 d水化热应符合现行国家标准《中热硅酸盐水泥 低热硅酸盐水泥 低热矿渣硅酸盐水泥》(GB 200)的规定。当采用硅酸盐水泥或普通硅酸盐水泥时,应掺加矿物掺合料,胶凝材料的3 d和7 d水化热分别不宜大于240 kJ/kg和270 kJ/kg。水化热试验方法应按现行国家标准《水泥水化热测定方法》(GB/T 12959)执行。采用低热水泥,有利于避免大体积混凝土因温度应力引起的裂缝。

(2)粗骨料宜为连续级配,最大公称粒径不宜小于31.5 mm,含泥量不应大于1.0%。粒径太小则限制混凝土变形作用较小。

(3)细骨料宜采用中砂,含泥量不应大于3.0%。

(4)宜掺用矿物掺合料和缓凝型减水剂,可使水化较慢,缓解温升,起到控温作用。

(5)当采用混凝土60 d或90 d龄期的设计强度时,宜采用标准尺寸试件进行抗压强度试验。

(6)水胶比不宜大于 0.55,用水量不宜大于 175 kg/m³;水胶比大,用水量多,对限制裂缝不利。

(7)在保证混凝土性能要求的前提下,宜提高每立方米混凝土中的粗骨料用量;砂率宜为 38%~42%;粗骨料多有利用限制胶凝材料硬化体的变形作用。

(8)在保证混凝土性能要求的前提下,应减少胶凝材料中的水泥用量,提高矿物掺合料掺量。

(9)在进行配合比试配和调整时,控制混凝土绝对温升不宜大于 50 ℃。

(10)大体积混凝土配合比应满足施工对混凝土凝结时间的要求。

三、常用的特殊混凝土

常用的特殊混凝土包括自密混凝土、喷射混凝土、水下浇筑混凝土、预应力混凝土、特细砂混凝土、补偿收缩混凝土、无砂透水混凝土、碾压混凝土和道路混凝土等。

1. 自密混凝土的特殊性

自密混凝土指混凝土浇筑入模后,不经振捣或少许振捣而自动流平并充满模板空间的混凝土。这种混凝土的拌合物具有很高的流动性而不离析,不泌水,并具有良好的间隙通过能力,其坍落度为 200~270 mm。坍落度太低不能保证其自密性,但如果因高效减水剂掺入过多,坍落度过大,则在运输、浇筑等过程中粗骨料易产生离析,混凝土易产生蜂窝和麻面。所以配制过程中应利用优质粉煤灰,改善骨料级配;优化砂率,保证胶凝材料体积总量来优化其性能(保水性、黏聚性等)。

应该指出的是,自密混凝土与相同强度的普通混凝土相比,凝结时间较长,早期强度较低,收缩和徐变稍大,对原材料的质量要求较严格。

2. 喷射混凝土的特殊性

(1)喷射混凝土的含义。

将具有速凝(5~10 min)性质的混凝土拌合物,借助喷射机械和压缩空气等动力,通过管道输送,高速喷射到施工面上,迅速形成具有一定强度的混凝土,称为喷射混凝土。这种工艺称为喷射法。此法将混凝土的输送、浇筑、振捣工序合成一道工序,而且不需或只需单面模板,并可通过移动输料软管在各种位置和方向上进行作业,操作方便,经济效益好。其施工工艺有两种:一是干喷射,二是湿喷射。

(2)对水泥的选择。

水泥应优先选用强度等级不低于 42.5 的硅酸盐或普通硅酸盐水泥,这两种水泥 C_3S 和 C_3A 含量较高,不仅凝结硬化快,后期强度较高,且与速凝剂的相容性好。也可选择喷射水泥、超早强水泥、双快水泥、高铝水泥或矿渣硅酸盐水泥,其品种等级应根据工程使用要求决定。当集料中有碱活性矿物时,应选用低碱水泥,总之要根据使用环境条件及要求认真选择。

(3)对外加剂的选择。

当喷射混凝土凝结时间不能满足施工要求时应选用速凝剂,其掺量为水泥质量的 2%~5%。其目的是缩短凝结时间,提高早期强度,增加一次性喷浆厚度,减少回弹量。有时也可掺加一些减水剂、增黏剂、防水剂、引气剂等增加其他的物理和化学性能。

速凝原理在于用速凝剂组分消除石膏在水泥中的缓凝作用。速凝剂与水反应生成的 NaOH 迅速与石膏反应生成 Na_2SO_4，水泥浆体中的 $CaSO_4$ 浓度显著下降，C_3A 和 C_4AF 快速水化导致速凝。

喷射混凝土用速凝剂的技术要求见表 1.7。速凝剂的使用效果与水泥品种、速凝剂掺量、施工温度等因素有关，尤其是速凝剂与水泥相容性要特别注意。

表 1.7 喷射混凝土用速凝剂的技术要求 (JC 477—92)

产品等级	净浆凝结时间/min		1 d 抗压强度 /MPa	28 d 抗压强度比/%	细度（筛余）/%	含水率/%
	初凝	终凝				
一等品	≤3	≤10	≥8	≥75	≤15	<2
合格品	≤5	≤10	≥7	≥70	≤15	<2

(4) 细集料的要求。

细集料宜选用细度模数大于 2.5 的中砂或粗砂，小于 0.075 颗粒含量不应超过 20%，含泥量应不大于 3%，泥块含量应不大于 0.5%，加入搅拌机的砂的含水率宜控制在 6%~8%。过低时会在喷射中引起大量尘土，过高时混合料黏度过大，易造成喷射机黏料甚至堵管。

(5) 粗集料的要求。

粗集料可使用卵石或碎石，最大粒径不宜大于 16 mm（也可至 25 mm，但为了减少回弹率多采用 16 mm 的石子）。当使用速凝剂时，由于其含 Na 量较多，不能使用含碱活性矿物的粗集料，以免产生喷射混凝土膨胀开裂破坏（回弹率指混凝土喷射时由于碰到喷面坚硬物如钢筋、粗集料等的碰撞而弹落下来的拌合物的比率）。

(6) 喷射混凝土配合比设计。

配合比设计要求：一是强度与其他指标要满足设计；二是与基底物有良好的黏结性，且密实度要高；三是回弹损失少；四是扬尘少；五是施工不堵管；六是施工面不能发生流淌。由于喷射混凝土的特殊性，一般不采用普通混凝土设计计算，而由经验和试验确定配合比，一般为：

①水胶比不大于 0.5（最佳为 0.4~0.47，低于或高于这个水胶比时，其混凝土强度都将直线下降。因为低于此值时会使喷射物的黏聚性和均匀性变差，回弹物增多；高于此值时，则会使喷射物发生溅落或流淌，甚至剥落）。

②胶凝材料用量每立方米不小于 400 kg。

③胶集比：常用的为水泥∶集料＝1∶(4.0~4.5)。

④砂率常为 45%~55%（粗砂时偏上，细度模数较小的中砂时偏下），砂率过大易引起混凝土收缩和强度下降。

(7) 水灰比和用水量适应程度检验方法。

当混凝土表面出现流淌、滑移、拉裂时，表明水灰比偏大；当混凝土表面出现干斑，施工作业粉灰大，回弹损失大，则水灰比太小；喷射混凝土表面干燥，呈水亮色泽状，粉尘少，回弹少，则表明水灰比合适，一般水灰比为 0.4~0.5，既能保持强度又能控制其他不良现象。目前使用的喷射混凝土强度为 C20～C35。

(8)喷射混凝土的施工工艺。

①干式喷射法。

把水泥、砂石料、速凝剂拌和均匀后送入喷射机,由喷射机将干混合料压送入喷嘴处,在喷嘴处加水,干料和水在喷嘴处同时由压缩空气喷射至受喷面的过程称为干式喷射法。其优点是施工机具小,保养容易,费用低,拌合料能进行远距离输送,操作方便适用广。但拌和水的加入和混凝土的质量取决于操作人员的熟练程度,粉尘较多,回弹率大。

②湿式喷射法。

把混凝土搅拌机拌制好的湿拌合料(水泥、砂、石、水)送入喷射机,在喷嘴处加入速凝剂,湿料和速凝剂在喷嘴处同时由压缩空气喷射到受喷面上的过程称为湿式喷射法。其优点是水灰比、加水量易控制,强度可控制,粉尘、回弹率少,但施工机具复杂,费用较多,混凝土不容易远距离输送,操作不方便,适应性较差。

③干式和湿式喷射法的主要区别:干式法在喷嘴处加水,而湿式法在喷嘴处加速凝剂;干式法在拌料时不加水,而湿式法在拌料时不加速凝剂。

(9)喷射混凝土的特性。

①喷射混凝土的性能除与原材料的品种与质量、配合比、施工工艺施工条件有关外,还与施工人员的熟练程度有着直接的关系。

②抗压、抗拉强度。

喷射混凝土的密实度来自于连续的重复的冲击使之压挤密实,同时喷射混凝土工艺采用较小的水灰比,这可以保证混凝土有较高的抗压强度和抗拉强度。喷射混凝土一般都掺加速凝剂,其强度早期明显提高,1 d 抗压强度可达 6～15 MPa,但 28 d 强度与不掺加速凝剂的相比降低 10%～30%,抗拉强度和弹性模量与抗压强度的关系,与普通混凝土相似。

③黏结强度。

喷射混凝土与坚硬岩石层或坚固的混凝土的黏结强度一般为 1.0～2.0 MPa。

④变形性能。

由于喷射混凝土水泥用量大,砂率大而粗集料少,单位体积绝对用水量大,以及在喷射过程中的回弹使粗集料中大颗粒的数量减少等原因,所以收缩值比普通混凝土大得多。喷射混凝土的徐变,早期发展较快,但稳定期较早。速凝剂的掺加使喷射混凝土的徐变加大,这是因为后期水泥矿物水化受到阻碍,从而后期强度降低所引起的;同时因收缩而引起的混凝土裂缝降低抗渗性。

⑤耐久性。

喷射混凝土有良好的抗冻性,这是因为在喷射成型的过程中混凝土内引入了空气(2.5%～5.3%),在喷射层中形成非贯穿性气孔,有利于提高混凝土抗冻性,另外水灰比小,密实性好。喷射混凝土的抗渗性稍差,一般抗渗标号可达 S7 以上。

(10)喷射混凝土抗压强度评定。

①喷射混凝土抗压强度是指在喷射混凝土板件上切割制取边长为 100 mm 的立方体试件,在标准养护条件下养护 28 d,用标准试验方法测得的极限抗压强度,乘以系数 0.95。

②双车道隧道每 10 延米至少在拱部和边墙各取一组(3 块)试件。其他工程每喷射 50～100 m³ 混合料或小于 50 m³ 混合料的独立工程,不得少于一组。材料或配合比变更时

需重新制取试件。

③喷射混凝土强度的合格标准。

a. 同批试件组数 $n \geq 10$ 时，试件抗压强度平均值不低于设计值，任一组试件抗压强度不低于 0.85 倍设计值。

b. 同批试件组数 $n < 10$ 时，试件抗压强度平均值不低于 1.05 倍设计值，任一组试件抗压强度不低于 0.9 倍设计值。

④实测项目中，喷射混凝土抗压强度评为不合格时，相应分项工程为不合格。

3. 水下浇筑混凝土的特殊性

(1) 水下混凝土的含义。

在陆地上拌制而在水中浇筑和硬化的混凝土，称为水下浇筑混凝土。水下浇筑混凝土在成型之前要尽量减少与水接触。尽可能使与水接触的混凝土保持在同一个整体之内，不被冲散。浇筑过程应连续，达到一次性成型，以减少水的破坏。已浇筑混凝土不宜搅动，应使它逐渐凝结硬化。

(2) 材料的选择。

①水泥。

水泥宜用细度大，泌水少，收缩较小，强度等级较高（42.5 及以上），凝结硬化合理的水泥。矿渣水泥由于泌水大不宜使用，硅酸盐和普通水泥不宜用于海水中（其原因是该水泥水化生成的氢氧化钙较多，在海水中易生成较多的二次钙矾石导致混凝土破坏）。火山灰和粉煤灰水泥则可用于具有一般要求的及有侵蚀性海水、工业废水的水下混凝土。

②外加剂。

水下混凝土使用的外加剂主要是水下不分散性外加剂，其主要成分是水溶性高分子物质，有非离子型的纤维素及丙烯酸系两大类。其主要作用是增加混凝土的黏性，使混凝土受水冲洗时不易分散。但又为了确保混凝土的流动性，又不需加水，因此水下分散剂要与三聚氰胺系减水剂配合使用，但要注意两者的匹配性，会不会给缓凝带来影响。

③细集料。

细集料应选用表面光滑浑圆且石英含量较高的砂，细度模数应为 2.1~2.8，砂较粗时则易破坏砂浆的黏性，引起离析。

④粗集料。

为了保证混凝土拌合物的流动性，宜采用卵石，如无卵石才采用碎石。当需要增加砂浆与粗集料的黏结力时，可掺入 20%~25% 的碎石，一般应采用连续级配。粗集料的最大粒径与填筑方法和浇筑设备的尺寸有关，如水下结构有钢筋网，则最大粒径不能大于钢筋网净间距的 1/4。水下混凝土粗集料允许最大粒径见表 1.8。

表 1.8 水下混凝土粗集料允许最大粒径

水下浇筑方法	导管法		泵送法		倾注法	开底容器法	袋装法
	卵石	碎石	卵石	碎石			
允许最大粒径	导管直径的 1/4	导管直径的 1/5	灌注管直径的 1/3	灌注管直径的 1/3.5	60 mm	60 mm	视袋大小而定

(3)配合比。

①水灰比既要满足混凝土强度也要满足耐久性要求,以耐久性为主。其水灰比应小于0.5,其设计与普通混凝土相同。

②水泥用量:要考虑耐久性,也考虑施工特殊性。如考虑耐久性要求、抗渗抗冻要求时,水泥用量不得少于300 kg/m³;当采用泵输送混凝土时,水泥用量不得少于300 kg/m³;当采用泵压法和导管法施工时,水泥用量不得小于370 kg/m³。

③砂率:砂率一般为35%～40%,若用碎石,砂率要增加3%～5%。

(4)新拌水下混凝土的性能要求。

新拌水下混凝土与普通混凝土相比具有如下特点:一是抗水冲洗作用;二是流动性大,填充性好;三是缓凝;四是无离析。

(5)硬化后的水下混凝土的性能。

水下浇筑混凝土的抗冻性能比普通混凝土差,而且干缩大,但在水下使用问题不大。钢筋黏结强度与空气中制作混凝土相比,垂直的筋稍差,水中的筋相似。抗压强度为空气中制作的90%。

水下浇筑的混凝土强度受两方面影响:一是水下不分散剂;二是浇筑的密实程度。

4. 预应力混凝土的特殊性

(1)预应力是指在某种材料中造成一种应力状态或应变状态,使它能更好地完成预定的功能。

(2)预应力混凝土是将预应力放入混凝土中预加压应力或拉应力。最常用的是在混凝土中预加压应力,其作用是可以抵消外荷载(静载或动载)引起的拉应力或拉应变,还可以抵消温度应力、收缩、直接受拉及受剪引起的拉应力或拉应变。

(3)混凝土预应力的施加方法按张拉预应力筋时间可分为先张法和后张法。在混凝土硬化之前张拉预应力筋称为先张法;在混凝土硬化后至一定强度之后(一般为混凝土强度达设计的80%进行初张,达设计强度后进行终张)再张拉预应力称为后张法。先张法放张时的混凝土强度要求同后张法的终张要求强度一致。

(4)预应力筋通常使用最多的为钢绞线。国家标准《预应力混凝土用钢绞线》(GB/T 5224—2003)规定:钢绞线分为标准型钢绞线、刻痕钢绞线和模拔型钢绞线3种。由冷拉光圆钢丝捻制成的钢绞线为标准型。由刻痕钢丝捻制成的钢绞线为刻痕型。捻制后再经冷拔成的钢绞线为模拔型。

钢绞线按结构分为5类,其代号分别为:

用两根钢丝捻制的钢绞线,代号1*2;

用3根钢丝捻制的钢绞线,代号1*3;

用3根刻痕钢丝捻制的钢绞线,代号1*3I;

用7根钢丝捻制的标准型钢绞线,代号1*7;

用7根钢丝捻制又经模拔的钢绞线,代号1*7C。

钢绞线的抗拉强度很高,标准规定其最小的抗拉强度不小于1 470 MPa,最大的抗拉强度1 960 MPa。一般桥梁通常使用较多为Φ15.2 mm 1*7标准型钢绞线,其抗拉强度不小于1 860 MPa,整根钢绞线的最大力不小于260 kN。

(5)预应力混凝土对材料的要求。

①对混凝土的要求。

预应力混凝土结构要求采用较高强度的混凝土。建筑结构用混凝土强度通常为 30～60 MPa，在桥梁和特种结构中为 50～60 MPa，在某些制品中可达 80 MPa，其原因是：强度高的混凝土弹性模量高，在同样的应力情况下，弹性变形和徐变变形小，高强混凝土的收缩值也小，在 $(300\sim600)\times10^{-6}$ 范围内，与钢筋黏结力强，预应力损失小。

②对集料的要求。

粗集料最大粒径不超过 25 mm，宜用 20 mm，不可含有黏土质薄层。黏土质的存在会使混凝土产生大的徐变和收缩，增大预应力损失。

碎石和卵石均可使用，当水灰比低时，采用卵石会使混凝土有较好的和易性，易浇筑密实。但对高强混凝土最好使用碎石，必须进行碱活性检验，以防碱集料反应引起混凝土膨胀开裂。

细集料的粒径应偏粗，因为水泥用量较多，采用合理的间断而不连续的级配能减少混凝土收缩，提高混凝土的强度和弹性模量。

集料必须清洁，泥的存在使混凝土拌合物变黏稠不易密实，且降低强度，增大收缩。集料中不可含盐，否则会导致钢筋锈蚀，尤其是蒸养的混凝土。

③对胶凝材料的要求。

通常选用早期强度高、收缩小、耐久性好的水泥，普遍选用硅酸盐水泥和普通硅酸盐水泥。

火山灰质材料（天然火山灰、粉煤灰、硅灰）能与游离的石灰类材料（石膏、氢氧化钙）起化学作用，它们的反应缓慢，在有湿气的条件下，混凝土的强度持续增长，抗渗性和耐久性提高。在预应力混凝土中通常用 15%～20% 的火山灰质材料取代水泥。硅灰的颗粒很细，粒径为水泥颗粒的 1/100，能填充水泥颗粒间的空隙，并能与水泥水化产物反应，提高混凝土的强度和不透水性。硅灰的用量常为水泥用量的 3%～6%，用量过大将使拌合物黏稠而难以浇筑。

矿渣以磨细高炉矿渣与硅酸盐水泥复合，可减少水化热，降低温度应力，增大抗渗性，延长混凝土的寿命。磨细高炉矿渣掺量可占矿渣水泥总量的 60%～80%，矿渣粉磨细度可达 5 500 cm²/g。

④灌浆材料及灌浆。

在后张预应力结构构件中，一般在张拉完毕之后（约 24 h 或 48 h 内）即需向孔道内压浆水泥。灌浆是后张预应力生产工艺中重要的环节之一，其目的：一是把预应力筋封闭在碱性环境中（混凝土材料为碱性材料），防止生锈；二是填充套管以避免进水和冰冻；三是在预应力筋和结构混凝土之间提供黏结力；四是张拉后的预应力筋处于高应力状态，对腐蚀非常敏感，所以要尽早压浆。

对灌浆用的水泥浆质量的要求是：密实、均质、较好的流动性且有较高的强度，其强度不低于混凝土强度等级的 80%，且不低于 30 MPa。水灰比一般为 0.40～0.45。为了使混凝土密实可加入膨胀剂（但不能使用铝粉，铝粉可使钢筋发生脆断），其膨胀率应控制不大于 10%，否则或因膨胀力太大胀坏套管。

5. 特细砂混凝土

考虑很多地区天然的中、粗、细砂缺乏，而当地存在特细砂，因此为了解决资源匮乏，又能利用当地已有资源,降低工程成本,允许一般混凝土和钢筋混凝土工程使用特细砂。当特细砂与人工砂复合改性,以提高混合砂的细度模数与级配时,也可以用于预应力混凝土工程,但不得用于梁、拱、轨道板和有抗冲刷、抗磨、抗冻和抗腐蚀要求的工程。

特细砂的特点如下:

(1)特细砂的颗粒多数均为 150 μm 以下,因此无级配要求。

(2)特细砂的细度模数为 0.7～1.5。

(3)特细砂的含泥量试验应采用"虹吸管法"。

特细砂配制的混凝土特点如下:

(1)混凝土拌合物黏度较大,搅拌时间要比中、粗砂配制的混凝土延长 1～2 min,且要注意投料顺序:先将特细砂与粗骨料拌和均匀后,再放入胶凝材料和水。配制混凝土的特细砂细度模数的要求见表 1.9。

表 1.9 配制混凝土的特细砂细度模数的要求（JGJ 52—2006）

混凝土强度等级	C50	C40～C45	C35	C30	C20～C25	C20
细度模数(不小于)	1.3	1.0	0.8	0.7	0.6	0.5

(2)宜配制低流动度混凝土,当配制坍落度大于 50 mm 以上的混凝土时,宜掺外加剂,严格控制单位用水量。

(3)特细砂混凝土的耐久性能较差,但与人工砂、天然中粗砂混合使用其耐久性会得到很大改善,并能够配制许多强度等级较高(C60 以上)和流动性较大的混凝土。

(4)特细砂混凝土成型后表面易出现泌水和收缩、裂缝,在施工完毕混凝土终凝前应进行二次压实抹面并立即进行保湿养护。养护开始时间不宜迟于浇筑完成后 12 h,养护时间不宜少于 14 d。

(5)特细砂混凝土用砂仅限于河砂。山砂及沙漠戈壁的特细砂因成分复杂,技术指标难以控制。

(6)特细砂混凝土宜采用低砂率,其砂率宜为中、细砂混凝土砂率(一般为 24%～45%,卵石为 24%～41%,碎石为 27%～44%)的 85%～90%,即砂率为 17%～38%,卵石混凝土为 17%～34%;碎石混凝土为 19%～38%。水泥用量应比一般混凝土增加 20 kg/m³,但最大水泥用量不大于 550 kg/m³;最大水胶比应符合 JGJ 55—2011 的规定。

(7)配合比设计与普通混凝土相同,但在计算混凝土的粗、细骨料用量时宜采用混凝土砂浆剩余系数法计算。计算公式为

$$C_0 = \frac{1\,000}{1 + K \cdot \dfrac{P}{1-P}} \cdot \gamma_g$$

$$S_0 = \left(1\,000 - \frac{G_0}{\gamma_g} - \frac{C_0}{\gamma_c} - \frac{W_0}{\gamma_w}\right) \cdot \gamma_s$$

式中　G_0——特细砂混凝土的粗骨料用量,kg/m³;

S_0——特细砂混凝土的细骨料用量,kg/m³;

P——粗骨料的紧密空隙率,%;

γ_g——粗骨料的表观密度,g/cm³;

C_0——特细砂混凝土的水泥用量,kg/m³;
W_0——特细砂混凝土的用水量,kg/m³;
γ_c——水泥密度,g/cm³;
γ_s——细骨料的表观密度,g/cm³;
γ_w——水的密度,g/cm³;
K——特细砂混凝土砂浆剩余系数,见表1.10。

表1.10 特细砂混凝土砂浆剩余系数 K（TB 10424—2010）

粗骨料规格/mm 混凝土稠度	5~10	5~20	5~40	5~80
5~20 s(干硬性混凝土)	1.30~1.35	1.20~1.25	1.15~1.20	1.10~1.15
10~30 mm(塑性混凝土)	1.35~1.40	1.25~1.30	1.20~1.25	1.15~1.20
30~50 mm(塑性混凝土)	1.40~1.45	1.30~1.35	1.25~1.30	1.20~1.25
50~70 mm(塑性混凝土)	1.45~1.50	1.35~1.40	1.30~1.35	1.25~1.30

6. 补偿收缩混凝土

(1)补偿收缩混凝土宜用于混凝土结构自防水、工程接缝填充、采取连续施工的超长混凝土结构、大体积混凝土等工程。以钙矾石作为膨胀源的补偿收缩混凝土,不得用于长期处于环境温度高于80 ℃的钢筋混凝土工程。

(2)补偿收缩混凝土所用原材料除应符合普通混凝土用原材料的规定外,还应符合下列规定:

①细骨料宜选用细度大于2.5的中砂。

②膨胀剂技术要求应符合国家现行标准《混凝土膨胀剂》(JC 476)的规定,并与水泥进行相容性试验,不得使用高碱膨胀剂(总碱量超过膨胀剂质量0.75%)或以铝粉为膨胀源的膨胀剂。

(3)补偿收缩混凝土配制除应符合普通混凝土配合比设计相关规定外,尚应符合下列规定:

①补偿收缩混凝土的配合比设计应满足设计所需的强度、膨胀性能、耐久性能等技术指标和施工工艺性能要求。

②补偿收缩混凝土应根据混凝土使用的环境条件选择适宜的膨胀剂,其掺量应根据设计要求的限制膨胀率经试验后确定,配合比试验的限制膨胀率应比设计值高0.005%。

③补偿收缩混凝土宜采用较大的砂率,较小的坍落度,混凝土水胶比不宜大于0.50。

④补偿收缩混凝土的限制膨胀率指标和最小胶凝材料用量应符合表1.11的规定。

(4)补偿收缩混凝土在搅拌时应注意投料顺序,宜先投入细骨料、胶凝材料、膨胀剂,搅拌均匀后投入粗骨料,搅拌一定时间再投入其他外加剂和水直至搅拌均匀。其搅拌时间应通过现场工艺试验确定。

(5)施工补偿收缩混凝土的模板及支(拱)架应有足够的强度和刚度,能够承受混凝土补偿收缩产生的应力。

表 1.11 补偿收缩混凝土的限制膨胀率指标和最小胶凝材料用量（TB 10424—2010）

用　途	限制膨胀率/10^{-4} 水中 14 d	限制收缩率/10^{-4} 空气中 28 d	最小胶凝材料用量 /(kg·m^{-3})
用于补偿混凝土收缩	≥1.5	≤3.0	300
用于后浇带、膨胀加强带和工程接缝填充	≥2.5	≤3.0	350

(6)补偿收缩混凝土的浇筑应符合下列规定：

①浇筑前应制定浇筑计划，检查膨胀加强带和后浇带时，其设置应符合设计要求，浇筑部位应清理干净。

②当施工中因遇到雨、雪、冰雹需留施工缝时，对新浇混凝土部分应用塑料薄膜覆盖；当出现混凝土已硬化的情况时，应先在其上铺设 30～50 mm 厚的同配合比无粗骨料的膨胀水泥砂浆，再浇筑混凝土。

③当超长的板式结构采用膨胀加强带取代后浇带时，应根据所选膨胀加强带的结构形式，按规定顺序浇筑。间歇式膨胀加强带和后浇式膨胀加强带浇筑前，应将先期浇筑的混凝土表面清理干净，并充分湿润。

④板式结构混凝土应在终凝前采用机械或人工的方式，对混凝土表面进行多次抹面。

(7)补偿收缩混凝土在浇筑完成后应及时进行潮湿保水养护，有条件时应采取蓄水养护。在硬化过程中必须加以保护，其暴露面保湿养护时间不得低于 14 d。冬期施工养护时，混凝土表面不得直接洒水，可用塑料薄膜保温保湿养护。

(8)补偿收缩混凝土应适应当延迟拆模时间，其拆模时间不宜早于 3 d；冬期施工时，构件拆模时间应延长至 7 d 以上。

7. 无砂透水混凝土

(1)无砂透水混凝土用粗骨料针、片状颗粒含量不应大于 5%。

(2)无砂透水混凝土水泥用量宜为 250～350 kg/m³，粗骨料用量宜为 1 400～1 600 kg/m³，水胶比不宜大于 0.50。

(3)无砂透水混凝土应采用强制式搅拌，适当延长搅拌时间。

(4)无砂透水混凝土在浇筑时不得采用强烈振捣或夯实。

(5)无砂透水混凝土应加强早期养护，混凝土浇筑完成后及时用塑料薄膜覆盖表面并开始洒水养护，时间不宜少于 7 d。

8. 碾压混凝土

(1)碾压混凝土的含义。

用坍落度为零的干硬性混凝土拌合物进行薄层浇筑，并通过一定质量的碾压机具、施工工艺，使混凝土拌合物达到密实状态的混凝土称为碾压混凝土。

(2)碾压混凝土的特征。

①没有流动性。

②未凝固之前其性能完全不同于其他混凝土，但凝固后又与普通混凝土性能非常接近。

③密实性主要由压实获得，其密实程度则决定于压实机具的能量（质量大小、振动力大

小)及压实频率(遍数)。规范规定压实密度不得低于密实状态下密度的97%,即压实度≥97%。

④所用密实机具与常规混凝土不同,一般为土石方施工的推土机、摊铺机、振动碾压机,而常规混凝土则用各种振动器。

⑤主要用于大体积混凝土(如大坝、道路、机场混凝土的施工)。

⑥具有施工效率高,养护时间短,水泥用量少,经济等优点。

(3)碾压混凝土的机理。

由于碾压混凝土没有流动性,但是有流变特性,当实施压实过程时,石子和砂浆分别通过压实机具获得能量,使石子克服石子之间及石子和砂浆之间的摩擦阻力。混凝土被液化,由此产生相互位移,使其相互占据空间,石子紧密靠拢产生嵌锁效应,砂浆因被液化而流动填充石子之间的空隙并包裹石子,使之形成以石子为骨架的密实体。其密实程度决定于石子的位移、嵌锁、占据空间及砂浆填满的程度,而这些又决定于压实功能的大小和砂浆的流动程度(液化程度),压实功大,则密实度大。

流变特性指在外力及自重作用下趋于稳定、密实和流动的特性。

液化指在外力的作用下克服本身稳定体内部的黏聚力、内摩擦阻力使之失去原本的稳定状态而产生扩散,这种现象称为液化。液化后混凝土处于重液流动性状态,骨料粒径在自重力作用下向其周围滑动,逐渐产生新的稳定。

黏聚力指来自水泥浆基体与骨料之间的附着力,附着力取决于互相之间的亲密性和表面积及粗糙度大小。亲密性好、表面积大、粗糙度大,则附着力大,继而黏聚力强,否则相反。

内摩擦力指约束骨料颗粒移位或转动的力,大小取决于骨料颗粒的形状、表面粗糙度和密度。

(4)碾压的分类。

碾压混凝土的水泥用量较少,并掺一定量的粉煤灰(25%~80%),根据胶凝材料用量的多少可分为3种。

①水泥黏固砂石碾压混凝土。

胶凝材料用量少于100 kg/m³,其中掺少量粉煤灰(25%以下)仅能黏结砂石骨料,尚有较多空隙。

②干贫型碾压混凝土。

胶凝材料用量为110~130 kg/m³,其中粉煤灰为25%~30%,水胶比可达到0.7~0.9。

③高粉煤灰掺量碾压混凝土。

胶凝材料用量为150~250 m³,其中粉煤灰占50%~80%,水胶比为0.5。

(5)碾压混凝土的原材料。

①人工或天然骨料均可用于碾压混凝土。

②粗骨料的最大粒径应不超过80 mm为宜,同时不宜采用间断级配。

③细骨料细度模数宜控制在2.2~3.0,人工砂的石粉($d \leqslant 0.16$ mm颗粒)含量宜为8%~17%。

④碾压混凝土宜掺用外加剂(其目的最大可能减少用水量)且必须做外加剂与胶凝材料的相容性试验。

采用天然骨料,拌合物用水量较少,容易压实,但也容易分离;采用人工骨料,则拌合物用水量较多,但不容易分离。

骨料的含水量要尽可能少,细骨料含水量不宜超过6%。

(6)碾压混凝土配合比设计。

一般多采用绝对体积法进行设计计算,也可用质量法,但其假定密度应经过试验确定。设计过程同普通混凝土配合比设计,但强度按90 d(或180 d)龄期。

①准备阶段。

这一阶段主要是为配合比设计做好充分的准备,以便顺利进行设计工作。其内容包括设计依据、基本要求、设计标准、原材料的选定、试验、进场、试验仪器的检查等。

②配合比设计计算。

a.配制强度 R_p 的确定:

$$R_p = R_s + 1.645\sigma$$

式中　R_p——配制强度,MPa;

R_s——混凝土设计强度等级,MPa;

σ——标准差(据有关标准规定或由具有近1~3个月的同一品种、同一强度等级的混凝土强度实料,且试件组数不少于30,经计算确定,计算公式同普通混凝土设计);

1.645——强度保证率为95%的系数。

b.水胶比计算。

由混凝土强度与胶水比关系式:

$$R_{90} = AR\left(\frac{C+F}{W} - B\right)$$

得

$$\frac{W}{C+F} = \frac{AR_{j28}}{R_{90} + ABR_{j28}}$$

式中　R_{90}——90 d 龄期混凝土的抗压强度,MPa;

R_{j28}——胶凝材料28 d 龄期的实测抗压强度(MPa),如无实测值按普通混凝土配合比设计中要求进行计算;

W,F,C——每立方米混凝土中水、水泥、掺合料用量,kg;

A,B——回归系数,由试验确定,无试验资料时可参考表1.12;

$\dfrac{C+F}{W}$——胶水比;

$\dfrac{W}{C+F}$——水胶比。

表1.12　A、B 系数参考表

骨料类别	A	B
卵石	0.733	0.789
碎石	0.811	0.581

c.掺合料的掺量:根据水泥品种、强度等级、掺合料品质,设计时碾压混凝土的技术要求

和混凝土使用部位等实际情况选择适当的掺量。

d.用水量选定:根据施工用粗骨料的最大粒径及砂石类别(天然的、人工的),由试验选定最优用水量,初选时可参考表1.13。

表1.13 碾压混凝土单位用水量参考表

粗骨料最大粒径/mm		20	40	80
用水量/kg	天然砂石料	100～120	90～115	80～110
	人工砂石料	110～125	100～120	90～115

e.砂率选定:用天然砂石料时,三级配为26%～32%,二级配为32%～37%;用人工砂石料时,砂率应增加4%～6%。

f.每立方米混凝土各种材料用量:

$$\frac{W}{C+F}=K_1$$

$$\frac{F}{C+F}=K_2$$

$$\frac{S}{S+G}=K_3$$

$$\frac{W}{\rho_w}+\frac{C}{\rho_c}+\frac{F}{\rho_f}+\frac{S}{\rho_s}+\frac{G}{\rho_g}=1-V_a$$

式中　C——水泥用量,kg/m³;

W——水用量,kg/m³;

F——掺合料用量,kg/m³;

S——砂用量,kg/m³;

G——石子用量,kg/m³;

V_a——碾压混凝土含气量,一般取1%;

$\rho_c,\rho_f,\rho_s,\rho_g$——水泥、掺合料、砂、石子的表观密度,kg/m³;

K_1,K_2,K_3——选定配合比设计参数。

g.试拌、调整和现场复核:经过试拌、调整和现场复核后,最后确定碾压配合比,经各方确定后提交工程使用。

(7)碾压混凝土的施工。

由于碾压混凝土属于超干硬性材料,因此施工方法不同于普通混凝土,必须有适合于其特性的施工工艺和方法。必须提醒的是,碾压混凝土施工应有一整套连续性、计划性和严密的组织方案。施工过程中不能随意停歇和等待,材料的供应必须满足进度的需求。

①混合物的拌和。

a.材料计量要准确。

b.采用强制式搅拌机,保证搅拌均匀。搅拌时间要比普通混凝土稍长(约1.5倍,原因是碾压混凝土单位用水量少,拌合物比较干硬不宜搅拌)。

c.从搅拌机卸至运输车的高度一般不宜超过2 m(以防混凝土因干散造成卸料过程中离析)。

②混合料的运输。

a. 要尽可能缩短运输距离,一般要求控制在 30 min 内(以减少混凝土离析和稠度的变化),同时应采取覆盖措施,以减少水分蒸发。

b. 不宜采用溜槽作为浇筑运输的机具(以防混凝土离析)。

c. 运输必须严密组织,保证供给,使摊铺能够连续地进行,不致停顿。

③混合料的摊铺。

对路面混凝土,摊铺是施工关键工序。摊铺速度应与搅拌能力、运输能力相匹配。一般采用带强力熨平板且有自动找平装置的高密摊铺机。

一次性摊铺厚度不宜超过 30 cm,上层摊铺应在下层表面潮湿时进行,以利于层间结合。摊铺还必须在摊铺机预压下获得必要的密实性,一般要达到 85%~89%。

对于坝工混凝土,宜采用薄层平仓法施工,厚度宜控制在 17~34 cm。对卸料堆旁的离析骨料应及时均匀分布在碾压面上,严禁不合格混凝土进仓。

④碾压。

碾压也是保证工程质量的关键工序,应在摊铺后及时进行。

路面碾压混凝土宜采用 10~20 t 的高频率、低振幅、低振动的压力机,振动频率为 40~50 Hz,振幅为 0.4~1.0 mm。一般碾压要经过初压(塑性阶段)、复压(弹塑阶段)和终压(弹性阶段)3 个阶段,碾压混凝土初压(静压)速度采用 1.5~2.0 km/h,复压(振动碾压)速度采用 2~3 km/h,终压(轮胎压路机)速度采用 4~6 km/h。

坝工碾压混凝土,行走速度应控制在 1.0~1.5 km/h。碾压厚度应不少于最大骨料粒径的 3 倍,最大厚度及遍数应综合考虑以能够压实为原则。碾压作业应采用搭接法,纵向搭接宽度为 10~20 cm,端头宽度宜为 100 cm 左右。每层碾压完毕后应及时按规定布点检测压实度。层与层之间允许间歇时间应在混凝土初凝时间内。混凝土拌合物从搅拌完毕到碾压完毕时间不应大于 2 h。

⑤养护。

对路面碾压混凝土,碾压完毕后,应立即覆盖塑料薄膜养护,一般为 6 h,然后可去除薄膜进行养护。应选择保水性好的,如锯末、湿砂、麻袋、草垫等洒水湿润,每隔 4~6 h 再次洒水,直到养护规定时间,即抗折强度达到 3.5 MPa 以上。一般为 5~7 d,若粉煤灰掺量大时为 7 d,养护时间由试验确定。

对坝工混凝土,永久性暴露面宜养护 18 d 以上,对施工间歇期间,在混凝土终凝后应立即开始养护,养护持续至上一层开始铺筑为止。在施工过程中混凝土舱面应保持湿润,正在施工和施工完毕后的舱面应防止外来水流入。

⑥成缝。

对路面混凝土,碾压 8 h 后可用切割机按伸缩缝位置切缝,切缝时应准确掌握切缝时间及切缝深度。待缝槽干燥,清除杂物后方可灌缝。

9. 道路混凝土

道路混凝土主要指用于道路路面层的混凝土,也称为混凝土路面。根据胶凝材料的不同,道路混凝土可分为道路水泥混凝土和道路沥青混凝土。用水泥混凝土浇筑的路面称为水泥混凝土路面和刚性路面,有时也称为白色路面;用沥青混凝土浇筑的路面称为沥青路面和柔性路面,有时也称为黑色路面。水泥混凝土是公路、城市道路、机场道路的最主要路面面层材料。路面水泥混凝土是指满足混凝土路面摊铺工作性(和易性)、弯拉强度、耐久性与经济性要求的水泥混凝土材料。

水泥道路混凝土按组成材料的不同,可分为素混凝土、加钢筋混凝土和预应力钢筋混凝土、连续配制混凝土和钢纤维混凝土;按施工方法不同,可分为人工小型机具摊铺式混凝土、滑模摊铺式混凝土、预制混凝土和碾压混凝土。最常用的是素混凝土和加钢筋混凝土,施工方法为滑模摊铺和三辊轴机组摊铺。

(1)水泥道路混凝土对材料的要求。

水泥道路混凝土路面主要以标准制作的混凝土试件标准养护 28 d 龄期抗折强度为设计标准,其他强度要求有抗折弹性模量、抗折疲劳强度和抗压强度。

①对混凝土强度要求。

a. 水泥混凝土路面的抗折强度不得低于表 1.14 的规定。

表 1.14 水泥混凝土弯拉强度标准值 (JTG D40—2011)

交通荷载等级	极重、特重、重	中等	轻
水泥混凝土的弯拉强度标准值/MPa	≥5.0	4.5	4.0
钢纤维混凝土的弯拉强度标准值/MPa	≥6.0	5.5	5.0

水泥混凝土路面交通等级按设计基准期内设计车道承载的标准轴载累计作用数将其分为 5 个等级,见表 1.15。

表 1.15 水泥混凝土路面交通分级 (JTG D40—2011)

交通荷载等级	极重	特重	重	中等	轻
设计基准期内设计车道承受设计轴载(100 kN)累计作用次数 N_a	$>1×10^6$	2 000~1×10^6	100~2 000	3~100	<3

b. 水泥混凝土抗弯拉强度、抗弯拉弹性模量、抗压强度的关系见表 1.16。

表 1.16 水泥混凝土抗弯拉强度、抗弯拉弹性模量、抗压强度的关系

强度种类	抗弯拉强度/MPa	抗弯拉弹性模量 $E_0/(10^4 \text{ MPa})$	抗压强度/MPa
强度	5.5	4.3	40.0
	5.0	4.1	35.5
	4.5	3.9	30.0
	4.0	3.6	25.0

抗压强度与抗弯拉强度(抗折强度)的关系为

$$R = -15.35 + 10.1X$$

式中　R——抗压强度,MPa;

　　　X——抗弯拉强度,MPa。

c.根据混凝土路面的所用年限和设计交通量,由下式计算混凝土的抗折疲劳强度 $f_{tm,p}$。

$$f_{tm,p}=(0.94-0.711\times \lg N_e)f_{tm,R}$$

式中　$f_{tm,p}$——混凝土路面抗折疲劳强度,MPa;

　　　N_e——混凝土路面设计交通量;

　　　$f_{tm,R}$——混凝土路面抗折强度,MPa;

为了保证混凝土路面的耐久性、耐磨性、抗冻性能要求,除对其抗折强度有规定外,其抗压强度还不得低于 30 MPa。

②工作性能。

a.施工方式。

为了保证混凝土的施工质量,道路混凝土必须有良好的工作性,包括流动性、可塑性、稳定性和易密性。工作性往往又与施工方式密切相关,因此工作性应根据其施工方式不同而所有不同。

通常施工方式有滑模摊铺机、三辊轴机组及人工小型机具等。

(a)滑模摊铺机施工方式为:不架设边缘固定模板,通过基准线控制,采用滑模摊铺机,一次完成混凝土拌合物的摊铺、振捣密实、成型、抹面修饰等功能。

(b)三辊轴机组施工方式为:采用密集振捣棒组和三辊轴整平机施工,在固定模板内由密集振捣棒组振实,三辊轴整平机在模板上前后滚动、振动,完成密实、整平和成型。

(c)人工小型机具施工是一种采用固定模板控制路面几何尺寸,人工摊铺,手持振捣棒和振动板振动密实,人工辊轴、修整尺、抹刀整平混凝土路面的施工工艺。

b.路面混凝土拌合物的施工和易性要求。

(a)滑模摊铺前混凝土拌合物最佳坍落度及最大单位用水量应符合表 1.17 的要求。

表 1.17　混凝土路面滑模摊铺最佳坍落度及最大单位用水量（JTG/T F30—2014）

集料品种	卵石混凝土	碎石混凝土
坍落度/mm	5～20	10～30
最大单位用水量/(kg·m^{-3})	155	160

(b)三辊轴机组摊铺、小型机具摊铺的路面混凝土拌合物的坍落度要求及最大单位用水量要求见表 1.18。表 1.18 中的出机坍落度可根据施工气温、运距等适当增大。表 1.18 中最大单位用水量为采用中砂、粗细集料为风干状态时的取值,若采用细砂,应使用减水率较大的(高效)减水剂。当使用外加剂或掺合料时,实际用水量应做相应调整,但不得超过表 1.18 的规定。使用碎卵石时,最大用水量可取碎石和卵石的中值。

表 1.18　三辊轴机组、小型机具摊铺的路面混凝土拌合物坍落度及最大单位用水量（JTG/T F30—2014）

摊铺方法	三辊轴机组摊铺		小型机具摊铺	
出机坍落度/mm	30～50		10～40	
摊铺坍落度/mm	10～30		0～20	
最大单位用水量/(kg·m^{-3})	碎石 153	卵石 148	碎石 150	卵石 145

③耐久性。

根据《公路水泥混凝土路面施工技术细则》(JTG/T F30—2014),路面混凝土的使用环境可分为无抗冻性、有抗冰冻性和有抗盐冻性要求3种。为了提高混凝土的抗冻性,在不同环境条件下使用的路面混凝土中含气量应在表1.19推荐的范围内。当含气量不符合表1.19的要求时,应使用引气剂。在确定严寒和寒冷地区路面混凝土配合比前,应检验所配制混凝土的抗冻性,严寒地区路面混凝土抗冻标号不宜小于D_{250},寒冷地区不宜小于D_{200}。

表1.19 拌和机出口拌合物含气量均值及允许偏差(%) (JTG/T F30—2014)

集料公称最大粒径/mm	无抗冻性要求	有抗冰冻性要求	有抗盐冻性要求
19.0	4.0±1.0	5.0±0.5	6.0±0.5
26.5	3.5±1.0	4.5±0.5	5.5±0.5
31.5	3.5±1.0	4.0±0.5	5.0±0.5

此外,各级公路路面层水泥混凝土的最大水灰比(或水胶比)及最小单位水泥用量应符合表1.20的规定。最大水泥用量不应大于420 kg/m³,使用掺合料时,胶材总量不应大于450 kg/m³。

表1.20 各级公路路面层水泥混凝土最大水灰(胶)比和最小单位水泥用量 (JTG/T F30—2014)

公路等级		高速、一级	二级	三、四级
最大水灰(胶)比		0.44	0.46	0.48
有抗冰冻性要求时最大水灰(胶)比		0.42	0.44	0.46
有抗盐冰冻性要求时最大水灰(胶)比		0.40	0.42	0.44
最小单位水泥用量 /(kg·m⁻³)	52.5级	300	300	290
	42.5级	310	310	300
	32.5级	—	—	315
有抗冰(盐)冻性要求时最小单位水泥用量/(kg·m⁻³)	52.5级	310	310	300
	42.5级	320	320	315
	32.5级	—	—	325
掺粉煤灰时最小单位水泥用量 /(kg·m⁻³)	52.5级	250	250	245
	42.5级	260	260	255
	32.5级	—	—	265
有抗冰(盐)冻性要求时掺粉煤灰混凝土最小单位水泥用量 /(kg·m⁻³)	42.5级	280	270	265
	52.5级	265	260	255

(2)对混凝土组成材料的要求。

①道路硅酸盐水泥。

道路硅酸盐水泥是针对于道路混凝土性能要求,具有特殊组成的专用水泥,是一种以适当的原材料煅烧成的以硅酸钙为主要成分,并含有较多含量的铁铝酸四钙水泥熟料,再加入适量石膏加工磨细制成的水硬性胶凝材料。

道路硅酸盐水泥在矿物组成和使用性能上体现出两大特点。首先在组成上,道路硅酸盐水泥含有较多的铁铝酸四钙成分,通常不低于16%,而普通硅酸盐水泥该矿物成分不会超过15%。正是这种高含量的铁铝酸四钙使水泥具有更高的抗弯拉能力,满足了混凝土路面在车辆行驶中受力特点——不仅受压,同时还受弯拉作用。同时,水泥中的铝酸三钙成分含量较低,要求不得超过5%(普通硅酸盐水泥铝酸三钙含量最高可达15%),从而有效降低了因该成分产生的混凝土干缩问题。其次,道路硅酸盐水泥表现出优良的路用性能,如具有较高强度,特别是较高的抗折强度,且耐磨性好、干缩小以及抗冲击性、抗冻性和抗硫酸盐侵蚀性强等特点,特别适用于道路路面、机场跑道和城市广场等工程。

根据《道路硅酸盐水泥》(GB 13693—2005)要求,道路硅酸盐水泥在组成性能和强度上应满足表1.21和表1.22的规定。

表1.21 道路硅酸盐水泥技术标准 (GB 13693—2005)

熟料矿物组成/%		氧化镁/%	三氧化硫/%	烧失量/%	游离氧化钙/%		碱含量/%
铝酸三钙	铁铝酸四钙				旋窑	立窑	
≤5.0	≥16	≤5.0	≤3.5	≤3.0	≤1.0	≤1.8	≤0.6

比表面积/(m²·kg⁻¹)	终凝时间/min		安定性(沸煮法)	干缩率(28 d)/%	耐磨性/(kg·m⁻²)		
	初凝	终凝					
300~450	≥90	≤600	合格	≤0.10	≤3.00		

表1.22 道路硅酸盐水泥各龄期强度 (GB 13693—2005)

强度等级	抗压强度/MPa		抗折强度/MPa	
	3 d	28 d	3 d	28 d
32.5	≥16.0	≥32.5	≥3.5	≥6.5
42.5	≥21.0	≥42.5	≥4.0	≥7.0
52.5	≥26.0	≥52.5	≥5.0	≥7.5

②水泥品种选择与强度要求。

水泥是路面混凝土的重要组成材料,直接影响混凝土的强度、早期干缩、温度变形和抗磨性。极重、特重、重交通等级的水泥混凝土路面,应优先采用旋窑道路硅酸盐水泥,也可使用旋窑硅酸盐水泥或普通硅酸盐水泥。中、轻交通的路面,也可用矿渣硅酸盐水泥。冬季施工、有快凝要求的路段可采用R型早强水泥,一般情况宜采用普通型水泥。各交通等级路面水泥实测各龄期的强度要求见表1.23。各级交通荷载等级面层水泥混凝土用水泥的化学成分及物理指标见表1.24。

表 1.23 各交通等级路面水泥实测各龄期的强度要求（JTG/T F30—2014）

混凝土设计弯拉强度标准值/MPa	5.5		5.0		4.5		4.0	
龄期/d	3	28	3	28	3	28	3	28
抗压强度/MPa	≥23.0	≥52.5	≥17.0	≥42.5	≥17.0	≥42.5	≥10.0	≥32.5
抗折强度/MPa	≥5.0	≥8.0	≥4.5	≥7.5	≥4.0	≥7.0	≥3.0	≥6.5

表 1.24 各级交通荷载等级面层水泥混凝土用水泥的化学成分及物理指标（JTG/T F30—2014）

		特重、重交通路面	中轻交通路面
化学成分	铝酸三钙含量(质量分数)/%	不宜>7.0	不宜>9.0
	铁铝酸四钙含量(质量分数)/%	15.0~20.0	12.0~20.0
	游离氧化钙含量(质量分数)/%	不得>1.0	不得>1.8
	氧化镁含量(质量分数)/%	不得>5.0	不得>6.0
	三氧化硫含量(质量分数)/%	不得>3.5	不得>4.0
	碱含量(Na_2O+0.658K_2O)	≤0.6%	怀疑有碱活性集料时,≤0.6%;无碱活性集料时,≤1.0%
	氯离子含量(质量分数)/%	不得>0.06	不得>0.06
	混合材料种类	不得掺窑灰、矸石、火山灰和黏土,有盐冻要求时,不宜掺石灰、石粉	
物理指标	安定性	雷氏夹或蒸煮法检验必须合格	蒸煮法检验必须合格
	标准稠度用水量/%	不宜>28	不宜>30
	烧失量/%	不得>3.0	不得>5.0
	比表面积/($m^2 \cdot kg^{-1}$)	300~450	300~450
	80 μm 筛余量/%	不得>10	不得>10
	初凝时间/h	不早于1.5	不早于1.5
	终凝时间/h	不迟于10	不迟于10
	28 d 干缩率/%	不得>0.09	不得>0.10
	耐磨性/($kg \cdot m^{-2}$)	不得>3.6	不得>3.6

注：①三氧化硫,在无腐蚀场合时为选测项目,在硫酸盐腐蚀场合为必测项目;

②氯离子含量在水泥混凝土面层时为选测项目,在钢筋混凝土与钢纤维混凝土路面时为必测项目

③粉煤灰。

在路面混凝土中,当使用道路硅酸盐和硅酸盐水泥时,可掺用符合规定的低钙粉煤灰,但其他水泥不得掺用粉煤灰。粉煤灰质量技术要求应符合 GB/T 1596—2005 有关规定,其活性指数,混合砂浆强度活性指数 7 d：Ⅰ级粉煤灰≥75,Ⅱ级粉煤灰≥70;28 d：Ⅰ级粉煤灰

≥85(75),Ⅱ级粉煤灰≥80(62)。(注:括号中的数值为配制<C40 混凝土,括号外数值为配制≥C40 混凝土。另外桥面混凝土中不宜掺粉煤灰。)

④粗集料。

a.质量要求。

粗集料应使用质地坚硬、耐久、洁净的碎石、碎卵石和卵石。高速公路、一级公路、二级公路以及有抗(盐)冻性要求的三、四级公路混凝土路面使用的粗集料技术等级不应低于Ⅱ级。没有抗冻、抗盐性要求的三、四级公路路面及贫混凝土基层可使用Ⅲ级粗集料。路用粗集料的技术性能要求见表1.25。

b.最大粒径与级配。

为了提高路面混凝土弯拉强度,防止混凝土拌合物离析,减少对摊铺机的机械磨损,提高混凝土的抗冻性及耐磨性,集料的最大粒径不宜过大。路面混凝土用粗集料最大公称粒径的规定:卵石为19.0 mm,碎卵石为26.5 mm,碎石为31.5 mm。

表1.25 路用粗集料的技术性能要求 (JTG/T F30—2014)

项次	技术指标		技术要求		
			Ⅰ级	Ⅱ级	Ⅲ级
1	碎石压碎指标①/%		≤18.0	≤25.0	≤30.0
2	卵石压碎指标/%		≤21.0	≤23.0	≤26.0
3	坚固性(按质量损失计)/%		≤5.0	≤8.0	≤12.0
4	针片状颗粒含量②(按质量计)%		≤8.0	≤15.0	≤20.0
5	含泥量(按质量计)%		≤0.5	≤1.0	≤2.0
6	泥块含量(按质量计)%		≤0.2	≤0.5	≤0.7
7	吸水率③(按质量计)/%		≤1.0	≤2.0	≤3.0
8	硫化物及硫酸盐④(按 SO_3 质量计)/%		≤0.5	≤1.0	≤1.0
9	洛杉矶磨耗损失⑤/%		≤28.0	≤32.0	≤35.0
10	有机物含量(比色法)		合格	合格	合格
11	岩石抗压强度④/MPa	岩浆岩	≥100		
		变质岩	≥80		
		沉积岩	≥60		
12	表观密度/(kg·m⁻³)		≥2 500		
13	松散堆积密度/(kg·m⁻³)		≥1 350		
14	空隙率/%		≤47		
15	磨光值⑤/%		≥35.0		
16	集料碱活性④		不得有碱活性反应或疑似碱活性反应		

注:①Ⅲ级粗集料用作贫混凝土基层时,碎石压碎值可放宽为不大于40.0%;
②Ⅲ级粗集料用作贫混凝土基层时,针片状颗粒含量可放宽为不大于25.0%;
③有抗冻及抗盐冻性要求时,应检验粗集料吸水率;
④硫化物及硫酸盐、集料碱活性、岩石抗压强度在粗集料使用前应至少检验一次;
⑤洛杉矶磨耗损失、磨光值仅在要求制作露石水泥混凝土面层时检测

为了保证施工质量,防止集料离析,路面混凝土中不得使用没有级配的统货粗集料。应按照最大公称粒径的不同,采用 2～4 个粗集料进行掺配,合成级配应符合表 1.26 的要求,且碎卵石或碎石集料中粒径小于 0.075 mm 的石粉含量不得大于 1%。

表 1.26 粗集料与再生粗集料级配范围及各种面层水泥混凝土最大公称粒径

级配类型		方孔筛尺寸/mm							
		2.36	4.75	9.50	16.0	19.0	26.5	31.5	37.5
		累计筛余百分率/%							
连续级配	4.75～16.0	95～100	85～100	40～60	0～10	—	—	—	—
	4.75～19.0	95～100	85～95	60～75	30～45	0～5	—	—	—
	4.75～26.5	95～100	90～100	70～90	50～70	25～40	0～5	0	—
	4.75～31.5	95～100	90～100	75～90	60～75	40～60	20～35	0～5	0
单粒级	4.75～9.5	95～100	80～100	0～15	0	—	—	—	—
	9.5～16.0	—	95～100	80～100	0～15	0	—	—	—
	9.5～19.0	—	95～100	85～100	40～60	0～15	0	—	—
	16.0～26.5	—	—	95～100	55～70	25～40	0～10	0	—
	16.0～31.5	—	—	90～100	85～100	55～70	25～40	0～10	0

各种面层水泥混凝土最大公称粒径/mm	交通荷载等级	极重、特重、重		中、轻	
	面层类型	水泥混凝土	纤维混凝土配筋混凝土	水泥混凝土	碾压混凝土砌块混凝土
	碎石	26.5	16.0	31.5	19.0
	破碎卵石	19.0	16.0	26.5	19.0
	卵石	16.0	9.5	19.0	16.0
	再生粗集料	—	—	26.5	19.0

与普通混凝土相比,路面混凝土对粗骨集料级配范围的要求更为严格,以保证粗集料形成骨架密实结构。粗集料级配对混凝土的弯拉强度影响很大,主要表现在振实后,粗集料能够逐级密实填充,形成高弯拉强度所要求的嵌挤力。另一方面,粗集料级配对混凝土的干缩性较为敏感,逐级密实填充的良好级配有利于减小混凝土的干缩。

⑤细集料的品种与质量要求。

a.细集料可采用质地坚硬、耐久、洁净的天然砂、机制砂和混合砂。

b.极重、特重、重交通荷载等级公路面层混凝土用天然砂的质量标准应不低于表 1.27 规定的Ⅱ级;中、轻交通荷载等级公路面层混凝土可使用Ⅲ级天然砂。天然砂的级配范围宜符合表 1.27 的规定,面层水泥混凝土使用的天然砂细度模数宜为 2.0～3.7。

表 1.27 天然砂的质量标准及推荐级配范围（JTG/T F30—2014）

天然砂的质量标准

项次	项目	技术等级		
		Ⅰ	Ⅱ	Ⅲ
1	坚固性（按质量损失计）/%	≤6.0	≤8.0	≤10.0
2	含泥量（按质量计）/%	≤1.0	≤2.0	≤3.0
3	泥块含量（按质量计）/%	≤0	≤0.5	≤1.0
4	氯离子含量①（按质量计）/%	≤0.02	≤0.03	≤0.06
5	云母（按质量计）/%	≤1.0	≤1.0	≤2.0
6	硫化物及硫酸盐①（按 SO_3 质量计）/%	≤0.5	≤0.5	≤0.5
7	海砂中的贝壳类物质含量（按质量计）/%	≤3.0	≤5.0	≤8.0
8	轻物质（按质量计）/%	≤1.0		
9	吸水率（按质量计）/%	≤2.0		
10	表观密度/(kg·m⁻³)	≥2 500.0		
11	松散堆积密度/(kg·m⁻³)	≥1 400.0		
12	空隙率/%	≤45.0		
13	有机物含量（比色法）	合格		
14	碱活性反应①	不得有碱活性反应或疑似碱活性反应		
15	结晶态二氧化硅含量②/%	≥25.0		

天然砂的推荐级配范围

砂分级	细度模数	方筛孔尺寸/mm							
		9.5	4.75	2.36	1.18	0.60	0.30	0.15	0.075
		通过各筛孔的质量百分率/%							
粗砂	3.1~3.7	100	90~100	65~95	35~65	15~30	5~20	0~10	0~5
中砂	2.3~3.0	100	90~100	75~100	50~90	30~60	8~30	0~10	0~5
细砂	1.6~2.2	100	90~100	85~100	75~100	60~84	15~45	0~10	0~5

注：①碱活性、氯离子含量、硫化物及硫酸盐在天然砂使用前应至少检验一次；
②按《公路工程集料试验规程》（JTG E42 T0324）岩相法，测定除隐晶质、玻璃质二氧化硅以外的结晶态二氧化硅的含量

c.极重、特重、重交通荷载等级公路面层混凝土用机制砂的质量标准应不低于表 1.28 规定的Ⅱ级；中、轻交通荷载等级公路面层混凝土可使用Ⅲ级机制砂。机制砂级配范围宜符合表 1.28 的规定。水泥混凝土面层用机制砂细度模数宜为 2.3~3.1。

表1.28 机制砂的质量标准及级配范围（JTG/T F30—201）

项次	项目		技术要求		
			Ⅰ	Ⅱ	Ⅲ
1	机制砂母岩的抗压强度/MPa		≥80.0	≥60.0	≥30.0
2	机制砂母岩的磨光值		≥38.0	≥35.0	≥30.0
3	机制砂单粒级最大压碎指标/%		≤20.0	≤25.0	≤30.0
4	坚固性（按质量损失计）/%		≤6.0	≤8.0	≤10.0
5	氯离子含量①（按质量计）/%		≤0.01	≤0.02	≤0.06
6	云母含量（按质量计）/%		≤1.0	≤2.0	≤2.0
7	硫化物及硫酸盐①（按SO_3质量计）/%		≤0.5	≤0.5	≤0.5
8	泥块含量（按质量计）/%		≤0	≤0.5	≤1.0
9	石粉含量/%	MB值<1.40或合格	<3.0	<5.0	<7.0
		MB值≥1.40或不合格	<1.0	<3.0	<5.0
10	轻物质（按质量计）/%		≤1.0		
11	吸水率/%		≤2.0		
12	表观密度/(kg·m^{-3})		≥2 500.0		
13	松散堆积密度/(kg·m^{-3})		≥1 400.0		
14	空隙率/%		≤45.0		
15	有机物含量（比色法）		合格		
16	碱活性反应①		不得有碱活性反应或疑似碱活性反应		

机制砂的级配范围

机制砂分级	细度模数	方筛孔尺寸/mm						
		9.5	4.75	2.36	1.18	0.60	0.30	0.15
		水洗法通过各筛孔的质量百分率/%						
Ⅰ级砂	2.3~3.1	100	90~100	80~95	50~85	30~60	10~20	0~10
Ⅱ、Ⅲ级砂	2.8~3.9	100	90~100	50~95	30~65	15~29	5~20	0~10

注：①碱活性、氯离子含量、硫化物及硫酸盐在机制砂使用前应至少检验一次

d. 机制砂宜采用碎石作为原料，并用专用设备经破碎、筛分制成。配筋混凝土路面及钢纤维混凝土路面中不得使用海砂。细度模数差值超过0.3的砂应分别堆放，分别进行配合比设计。采用机制砂时，外加剂宜采用引气高效减水剂或聚羧酸高性能减水剂。

水泥混凝土路面在通车运行1~2年后，水泥石将先于砂颗粒被磨损，暴露的凸起物将是砂颗粒，这些凸起的砂颗粒为路面提供足够的横向力系数和抗滑性能。当砂过细时，表面水泥浆磨损后，细砂所能提供的路面横向力系数和抗滑力较低，影响路面安全，所以路面混

凝土用砂不宜过细。而当砂较粗时,将引起混凝土拌合物严重泌水、路表不平整等问题。所以路面普通混凝土和钢纤维混凝土用砂的细度模数宜为 2.6～2.8。砂的细度模数变化对混凝土拌合物稠度影响较大,从而显著影响混凝土施工质量,所以,同一配合比用砂的细度模数变化范围不宜过大,施工中应将细度模数变异范围超过 0.3 的来源或产地不同的砂分别堆放,并按不同细度模数调整混凝土配合比中的砂率。

抗滑性能指路面与车辆轮胎之间受到制动时,沿表面滑移所产生的阻力。通常抗滑性能被看作是路面的表面特征,并用轮胎与路面间的摩阻系数表示。

路面表面特征包括路表面细构造和粗构造。细构造是指集料表面的粗糙程度,用石料磨光值表示;粗构造指由路表外露集料形成的构造,用构造深度表示。

⑥外加剂。

面层混凝土中,外加剂的产品质量除应符合国家和行业现行的标准外,还应符合表1.29的要求。外加剂产品应使用工程实际采用的水泥,集料和拌和用水进行试配,确定掺量及性能。外加剂复配使用时,不得有浆凝现象。

各种液体外加剂均应充分溶解成均匀水溶液,按配合比计算的剂量加入(同时扣除含水量);采用粉状外加剂时,应保证其分散均匀、搅拌充分、不得结块。

处在海水、海风、氯离子环境,冬季洒除冰盐的路面或桥面钢筋混凝土、钢纤维混凝土中可掺用或复配阻锈剂。阻锈剂的技术质量要求应符合现行《钢筋阻锈剂应用技术规程》(JGJ/T 192)的规定。

⑦水。

饮用水可以直接作为混凝土搅拌和养护用水,水中不得含有油污、泥及其他有害杂质。对水质有疑问时或使用非饮用水应进行水质检验,并应符合表 1.30 的规定,还应与蒸馏水进行水泥凝结时间与水泥胶砂强度的对比试验,对比试验的水泥初、终凝时间差不应大于 30 min,3 d、28 d 强度不低于蒸馏水配制强度的 90%。

养生用水可不检验不溶物和其他杂质,其他指标应符合表 1.30 中要求。

表 1.30 非饮用水水质标准 (JTG/T F30—2014)

项次	项目	钢筋混凝土及钢纤维混凝土	素混凝土
1	pH 值	≥5.0	≥4.5
2	$Cl^-/(mg \cdot L^{-1})$	≤1 000	≤3 500
3	$SO_4^{2-}/(mg \cdot L^{-1})$	≤2 000	≤2 700
4	碱含量/$(mg \cdot L^{-1})$	≤1 500	≤1 500
5	可溶物/$(mg \cdot L^{-1})$	≤5 000	≤10 000
6	不溶物/$(mg \cdot L^{-1})$	≤2 000	≤5 000
7	其他杂质	不应有漂浮的油脂和泡沫;不应有明显的颜色和异味	

(3)路面水泥混凝土配合比设计步骤。

道路混凝土以抗折强度为主要指标,因此设计时应根据设计抗折强度、耐久性、耐磨性、工作性等要求和经济合理的原则选用原材料。

表 1.29 水泥混凝土路面外加剂产品的质量标准 (JTG/T F30—2014)

试验项目		普通减水剂	高效减水剂	引气剂	引气减水剂	引气高效减水剂	缓凝剂	缓凝减水剂	缓凝高效减水剂	引气缓凝高效减水剂	早强剂	早强减水剂	早强高效减水剂	引气早强高效减水剂
减水率/%	≥	8	15	8	12	18	—	8	15	18	—	8	15	15
泌水率比/%	≤	100	90	80	80	90	100	100	100	80	100	95	90	95
含气量[①]/%		≤4.0	≤3.0	≥3.0	≥3.0	≥3.0	—	≤5.5	≤4.5	≥3.0	—	≤4.0	≤3.0	≥3.0
凝结时间差[②]/min	初凝	−90~	−90~	−90~	−90~	−60~	>+90	>+90	>+90	>+90	−90~	−90~	−90~	−90~
	终凝	+120	+120	+120	+120	+90					+90	+90	+90	+90
抗压强度比/% ≥	1 d	—	140	—	—	—	—	—	—	—	135	135	140	135
	3 d	115	130	95	115	120	100	—	125	120	130	130	130	130
	7 d	115	125	95	110	115	110	115	120	115	110	110	125	110
	28 d	110	120	90	100	105	110	110	115	110	100	100	120	100
弯拉强度比[③]/% ≥	1 d	—	—	—	—	—	—	—	—	—	130	130	135	130
	3 d	—	125	—	110	120	105	125	125	—	120	120	125	120
	28 d	105	115	105	110	115	125	125	125	110	100	105	110	110
收缩率比/% ≤	28 d	125	125	120	120	120	125	125	125	120	130	130	130	120
磨耗量[④]/(kg·m⁻³) ≤	28 d	2.5	2.0	2.5	2.5	2.0	2.5	2.5	2.5	2.5	2.5	2.5	2.0	2.0

注:① 引气剂与各种引气型减水剂质量标准中的"—"号表示提前,"+"号表示延缓,引气剂含气量1 h 最大经时损失应小于−1.5%;
② 凝结时间差之差质量标准中的"—"号表示提前,"+"号表示延缓;
③ 弯拉强度比仅用于路面层与桥面层混凝土时检验;
④ 磨耗量仅用于路面与桥面层混凝土时检验;
⑤ 除含气量外,表中所列数据为掺外加剂混凝土与基准混凝土的差值或比值

各级公路面层水泥混凝土宜采用正交试验法,二级及三级以下公路可采用经验式法。

该配合比设计适用于滑模摊铺机、三辊轴机组及小型机具3种施工方式的水泥面层混凝土目标配合比设计。

①配制弯拉强度 f_c。

路面混凝土强度变异性一部分来自实验室的试验误差,另一部分来自混凝土组成的变异和施工质量控制与管理变异。在进行配合比设计时,应考虑这两部分因素对混凝土强度的影响,路面普通混凝土的配制弯拉强度 f_c 按下式计算:

$$f_c = \frac{f_{cm}}{1-1.04C_v} + ts$$

式中　f_{cm}——混凝土的设计弯拉强度标准值,MPa;

　　　s——混凝土弯拉强度试验样本的标准差,MPa;

　　　t——保证率系数,参照表1.31;

　　　C_v——混凝土弯拉强度变异系数,应按照统计数据,当无统计数据时,可在表1.31规定范围内取值

表1.31　路面混凝土保证率系数及变异系数 C_v 的范围（JTG/T F30—2014）

公路等级	判别概率 P	样本数 n				
		3	6～8	9～14	15～19	≥20
高速公路	0.05	1.36	0.79	0.61	0.45	0.39
一级公路	0.10	0.95	0.59	0.46	0.35	0.30
二级公路	0.15	0.72	0.46	0.37	0.28	0.24
三级和四级公路	0.20	0.56	0.37	0.29	0.22	0.19
变异系数允许范围	0.05～0.10			0.10～0.15		0.15～0.20

②水胶比 $\frac{W}{C+F}$ 的计算、校核及确定。

a. 按照混凝土弯拉强度计算水胶比。

不同粗集料类型混凝土的水胶比按下式计算。

碎石(或破碎卵石混凝土): $\dfrac{W}{C+F} = \dfrac{1.5684}{f_c + 1.0097 - 0.3595 f_s}$

卵石混凝土: $\dfrac{W}{C+F} = \dfrac{1.2618}{f_c + 1.5492 - 0.4709 f_s}$

式中　W——水用量,kg/m³;

　　　C——水泥用量,kg/m³;

　　　F——掺合料用量,kg/m³;

　　　f_c——混凝土配制弯拉强度,MPa;

　　　f_s——胶凝材料28 d实测抗折强度,MPa(如不具备可参考普通混凝土配合比设计方法计算);

　　　$\dfrac{W}{C+F}$——水胶比。

b.耐久性校核确定水胶比。

按照路面混凝土的使用环境、道路等级及掺合料查表1.20,计算的水胶比不得大于表1.20中值,否则应取表中值。

③选择砂率β_s。

根据砂的细度模数和粗集料品种,查表1.32选取最优砂率β_s。用作抗滑槽混凝土的砂率可在表1.32的基础上增大1%～2%。

表1.32 砂的细度模数与最优砂率关系 (JTG/T F30—2014)

砂细度模数		2.2～2.5	2.5～2.8	2.8～3.1	3.1～3.4	3.4～3.7
砂率(β_s)/%	碎石混凝土	30～34	32～36	34～38	36～40	38～42
	卵石混凝土	28～32	30～34	32～36	34～38	36～40

注:细度模数相同时,机制动的砂率宜偏低限使用;破碎卵石可在碎石和卵石之间内插取值

④单位用水量m_{wo}。

a.不掺外加剂和掺合料时,混凝土单位用水量的计算。

单位用水量根据选定坍落度、粗集料品种、砂率及水胶比,按照经验式计算,其中砂、石材料质量以自然风干状态计。

碎石:　　$m_{wo} = 104.97 + 0.309SL + 11.27(C/W) + 0.61\beta_s$

卵石:　　$m_{wo} = 86.89 + 0.370SL + 11.24(C/W) + 1.00\beta_s$

式中　SL——坍落度,mm;

　　　β_s——砂率,%;

　　　C/W——灰水比。

b.掺外加剂时混凝土的单位用水量。

掺外加剂混凝土的单位用水量按下式计算:

$$m_{w,ad} = m_{wo}(1 - \beta_{ad})$$

式中　$m_{w,ad}$——掺外加剂时混凝土的单位用水量,kg/m³;

　　　m_{wo}——未掺外加剂时混凝土的单位用水量,kg/m³;

　　　β_{ad}——外加剂减水率的实测值,以小数计,kg/m³。

单位用水量计算值当大于表1.17或表1.18中规定值时,应通过采用减水率更高的外加剂降低单位用量。

⑤单位水泥用量m_{co}的确定。

单位水泥用量m_{co}按下式计算:

$$m_{co} = m_{wo} \times \frac{C+F}{W}$$

式中　m_{wo}——单位用水量,kg/m³;

　　　$\frac{C+F}{W}$——混凝土的胶水比。

其计算结果值小于表1.20规定时,应取表中规定值。

⑥单位粉煤灰用量。

路面混凝土中掺用粉煤灰时,其配合比应按照超量取代法进行。Ⅰ、Ⅱ、Ⅲ级粉煤灰的超量取代系数分别为1.1～1.4,1.3～1.7,1.5～2.0。粉煤灰最大掺量:Ⅰ型硅酸盐水泥≤

30%；Ⅱ型硅酸盐水泥≤25%；道路水泥≤20%。粉煤灰取代水泥的部分应扣除等量水泥，粉煤灰的超量部分应代替砂，并折减用砂量。

⑦砂石材料用量 m_{so} 和 m_{go}。

一般道路混凝土中的砂石材料用量的计算采用体积法或质量法，方法同普通混凝土配合比设计。

经计算得到的配合比应验算单位粗集料填充体积率（体积率＝每立方米石子用量/石子振实密度），且不宜小于70%。

混凝土的初步配合比确定后，应对该配合比进行试配、调整，确定其设计配合比，有关方法同普通混凝土配合比设计方法。

(4)路面混凝土配合比设计例题。

①设计要求。

某高速公路路面工程混凝土（无抗冰冻性要求），要求混凝土设计弯拉强度标准值 $f_{cm}=5.0$ MPa，施工单位混凝土弯拉强度样本的标准差 $s=0.4$ MPa（$n=9$）。混凝土由机械搅拌并振捣，采用滑模摊铺机摊铺，施工要求坍落度为 10～30 mm。试确定该路面混凝土配合比。

②组成材料。

硅酸盐水泥 P.Ⅱ 52.5 级，实测水泥 28 d 抗折强度为 8.2 MPa，水泥密度 $\rho_c=3\,100$ kg/m³；中砂表观密度为 $\rho_s=2\,630$ kg/m³，细度模数为 2.6，碎石粒径为 5～40 mm，表观密度为 $\rho_g=2\,700$ kg/m³，振实密度为 $\rho_{gh}=1\,701$ kg/m³；拌和用水为自来水。

③设计计算。

a.计算配制弯拉强度（$f_{cu,o}$）。

当高速公路路面混凝土样本数为9时，保证率系数 t 为 0.61。

按照表1.31，高速公路路面混凝土变异水平等级为"低"，变异系数 $C_v=0.05\sim0.10$，取中值 0.075，根据设计要求，$f_{cu,o}=5.0$ MPa，将以上参数带入公式得混凝土配制弯拉强度为

$$f_c=\frac{f_{cm}}{1-1.04C_v}+ts=\frac{5.0}{1-1.04\times0.075}+0.61\times0.4\ \text{MPa}=5.67\ \text{MPa}$$

b.确定水胶比 $\frac{W}{C+F}$。

按弯拉强度计算水灰比。由所给资料，水泥实测抗折强度 $f_s=8.2$ MPa，计算得到的混凝土配制弯拉强度 $f_c=5.67$ MPa，粗集料为碎石，代入公式计算混凝土的水胶比为

$$\frac{W}{C+F}=\frac{1.568\,4}{f_c+1.009\,7-0.359\,5\times f_s}=\frac{1.568\,4}{5.67+1.009\,5\times8.2}=0.42$$

耐久性校核：混凝土为高速公路路面所用，无抗冰冻性要求，查表1.20得最大水胶比为0.44，故按照强度计算的水胶比结果符合要求，取水胶比为0.42，胶水比 $\frac{C+F}{W}=2.38$。

c.确定砂率（β_s）。

由砂的细度模数为2.6，碎石，查表1.32取混凝土砂率 $\beta_s=34\%$。

d.确定单位用水量（m_{wo}）。

由坍落度要求 10～30 mm，取 20 mm，胶水比为 2.38，砂率 34%，代入公式，计算单位

用水量为

$$m_{wo} = (104.97 + 0.309 \times 20 + 11.27 \times 2.38 + 0.61 \times 34) \text{kg/m}^3 = 159 \text{ kg/m}^3$$

查表 1.17 得最大单位用水量为 160 kg/m³,故取计算单位用水量为 159 kg/m³。

e. 确定单位水泥用量(m_{co})。

将单位用水量 159 kg/m³、胶水比为 2.38 代入公式,计算单位水泥用量为

$$m_{co} = \frac{C+F}{W} \times m_{wo} = (2.38 \times 159) \text{kg/m}^3 = 378 \text{ kg/m}^3$$

查表 1.20 最小水泥用量为 300 kg/m³,由此取计算水泥用量为 378 kg/m³。

f. 计算粗集料用量(m_{go})及细集料用量(m_{so})。

将上面的计算结果带入公式:

$$\frac{m_{so}}{2\,630} + \frac{m_{go}}{2\,700} = 1 - \frac{378}{3\,100} - \frac{159}{1\,000} - 0.01 \times 1 = 0.709$$

$$\frac{m_{so}}{m_{so} + m_{go}} = 0.34$$

求解得:砂用量 $m_{so} = 645$ kg/m³,碎石用量 $m_{go} = 1\,253$ kg/m³。

验算:$m_{go}/\rho_{gh} \times 100\% = 1\,253/1\,701 \times 100\% = 73.7\%$,超过 70%,符合要求。

由此确定路面混凝土初步配合比为 $m_{co} : m_{wo} : m_{so} : m_{go} = 378 : 159 : 645 : 1\,253$。

路面混凝土的基准配合比、设计配合比与施工配合比设计内容和操作与普通混凝土相同。

(5)混凝土强度评定。

① 水泥路面混凝土弯拉强度评定(JTG/T F30—2014)。

a. 混凝土弯拉强度试验方法。

应使用标准小梁法或钻芯劈裂法试件,使用标准方法制作,标准养护时间 28 d。高速公路和一级公路每工作班制作 2~4 组:日进度大于 1 000 m 取 4 组,大于等于 500 m 取 3 组,小于 500 m 取 2 组。其他公路每工作班制作 1~3 组:日进度大于 1 000 m 取 3 组,大于等于 500 m 取 2 组,小于 500 m 取 1 组。每组 3 个试件的平均值作为一个统计数据。

b. 混凝土弯拉强度的合格标准。

(a)试件组数大于 10 组时,平均弯拉强度合格判断式为

$$f_{cs} \geq f_r + K\sigma$$
$$\sigma = C_v \bar{f_c}$$

式中 f_{cs}——混凝土合格判定平均弯拉强度,MPa;

f_r——设计弯拉强度标准值,MPa;

K——合格判定系数,当试件组数 $n=11\sim14$ 时,$K=0.75$;当 $n=15\sim19$ 时,$K=0.70$;当 $n \geq 20$ 时,$K=0.65$;

σ——强度标准差。

(b)当试件组数为 11~19 组时,允许有一组最小弯拉强度小于 $0.85f_r$,但不小于 $0.80f_r$。当试件组数大于 20 组时,高速公路和一级公路均不得小于 $0.85f_r$,其他公路允许有一组最小弯拉强度小于 $0.85f_r$,但不得小于 $0.75f_r$。

(c)试件组数等于或小于 10 组时,可用非统计方法评定,试件平均强度不小于 $1.15f_r$,

任一组强度均不得小于 $0.85f_r$。

c. 当标准小梁合格判定平均弯拉强度 f_{cs}、最小弯拉强度 f_{min} 和统计变异系数 C_v 中有一个不符合上述要求时,应在不合格路段每公里每车道钻取 3 个以上 $\phi150$ mm 的芯样,实测劈裂强度,通过各自工程的经验统计公式换算弯拉强度,其合格判定平均弯拉强度 f_{cs} 和最小值 f_{min} 必须合格,否则应返工重铺。

d. 实测项目中,水泥混凝土弯拉强度评为不合格时相应分项评为不合格。

②公路水泥混凝土抗压强度评定(JTG E80/1—2004)。

a. 对混凝土的强度,应制取试件检验其在标准养护条件下 28 d 龄期的抗压极限强度。试件取组数应符合下列规定:

(a)不同强度等级及不同配合比的混凝土应分别制取试件,试件应在浇筑地点或拌和地点随机制取。

(b)浇筑一般体积的结构物(如基础、墩台等)时,每一单元结构物应制取 2 组。

(c)桩身混凝土抗压强度应符合设计规定,并按下列要求制取试件:每根钻孔桩至少应制取 2 组;桩长 20 m 以上者不少于 3 组;桩径大、浇筑时间很长时,不少于 4 组;如果换工作班时,每工作班应制取 2 组。

(d)连续浇筑大体积结构物混凝土时,每 80~200 m³ 或每一工作班应制取 2 组。

(e)上部结构,主要构件长 16 m 以下应制取 1 组,16~30 m 制取 2 组,31~50 m 制取 3 组,50 m 以上者不少于 5 组。小型构件每批或每一工作班制取不少于 2 组。

(f)小型构筑物(小桥涵、挡土墙)每一座或每工作班制取不少于 2 组;当原材料和配合比相同,并由同一拌和站拌制时,可几座或几处合并制取 2 组。

(g)应根据施工需要,制取与结构物同条件养护的试件作为考核结构混凝土在拆模、出池、吊装、预施应力、承受荷载等阶段强度的依据。

b. 水泥混凝土抗压强度的合格标准。

混凝土抗压强度应以标准条件下养护 28 d 龄期试件的抗压强度进行评定,其合格条件如下:

(a)应以强度等级相同、龄期相同以及生产工艺条件和配合比相同的混凝土组成同一验收批,同一验收批的混凝土强度应以同批内所有各组标准尺寸试件的强度测定值(当为非标准尺寸试件时应进行强度换算)为代表值。

(b)大桥等重要工程及中小桥、涵洞工程的试件大于或等于 10 组时,应以数理统计方法按下述条件评定:

$$R_n - K_1 S_n \geqslant 0.9R$$
$$R_{min} \geqslant K_2 R$$

式中 R_n——同批 n 组试件强度的平均值,MPa;

n——同批混凝土试件组数;

R_n——同批 n 组试件强度的标准差(MPa),当 $S_n < 0.06R$ 时,取 $S_n = 0.06$;

R——混凝土设计强度等级,MPa;

R_{min}——n 组试件中强度最低一组的值,MPa;

K_1,K_2——合格判定系数,当 $n \geqslant 25$ 时,$K_1 = 1.6$,$K_2 = 0.85$;当 $n = 15$~24 时,$K_1 = 1.65$,$K_2 = 0.85$;当 $n = 10$~14 时,$K_1 = 1.70$,$K_2 = 0.9$。

(c)中小桥及涵洞等工程,同批混凝土试件少于 10 组时,可用非统计方法按下述条件进行评定:

$$R_n \geqslant 1.15R$$
$$R_{min} \geqslant 0.95R$$

③实测项目中,水泥混凝土抗压强度评为不合格时相应分项工程为不合格。

第三节　水泥混凝土的技术性质

概括地讲,水泥混凝土的技术性质可分为混凝土拌合物的工作性质、硬化混凝土的力学性质及硬化后长期性和耐久性 3 个方面。尤其对高性能混凝土来讲,耐久性已作为混凝土设计的主要指标。

一、混凝土拌合物的工作性

(一)工作性的含义

工作性又称为和易性,指混凝土拌合物具有流动性、可塑性、稳定性和易密性等多方面的综合性能,或说是混凝土适宜于施工操作,满足施工要求性能的指标,其意义是为了获得满意的硬化后混凝土的各种性能。

(二)工作指标及要求

1. 流动性

流动性指混凝土拌合物在自重或机械振捣的作用下,能产生流动,并均匀密实地填满模板的性能。干硬性混凝土用维勃稠度表示,其他混凝土用坍落度表示。当坍落度大于 220 mm 时,用坍落扩展度表示。

2. 可塑性

可塑性指拌合物在外力的作用下产生塑性变形,不发生脆性断裂的性质。

3. 易密性

易密性指拌合物在自重的条件下克服摩擦阻力达到密实程度的能力。

4. 稳定性

稳定性指拌合物在外力和各材料自重力的作用下,集料与水泥浆体及胶凝材料与水不产生离析或出现泌水现象,且保持均匀分布。

5. 坍落度

坍落度是测量拌合物在抵抗其自重作用下克服剪切阻力所产生的变形。通俗地说即为测量坍落度筒的高度与试验后的混凝土拌合物锥台体在自重力的作用下锥台体自由坍落后的最高点之差,单位为 mm,如图 1.3 所示。

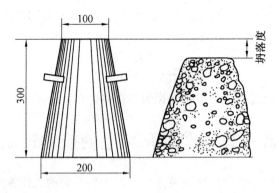

图 1.3 坍落度

坍落度是混凝土拌合物稠度的表示方法之一,其范围为 10～220 mm。

坍落度试验适用于集料公称最大粒径不大于 31.5 mm,坍落度不小于 10 mm 的混凝土拌合物,但当坍落度大于 220 mm 时就不能很好地反应混凝土拌合物的稠度。

坍落度目前是人们最常用最直观的衡量混凝土流动状态的一种方法,同时还是评价混凝土好坏的一种指标。但应当提醒的是,坍落度不是混凝土的需要,而仅是混凝土施工的工艺需要。实际上坍落度对混凝土本质潜藏着危害性,如混凝土易产生裂缝,降低混凝土的耐久性等,同时因坍落度的存在而使水泥用量和水用量增大,使混凝土工程成本增加,并随着坍落度的增大而加重危害和加大成本。可是,坍落度的存在不仅解决了施工的难题,而且使混凝土施工更加便捷,大大降低了劳动强度等,所以其危害性被掩盖,这是有待以后探讨的问题。

6. 坍落扩展度

当混凝土坍落度大于 220 mm 时,其拌合物在自重力的作用下向周边自由流动停止后,所形成的大致的圆形状体的直径为扩展度,单位为 mm,如图 1.4 所示。该直径为该圆形的最大和最小直径的平均值,且两直径之差小于 50 mm,否则需重新试验。注:在坍落度扩展度试验时,最大直径和最小直径的差值为什么有时大于 50 mm?原因可能是:插捣不均匀,提筒时歪斜;底板干湿不匀;底板倾斜等原因引起的对混凝土扩展的阻力不同造成的,应查明原因后重做。

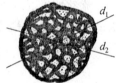

图 1.4 坍落扩展度

$$扩展度 = (d_1 + d_2)/2$$

坍落扩展度的意义在于,当坍落度为 10～220 mm 时,用坍落度表示具有良好的反应能力;当大于 220 mm 时,则因粗集料的堆积偶然性,就不能很好地反映拌合物的稠度,因此用坍落扩展度来表示大于 220 mm 坍落度时的稠度。

一般情况下坍落度为 180 mm 时,扩展度与坍落度之比为 1.5～1.8,则工作性可满足要求。大流动性的混凝土扩展度值分别处于 550～650 mm,240～260 mm 时,与坍落度比值为 2.1～2.7。

7. 维勃稠度

当坍落度较小时(10 mm 以下,一般指干硬混凝土),用维勃稠度仪测定混凝土拌合物的稠度,称为维勃稠度,单位用秒(s)表示,适用于维勃稠度为 5～30 s 的混凝土拌合物。

8. 混凝土拌合物稠度的表示方法

混凝土拌合物稠度可采用坍落度、维勃稠度或扩展度表示。坍落度检验适用于坍落度不小于 10 mm 不大于 220 mm 的混凝土拌合物；维勃稠度检验适用于维勃稠度为 5~30 s 的混凝土拌合物；扩展度适用于泵送高强混凝土和自密实混凝土。

9. 坍落度、维勃稠度和扩展度的等级划分及其稠度允许偏差

表 1.33 是混凝土拌合物的坍落度等级划分。表 1.34 是混凝土拌合物的维勃稠度等级划分。表 1.35 是混凝土拌合物的扩展度等级划分。表 1.36 是混凝土拌合物稠度允许偏差。

表 1.33 混凝土拌合物的坍落度等级划分（GB 50164—2011）

等级	坍落度/mm
S1	10~40
S2	50~90
S3	100~150
S4	160~200
S5	≥220

表 1.34 混凝土拌合物的维勃稠度等级划分（GB 50164—2011）

等级	维勃稠度/s
V0	≥31
V1	30~21
V2	20~11
V3	10~6
V4	5~3

表 1.35 混凝土拌合物的扩展度等级划分（GB 50164—2011）

等级	扩展度/mm	等级	扩展度/mm
F1	≤340	F4	490~550
F2	350~410	F5	560~620
F3	420~480	F6	≥630

表 1.36 混凝土拌合物稠度允许偏差（GB 50164—2011）

拌合物性能				
			允许偏差	
坍落度 /mm	设计值	≤40	50～90	≥100
	允许偏差	±10	±20	±30
维勃稠度 /s	设计值	≥11	10～6	≤5
	允许偏差	±3	±2	±1
扩展度 /mm	设计值	≥350		
	允许偏差	±30		

10. 混凝土拌合物对坍落度的要求

应在满足施工要求的前提下，尽可能采用较小的坍落度，泵送混凝土拌合物坍落度设计值不宜大于 180 mm。混凝土拌合物的坍落度经时损失的规定：不应影响混凝土的正常施工。泵送混凝土拌合物的坍落度经时损失不宜大于 30 mm/h。浇筑时的坍落度应根据工程部位的情况（断面尺寸大小、钢筋疏密等）、施工工艺（拌和、运距、振捣）情况，综合确定，见表 1.37。坍落度的设计值应在浇筑需要的坍落度的基础上并充分考虑坍落度运至现场及浇筑完毕所产生的经时损失量。一般情况需大于浇筑时坍落度的 30～60 mm。坍落度经时损失的含义：混凝土拌合物出机后与经过一段时间的坍落度值之差。经时损失可以是正值，也可以是负值。正值为减少，负值为增大。

表 1.37 混凝土浇筑时的坍落度要求

构件种类	坍落度/mm
基础或地面等的垫层、无配筋的大体积结构（挡土墙、基础等或配筋稀的结构）	10～30
板、梁和大型及中型截面的柱子	30～50
配筋密列的结构（薄壁、斗仓、筒仓、细柱等）	50～70
配筋特密的结构	70～90

11. 泵送高强度混凝土及自密混凝土的坍落扩展度要求

泵送高强混凝土的坍落扩展度不宜小于 500 mm；自密实混凝土的坍落扩展度不宜小于 600 mm。

12. 含气量

含气量是指单位体积混凝土与砂浆所含气体的体积之比。

混凝土拌合物存在的气相有两类：一是引气剂引入的均匀、稳定、封闭的且大多小于 200 μm 的微小气泡；二是浇筑、振捣过程中混入的，并被封闭在拌合物中的空气。

气泡仅存在于胶凝材料浆体中，对于含气量相同的混凝土，若集料含量高，则浆体中的含气量高；若集料含量低，则浆体中的含气量相对较低。含气量可增大流动性，但降低混凝土强度。含气量每增大 1%，坍落度可增加 10 mm 左右，其抗压强度下降 4%～6%，抗折强度降低 2%～3%；含气量可减少泌水量达 30%～40%；含气量在 1%～6% 范围内可随着含气量的增大，抗冻性提高 1～6 倍；但含气量超过 6% 时，抗冻性反而下降。含气量对抗渗、抗腐蚀、碳化性能有较大提高,使钢筋避免生锈,碳化速度减慢;含气量会使混凝土中钢筋黏结强度有所下降。含气量的测定可采用质量法、体积法、压力法等,我国标准《普通混凝土拌合物性能试验方法》(GB/T 50080—2002)规定用气压法。

13. 混凝土密度(拌合物容积密度)

单位体积捣实拌合物的质量称为密度或容积密度,密度一般为 2 360～2 450 kg/m³。引气或混入空气均将导致容积密度降低。

密度的大小随坍落度增加而减小,同时与石子的规格、大小有关,这些在计算配合比时应予以考虑。混凝土拌合物的密度与坍落度、石子种类、规格的关系见表1.38。

表1.38 混凝土拌合物的密度与坍落度、石子种类、规格的关系

坍落度	碎石粒径为15 mm时的密度 /(kg·m⁻³)	碎石粒径为20 mm时的密度 /(kg·m⁻³)	卵石的密度
0～10	2 420	2 430	相应增加约20 kg
10～30	2 410	2 420	
30～50	2 400	2 410	
50～70	2 390	2 400	
70～90	2 380	2 390	

14. 混凝土拌合物的要求

混凝土拌合物应具有良好的和易性,并不得离析或泌水。混凝土拌合物的凝结时间要求:应满足施工要求和混凝土性能要求。

(三)坍落度与坍落扩展度测定方法及黏聚性保水性的判断

本方法适用于骨料最大粒径不大于40 mm、坍落度不小于10 mm的混凝土拌合物稠度测定。

坍落度与坍落扩展度试验所用的混凝土坍落度仪应符合《混凝土坍落度仪》(JG—3021)中有关技术要求的规定。

坍落度与坍落扩展度试验应按下列步骤进行:

(1)湿润坍落度筒及底板,在坍落度筒内壁和底板上应无明水。底板应放置在坚实水平面上,并把筒底放在底板中心,然后用脚踩住两边的脚踏板,坍落度筒在装料时应保持固定的位置。

(2)把按要求取得的混凝土试样用小铲分3层均匀地装入筒内,使捣实后每层高度为筒高的$\frac{1}{3}$左右;每层用捣棒插捣25次。插捣应沿螺旋方向由外向中心进行,各次插捣应在截面均匀分布。插捣筒边混凝土时,捣棒可以稍稍倾斜。插捣底层时,捣棒应贯穿整个深度,捣插第二层和顶层时,捣棒应插透本层至下一层的表面;浇灌顶层时,混凝土应灌到高出筒口。在插捣过程中,如混凝土沉降到低于筒口,则应随时添加;顶层插捣完后,刮去多余的混凝土,并用抹刀抹平。

(3)清除筒边底板上的混凝土后,垂直平稳地提起坍落度筒。坍落度筒的提离过程应在

5～10 s内完成;从开始装料到提坍落度筒的过程应不间断地进行,并应在150 s内完成。

(4)提起坍落度筒后,测量筒高与坍落后混凝土试体最高点之间的高度差,即为该混凝土拌合物的坍落度值;坍落度筒提离后,如果混凝土发生崩坍或一边剪坏现象,则应重新取样另行测定;如果第二次实验仍出现上述现象,则表示该混凝土和易性不好,应予记录备查。

(5)观察做完坍落度后的混凝土试体的黏聚性及保水性。黏聚性的检查方法是用捣棒在已坍落的混凝土锥体侧面轻轻敲打,此时如果锥体逐渐下沉,则表示黏聚性良好;如果锥体倒塌、部分崩裂或出现离析现象,则表示黏聚性不好。保水性以混凝土拌合物稀浆析出的程度来评定,坍落度筒提起后如有较多的稀浆从底部流出,锥体部分的混凝土也因失浆而骨料外露,则表明此混凝土拌合物的保水性能不好;如果坍落度筒提起后无稀浆或仅有少量稀浆自底部流出,则表示混凝土拌合物保水性良好。

(6)当混凝土拌合物的坍落度大于220 mm时,用钢尺测量混凝土扩展后最终的最大直径和最小直径,在这两个直径之差小于50 mm的条件下,用其算术平均值作为坍落扩展度值;否则,此次试验无效。

如果发现粗骨料在中央集堆或边缘有水泥浆析出,表示此混凝土拌合物抗离析性不好,应予记录。

(四)维勃稠度测定方法

本方法适用于骨料最大粒径不大于40 mm,维勃稠度在5～30 s之间的混凝土的拌合物稠度测定。坍落度不大于50 mm或干硬性混凝土和维勃稠度大于30 s的特干硬性混凝土拌合物的稠度可采用《普通混凝土拌合物性能试验方法标准》(GB/T 50080)附录A增实因数法来测定。

维勃稠度试验所用维勃稠度仪应符合《维勃稠度仪》(JG-3043)中技术要求的规定。

维勃稠度试验应按下列步骤进行:

(1)维勃稠度仪应放置在坚实水平面上,用湿布把容器、坍落度筒、喂料斗内壁及其他用具润湿。

(2)将喂料斗提到坍落度筒上方扣紧,校正容器位置,使其中心与喂料中心重合,然后拧紧固定螺丝。

(3)把按要求取样或制作的混凝土拌合物试样用小铲分3层经喂料斗均匀地装入筒内,装料与插捣的方法同坍落度测定的规定。

(4)把喂料斗转离,垂直地提起坍落度筒,此时应注意不使混凝土试体产生横向的扭动。

(5)把透明圆盘转到混凝土圆台体顶面,放松测杆螺钉,降下圆盘,使其轻轻接触到混凝土顶面。

(6)拧紧定位螺杆,并检查测杆螺钉是否已经完全放松。

(7)在开启振动台的同时用秒表计时,当振动到透明圆盘的底面被水泥浆布满的瞬间停止计时,并关闭振动台。

(8)由秒表读出的时间即为该混凝土拌合物的维勃稠度值,精确至1 s。

(五)混凝土拌合物的质量评价指标

1. 稠度方面

稠度方面坍落度试验是重要指标之一。对流态混凝土,用坍落扩展度来评价其稠度。

2. 棍度

棍度是指插捣混凝土拌合物时的难易程度,分上、中、下3级。

上:表示容易插捣;

中:表示插捣时稍有石子阻滞的感觉;

下:表示很难插捣。

3. 含砂情况

含砂情况指拌合物外观砂的多少,分多、中、少3级。

多:表示用馒刀抹拌合物表面时,一两次可以使拌合物表面平整无蜂窝;

中:表示抹五六次才可使表面平整无蜂窝;

少:表示抹面困难,不易抹平,有空隙及石子外露的现象。

4. 黏聚性

黏聚性评定方法是用捣棒在已坍落的混凝土锥体侧面轻轻拍打,如果锥体在轻打后逐渐下沉,则表示黏聚性良好;如果锥体突然倒坍、部分崩裂或发生石子离析现象,则表示黏聚性不好。

5. 保水性

保水性指水分从拌合物中析出的情况,分多量、少量、无。

多量:表示提起坍落度筒后,有较多的水从底部析出;

少量:表示提起坍落度筒后,有少量的水从底部析出;

无:表示提起坍落度筒后,没有水分从底部析出。

二、硬化后混凝土的性质

(一)混凝土强度

1. 强度的含义

硬化后的混凝土结构承受或抵抗各种力而不被破坏的能力,称为强度。强度是混凝土最主要的性质之一。硬化混凝土可看作是多组分、多复合材料,其强度取决于各组成材料及其界面的强度和混凝土的密实程度(内部的空(孔)隙率)。混凝土内的空隙率是由于在成型混凝土的过程中因离析、泌水、引气等原因造成的。界面区往往空隙率较高,是混凝土中强度最为薄弱的区域。这一区域是无法避免的,但可以通过各种途径予以减少,从而配制出更高强度的混凝土。

2. 混凝土强度的形成

根据多年的研究试验表明,混凝土强度来源可归纳为3种:胶凝材料的水化和自身的强度;胶凝材料与集料的吸附作用(范德华力作用);集料的机械咬合力和化学键作用。

范德华力作用指在硬化的水泥石及集料接触面上,由不饱和的分子力引起的吸附作用。机械咬合力则产生于粗糙集料表面,特别是多孔集料,水泥浆体渗入其孔隙,硬化后将互相阻碍其位移形成机械咬合力。化学键作用指集料中的某些成分,在一定条件下能与水泥组分发生腐蚀性界面反应,形成更强的化学键结合(如石英砂、碳酸钙、碳酸镁等集料)。

3. 混凝土强度的种类

在工程建设中,常把混凝土强度分为抗压强度、抗折强度、抗拉强度、变形静力受压弹性模量、收缩疲劳强度、与钢筋的黏结强度、抗冲击强度和抗剪强度。在工程中只要没有特别说明,所说的强度均指抗压强度。抗压强度为其他强度的代表,由抗压强度可换算其他强度。

4. 各强度之间的关系

高强混凝土的直接拉伸强度 σ_z 为抗压强度 σ_c 的 $1/24\sim1/20$;劈裂拉伸强度 σ_p 为抗压强度的 $1/18\sim1/15$;弯曲拉伸强度 σ_w 为抗压强度的 $1/12\sim1/8$;其关系式为

$$\sigma_p = 0.3\sigma_c^{2/3}, \sigma_w = 0.21\sigma_c^{2/3}$$

普通强度的混凝土的抗折强度 σ_w 为抗压强度 σ_c 的 $1/10\sim1/5$,为劈裂抗拉强度的 $1.5\sim3.0$ 倍;劈裂抗拉强度 σ_p 为抗压强度 σ_c 的 $1/13\sim1/10$;直接拉伸强度约为劈裂强度的 0.9 倍,其关系式为

$$\sigma_p = 0.19\sigma^{3/4}, \sigma_w = 0.3\sigma_c^{2/3}$$

混凝土抗剪强度与抗压强度的比值随强度提高而减小,一般为 $1/6\sim1/4$,抗剪强度为抗拉强度的 2.5 倍左右。

混凝土的抗拉和抗折强度远低于抗压强度。拉伸强度的测试方法有直接拉伸(σ_z)、劈裂拉伸(σ_p)和弯曲拉伸(σ_w),弯曲拉伸强度也称为抗折强度。

(二)混凝土的变形(弹性变形与收缩、徐变)

混凝土的变形是指混凝土在工作状态下,由于外加荷载、湿度、温度变化等原因,会产生可逆的、不可逆的以及经时的变形,大致可分为弹性变形、收缩和徐变等。

1. 弹性变形

当材料承受荷载时变形立即出现,卸去荷载时变形立即消失的性质,称为弹性变形,常采用弹性模量表示。然而混凝土不是一个真实的弹性材料,即使持荷时间很短,卸去荷载后仍有部分变形不能回复,呈塑性状态,因此人们又常把混凝土称为弹塑材料。通常把混凝土承载瞬时产生的应变称为弹性变形,而把持荷期间产生的变形称为徐变,但两者难以严格分开。一般认为,加载力在混凝土抗压强度的60%以下时,混凝土变形、应力与应变大体呈线性关系。

2. 混凝土的弹性模量

我国混凝土结构设计规范中常根据普通强度混凝土抗压强度 σ_c 进行计算静力抗压弹性模量,其计算公式为

$$E_c = 10^5/(2.2 + 34.7/\sigma_c)$$

但对高强度混凝土,上式计算结果低于实测值。由上式可以看出,弹性模量与抗压强度有关,强度大则弹性模量变大,强度小则弹性模量变小,因此影响混凝土强度的因素都会影响弹性模量。

另外,弹性模量对集料的性质和数量更加敏感。水泥石的弹性模量比普通集料要小很多。如果把混凝土看作是复合材料,其弹性模量可按下式计算:

$$E_c = E_p V_p + E_a V_a$$

式中 E_c, E_p, E_a——混凝土、水泥石和集料的弹性模量；

V_p, V_a——水泥石和集料的体积率。

由上式可以看出，集料弹性模量越高，用量越大，混凝土的强度越大。集料、水泥石和混凝土的弹性模量范围见表1.39。不同强度等级的混凝土弹性模量见表1.40。

表1.39　集料、水泥石和混凝土的弹性模量范围(GPa)

项　目	普通混凝土	轻集料混凝土
集　料	70～140	14～35
水 泥 石	7～28	7～28
混 凝 土	14～42	10～18

表1.40　不同强度等级的混凝土弹性模量

混凝土强度等级	C15	C20	C25	C30	C35	C40	C45	C50	C55	C60	C65	C70	C75	C80
$E_c/10^4$	2.2	2.55	2.8	3.0	3.15	3.25	3.35	3.45	3.55	3.65	3.65	3.7	3.75	3.8

集料几何形状和最大尺寸对弹性模量也有一定影响，混凝土的抗拉弹性模量比抗压弹性模量略低。

当采用引气剂及较高砂率的泵送混凝土且无实测数据时，表1.40中C50～C80的 E_c 值应乘以折减系数0.95。

3. 混凝土的泊松比

混凝土受到应力作用时，应力方向（纵向）和垂直于应力方向（横向）都会产生应变（变形），且纵向变形大于横向变形，横向应变和纵向应变之比称为泊松比。饱水状态水泥石比干燥后的水泥石泊松比要大些，前者为0.2～0.3，后者为0.18。各类混凝土的泊松比为0.15～0.20。高强混凝土在弹性阶段的泊松比与普通混凝土没有很大差别，在非弹性阶段小于普通强度混凝土。即高强度混凝土抗压时，横向受到更大的环箍作用（环箍作用指试件受压时，试件的受压面与承压板之间的摩擦力对试件受压时相对于承压板的横向膨胀起的约束作用）。

4. 混凝土的收缩及收缩原因、种类、预防

所谓收缩是指混凝土材料因物理化学作用而产生体积缩小的现象，它是混凝土的一个重要性能。在一般使用条件下，由于混凝土的收缩而引起的应力足以使结构产生变形甚至开裂，从而降低混凝土的强度和刚度；还会使混凝土内部产生微裂缝，破坏混凝土的微观结构，降低耐久性。对于预应力钢筋混凝土结构，收缩会产生预应力损失和结构内部的应力重分布，施工期间的收缩还会影响施工控制。

混凝土按收缩产生的原因可划分为4种类型，见表1.41。

表 1.41　混凝土收缩的类型及其特征

类型	主要特征	可能数值
塑性收缩	混凝土拌合物刚成型后,固体颗粒下沉,混凝土内部水分向表面迁移(泌水),表面水分向空气中蒸发,当泌水速率小于蒸发速率时表面将产生裂缝,特别是夏季炎热气候风速大时浇筑混凝土,应加强表面保水养护。使用直径微小的聚丙烯纤维可以防止固体颗粒下沉,减小塑性收缩	一般为1%左右
干缩	硬化混凝土置于非饱和的空气中,由于失水也将产生收缩。空气湿度越低,失水越多,收缩越大。失水随时间增长而增加的趋势与试件尺寸、养护状况、混凝土毛细孔隙率、试件本身的含水量等因素有关。干缩值与失水量的关系还取决于混凝土本身对变形的约束状况,例如弹性模量高、配筋率大、使用弹性模量高的纤维可减小干缩变形	$(150\sim 1\,000)\times 10^{-6}$
自身收缩	在密闭条件下,外界对混凝土不供水,混凝土也不向外界蒸发水,在水灰比低于理论最小值(0.42左右)时,一方面毛细孔水被用于水泥水化,弯液面的毛细孔失去,产生收缩,另一方面尽管水泥水化固相体积增加,但液相水转化为固相水后,比容降低,总体积减小。因此,在混凝土硬化前会通过外观体积收缩表现出来,称为化学收缩,混凝土硬化后则无外观体积减小的表现,但内部孔隙增加	对于普通强度混凝土,自收缩较小;对于水灰比低、胶凝材料用量高的高强混凝土,自收缩可超过100×10^{-6}
碳化收缩	水泥水化产物$Ca(OH)_2$和C—S—H凝胶与CO_2浓度为0.04%的空气接触,可以发生不可逆的化学反应,形成$CaCO_3$,释放出水,并伴随固相体积减小,质量增加。它主要发生在混凝土表层,对于薄壁构件碳化收缩将占总收缩的绝大部分。在空气相对湿度为50%左右时,碳化收缩最大,相对湿度大时,混凝土空隙被水占据,CO_2气体不易渗入,且碳化生成的水不易蒸发,在相对湿度很低时,由于混凝土空隙内壁水膜消失,CO_2气体也不易渗入	干燥碳化总收缩大于干缩值

5. 混凝土的徐变

在持续恒定荷载作用下,变形随时间发展而增加的现象称为徐变。各种材料都存在徐变现象,但高温烧结陶瓷、金属在常温下的徐变微乎其微,而混凝土在常温下就有可观的徐变。

徐变的产生机理众说不一,但比较一致的论点是徐变与水化硅酸钙(C—S—H)胶凝颗粒内部及颗粒之间的水有关,是C—S—H对外部应力作用作出反应的结果,此反应需要一定的时间。另外徐变与承受的应力大小、加载方式和加载时间有关,应力方式有压、拉、弯、扭等,对于混凝土最受关注的是压应力不是徐变。

混凝土徐变可按《普通混凝土长期性能和耐久性能试验方法标准》(GB/T 50082—2009)规定的方法测得,其大小可用徐变变形值、徐变度和徐变系数表示。徐变值与加载时混凝土的龄期有关,龄期越长,徐变值越小。

徐变变形值或徐变度指单位加载应力下的徐变值。徐变系数指徐变变形值与瞬时变形值之比。

三、长期性和耐久性

(一)长期性和耐久性的含义

混凝土的长期性和耐久性,指混凝土在实际使用条件下,抵抗各种破坏因素的作用,长期保持强度、抗变形和外观完整的能力。混凝土结构的耐久性由混凝土本身的耐久性和钢筋的耐久性两部分组成。严格地说,耐久性不属于混凝土材料本身的性质范畴,而是混凝土在外界环境作用下的表现行为,主要包括抗冻性、抗碳化、抗化学侵蚀、抗物理侵蚀、抗微生物侵蚀、碱集料反应、护筋性(钢筋侵蚀)等。由于这些性能与混凝土抵抗环境介质的渗透性有密切关系,因此常把抗渗性也归结为耐久性的一个方面,有时也把抗渗性列入混凝土物理性能的范畴。

(二)混凝土耐久性的关键指标

耐久性主要取于混凝土的密实程度,而密实程度的大小又取决于混凝土的水胶比和胶凝材料用量。水胶比偏大或胶凝材料用量偏小时,都有可能在硬化后的混凝土结构内部留下过多的孔隙,使混凝土耐久性降低。水泥颗粒过细,水泥熟料中 C_3A 含量过高,水泥的水化速度过快,水化热集中释放,导致混凝土收缩增大,抗裂性降低,对混凝土耐久性不利,因此,应对水泥的比表面积及 C_3A 含量加以限制。

骨料中的有害物质(包括黏土、泥块、硫化物及硫酸盐、有机质等)对混凝土耐久性影响也较大,应加以控制。

另外,混凝土在硬化过程中,由于多余水分蒸发后留下了孔隙或孔道,同时混凝土因泌水在粗骨料颗粒与钢筋下缘形成的水膜或泌水留下的孔道和水囊,在压力水的作用下会形成内部渗水的通道,造成混凝土不密实。

第四节 混凝土性质的影响因素及预防措施

一、混凝土工作性的影响因素

概括地讲,混凝土工作性的影响因素分为内因和外因。

外因主要指施工环境条件,如气温、湿度、风力大小以及时间长短等。

内因主要指构成混凝土组成材料的特点及其配合比,包括原材料特性、单位用水量、水灰比、砂率和外加剂(主要指减水剂)。

(一)原材料品种特性

水泥品种和细度将影响混凝土拌合物的工作性。如普通水泥拌合物的工作性质相对较好;矿渣水泥拌合物的流动性较大,但黏稠性较差;火山灰水泥拌合物流动性小,但黏聚性较好。适当提高水泥的细度可改善混凝土拌合物的黏聚性和保水性,减少泌水和离析现象。

粗集料的颗粒形状和表面特征也能影响混凝土的工作性,如卵石配制的混凝土的流动性比碎石混凝土要大。粗集料中针片状颗粒含量少,且接近立方体的颗粒较多,且级配较好时,在同样的水泥浆数量下,混凝土拌合物可获得较大流动性,同时黏聚性和保水性也较好。当混凝土中使用外加剂时,会显著改善混凝土的工作性。

(二)单位用水量

单位用水量的多少决定混凝土拌合物中水泥浆数量,在组成材料一定的状况下,拌合物的流动性随着单位用水量的增加而加大。在水灰比一定时,单位用水量过小,则水泥浆数量就会偏少,此时混凝土中集料颗粒间缺少足够的黏结材料,拌合物的黏聚性较差,易发生离析和崩坍现象,而且不够密实。但如果单位用水量过大,虽然混凝土的流动性随之增加,但黏聚性和保水性却都随之变差,会产生流浆、泌水、离析现象;同时单位用水量过大还会导致混凝土易产生收缩裂缝,影响混凝土耐久性和造成水泥浪费的问题。

(三)水胶比

水胶比是指水和水泥质量之比,单位用水量的多少决定了水泥浆数量的多少,而水灰比的大小则决定了水泥浆的稀稠程度。水灰比小,则水泥浆稠度大,混凝土拌合物流动性小,在一定施工方式下难以保证混凝土密实成型;相反,若水灰比过大,水泥浆稠度小,虽然混凝土拌合物的流动性增加,但可能引起混凝土拌合物黏聚性差,保水性不良。当水灰比超过一定限度时,混凝土拌合物产生严重的泌水离析现象,同时在水泥硬化过程中随着多余水分的蒸发,留下大量孔洞,导致混凝土强度和耐久性降低。所以当拌合物的流动性不足或过大时,不能仅仅采用增加或减小单位用水量的方法来改变混凝土的流动性,而是在保持原有水灰比不变的基础上同时增加或减少水和水泥的用量,以控制水灰比在适宜的状态。

注:单位用水量和水灰比,实际反映水泥浆的数量和稠度,水泥浆填充集料间的空隙,并包裹集料,它赋予新拌混凝土一定的流动性,因此说水泥浆的数量和稠度对新拌混凝土的和易性有显著影响。所以说当新拌混凝土中的水泥浆增多且过稀,将会发生黏聚性和保水性不良、流浆和离析现象。当水泥浆少且较干稠,则集料间缺少黏结物质,黏聚性变差,易出现崩坍,且流动性过低会使施工困难。水泥浆的稠度决定于水灰比,但水灰比直接影响混凝土的强度和耐久性,所以水灰比的大小应根据混凝土强度和耐久性的要求合理确定。

当需要调整混凝土流动度时,应该在保持水灰比不变的条件下,用调整水泥浆量的办法来调整,不能用单纯调节用水量的办法来调整,因为单纯加大用水量就等于增大水灰比,这样会降低混凝土的强度和耐久性。

(四)砂率

砂率是指混凝土中砂的质量占砂石总质量的百分率。当用水量和水泥用量一定的情况下,能使混凝土拌合物获得最大流动性而且保持良好的黏聚性和保水性的砂率,或者说使混凝土拌合物获得所要求的工作性前提下,使水泥用量最少的砂率称为合理的砂率。普通混凝土的砂率为24%~45%。影响砂率的因素很多,如石子的形状及尺寸、级配、空隙率、水灰比、骨料总量等。卵石砂率较小,碎石砂率较大。卵石的砂率一般比碎石的砂率小2%~5%。石子尺寸大,砂率小;尺寸小,砂率大。级配不良的石子空隙率大,需砂率较大;反之则小。水胶比对砂率的要求则体现在混凝土拌合物流动性方面,在水胶比保持不变时,增大砂率,坍落度随之增加;反之则减小。骨料总量一定时,砂率小则砂量不足,混凝土拌合物流动性过小,易离析泌水。混凝土砂率不足会导致拌合物黏聚性保水性变差,出现离析泌水、和易性不良等现象。

由水、水泥和砂组成的水泥砂浆在混凝土中起着润滑作用,通过这种润滑作用来降低粗集料之间的摩阻力,以产生所需的流动性。砂率的变化会影响新拌混凝土中的集料级配,使集料的空隙率和总表面积有很大变化,对新拌混凝土的和易性产生显著影响。所以当砂率不足时,过小砂率组成的水泥砂浆数量不足以包裹所有的粗集料,无法发挥其润滑作用,使混凝土拌合物流动性受到影响。因此在一定范围内,混凝土拌合物的流动性会随着砂率提高所产生的润滑作用的增强而加大。但在水泥浆数量一定时,砂率过大,集料的空隙率和总表面也随之增大,需较多水泥浆填充和包裹集料,使起润滑作用的水泥浆减少,新拌混凝土的流动性减小,所以砂率有一个合理范围,这个范围的砂率称为合理砂率。

(五)时间和温度

新拌混凝土的流动性随时间的延长而减小,其原因是水泥水化、集料吸水、水分蒸发以及水泥浆凝聚结构的形成,都使混凝土中起润滑作用的自由水减少,致使混凝土拌合物的流动性变小。温度的升高、水分蒸发及水泥水化反应加快,导致流动性减小,坍落度损失加快。

二、混凝土强度的影响因素

影响混凝土强度的因素很多,主要是组成材料的影响:包括原材料的特征和各材料之间的组成比例、水胶比、孔隙率等内因,以及养护条件和试验检测条件等外因,如图 1.5 所示。

(一)胶凝材料的强度和水胶比(构成材料和配合比的影响)

水泥强度的高低是影响混凝土强度的最直接因素。水泥的强度越高,水化反应后形成的水泥石强度就越高,从而所配制的混凝土强度也就越高。当水泥的强度确定时,混凝土的强度大小取决于水灰比的大小,在一定范围内强度随水灰比的减小而有规律地提高。根据相关材料,水胶比每减小 0.01,强度增加约 1 MPa,并呈线性规律。水胶比与强度的关系为

$$f_{cu28}=a_a f_{ce}(B/W-a_b)$$

式中 f_{cu28}——混凝土 28 d 强度;

f_{ce}——水泥强度;

a_a,a_b——碎、卵石回归系数;

B/W——胶水比。

(二)集料特性

集料的表面状况影响水泥与集料的黏结,从而影响混凝土的强度。碎石表面粗糙,黏结力较大,卵石表面光滑,黏结力较小,因此在配合比相同的条件下,碎石混凝土的强度比卵石混凝土的强度高,特别是在水灰比较低(<0.4)时,差异较明显。

集料的最大粒径对混凝土强度影响:集料的最大粒径越大,混凝土的强度越小,特别是对水灰比较低的中强和高强混凝土,集料最大粒径的影响十分明显。其原因是粗集料最大粒径的增加,将会减少集料与水泥浆接触的总面积,使界面强度降低,同时还会由于振捣不密实而降低混凝土强度。石子的粒径较大时,往往石子内部存在大小不等的孔隙,使强度降低。

针片状颗粒含量给施工带来不利影响,并引起混凝土空隙率的提高,所以混凝土用粗集料要限制针片状颗粒含量。

（三）外加剂和掺合料

在混凝土中掺入外加剂，可使混凝土获得早强和高强性能，掺入早强剂可显著提高早期强度；掺入减水剂可大幅度减少拌和用水量，在较低的水灰比下，仍能满足所需的坍落度且能较好地成型密实，获得很高的 28 d 强度。

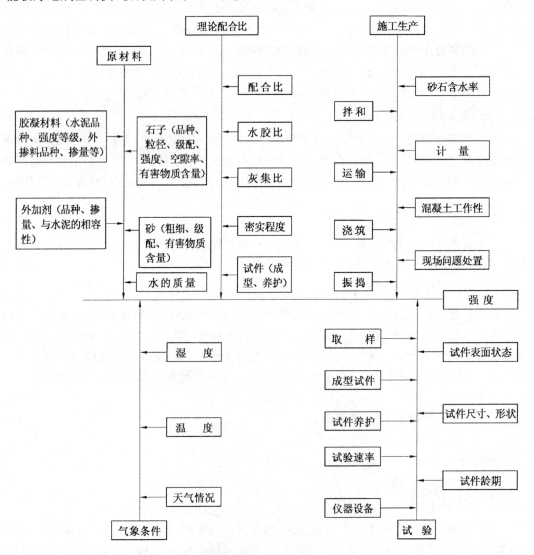

图 1.5　混凝土强度影响因素图

在混凝土中加入掺合料，可提高水泥石的密实度，改善水泥石与集料的界面黏结强度，提高混凝土的长期强度。因此，在混凝土中掺入高效减水剂和掺合料是制备高强和高性能混凝土必须的技术措施。但应该提出的是，掺外加剂不能影响混凝土的最终强度，除非它改变了水胶比和混凝土的孔隙率；另外掺入引气剂会降低强度，尤其是抗弯强度。

（四）浆集比

混凝土中水泥浆的体积和集料体积之比称为浆集比，在水灰比相同的条件下，达到最佳浆集比后，混凝土强度随着混凝土浆集比的增加而降低。

(五)混凝土内的孔隙

混凝土强度还取决于孔隙率的大小,孔隙率大,强度就低,这与水胶比有关,水胶比大,孔隙率则大。

(六)养护条件的影响(温度、湿度、龄期的影响)

①养护温度高,水泥的初期水化速度快,混凝土早期强度高。但是早期的快速水化会导致水化物分布不均匀,在水泥石中形成密实度低的薄弱区,影响混凝土的后期强度。养护温度低时,水泥的水化速度减慢,水化物有充分的时间扩散,从而在水泥中分布均匀,有利于后期强度的发展。混凝土早期强度较低,容易破坏,所以要防止混凝土早期受冻。

②养护湿度适当时(标准养护湿度>95%),水泥水化进行顺利,混凝土的强度能充分发展。如果湿度不够,混凝土会失水干燥,影响水泥水化的正常进行,甚至使水化停止,严重降低混凝土的强度。而且,因水化未完成,混凝土的结构疏松,抗渗性较差,严重时还会形成干缩裂缝,影响混凝土的耐久性。

③龄期指自加水搅拌开始,混凝土所经历的时间,按天或小时计。混凝土在正常养护条件下,其强度将随着龄期的增加而增长。最初的7~14 d内,强度增大较快,随后变得缓慢,直至28 d以后,强度仍然有所增长。

在标准条件下:混凝土强度的发展大致与其龄期的对数呈正比的关系(龄期不小于3 d),公式如下:

$$f_n = f_{28}(\lg n/\lg 28)$$

式中 f_n——n d 龄期混凝土的抗压强度,MPa;

f_{28}——28 d 龄期混凝土的抗压强度,MPa;

n——养护龄期,$n \geqslant 3$。

该公式适用于普通水泥制作的中等强度的混凝土。

(七)试验条件的影响

试验条件包括试件尺寸、形状、表面干湿情况、支撑状况和加载方式、速率等,都会影响同一混凝土最终强度结果。

1. 尺寸效应及形状的影响(环箍效应)

形状相同的试件,试件的尺寸越小,测得的强度越高,这种现象称为尺寸效应(尺寸大的试件,内部缺陷出现几率大,易引起应力集中,导致强度降低)。所以我国标准规定采用150 mm×150 mm×150 mm的立方体试件作为标准试件,其他尺寸的立方体试件为非标准试件。因此为了解决尺寸效应对强度的影响,我国标准规定了强度换算系数。当混凝土强度等级小于C60时,其强度换算系数见表1.42;当混凝土强度等级为C60及以上时,其换算系数可通过试验确定。

表 1.42 混凝土强度的换算系数（GB/T 5008—2002）

集料最大粒径/mm	试件尺寸/mm	标准试件(150 mm×150 mm)的尺寸换算系数	高强混凝土的换算系数
31.5	100×100×100	0.95	对于C55~C90,0.95~0.91线性插入
63	200×200×200	1.05	
40	150×150×150	1.00	

混凝土抗压强度的高低还与试件的形状有关，棱柱体或圆柱体试件的抗压强度低于立方体试件的抗压强度，其值与高、宽(径)有关。高宽比值越大，抗压强度越小，这种现象是由于"环箍效应"的作用；但当高宽比超过 2 时，强度降低很少。正常情况下棱柱体轴心抗压强度比立方体抗压强度要低，一般换算系数为立方体试件的 0.76 倍。

2. 表面状况

混凝土试件承压面的状况对混凝土测试结果也有很大影响。当试件受压面上有油脂润滑剂时，环箍效应大大减少，试件将出现直裂破坏，测得的强度值较低。另外表面干燥比表面湿润强度高，但对高强混凝土和尺寸大的试件往往出现相反的结果。

试件的承压面必须平整且与试件的轴线垂直。如果承压面不平整，则易形成局部受压，引起应力集中，使强度降低。一般试件承受面凹凸在 0.05 mm 以下。

3. 加荷速度

混凝土抗压强度与加荷速度有关。加荷速度越快，测得的强度值越高，当加荷速度超过 1.0 MPa/s 时，这种趋势较为明显。因此我国标准根据混凝土的强度等级规定加荷速度为 0.3~1.0 MPa/s，且应连续均匀加荷，小于 C30 时，加载速度为 0.3~0.5 MPa/s；大于等于 C30 且小于 C60 时，加载速度为 0.5~0.8 MPa/s；大于等于 C60 时为 0.8~1.0 MPa/s。

4. 测试温度

尽管混凝土比高分子材料对温度的敏感性较低，但仍然呈现出材料温度升高，真实强度降低的趋势。

（八）试件不同条件下其抗压强度对比

①圆柱体试件的抗压强度比 150 mm×150 mm×150 mm 立方体试件抗压强度要低些。

②棱柱体和圆柱体试件高径比大于 1 时的强度比立方体强度要低(环箍效应)，见表 1.43。

表 1.43 芯样试件混凝土强度换算成标准试件(150 mm×150 mm×150 mm 立方体)系数
(GB 10426—2004)

高径比(HD)	1.0	1.1	1.2	1.3	1.4	1.5	1.6	1.7	1.8	1.9	2.0
换算系数(β)	1.00	1.04	1.07	1.10	1.13	1.15	1.17	1.19	1.20	1.22	1.24

③蒸养试件抗压强度比标养试件强度低(水泥水化不充分所致)。

④同条件养护的试件比标准养护的试件强度低10%(《铁路工程结构混凝土强度检测规程》(TB10426—2004))。
⑤试件表面湿比表面干的试件抗压强度低(表面摩擦、环箍效应)。
⑥试压速度慢的抗压强度比试压速度快的强度低。
⑦温度高的状态下比温度低的强度低。
⑧龄期短的比龄期长的强度低。
⑨试件边长大的比小的抗压强度低。
⑩表面不平整的试件强度比表面平整的强度低(规定不平整度为0.05 mm以下)。

三、混凝土弹性模量的影响因素

弹性模量与抗压强度有关,强度高,弹性模量就大;反之则小。因此影响混凝土强度的因素都会影响弹性模量。

弹性模量对集料的性质和数量更加敏感。一般水泥石的弹性模量比普通集料要小很多,因此集料弹性模量越高,用量越大,混凝土的弹性模量越大,集料几何形状和最大尺寸对弹性模量也有影响。混凝土的抗拉弹性模量比抗压模量略低。

四、混凝土耐久性和长期性的影响因素

(一)混凝土收缩的影响因素

内因:组成材料的品种、质量及配合比。产生收缩的根源在于水泥石,因此减少水泥石相对含量可减少收缩。集料对收缩起限制作用,提高集料用量和弹性模量,可减小收缩。混凝土毛细孔隙率越高,干缩和碳化收缩越大,可通过降低水胶比、减少单位用水量降低收缩。

外因:环境介质、温度、约束状况等。养护方法对干缩有很大影响,在水中养护混凝土可膨胀$(100\sim200)\times10^{-6}$;蒸汽养护比标准养护可减小干缩达20%;蒸压养护对减小干缩更显著,可达50%以上。

(二)混凝土的徐变影响因素

影响徐变的因素与影响收缩的因素极为相似,此处还与承受的应力大小、加载方法和加载的时间有关,加载力越大,时间越长,徐变越大。徐变还与混凝土的龄期有关,龄期越长,徐变值越小。

(三)混凝土渗透性的影响因素

混凝土可看作多孔材料,环境中的水、氧气、二氧化碳气体、Cl^-、Na^+、K^+、OH^-及SO_4^{2-}等可渗透或扩散到多孔材料内部,并遵循达西方程:

$$v=kh/x$$

式中　v——水、气体或离子的渗透或扩散速率;
　　　h——水压力差或气体、离子的浓度差或电场电压差;
　　　x——试件厚度;
　　　k——渗透系数或离子的扩散系数。

渗透系数或扩散系数主要与混凝土的毛细孔尺寸以及孔结构有关,特别是孔径和孔的连通性。毛细孔径减小,渗透系数呈二次幂函数下降。因此水胶比、养护龄期对渗透系数有

很大影响。水灰比小,渗透系数小;养护龄期长,渗透系数小。养护龄期对某水泥石的渗透系数的影响见表1.44。集料本身的渗透系数对混凝土也有影响。花岗岩、砂岩的渗透系数大于混凝土,与水灰比为0.7的完全水化的水泥石相当,见表1.45。

表1.44 养护龄期对某水泥石渗透系数的影响($W/C=0.51$)

龄期/d	渗透系数/(m·s^{-1})	
拌合物	10^{-5}	与水灰比无关
1	10^{-8}	
3	10^{-9}	
4	10^{-10}	毛细孔连通
7	10^{-11}	
14	10^{-12}	
28	10^{-13}	
100	10^{-16}	毛细孔不连通
240(完全水化)	10^{-16}	

表1.45 岩石的渗透系数

岩石种类	渗透系数/(m·s^{-1})	具有相同渗透系数的水泥石的水灰比
石英闪长岩	8.24×10^{-14}	0.42
大理石1	2.39×10^{-13}	0.48
大理石2	5.77×10^{-12}	0.66
花岗岩1	5.35×10^{-11}	0.70
花岗岩2	1.56×10^{-10}	0.71
砂岩	1.23×10^{-10}	0.71

我国采用抗渗标号表示混凝土对水的抗渗性。根据标准试验方法以每组6个试件中出现3个试件渗水时的最大水压力表示,分为P2,P4,P6,P8,P10,P12等。从抗渗试验测量的数据可以计算"相对渗透系数",即

$$K = Wd_m^2/(2th)$$

式中 K——相对渗透系数;
W——混凝土吸水率,一般小于10%;
d_m——平均渗水高度;
h——水压力,以水柱高度表示;
t——恒压时间。

混凝土抗渗标号与相对渗透系数的关系实例见表1.46。

表 1.46　混凝土抗渗标号与相对渗透系数的关系实例

抗渗标号	相对渗透系数/(m·s^{-1})	抗渗标号	相对渗透系数/(m·s^{-1})
P2	196×10^{-12}	P8	26×10^{-12}
P4	78×10^{-12}	P10	18×10^{-12}
P6	42×10^{-12}	P12	13×10^{-12}

（四）化学侵蚀及影响因素

环境对混凝土的侵蚀包括淡水侵蚀、硫酸盐侵蚀等。

淡水侵蚀的表现形式是通过孔隙侵入混凝土内部，将混凝土中可溶性物质浸出。$Ca(OH)_2$ 是水泥水化产物中溶解较大的物质，是淡水浸出的主要对象。C—S—H 的溶解度较低，但在严重、长期的淡水侵蚀下也会分解。在干湿交替作用下，淡水侵蚀的结果是混凝土表面可见白色物质，这些物质主要是 $Ca(OH)_2$ 被空气中 CO_2 碳化后的 $CaCO_3$。$Ca(OH)_2$ 和 C—S—H 浸出的结果是混凝土孔隙率增加，内部结构变得疏松。

硫酸盐侵蚀是化学侵蚀中最普遍存在的形式。对混凝土构成侵蚀作用的硫酸盐主要存在于地下水、土壤、海水、化工厂中。侵蚀机理主要是因化学反应后体积产生膨胀，可提高混凝土密实度和抗渗性。使用活性矿物掺料降低 $Ca(OH)_2$ 含量，采用压蒸养护形成更稳定的水化产物，均可提高混凝土的抗硫酸盐侵蚀能力。水泥中 C_3A 含量高，不利于抗硫酸盐侵蚀，这主要是水化早期 C_3A 与水泥中的石膏反应形成单硫型水化硫铝酸钙，它遇到环境中的硫酸盐后，形成钙矾石，从而产生体积膨胀。火山灰、矿渣、偏高岭土（又称为地聚合物）所含的活性氧化铝，也会与环境中的硫酸盐反应形成膨胀性钙矾石。

（五）碳化与钢筋锈蚀原因及预防

1. 碳化的含义

空气中的 CO_2 气体通过水作为介质，渗透到混凝土内部，与碱性物质反应（一般混凝土中主要是 $Ca(OH)_2$）生成碳酸盐（主要是 $CaCO_3$）和水，使混凝土碱度降低的过程称为碳化，又称为中性化。碳化反应式为

$$Ca(OH)_2 + CO_2 = CaCO_3 + H_2O$$

碳化的最基本要素：空气中的 CO_2、水和混凝土中的 $Ca(OH)_2$ 及混凝土的密实度、孔隙结构。

2. 钢筋锈蚀原因

水泥水化形成大量氢氧化钙，使混凝土孔隙中充满饱和氢氧化钙溶液，pH 值为 12～14。碱性介质对钢筋有良好的保护作用，使钢筋表面生成难溶的 Fe_2O_3 和 Fe_3O_4，称为钝化膜。混凝土碳化后碱度降低，当碳化深度超过混凝土保护层时，在水与空气存在的条件下，就会使混凝土失去对钢筋的保护作用，钢筋开始生锈。

不同碳化时间的碳化深度可表示如下：

$$D = \sqrt{at}$$

式中　D——碳化深度；

　　　a——碳化速度系数，与混凝土原材料和配合比有关；

t—— 碳化时间。

影响混凝土抗碳化能力的关键是孔结构和碱度。混凝土越致密,水泥石和集料的孔隙率越低,二氧化碳和水就越难渗透到混凝土中,抗碳化能力就越强。碱度越高,抗碳化能力就越强。如用碱度较低的粉煤灰取代水泥后,抗碳化能力下降。

钢筋锈蚀是最普遍存在的耐久性问题之一。混凝土中钢筋锈蚀属于电化学反应过程。在氧气、水共同存在的条件下,电化学反应使钢筋表面的铁不断失去电子而溶于水,从而逐渐被腐蚀,在钢筋表面生成红铁锈,体积膨胀数倍,引起混凝土开裂。但钢筋的纯化膜 $rFe_2O_3 \cdot nH_2O$ 或 $Fe_3O_4 \cdot nH_2O$ 会与离子发生反应,而受到破坏,因此要严格限制混凝土原材料中氯离子的含量。一些重要工程要求原材料带入的氯离子含量不得大于胶凝材料质量的 0.1% 甚至 0.06% 以下。

3. 预防措施

防止混凝土碳化和钢筋锈蚀的有效措施是,提高混凝土保护层厚度(通常为 3 cm,而在一些海港工程氯离子浓度高的环境下,保护层达 5~7 cm),且不使保护层开裂;提高混凝土的密实度、碱度,严格限制混凝土中氯离子含量。

(六)混凝土结构物钢筋保护层厚度

保护层厚度指混凝土结构物表面到受力主筋外侧的距离。保护层厚度对混凝土结构的耐久性有较大的影响。在设计中往往采用提高保护层厚度的方法来提高混凝土结构物的耐久性。

保护层厚度的检测一般采用保护层厚度测定仪器量测,或局部开槽钻孔测定,但必须及时修补。

影响钢筋位置的因素很多,如模板安放、混凝土浇筑、振捣、密实等工艺都会对钢筋位置产生影响。我国规范规定结构实体检验采用抽检的方式,合格率应达 90% 以上。当一次检测的合格率小于 90% 但不小于 80% 时,可再次抽检,并按两次的结果进行评定。

(七)混凝土物理侵蚀及预防

外界环境对混凝土的物理侵蚀主要有冻融侵蚀、盐蚀剥落、盐结晶等。对于混凝土受冻与冻融破坏的机理有多种说法,例如静水压力和渗透压力。无论哪种情况,其结果因水结冰后体积增加从而产生膨胀力而导致混凝土破坏,体积膨胀约为 9%。

水的冰点与水所处于的混凝土凝胶孔有关。凝胶孔半径为 1.5 μm 左右,水的冰点为 −78 ℃,3.5 μm、10 μm 毛细孔中水的冰点分别为 −20 ℃ 和 −5 ℃,常态水的冰点为 0 ℃。所以当温度下降到冰点以下,首先从表面到内部的自由水以及粗毛细孔的水开始结冰,然后随温度下降才是较细的至更细的毛细孔水结冰,凝胶孔水一般不会结冰。

综合上述,要提高抗冻性,应细化孔结构,同时提高混凝土的密实度。

(八)混凝土劣化的影响及预防

导致混凝土劣化的因素很多,且往往是多个因素综合作用的结果,只是不同因素对混凝土性能所产生的负面作用程度不同而已。

劣化可分为物理劣化和化学劣化两大类,以物理劣化为主,化学劣化占次要或基本不发生作用。

导致混凝土性能降低的劣化称为物理劣化,混凝土冻融是典型的物理劣化。因为混凝土孔隙或裂缝中的水在低温下结冰,产生体积膨胀,使混凝土内部产生膨胀应力,在冻融反复作用下,引起混凝土质量损失和强度降低。高温作用对混凝土性能的影响:当温度高于300 ℃(火灾)时,混凝土强度随温度升高迅速下降,其原因是由于某些骨料的热膨胀大及混凝土结晶水脱水、碳酸钙分解导致混凝土开裂破坏。如石英岩骨料比石灰岩骨料的混凝土强度降低幅度更大。机械冲击和磨蚀能引起混凝土的破坏,这些均属于混凝土的物理劣化。物理劣化的预防措施:掺入适量的引气剂可以有效提高混凝土的抗冻能力;优选原材料、防水措施和采用表面防护措施等,可有效解决高温作用的破坏。

化学劣化是指以化学变化为主的劣化。其劣化一般通过侵蚀介质与水泥石基体发生化学反应,改变水泥水化产物稳定存在的碱性环境或水化产物的组成,破坏水泥石结构,引起混凝土性能劣化,常包括碳化、酸、碱、盐侵蚀,钢筋锈蚀,碱—骨料反应等。

(九)混凝土工程缺陷、产生原因及预防措施

1. 概述

混凝土是一种不均质多相材料,混凝土工程施工过程环节较多,各环节(如原材料选择与质量控制、配合比设计)和工序过程控制(如模板工程、混凝土搅拌和运输、混凝土的浇筑、振捣、表面处理、养护、拆模等)的有效性程度均会对工程质量产生影响。正因为如此,施工后的混凝土结构往往出现诸如结构变形、开裂、缝隙夹层、蜂窝、麻面、缺棱掉角、露筋、内部存在孔洞等缺陷。这些常见缺陷的存在不仅会影响混凝土结构的外观,而且还可能降低混凝土的密实度和强度,降低混凝土结构的承载能力、使用功能和耐久性。因此最大限度减少混凝土工程缺陷是施工质量控制的重要内容。

2. 混凝土工程常见缺陷及可能诱因

混凝土工程常见缺陷及可能诱因见表1.47。裂缝是混凝土工程质量缺陷的重要类别,其影响因素复杂,有关该类缺陷的成因、分类、修补将另述。

3. 预防混凝土工程缺陷的措施

(1)加强工程施工全过程的质量管理,使每道工序符合规范标准要求。

(2)模板及其支架应有足够的承载能力、刚度和稳定性,能可靠地承受浇筑混凝土的质量、侧压力以及荷载。模板接缝密实不漏浆,模板与混凝土的接触面应清理干净,并涂刷不影响结构性能和妨碍装饰工程施工的隔离剂。底模及其支架拆除时,混凝土强度应符合设计要求。

(3)混凝土结构中钢筋的连接、绑扎、支垫应符合《混凝土结构工程施工质量验收规范》(GB 50204)的规定。

(4)用于配制混凝土的水泥、砂石、掺合料、外加剂、水等原材料使用前应检验其性能,并符合相应的标准。

(5)混凝土配制材料应准确计量,按正确顺序投料,拌合物搅拌时间应符合要求。混凝土运输应确保运至浇筑地点不分层、不离析,组分不发生变化,并具有施工要求的工作性,若发生上述现象应予以处理。

表 1.47　混凝土工程常见缺陷及可能诱因

缺陷类型	现象	可能诱因
麻面	混凝土表面局部缺陷、粗糙或有许多小凹坑	配合比不合理;骨料级配不良;振动不密实;模板表面不平整或处理不当等
蜂窝	混凝土局部酥松,砂浆少,石子多,石子之间出现空隙,呈蜂窝状孔洞	配合比不合理;骨料级配不良;振动时间不足或过振;搅拌不均匀;拌合物工作性控制不合理,难以施工;混凝土运输或浇筑时分层离析;模板间缝隙大,引起严重漏浆等
孔洞	混凝土结构内部有空腔,局部没有混凝土或蜂窝较大	振捣时间不够,内部气泡未能有效排出;粗骨料卡在钢筋之间,影响混凝土流动;配筋密集;浇筑高度过大使混凝土分层离析
缺棱调角	混凝土梁、柱、板和墙等构件及洞口直角边处混凝土局部掉落,不规整,棱角有缺陷	模板表面没有清理;脱模时间过早;模板表面处理不当;脱模剂选择不合理引起面层混凝土凝结硬化异常等
缝隙夹层	施工缝处混凝土结合不好,有缝隙或夹有杂物,使结构整体性不良	两次浇筑混凝土或新旧混凝土界面施工处理不当
裂缝	混凝土结构由于开裂导致不连续	模板刚度不够引起变形或支撑变形;早期养护不当,失水严重,引起较大收缩;混凝土强度较低时增加过大荷载;振捣后没有及时进行压面或二次抹面处理;大体积混凝土因水化热引起的内外温差大;支撑拆除过早等
露筋	混凝土结构内钢筋没有被混凝土完全包裹而外露	振捣不密实或局部因钢筋密集阻碍混凝土流动;钢筋绑扎不牢;钢筋骨架没有设置保护层垫块或垫块设置不当,使振捣时钢筋或垫块移位;粗骨料粒径大,在钢筋密集处被卡住,使混凝土不能填充钢筋周围等
疏松	混凝土局部不密实	多为振捣原因;欠振、过振、漏振

(6)混凝土从搅拌机卸出到浇筑完毕的延续时间应符合要求,且不能超过混凝土的初凝时间,混凝土温度在浇筑地点最高不宜超过 35 ℃,最低不宜低于 5 ℃。泵送混凝土施工要保证连续性,其间歇时间不要超过 15 min。

(7)混凝土在浇筑过程中应保证混凝土的均匀性和密实性。浇筑高度超过 3 m 时,应采用导管、溜槽。分层连续浇筑混凝土时,后一层混凝土应在前层混凝土凝结前浇筑完毕,振动棒应穿越两层混凝土的界面。混凝土振动时间要适宜,不漏振、不超振、不欠振。浇筑完毕后应及时进行两次压面收光处理,以免混凝土因过快蒸发而开裂。

(8)混凝土浇筑后应及时覆盖保湿养护,养护时间应符合规定。

4. 现浇混凝土结构的外观质量缺陷程度判定及解析

现浇结构的外观质量缺陷应由监理(建设)单位、施工单位等各方根据其对结构性能和使用功能影响的严重程度,按表 1.48 确定。

表 1.48　现浇结构外观质量缺陷程度判定

名称	现象	严重缺陷	一般缺陷
露筋	构件内钢筋未被混凝土包裹而外露	纵向受力钢筋有露筋	其他钢筋有少量露筋
蜂窝	混凝土表面缺少水泥砂浆而形成石子外露	构件主要受力部位有蜂窝	其他部位有少量蜂窝
孔洞	混凝土中孔穴深度和长度均超过保护层厚度	构件主要受力部位有孔洞	其他部位有少量孔洞
夹渣	混凝土中夹有杂物且深度超过保护层厚度	构件主要受力部位有夹渣	其他部位有少量夹渣
疏松	混凝土中局部不密实	构件主要受力部位有疏松	其他部位有少量疏松
裂缝	缝隙从混凝土表面延伸至混凝土内部	构件主要受力部位有影响结构性能或使用功能的裂缝	其他部位有少量不影响结构性能或使用功能的裂缝
连接部位缺陷	构件连接处混凝土缺陷及连接钢筋、连接件松动	连接部位有影响结构传力性能的缺陷	连接部位有基本不影响结构传力性能的缺陷
外形缺陷	缺棱掉角、棱角不直、翘曲不平、飞边凸筋等	清水混凝土构件有影响使用功能或装饰效果的外形缺陷	其他混凝土构件有不影响使用功能的外形缺陷
外表缺陷	构件表面麻面、掉皮、起砂、玷污等	具有重要装饰效果的清水混凝土构件有外表缺陷	其他混凝土构件有不影响使用功能的外形缺陷

混凝土缺陷指建筑工程施工质量中不符合规定要求的检验项或检验点,按其程度分为严重缺陷和一般缺陷。

(1)施工缝:在混凝土浇筑过程中,因设计要求或施工需要分段浇筑的混凝土之间所形成的接缝。它不属于施工缺陷,但留置要符合要求。

(2)严重缺陷:对结构构件的受力性能或安装使用性能有决定性影响的缺陷。

(3)一般缺陷:对结构构件的受力性能或安装使用性能没有决定性影响的缺陷。

(4)混凝土结构的裂缝。

①裂缝的含义及限制值。

所谓裂缝是指固体材料中的某种不连续现象。结构物裂缝是一个普遍性技术问题,结构的破坏和倒塌也都是从裂缝的扩展开始的。

裂缝是混凝土的重要缺陷之一,几乎所有的混凝土工程都有不同程度的裂缝,只是裂缝多少、大小不同,其产生的原因很多,如材料性质、地基基础状态、施工工艺、设计、使用荷载及使用环境等多种因素。且许多数情况下,裂缝往往是多种因素交错作用的结果。所以说裂缝是不可避免的,但可以通过各种方法尽可能减少裂缝的数量、大小。国标《混凝土结构工程施工质量验收规范》(GB 50204—2002)规定,装配式结构构件检验的最大裂缝宽度允许值见表 1.49。

表 1.49　构件检验的最大裂缝宽度允许值(mm) (GB 50204—2002)

设计要求的最大裂缝宽度限值	0.2	0.3	0.4
$[w_{max}]$	0.15	0.20	0.25

国标《混凝土结构及设计规范》(GBJ 10—89)对最大裂缝宽度限制:室内正常环境的一般构件不应超过 0.3 mm,对处于年平均相对湿度小于 60% 地区且可变荷载标准值与恒载标准值之比大于 0.5 的受弯构件,其最大裂缝宽度不应超过 0.4 mm。对于层架、托架、重级工作制的吊车梁以及露天或室内高湿度环境,其最大裂缝宽度不应超过 0.2 mm。

②必须修补和无须修补的裂缝宽度限制值。

混凝土裂缝可分为微观裂缝和宏观裂缝。裂缝宽度小于 0.05 mm 的称为微观裂缝,一般肉眼不可见;裂缝宽度大于或等于 0.05 mm 的称为宏观裂缝。微观裂缝对结构物危害不明显,故称为无裂缝结构。宏观裂缝是微观裂缝扩展的结果。根据国内外经验,必须修补和无须修补的裂缝宽度限值见表 1.50。

表 1.50　必须修补和无须修补的裂缝宽度限值

考虑因素 准则	裂缝对钢筋腐蚀程度影响	按耐久性考虑 环境因素			按防水性考虑
		恶劣的	中等的	优良的	
必须修补的裂缝宽度/mm	大	>0.4	>0.4	>0.6	>0.2
	中		>0.6	>0.8	
	小	>0.6	>0.8	>1.0	
无须修补的裂缝宽度/mm	大			≤0.2	≤0.05
	中	≤0.1	≤0.2	≤0.3	
	小	≤0.2	≤0.3		

从耐久性考虑,表 1.50 中裂缝宽度限值主要考虑的是环境因素及钢筋腐蚀敏感性。环境因素分"恶劣的""中等的"和"优良的"3 种。"恶劣的"指露天受雨淋,处于干湿交替状态或潮湿状态、结冰或受海水及有害气体腐蚀;"中等的"指不被雨淋的一般地上结构,浸泡在水中不结冰的地下及水下结构;"优良的"指与外界大气及腐蚀环境完全隔绝的情况。对钢筋腐蚀影响程度"大、中、小",是按裂缝深度(贯通、中间、表面)、保护层厚度(<4 cm、4～7 cm、>7 cm)、混凝土表面有无涂层、混凝土密实度及钢筋对腐蚀的敏感性等条件综合判断。

③裂缝的成因。

裂缝成因主要有 3 种:

a.外荷载(静载和动载)引起的直接应力作用,即按常规计算的主要应力引起的裂缝,称为"荷载裂缝"。

b.外荷载作用,结构次应力引起的裂缝称为"荷载次应力裂缝"。

c. 由变形(温度、收缩和膨胀、不均匀沉降等)变化引起的裂缝称为"变形裂缝"。

在工程实践中,由变形变化为主的裂缝占80%,由荷载为主引起的裂缝约占20%。

不论何原因引起的裂缝,只要使拉应力超过混凝土的极限强度,或者应变超过极限应变,混凝土都将开裂。

④裂缝修补。

裂缝修补可分为表面法和灌浆法两种。

a. 表面法又分为5种方法。

(a)表面涂抹法。该法适用于修补稳定裂缝(也称为死缝,即裂缝不再变化),常采用的材料有环氧树脂和丙烯酸橡胶。较大的裂缝也可以用水泥砂浆、防水快凝砂浆涂抹。

(b)表面贴补法。该法是用胶黏剂把橡皮或其他材料贴在裂缝部位,达到密封裂缝、防止渗漏的目的。防水材料有橡皮、氯丁胶皮、氯丁胶、塑料带、紫铜片、高分子土工防水材料。

(c)填充法(镶嵌法)。该法一般用于修补水平面上较宽的裂缝(>0.3 mm),可直接向缝内灌入不同黏度的树脂。宽度小于0.3 mm裂缝则应开成V形槽或U形槽,洗去浮灰,先涂上一层界面处理剂或降低黏度的树脂,以增强其填充料与混凝土的黏结力。

(d)缝合法(锚固法)。该法多用于补强加固,锁住活缝,使混凝土不再出现新的破坏。其方法是以钢筋栓沿裂缝隔一定距离将裂缝锚紧的修补方法。

(e)预应力锚固法。该法适用于混凝土结构的加固补强。其方法是沿与裂缝相垂直的方向配置钢筋锚杆,然后拉紧,使钢筋产生预应力,最后锚紧。

b. 灌浆法修补。

灌浆法分化学灌浆和水泥灌浆两种,一般混凝土裂缝多采用化学灌浆,对宽度较大的裂缝则采用水泥灌浆。

灌浆处理主要有两个目的:一是补强加固;二是防渗堵漏。

水泥浆修补法适用于稳定裂缝较宽(3~5 mm以上)的修补。为获得密实、高强度、耐久性好的水泥石,应尽可能使用小水灰比的稠水泥浆,水泥浆的浓度应根据裂缝宽度和设备条件确定,水灰比从1∶3开始到0.5∶1或更浓稠。为获得好的效果,还可以在水泥浆中加入微膨胀剂、硅粉、减水剂或其他添加剂。

化学浆材是一种溶液,渗透性能好,其品种较多。环氧浆是混凝土裂缝处理中最普通的一种补强材料,其优点是黏结强度高、收缩小、耐久性好,品种也很多。环氧树脂浆固化体仍是脆性材料,只能用于稳定裂缝,活缝的处理需用弹性环氧树脂。

甲基丙烯酸酯(甲凝)是我国独创的一种化学浆材。该材料是在有机玻璃配方基础上加入增韧剂、阻聚剂和引发剂改性配制,具有黏度低、可灌性好、负温条件下能固化、黏结力高等特点,对质量不好的混凝土有浸渍作用,能灌入宽度较小的裂缝,但这一材料刺激性气味大,收缩大。

水溶性氨基甲酸酯(氰凝),特别适用于有水裂缝的处理,遇水才发生反应生成泡沫状凝胶和二氧化碳气体,具有较强的二次扩散渗透力。

丙烯酰胺(丙凝)是以丙烯酰胺为主剂,加入交联剂、引发剂、促进剂和水配制成的水溶液浆材。灌入裂缝后生成水凝胶,该材料黏度低,可灌性好,凝胶时间易控制,生成的凝胶有一定弹性,但强度不高,只适用于有水裂缝的处理。

c. 混凝土裂缝灌浆施工技术。

混凝土裂缝灌浆施工技术包括钻孔埋置、嵌缝止浆、压力(或压气)检查、灌浆和效果检查等主要工序。

钻孔埋置:孔径可以是骑缝孔或斜钻孔两种,孔径不能过大,孔距则根据裂缝的开度而定,一般为50~150 cm,埋置前应仔细清洗孔壁,并根据裂缝走向、串通情况埋置。

嵌缝止浆:裂缝灌浆前一般都要嵌缝止浆,沿裂缝凿V形槽进行表面嵌缝处理,以防止压力灌浆时灌浆液流出。

压水检查的目的是检查嵌缝后表面是否漏水或漏气。灌完后也须检查,以确认是否填充饱满。

灌浆是关键环节,灌液压力一般为0.2~0.6 MPa,垂直裂缝一般从下而上,水平裂缝则从一端到另一端,或从中间向两边灌注。特别说明的是,裂缝灌浆的时间一般应在冬季气温最低,裂缝开度最大时。

效果检查的目的是检验灌浆的密实性,可采用压水试验气密性,钻芯取样或用超声法检验。

(5)各种裂缝的评定。

混凝土结构构件不适用连续承载的裂缝宽度规定,当混凝土结构出现受力裂缝时,应视为不适于继续承载的裂缝,并应根据其实际严重程度定为c级或d级,见表1.51。

表1.51 混凝土结构构件不适用连续承载的裂缝宽度的评定

检查项目	环境	构件类别		c级或d级
受力主筋处的弯曲裂缝和轴拉裂缝宽度/mm	正常湿度环境	钢筋混凝土	主要构件	>0.50
			一般构件	>0.70
		预应力钢筋混凝土	主要构件	>0.20(0.30)
			一般构件	>0.30(0.50)
	高湿度环境	钢筋混凝土	任何构件	>0.40
		预应力钢筋混凝土		>0.10(0.20)
剪切裂缝/mm	任何湿度环境	钢筋混凝土或预应力钢筋混凝土		出现裂缝

注:①表中剪切裂缝指斜拉裂缝以及集中荷载靠近支座处出现的或深梁中出现的斜压裂缝;
②高湿度环境指露天环境,开敞式房屋易遭飘雨部位,经常受蒸汽或冷凝水作用的场所(如厨房、浴室、寒冷地区不保暖屋盖等)以及与土壤直接接触的部件等;
③表中括号内的限值适用于冷拉Ⅰ、Ⅱ、Ⅲ级钢筋的预应力混凝土构件;
④对板的裂缝以表面量测值为准

当混凝土结构构件出现下列情况的非受力裂缝时,也应视为不适于继续承载的裂缝,并且应根据严重程度定为c级或d级:因主筋锈蚀产生的沿主筋方向的裂缝,其裂缝宽度已大于1 mm;因温度、收缩等产生的裂缝,其宽度已比表1.51规定的弯曲裂缝宽度值超出50%,且分析表明已显著影响结构的受力。

当混凝土结构构件的正常使用性按其裂缝宽度检测结果评定时,应遵守下列规定:
①若检测值小于计算值及现行设计规范限值时,可评为a_s级。
②若检测值大于或等于计算值,但不大于现行设计规范值时可评为b_s级。
③若检测值大于现行设计规范值时,应评为c_s级。

④若计算有困难或计算结果与实际情况不符时,宜按表1.52和表1.53规定评级。
⑤对沿主筋方向出现的锈蚀应直接评为 c_s 级。
⑥若一根构件同时出现两种裂缝,应分别评级,并取其中较低一级作为该构件的裂缝等级。

钢筋混凝土构件裂缝宽度等级评定见表1.52。

表1.52 钢筋混凝土构件裂缝宽度等级评定

检查项目	环境	构件类别		a_s级	b_s级	c_s级
受力主筋处横向或斜向裂缝宽度/mm	正常湿度环境	主要构件	屋架、托架	≤0.15	≤0.20	>0.20
			主梁、托梁	≤0.20	≤0.30	>0.30
		一般构件		≤0.25	≤0.40	≤0.40
	高湿度环境	任何构件		≤0.15	≤0.20	≤0.20

注:表中所指高湿度环境与表1.51相同;对拱架和屋面梁,应分别按桁架和主梁确定;板的裂缝宽度以表面量测的数值为准

预应力钢筋混凝土构件裂缝宽度等级评定见表1.53。

表1.53 预应力钢筋混凝土构件裂缝宽度等级评定

检查项目	环境	构件类别	评定标准		
			a_s级	b_s级	c_s级
横向或斜向裂缝宽度/mm	正常湿度环境	主要构件	无裂缝(≤0.15)	无裂缝(>0.15,且≤0.20)	无裂缝(>0.20)
		一般构件	无裂缝(≤0.20)	无裂缝(>0.20,且≤0.30)	无裂缝(>0.30)
	高湿度环境	任何构件	(无裂缝)	(无裂缝)	出现裂缝

注:表中括号内限值适用于冷拉Ⅰ、Ⅱ、Ⅲ级钢筋的预应力混凝土构件;当构件无裂缝时,可根据其完好程度确定取 a_s 级或 b_s 级

第五节 混凝土的施工

混凝土施工应具备以下条件:

(1)原材料经选定、进场、试验符合有关标准要求(不符合应处理至符合要求或清退)且数量满足,并按进场材料有关管理规定进行存置、保管、使用等。

(2)具有与混凝土相适应的理论配合比和换算的施工配合比。

(3)要实施的混凝土构件或构筑物上道工序(如钢筋绑扎、模板的支立、基底的清理等)已被检验合格。

(4)用于混凝土施工的机械(搅拌机、运输工具、浇筑工具、振捣工具)和养护用品及辅助用具等已准备齐全,且数量满足混凝土施工的需要,性能符合有关规范标准要求。

(5)配备各类施工人员(管理、技术、操作等),数量和能力等满足施工需要。

(6)具体施工实施技术方案已确定,并向施工人员交底。

(7)要具备必要的通信联络工具,保证在施工过程中及时联络。

一、混凝土的施工搅拌

(一)搅拌的含义

搅拌一般指将两种或两种以上不同物料互相分散而达到均匀混合的全过程。对混凝土来讲,起到一定的塑性、强化作用。在搅拌的过程中通过扩散、剪切及对流机理达到各材料之间的均化目的。

(二)搅拌的要求

搅拌的目标是拌和要均匀,杜绝欠拌、过拌,其基本要求有:

(1)每盘拌和量要适宜。搅拌量应根据搅拌机最大容积的不同,确定每次搅拌量,一般为最大额定容量的20%~80%。

(2)搅拌时间要适当。搅拌时间是指混合干料和水全部投入搅拌筒开始搅拌到搅拌成均匀的混凝土所用的时间,它对混凝土的性能有重要影响。搅拌时间长对混凝土的强度有利,但含气量会降低,坍落度也有所提高。适当的搅拌时间(见表1.54)有利于混凝土各方面的性能,所以搅拌应避免"过搅"和"欠搅"。一般,搅拌量大、坍落度小、胶凝材料多或掺加外加剂等,要求搅拌时间要适当延长。混凝土搅拌的最短时间见表1.54。

表1.54 混凝土搅拌的最短时间(s) (GB 50164—2011)

混凝土坍落度/mm	搅拌机机型	搅拌机出料量/L		
		<250	250~500	>500
≤40	强制式	60	90	120
>40且<100	强制式	60	60	90
≥100	强制式	60		

注:混凝土搅拌的最短时间是指全部材料装入搅拌筒中到开始卸料止的时间

(3)投料顺序要正确。《铁路混凝土施工指南》铁建设[2010]241号规定:宜先向搅拌机内投入骨料、水泥和矿物掺合料,搅拌均匀后,加水和液体外加剂,直至搅拌均匀。粉体外加剂应与矿物掺合料同时加入,必须注意热水与胶凝材料不允许直接接触。

(4)混凝土原材料每盘称量要准确(严格按施工配合比的各原材料用量称量),允许偏差应符合《混凝土质量控制标准》(GB 50164—2011)的规定且每工作班抽查不应少于一次,见表1.55。铁路工程原材料每盘称量允许偏差见表1.56。

表1.55 各种原材料计量的允许偏差(按质量计,%) (GB 50164—2011)

原材料种类	计量允许偏差	原材料种类	计量允许偏差
胶凝材料	±2	拌和用水	±1
粗、细骨料	±3	外加剂	±1

表 1.56　铁路工程原材料每盘称量允许偏差（TB 10424—2010）

序号	原材料名称	允许偏差/%
1	水泥、矿物掺合料	±1
2	粗、细骨料	±2
3	外加剂、拌和用水	±1

注：各种衡器应定期检定，每次使用前应进行零点校核，保证计量准确

混凝土拌制前，应测定砂、石含水率，并根据测试结果及时换算或调整施工配合比。当遇雨天时，应增加含水率检测次数。

二、混凝土的运输

混凝土运输是混凝土施工的关键环节之一，必须加强管理，使之在可控制状态。

混凝土运输的3个警示：

(1)运输工具选择要合理：运输工具应装卸方便且内壁平整光洁、不吸水、不渗漏。运输量大且运距较远宜采用运输车(罐车)；当运输距离较近宜采用小型运输工具(翻斗车、手推车等)；装卸前后应认真清除运输工具内的杂物和黏附的混凝土，并不得存有积水。

(2)运输过程中应注意的事项：避免日晒、雨淋、受冻，防止混凝土离析，且严禁随意加水。

(3)运输时间应符合要求：保证混凝土拌合物运至浇筑地点时其性能满足浇筑的需要。一般要求混凝土拌合物从搅拌机卸出后到浇筑完毕的延续时间按照气温不同不超过表1.57的规定。

表 1.57　混凝土拌合物运输时间限值(min)（铁建设[2010]241号）

施工时段最高气温/℃	无搅拌运输	有搅拌运输
>30	30	60
20～30	45	75
10～20	60	90
5～10	60	105
<5	30	60

三、混凝土浇筑

混凝土浇筑是混凝土施工关键环节之一，必须加强管理，确保浇筑的质量。

(一)混凝土浇筑质量的 **10** 字目标

混凝土浇筑质量的10字目标：均匀、密实、整体、内实、外光。

(二)浇筑混凝土应坚持一个原则和 **4** 个控制

1. 一个原则

浇筑混凝土应坚持分层连续浇筑的原则。

2.4 个控制

(1)控制每层浇筑的厚度(捣实后的厚度)。每层浇筑厚度应根据拌和、运输能力、浇筑速度、振捣方法及能力、结构特点确定。其厚度宜符合表 1.58 的规定。一般情况下泵送混凝土最大摊铺厚度不宜大于 600 mm,其他混凝土最大摊铺厚度不宜大于 400 mm,且每层厚度宜控制在 300~350 mm,大体积混凝土不应大于 500 mm,但对于清水混凝土浇筑,可边浇筑边振捣,宜连续成型。

表 1.58 混凝土的浇筑层厚度 (铁建设[2010]241 号)

振捣方法		浇筑层厚度/cm
插入式振捣		振捣器作用部分长度的 1.25 倍
表面振动	无筋或配筋稀疏的结构	25
	配筋较密的结构	15
附着式振动		30

注:表列规定可根据结构物和振捣器型号等情况适当调整

(2)控制浇筑顺序。在浇筑前应根据结构物断面的大小、形式、浇筑速度等实际情况制定合理的浇筑顺序,以减少后浇带或冷缝,保证混凝土浇筑的整体性。

提示:当新浇筑层混凝土须浇筑上层时,应在该层混凝土初凝前浇筑完毕上层混凝土;当上、下层同时浇筑时,上层与下层前后浇筑距离应保持在 1.5 m 以上;当在倾斜面上浇筑时,应从低处开始,逐层升高,保持水平分层。

(3)控制混凝土浇筑间歇时间和允许再续浇筑时间。为了保证结构的整体性,浇筑混凝土要求连续进行,但如必须间歇时,其间歇时间不应超过混凝土的初凝时间,具体经试验确定,也可参考表 1.59 的规定。如因故超过上述规定的情况时,当需再续浇筑,应待已浇筑混凝土达到一定强度(不小于 1.2 MPa)。

表 1.59 混凝土拌合物从搅拌机卸出后到浇筑完毕的延续时间(min) (GB 50164—2011)

混凝土生产地点	气温	
	≤25 ℃	>25 ℃
预拌混凝土搅拌站	150	120
施工现场	120	90
混凝土制品厂	90	60

(4)控制下料高度。混凝土自由倾落高度不宜超过 2 m(铁路混凝土工程)或 3 m(GB 50164—2011 规定)。当超过这些规定高度时,宜采用串筒、溜管(槽)或振动溜管等辅助设备,但串筒出料口距浇筑混凝土面的高度不应超过 1 m。

四、混凝土振捣

混凝土振捣是混凝土施工关键工序之一,是混凝土达到均匀、整体、内实、外光的一个基本措施,它与混凝土浇筑是一个体系的两个方面。

振捣的目的:使混凝土结构达到均匀、密实、内实、外光的质量标准。

振捣的原则:保证混凝土拌合物都能经受合理振动力的作用。

振捣过程中的注意事项:不欠振、不过振、不漏振、不重振、不漏浆、不离析、不碰撞模板和钢筋及其预埋部件。

(一)振捣过程中的控制

(1)控制振捣顺序和方法。

在振捣实施前应制定符合混凝土实际的振捣方案,保证振捣在有序状态下进行,且使混凝土拌合物都能经受合理振动力的作用。振捣宜采用插入式振捣器垂直点振或采用插入式振捣器和附着式振捣器联合振捣。当混凝土坍落度较小时,应加密振点分布,预应力混凝土箱梁宜采用侧振辅以插入式振捣器振捣成型。

在采用插入式振捣器时,相邻两点距离不宜大于振捣器作用半径的 1.25 倍,振动时与侧模应保持 50~100 mm 的距离。

当每个振动点振动完毕后,应边振动边竖向缓慢拔出振捣器(俗称快插慢拔),不得将振捣器放在拌合物内平拖,不得用振捣器驱赶混凝土。

当使用表面振捣器时,其设置每相邻间距和振动能量应通过试验确定,并与模板紧密连接。

对有抗冻性要求的引气混凝土,不宜采用高频振动器振捣。

(2)控制振捣时间。

混凝土最佳振动时间为混凝土拌合物表面没有气泡排出,拌合物不再下沉并在表面出现水泥砂浆层,表明拌合物已充分捣实。其时间可在几秒至几分钟之间(控制在 10~30 s 内),这取决于混凝土拌合物的性质、制品的厚度、振动设备及工艺措施等。当浇筑厚度不大于 200 mm 的表面积较大的平面结构或构件时,宜采用表面振动成型;干硬性混凝土宜采用振动台或表面加压振动成型;无特殊振捣要求时可采用振捣棒振捣,插入间距不应大于振捣棒振动作用半径的一倍,连续多层浇筑时振捣棒应插入下层拌合物约 50 mm。总之以不欠振、不过振、不漏振、不重振、不离析、不漏浆为最佳状态。

欠振指振动时间低于最佳时间,拌合物不能充分振实。

过振指振动时间高于最佳时间,会使混凝土拌合物产生分层离析现象。

(二)控制振捣的速度与深度

振捣宜快速均匀的进行,确保混凝土在初凝前振捣完毕。振捣插入深度:当振捣首层混凝土时,宜不接触底板为限,在浇筑上层混凝土时,应贯通该层,并插入下层 50~100 mm。

(三)混凝土振捣密实的判定方法

(1)混凝土拌合物表面泛浆且平整。

(2)混凝土拌合物不再明显下沉。

(3)混凝土拌合物表面不再出现气泡排出(或很少气泡排出)。

五、混凝土的养护

混凝土的养护是混凝土施工的关键性工序之一。浇筑成型的混凝土结构如果不能及时有效地进行养护必将给硬化后的混凝土带来诸多弊病,如裂缝、强度及耐久性能降低等一系列问题,导致混凝土的劣化加快加重,影响混凝土的使用功能和长期性能。

(一)混凝土养护的含义

当混凝土成型完毕后,为使已成型的混凝土正常完成水化反应,获得所需的物理力学性能和耐久性性能指标的工艺措施,称为混凝土的养护。其工艺称为养护工艺。

(二)混凝土养护的目的

混凝土养护的目的是确保获得硬化后混凝土的各种性能。

(三)混凝土养护的基本要求

混凝土养护的基本要求是及时养护、湿度充分、温度适宜、龄期满足。

(四)混凝土硬化所需的两个必要条件

混凝土硬化所需的两个必要条件是有足够的湿度和适宜的温度,这是保证工程质量的基本要求。在夏季如果不采取适当及时的养护措施,混凝土表面的水分会不断蒸发,出现塑性裂缝;在冬季当温度低于标准温度时,水泥水化就会减慢甚至停止。

(五)混凝土养护的方法

混凝土养护的方法一般分标准养护、自然养护、快速养护、湿热养护和同条件养护。

1. 标准养护

在温度为(20 ± 2) ℃、相对湿度为90%以上的环境条件下的养护,称为标准养护。这是目前实验室常用的方法,即混凝土试件的标准养护(现场不采用)。

2. 自然养护

在自然条件(平均温度高于$+5$ ℃)下,在一定时间内采取浇水润湿或防风防干、保温防冻等措施养护,称为自然养护。自然养护主要有覆盖浇水养护和表面密封养护两种。覆盖浇水养护是在混凝土表面覆盖草垫等遮盖物,并定期浇水,以保持湿润和温度,这是现场最为普遍采用的养护方法。表面密封养护是利用混凝土表面养护剂在混凝土表面形成一层养护膜,从而防止混凝土本身自由水的蒸发,保证水泥充分水化,这种方法主要适用于不易浇水养护的或大面积混凝土结构。

混凝土中水的冰点为$-0.5\sim-2.5$ ℃,温度降至-3 ℃时混凝土中只有10%的液相存在,水化反应极为缓慢。在寒冷地区,当温度低于-4 ℃时,水的体积膨胀,冻结后其体积增大约9%,解冻后,混凝土孔隙率增加15~16%;冻结还使集料与水泥石的黏结力受到损坏,若黏结力完全丧失,其强度降低13%。

覆盖浇水对塑性混凝土应不迟于6~12 h,干硬性混凝土应不迟于2~3 h,浇水的次数每天5~7次,原则是能保证混凝土表面湿润。当气温低于5 ℃时不宜浇水,原因是为了防止气温骤降而使混凝土早期受冻,覆盖天数取决于水泥品种、用量及混凝土强度。通常硅酸盐水泥和普通水泥及矿渣水泥混凝土不少于7 d,采用粉煤灰、火山灰质、复合硅酸盐水泥或掺加缓凝剂以及大掺量矿物掺合料的混凝土不得少于14 d。

喷膜保水称为表面密封养护,分为酸型、溶剂型和反应型。

乳液型和溶剂型养护剂,其养护原理是将养护剂喷涂在混凝土表面上,溶液挥发后在混凝土表面形成一层具有一定强度、弹性、黏结性的薄膜,将混凝土与空气隔绝,阻止混凝土中水分的蒸发,以保证水泥水化作用的正常进行。其喷膜要求:薄膜在湿润的混凝土表面要有较好的分散性,在炎热条件下不宜采用白色薄膜,以增强热反映系数,在冬季宜采用暗色薄膜,以提高吸热能力。其缺点是膜的强度不高,影响后期装饰。

乳液型品种主要有氯偏乳液、石蜡乳液、沥青乳液和高分子乳液。

溶剂型品种主要有过氯乙烯溶液、粉膏溶液和树脂溶液。

反应型养护剂分为以无机硅酸盐为主体的养护剂系列和有机与无机复合的养护剂系列。前者的养护原理：养护剂在混凝土表面与水泥水化产物发生反应，加速水泥水化，并在混凝土表面形成密实、坚硬的面层，阻止混凝土中水的过早散发，有利于水泥充分水化，从而保证混凝土的质量。后者的养护原理：养护剂中的无机组分在渗透剂的作用下，能较容易地渗入混凝土表面，与水泥反应，反应物有效地填充了混凝土的毛细孔，而有机组分则沉积于混凝土表面，由于空气氧化作用及自身聚合作用，会在混凝土表面形成连续的柔性薄膜，从而有效防止水分的蒸发，达到双重养护的目的。

3. 快速养护

标准养护和自然养护时混凝土硬化缓慢，因此凡能加速混凝土强度发展的养护措施均属快速养护。

快速养护有利于缩短生产周期，提高设备和材料周转利用率，降低产品成本，加快施工进度，如脱模强度、初张强度提前满足设计要求。即可早期脱模和初张，从而缩短生产周期等。

快速养护按其作用可分为热养护法、化学促硬法、机械作用法和复合法。

热养护法是利用外界热源加热混凝土，以加快水泥水化反应的方法，它可分为湿热养护、干热养护和干—湿热养护3种。热养护是快速养护的主要方法，效果显著。

化学促硬法是用化学外加剂或早强快硬水泥来加速混凝土强度的发展过程。此法简单易行，节约能源。

机械作用法是以活化水泥浆，强化搅拌混凝土拌合物，强制成型低水灰比干硬性混凝土及机械脱水密实成型促使混凝土早强的方法。

复合法实际上是上述几种养护工艺措施的合理综合利用。如热养护和促硬剂、热拌热模和外加剂等两种及两种以上养护工艺的同时利用。

4. 湿热养护

湿热养护分常压、无压、微压、蒸汽养护和压蒸养护。湿热养护指在湿热介质作用下，引起混凝土一系列物理、化学和力学的变化，从而加速混凝土内部结构的形成，获得早强快强的效果。湿热养护的介质实际上大多为蒸汽，在常压下其温度不超过100 ℃，相对湿度不低于90%，又称为蒸汽养护。如制品在100 ℃、相对湿度为90%的纯饱和蒸汽中养护，且窑内处介质无压力差，即为无压蒸汽养护。如窑内湿热介质工作压力比混凝土的温升超前增至0.03 MPa以抑制其结构破坏过程称为微压养护。压蒸养护则是养护在压力为0.8 MPa、温度达174 ℃以上的纯饱和蒸汽中进行。

5. 同条件养护及同条件养护龄期的确定

(1)同条件养护的含义。

同条件养护指采用与结构相同的养护条件的试块来反映结构混凝土的强度。试模拆除后，应放置在靠近相应结构构件或结构部位的适当位置，并应采取相同的养护方法，且加强管理预防丢失和碰撞。一般情况下对标准养护28 d龄期的试件，要养护60 d或600 ℃。

(2)同条件养护的目的。

与标准养护的试块相比,更能体现结构混凝土的实际强度,对指导脱模、张拉预应力、评定结构实体混凝土强度更有指导意义。

(3)同条件养护试块龄期的确定(等效养护龄期)。

经试验证明:对需要标准养护 28 d 和 56 d 的试块强度,其同条件养护龄期分别为:60 d、600 ℃和 120 d、1 200 ℃。其理由是:经试验,通常条件下当同条件累计养护龄期(0 ℃的及以下温度天数不计)达 60 d 或平均温度累加至 600 ℃时和达 120 d 或平均温度累加 1 200 ℃,与标准养护下 28 d 和 56 d 龄期的试件强度之间有较好的对应关系,即称为等效龄期。

注:累加温度指每日 6 点、14 点、22 点时的温度平均值相加。

应注意:同条件养护龄期 60 d 不一定是 600 ℃,而 600 ℃也不一定是 60 d,120 d 不一定是 1 200 ℃,而 1 200 ℃也不一定是 120 d。这是因为每天的平均温度不同所导致的,另外 0 ℃及以下的天数不计;同条件养护龄期宜取 14~60 d(对标准养护 28 d 的而言),对标准养护龄期 56 d 时,其同条件养护龄期宜取 14~1 200 d。

《铁路混凝土工程施工质量验收标准》(TB10424—2010)规定:对标准养护 28 d 的试件(预应力、喷射、蒸养的 3 种混凝土)和 56 d 的试件(其他种类混凝土),其同条件养护的试件龄期为逐日累加平均温度分别为 600 ℃·d 和 1 200 ℃·d,但养护龄期分别不宜超过 60 d 和 120 d。

6. 同条件养护试件与标准养护试件的差异

国标《混凝土结构工程施工安全验收规范》(GB 50204—2002)附录 D 规定:等效养护龄期的试件强度比标准养护的试件强度低,因此在同条件养护检验强度时,应将同组试件强度代表值乘以 1.1 折算系数(《混凝土强度检验评定标准》(GB J107)和《铁路工程结构混凝土强度检测规程》(TB 10426—2004)的规定)。

第六节　混凝土的检验规则及生产管理控制

混凝土质量检查及生产管理控制,不仅是混凝土施工 10 大关键环节之一,而且是确保混凝土质量的重要手段和措施。

一、混凝土的检验规则

(一)混凝土拌合物性能检验

在生产施工过程中,应在搅拌地点和浇筑地点分别对混凝土拌合物进行抽样检验。

混凝土拌合物的检验频率应符合下列规定:

①混凝土坍落度、含气量每拌制 50 m³ 或每工作班(8 h)测试不应少于一次。

②混凝土入模温度每工作班测温度至少 3 次,其结果应符合要求。

(二)混凝土抗压检查试件制作频率

在浇筑地点随机取样且每组(3 块)应由同一盘同一车取样。

(1)每拌制≤100 盘且不超过 100 m³ 或每工作班不足 100 盘时,同配比的混凝土取样不得少于一次。当一次连续浇筑超过 1 000 m³ 同配合比混凝土,每 200 m³ 取样不应少于一次。

(2)现浇混凝土的每一结构部位取料不得少于一次。

(3)每次取料应至少留置一组(3 块)标准养护试件。对同条件养护的试件的留置数量应符合要求:对桥梁每片(孔)梁、每墩台、隧道每 200 m 衬砌、每 500 m 仰拱、每 500 m 底板按不同强度的等级检验各不少于一次。

(4)如果混凝土有弹性模量要求时,随构件同条件养护的终张、放张混凝土试件不得少于一次(6 块)。标准条件养护 28 d 弹模试件不得少于一次,其他条件养护的试件按设计要求相关标准和实际需要确定。

(5)对房屋建筑,每一楼层同一配合比的混凝土取样不应少于一次。

(6)有抗渗要求的混凝土每≤5 000 m³ 同配合比同施工工艺应至少制作一组(6 块)抗渗试件,隧道衬砌、仰拱、底板每≤500 m 应至少制作抗渗试件一组。

(7)当同时对几个涵洞或零星混凝土施工时,同混凝土强度等级、同一配合比、同一拌和机拌和的、但总量不大于 100 m³ 或 100 盘,可允许集中做一组标准养护试件。

(8)对于同条件养护试件的制作组数应根据结构部位由施工、监理、建设单位共同确定。

(9)对喷射混凝土,每一作业循环或每一工班留置试件一组,隧道每一循环至少留置试件两组(拱部和边墙各一组)抗压强度试件。

(10)无砂透水混凝土每 50 m³ 制取一组抗压强度试件,每 100 m³ 混凝土检验一次透水试验。

(11)有抗冻要求的混凝土每单位工程应至少制作抗冻试件一次,其试件按抗冻试验的慢冻或快冻法要求的组数成型,试验方法按《普通混凝土长期性能和耐久性能试验方法标准》(GB/T 50082)规定执行。

①慢冻法(确定抗冻标号)。

a.本方法适用于测定混凝土试件在气冻(空气温度为 -20~-18 ℃)水融(温度为 18~20 ℃)条件下,以经受冻融循环次数来表示的混凝土抗冻性能,抗冻标号用符号 D 表示。

b.慢冻法抗冻试验所采用的试件应符合下列规定:

(a)试件应采用尺寸为 100 mm×100 mm×100 mm 的立方体试件(粗骨料最大公称粒径为 31.5 mm)。

(b)慢冻法试验所需要的试件组数应符合表 1.60 的规定,每组试件应为 3 块。

表 1.60 慢冻法试验所需要的试件组数 (GB/T 50082—2009)

设计抗冻标号	D25	D50	D100	D150	D200	D250	D300	D300 以上
检查强度所需冻融次数	25	50	50 及 100	100 及 150	150 及 200	200 及 250	250 及 300	300 及设计次数
检定 28 d 强度所需试件组数	1	1	1	1	1	1	1	1
冻融试件组数	1	1	2	2	2	2	2	2
对比试件组数	1	1	2	2	2	2	2	2
总计试件组数	3	3	5	5	5	5	5	5

②快冻法(确定抗冻等级)。

快冻法适用于测定混凝土试件在水冻水融(温度-20~+20 ℃)条件下,以经受快速冻融循环次数来表示混凝土抗冻性能,即抗冻等级。

成型试件为 100 mm×100 mm×400 mm 的棱柱体试件,每组试件为 3 块,至少 2 组,同时尚应制作同形状、同尺寸且中心埋有温度传感器测温试件至少 2 组,测温试件应用防冻液作为冻融介质。测温试件所用混凝土的抗冻性能应高于冻融试件,测温试件的温度传感器应埋设在试件中心。温度传感器不应采用钻孔后插入的方式埋设。

二、混凝土生产管理控制水平

(一)《混凝土质量控制标准》(GB 50164—2011)中规定

(1)混凝土工程宜采用预拌混凝土。

预拌混凝指在拌和站(楼)生产的,通过运输设备送至使用地点的交货时为拌合物的混凝土。

(2)混凝土生产控制水平可按强度标准差(σ)和实测强度达到强度标准值组数的百分率(P)表征。

(3)混凝土强度标准差(σ)应按下式计算,并宜符合表 1.61 的规定。

$$\sigma = \sqrt{\frac{\sum_{i=1}^{n} f_{cu,i}^2 - nm_{fcu}^2}{n-1}}$$

式中 σ——混凝土强度标准差,精确到 0.1 MPa;

$f_{cu,i}$——统计周期内第 i 组混凝土立方体试件的抗压强度值,精确到 0.1 MPa;

m_{fcu}——统计周期内 n 组混凝土立方体试件的抗压强度的平均值,精确到 0.1 MPa;

n——统计周期内相同强度等级混凝土的试件组数,n 值不应小于 30。

表 1.61 混凝土强度标准差 (GB 50164—2011)

生产场所	强度标准差 σ		
	C20	C20~C40	≥45
预拌混凝土搅拌站 预制混凝土构件厂	≤3.0	≤3.5	≤4.0
施工现场搅拌站	≤3.5	≤4.0	≤4.5

(4)实测强度达到强度标准值组数的百分率(P)应按下式计算,且 P 不应小于 95%。

$$P = \frac{n_0}{n} \times 100\%$$

式中 P——统计周期内实测强度达到强度标准值组数的百分率,精确到 0.1%;

n_0——统计周期内相同强度等级混凝土达到强度标准值的试件组数。

(5)预拌混凝土搅拌站和预制混凝土构件厂的统计周期可取一个月;使用现场搅拌站的统计周期可根据实际情况确定,但不宜超过 3 个月。

(二)《混凝土生产质量水平》(TB 10425—94)中规定

对一个施工单位的混凝土生产控制水平好坏评价,主要按一段小时间内(1~3 个月)施工的混凝土强度标准差和实测混凝土强度达到强度标准设计值组数的百分率 P 表征。标准差越小和实测强度达到强度标准值组数的百分率越大,则管理控制能力水平越好,否则越差。管理控制水平分为一类、二类、三类或优良、一般、较差,具体划分见表 1.62。

表 1.62 混凝土生产质量水平（TB 10425—94）

管理控制水平		一类（优良）			二类（一般）			三类（较差）		
		<C20	C20～C40	>C40	<C20	C20～C40	>C40	<C20	C20～C40	>C40
混凝土强度标准差 σ/MPa^2	预制混凝土构件厂	≤2.5	≤3.0	≤3.5	≤3.0	≤4.0	≤5.0	>3.0	>4.0	>5.0
	现场集中搅拌混凝土的施工单位	≤3.0	≤3.5	≤4.0	≤3.5	≤4.5	≤5.5	>3.5	>4.5	>5.5
强度不低于规定强度等级的百分率 $P/\%$	预制混凝土构件厂和现场集中搅拌混凝土的施工单位	≥95			>85			≤85		

预制混凝土构件厂的统计周期可取 1～3 个月,现场集中搅拌混凝土施工单位的统计周期可根据实际情况确定,但不宜超过 3 个月。统计周期内的混凝土强度标准差和不低于规定强度等级的百分率可按下列公式计算:

$$\sigma_0 = \sqrt{\frac{\sum_{i=1}^{N} f_{\mathrm{cu},i}^2 - N \mu_{f_{\mathrm{cu}}}^2}{N-1}}$$

$$P = \frac{N_0}{N} \times 100\%$$

式中　σ_0——统计周期内混凝土试件的抗压强度标准差,精确至 0.1 MPa;
　　　$f_{\mathrm{cu},i}$——统计周期内第 i 组混凝土试件的抗压强度值,精确至 0.1 MPa;
　　　N——统计周期内相同强度等级的混凝土试件的组数,$N \geq 30$;
　　　$\mu_{f_{\mathrm{cu}}}$——统计周期内 N 组混凝土试件抗压强度的平均值,精确至 0.1 MPa;
　　　P——统计周期内强度不低于规定强度等级的百分率;
　　　N_0——统计周期内混凝土试件抗压强度不低于规定强度等级的组数。

第七节 混凝土强度检验评定及合格性评定

一、混凝土强度检验评定

(一)一般规定

用于强度检验评定的混凝土试件强度代表值,在无要求的条件下必须是在浇筑地点采用标准方法制作和标准养护 28 d 的混凝土标准试件(如用非标准试件应换算成标准试件,当对掺加矿物掺合料的混凝土进行强度评定时,可根据设计规定采用大于 28 d 龄期的混凝土强度代表值)的强度代表值,不能用其他养护(如同条件养护)的试件强度代表值,其代表值仅用于检查混凝土在施工生产过程中结构和构件能否继续施工的依据,所以两类试件不能混同。

(二)评定方法

本书介绍《混凝土强度检验评定标准》(GB 50107—2010)和《铁路混凝土强度检验评定标准》(TB 10425—94)两种评定方法。

1. GB 50107—2010 的评定方法

该方法分统计方法评定和非统计方法评定两种。

①统计方法评定又分为两种情况,第一种情况为当连续生产的混凝土生产条件在较长时间内保持一致,且同一品种、同一强度等级混凝土的强度变异性保持稳定时;第二种为其他情况时。

采用第一种情况评定的规定:一个检验批的样本容量应为连续的 3 组试件,其强度应同时符合下列规定:

$$m_{f_{cu}} \geqslant f_{cu,k} + 0.7\sigma_0$$
$$f_{cu,min} \geqslant f_{cu,k} - 0.7\sigma_0$$

但当混凝土强度等级不高于 C20 时,其强度的最小值尚应满足下式要求:

$$f_{cu,min} \geqslant 0.85 f_{cu,k}$$

当混凝土强度等级高于 C20 时,其强度的最小值尚应满足下式要求:

$$f_{cu,min} \geqslant 0.90 f_{cu,k}$$

式中 σ_0——检验批混凝土立方体抗压强度的标准差,MPa,精确至 0.01 MPa。

当检验批混凝土强度标准差 σ_0 计算值小于 2.5 MPa 时应取 2.5 MPa。

$$\sigma_0 = \sqrt{\frac{\sum_{i=1}^{n} f_{cu,i}^2 - nm_{f_{cu}}^2}{n-1}}$$

式中 $m_{f_{cu}}$——同一检验批混凝土立方体抗压强度的平均值,精确至 0.1 MPa;

$f_{cu,k}$——混凝土立方体抗压强度标准值,精确 0.1 MPa;

$f_{cu,i}$——前一个检验期内同一品种、同一强度等级第 i 组混凝土试件的立方体抗压强度代表值,精确至 0.1 MPa,该检验期为 60~90 d;

n——前一检验期内的样本容量,不应少于 45 组;

$f_{cu,min}$——同一检验批混凝土立方体抗压强度的最小值,精确至 0.1 MPa。

当采用第二种情况:当样本容量不少于 10 组时,其强度应同时满足下列要求:

$$m_{f_{cu}} \geqslant f_{cu,k} + \lambda_1 S_{f_{cu}}$$
$$f_{cu,min} \geqslant \lambda_2 f_{cu,k}$$

式中 $S_{f_{cu}}$——同一检验批混凝土立方体抗压强度的标准差,精确至 0.01 MPa;当检验批混凝土强度标准差 $S_{f_{cu}}$ 计算值小于 2.5 MPa 时,应取 2.5 MPa。

$$S_{f_{cu}} = \sqrt{\frac{\sum_{i=1}^{n} f_{cu,i}^2 - m_{f_{cu}}^2}{n-1}}$$

式中 λ_1, λ_2——合格评定系数,见表 1.63;

n——本检验期的样本容量(应不少于 10 组)。

表 1.63 混凝土强度的合格评定系数 (GB 50107—2010)

试件组数	10~14	15~19	≥20
λ_1	1.15	1.05	0.95
λ_2	0.90	0.85	

②非统计方法评定:用于评定样本容量小于 10 组的混凝土强度,其强度应同时符合下列规定:

$$m_{f_{cu}} \geqslant \lambda_3 f_{cu,k}$$
$$f_{cu,mim} \geqslant \lambda_4 f_{cu,k}$$

式中 λ_3, λ_4——合格评定系数,应按表 1.64 取用。

表 1.64 混凝土强度的非统计级合格评定系数 (GB 50107—2010)

混凝土强度等级	<C60	≥C60
λ_3	1.15	1.10
λ_4	0.95	

2. TB 10425—94 的评定方法

该方法混凝土强度评定适用于铁路工程混凝土抗压强度的检验评定,对于有特殊要求的混凝土还应符合国家现行有关标准的规定。

铁路工业与民用建筑混凝土应按现行国家标准 GB 50107 有关规定评定。

混凝土强度评定应分批进行检验评定:一个检验批应由强度等级和龄期相同及生产工艺和配合比基本相同的混凝土组成。对施工现场的现浇混凝土,还应按有关铁路工程质量评定验收标准的要求划分验收批。

混凝土强度评定分为标准差已知方法、标准差未知方法和小样本方法 3 种。

对预制混凝土构件厂和现场集中搅拌混凝土的施工单位,应按标准差已知或标准差未知方法检验评定混凝土强度,对于桥跨结构以外小工程混凝土可按小样本方法检验评定强度。

①标准差已知方法检验。

条件是：当混凝土的原材料、生产工艺及施工管理水平在较长时间内能保持一致，且同一品种混凝土的强度变异性又能保持稳定时，采用此方法。此时应取连续4组试件组成一个验收批，其强度应同时满足下式计算结果（注 $f_{1cu,\,min}$ 应取两式中的较大值）。

$$m_{1f_{cu}} \geqslant f_{cu,k} + 0.8\sigma_0$$

$$f_{1cu,\,min} \geqslant f_{cu,k} - 0.85\sigma_0$$

式中　$m_{1f_{cu}}$——同一验收批4组混凝土试件的抗压强度平均值，MPa；

　　　$f_{cu,k}$——混凝土立方体试件抗压强度标准值，MPa；

　　　$f_{1cu,\,min}$——同验收批4组混凝土试件抗压强度的最小值，MPa；

　　　σ_0——前一个检验期内（标准期限不超过3个月，验收批总数不应少于12批或试件总数不应少于48组）同一品种混凝土试件的抗压强度标准差。

$$\sigma_0 = \sqrt{\dfrac{\sum_{i=1}^{n} f_{0cu,i}^2 - nm_{0f_{cu}}^2}{n-1}}$$

式中　$f_{0cu,i}$——前一个检验期第i组混凝土试件的抗压强度，MPa；

　　　n——前一个检验期混凝土试件的组数；

　　　$m_{0f_{cu}}$——前一个检验期几组混凝土试件抗压强度平均值，MPa。

②标准差未知方法检验。

条件是：当混凝土的原材料、生产工艺及施工管理水平在较长时间内不能保持一致，且同一品种混凝土的强度变异性又不能保持稳定时，或在前一个检验期内的同类混凝土没有足够数据能确定验收批混凝土试件的抗压强度标准差时，应采用标准差未知方法检验混凝土强度。此时应由5组或5组以上的试件组成一个验收批，其强度应同时满足下列要求：

$$m_{2f_{cu}} \geqslant f_{cu,k} + 0.95 S_{f_{cu}}$$

$$f_{2cu,\,min} \geqslant f_{cu,k} - AB$$

$$S_{f_{cu}} = \sqrt{\dfrac{\sum_{i=1}^{n} f_{cu,i}^2 - nm_{2f_{cu}}^2}{n-1}}$$

式中　$m_{2f_{cu}}$——同一验收批5组或5组以上混凝土试件的抗压强度平均值，MPa；

　　　$f_{2cu,\,min}$——同一验收批5组或5组以上混凝土试件的抗压强度中的最小值，MPa；

　　　A,B——混凝土强度检验系数，可分别按表1.65及表1.66取用；

　　　$S_{f_{cu}}$——同一验收批5组或5组以上混凝土试件的抗压强度标准差，MPa。

　　　$f_{cu,i}$——同一验收批第i组混凝土试件的抗压强度，MPa；

　　　n——同一验收批混凝土试件的组数，$n \geqslant 5$ 组。

表1.65　混凝土强度检验系数 A 值（TB 10425—94）

试件组数 n	5～9	10～19	≥20
A	0.85	1.10	1.20

表 1.66　混凝土强度检验系数 B 值（TB 10425—94）

混凝土强度等级	＜C20	C20～40	＞C40
B/MPa	3.5	4.5	5.5

③小样本方法检验。

条件是：采用小样本方法检验混凝土强度时，应由 2～4 组试件组成一个验收批，其强度应同时满足下列要求：

$$m_{3f_{cu}} \geqslant f_{cu,k} + C$$
$$f_{3cu,\min} \geqslant f_{cu,k} - D$$

式中　$m_{3f_{cu}}$——同一验收批 2～4 组混凝土试件的抗压强度平均值，MPa；

$f_{3cu,\min}$——同一验收批 2～4 组混凝土试件抗压强度的最小值，MPa；

C,D——混凝土强度检验系数，可按表 1.67 取用。

表 1.67　混凝土强度检验系数 C,D 值（TB 10425—2010）

混凝土强度等级	＜C20	C20～C40	＞C40
C/MPa	3.6	4.7	5.8
D/MPa	2.4	3.1	3.9

二、混凝土强度的合格性评定

混凝土强度的合格性评定是根据一定规则对混凝土强度合格与否所作的判定。

（一）合格和不合格的判定

当检验结果计算值分别满足上述规定时，则该批混凝土强度评定为合格；当不能满足上述规定时，该批混凝土强度评为不合格。

（二）对评定为不合格的混凝土的处理

对评定为不合格的混凝土，可按国家现行的有关标准进行处理。

对验收批混凝土试件的强度评定不合格时或对混凝土试件的强度代表值有怀疑时，可从结构或构件中钻取试件或采用非破损检测方法进行鉴定。

三、混凝土强度评定与合格性评定要点

(1) 评定标准：按各行业评定标准进行评定。

(2) 试件强度的采用：均采用标准养护试件的强度，且龄期为 28 d，不能采用其他养护试件的强度。但掺有掺合料的混凝土强度评定，可按设计规定采用大于养护 28 d 龄期的强度。

(3) 用于评定强度的试件组数要满足评定所需。

(4) 需计算出每批强度的两个指标值：平均值和最小值。

(5) 合格性评定为双控指标，需平均值和最小值同时满足要求才为合格，否则为不合格。

(6) 评定方法的选择。

①标准差法比较有代表性,虽然需试件组数相应较多,但对每组试件强度要求不高,只要每组试件强度达到设计要求且离散性小,强度评定就能合格。但离散性大其强度评定就不一定能合格。

②采用非统计方法所需试件组数较少,但对每组试件强度要求高,代表性差,错判、漏判概率可能性较大。如每组试件强度已达到设计要求,且离散性也小,强度评定往往不合格,其原因是由于代表性差,所以对每组强度要求值偏高,以保证结构混凝土整体强度能满足设计要求。

第二章 混凝土原材料

混凝土原材料包括水泥、矿物掺合料、砂、石、外加剂和水。其质量直接影响混凝土施工的质量,所以原材料的使用与管理是混凝土工程施工 10 大关键环节的两个方面。

第一节 水 泥

一、水泥及水泥的分类

(一)水泥的定义

定义:加水拌和成塑性浆体,能胶结砂、石等适当材料并能在空气和水中硬化的粉状水硬性胶凝材料,称为水泥。

水泥属于水硬性(在水中具有凝结硬化的性能)无机胶凝材料,水泥浆既能在空气中硬化,又能在潮湿环境或水中更好地硬化,保持并发展其强度。

(二)制造水泥的原材料及主要过程

制造水泥的原料主要是石灰石和黏土,但在许多水泥厂常常由于黏土中含铁不够,需要外加铁矿粉,有时黏土中硅不够,则需要添加砂岩,或由于含铝不够,还需要添加矾土。这种添加的原料称为辅助(或校正)原料,调整这些原料的目的是为了使原料中各化学成分的含量符合一定的要求。

制造水泥的主要过程(两磨一烧)如下:

①矿石采运。

②矿石破碎。

③生料制备。生料的制备分为干法与湿法两种:干法是将原料烘干,经配料后进行磨细,制成生料粉或生料球,然后入窑煅烧;湿法是将原料配好后,加水磨成含水量为 35%~40% 的生料浆,经充分搅拌后入窑煅烧,湿法的优点是容易使生料混合均匀,产品质量较好,大中型水泥厂都采用湿法配料。

④熟料煅烧。煅烧是制造水泥的重要过程,熟料中的各种矿物成分都是在这一过程中形成的,煅烧的温度应达到 1 450 ℃。

⑤水泥粉磨。熟料在磨细时应加入 2%~4%(质量分数)天然石膏,以调节水泥的凝结时间,使不致发生速凝现象。

⑥水泥储存。将经过磨细而成的水泥放入仓库中储存一定时间,经检验合格后出厂。

(三)水泥形成所经历的 4 个阶段

水泥这种重要的建筑材料,它是由许多科学家、工程师和工人经过 100 多年的长期劳动实践逐渐摸索、积累、创造、应用和研究中形成的水硬性胶凝材料,它是由气硬性胶凝材料改进而成的。

第一个阶段:将含有少量黏土的石灰石烧成石灰,经消解后使用,就具有水硬性,而且比用纯石灰石所烧成的石灰强度大。

第二阶段:天然水泥。1800年前后,比利时、法国和英国先后有人以含黏土20%~30%(质量分数)的石灰石烧制了水硬性更强的水泥。因用天然石灰石制成,所以称为天然水泥。但是含有适量黏土的石灰石并不是到处都有,而需用量又很大,因此天然水泥生产受到了制约。1810年,多普斯用黏土和石灰石两种原料,经人工磨细后通过多次掺比以最佳比例配制、烧成与天然水泥品质一样的水泥,解决了原料来源和配制的问题。1818年,法国人维卡也以加入20%(质量分数)的黏土于石灰石中的方法烧制了水泥。

第三阶段:烧结块制成水泥。1822年,英国人佛罗斯特发现取自煅烧过度已半熔化或熔化而固结成块的熟料经粉碎制成的水泥,水硬性更强。与上述都只使用烧后的细粉,却把已烧结的熟料视为废物弃而不用的做法不同,佛罗斯特是第一个使用烧结块制成水泥的人。

第四阶段:水泥正式命名为"波特兰水泥"。1824年,英国人阿斯普丁以黏土与石灰石配制烧结,并以烧结的熟料块碾磨成细粉状的水泥。由于他的工厂制造水泥成功,而且是第一个以资本主义方式经营水泥工业的人,又是"波特兰水泥"这一商业名称的命名者,所以就为英、美水泥制造业的资本家们定义为水泥的发明人。从此,100余年来"波特兰水泥"这个名称一直为世界多数国家所沿用,并在波特兰水泥的基础上发展了许多新品种。

(四)水泥的分类

水泥品种繁多,根据其性质和用途可以分为通用硅酸盐水泥、特种水泥和专用水泥;按矿物组成可分为硅酸盐水泥、铝酸盐水泥、硫铝酸盐水泥、铁铝酸盐水泥等。

1. 通用硅酸盐水泥

通用硅酸盐水泥(简称通用水泥)是以硅酸盐水泥熟料和适量的石膏及规定的混合材料组成的水硬性胶凝材料。通用水泥按混合材料的品种和掺量分为6大品种,即硅酸盐水泥、普通硅酸盐水泥、矿渣硅酸盐水泥、火山灰质硅酸盐水泥、粉煤灰硅酸盐水泥和复合硅酸盐水泥。通用水泥在工业与民用建筑等土建工程中使用最为广泛。

(1)硅酸盐水泥熟料。

硅酸盐水泥熟料主要是由含CaO,SiO_2,Al_2O_3,Fe_2O_3的原料按适当比例磨成细粉烧至部分熔融所得的以硅酸钙为主要成分的水硬性胶凝物质,其中硅酸钙矿物含量(质量分数)不小于66%,氧化钙和氧化硅质量比不小于2.0。

(2)硅酸盐水泥熟料的矿物组成。

硅酸盐水泥熟料的主要矿物组成如下:

硅酸三钙:$3CaO \cdot SiO_2$,简写C_3S,含量37%~60%(质量分数);

硅酸二钙:$2CaO \cdot SiO_2$,简写C_2S,含量15%~37%(质量分数);

铝酸三钙:$3CaO \cdot Al_2O_3$,简写C_3A,含量7%~15%(质量分数);

铁铝酸四钙:$4CaO \cdot Al_2O_3 \cdot Fe_2O_3$,简写$C_4AF$,含量10%~18%(质量分数)。

(3)硅酸盐水泥熟料中不同矿物成分的水化反应特点。

水化反应是指水泥遇水后,水泥颗粒与水接触,其表面的熟料矿物与水发生化学反应,并释放一定的热量。

硅酸三钙的水化反应速度很快,水化放热量较高,使得水泥强度快速增长,它是决定水泥强度高低(尤其早期强度)最重要的矿物。硅酸二钙与水反应的速度慢得多,水化放热量很少,早期强度低,但在后期稳定增长,大约一年左右可接近 C_3S 的强度。铝酸三钙与水反应的速度最快,水化放热量最多,但强度值不高,增长也甚微。铁铝酸四钙与水反应的速度较快,水化放热最少,强度值高于 C_3A,但后期增长甚少。其水化热的大小顺序为:$C_3A > C_3S > C_4AF > C_2S$。

(4)石膏。

石膏主要成分为 $CaSO_4$,分为天然石膏和工业副产石膏。石膏的主要用途是延缓水泥的凝结时间。水泥中不掺石膏将导致水泥不正常的急速凝结(即瞬凝或闪凝),使水泥无法使用,其原因是由于水泥中存在的 C_3A 遇水迅速水化而致。当加入适量石膏后,水泥水化时石膏能很快与 C_3A 作用生成水化硫铝酸钙(即钙矾石),它很难溶解于水并能沉淀在水泥颗粒表面上形成保护膜,从而阻碍了 C_3A 的水化反应,控制了水泥的水化反应速度,延缓了水泥凝结时间。但石膏在水泥中的掺量必须严格控制,掺入量过大将引起水泥石膨胀性破坏,一般掺量为水泥质量的 3%~5%,合理的掺量取决于水泥中的 C_3A 含量、石膏中 SO_3 的含量、水泥细度及熟料中 SO_3 的含量,要综合考虑。应该注意的是,当硅酸盐水泥中掺加 5%(质量分数)以内的石膏起缓凝作用,提高掺量至 8%(质量分数)及以上时将起促凝作用。如快硬硅酸盐水泥以 1 d 和 3 d 抗压强度表示强度等级,划分为 325,375,425 三个标号,主要用于早期强度要求高的工程,如抢修工程、冬期施工以及混凝土预制构件的生产。

(5)水泥中混合材料。

水泥中混合材料是指与水泥掺和后具有一定的凝结硬化的功能且又能保持和改善水泥的性能,调节水泥强度等级而加入水泥中的人工或天然矿物材料。混合材料可分为活性混合材料和非活性混合材料,一般包括粉煤灰、粒化高炉矿渣及粒化高炉矿渣粉、火山灰、石灰岩及砂岩。

(6)活性混合材料。

活性混合材料是指具有火山灰性或潜在水硬性的混合材料,包括质量指标分别符合国家标准 GB/T203、GB/T18046、GB/T1596、GB/T2847 要求的粒化高炉矿渣及粒化高炉矿渣粉、粉煤灰、火山灰质混合材料。

(7)非活性混合材料。

非活性混合材料是指不具有或很少生成水硬性胶凝水化物的混合材料,包括质量指标分别低于国家标准 GB/T203、GB/T18046、GB/T1596、GB/T2847 要求的粒化高炉矿渣及粒化高炉矿渣粉、粉煤灰、火山灰质混合料、石灰石和砂岩,其中石灰石中的三氧化二铝含量应不大于 2%(质量分数)。非活性混合材料主要起填充作用,可调节水泥强度,降低水化热及增加水泥产量。

(8)活性混合材料的活性和强度活性指数。

将混合材料磨成细粉,并与石灰或与石灰及石膏混合均匀,用水拌和后在常温下可生成水硬性胶凝水化产物,这种性质称为混合材料的活性。强度活性指数是指掺加活性混合材料的水泥胶砂 28 d 强度与纯水泥胶砂 28 d 强度之比。如用于水泥中的活性粉煤灰,其强度活性指数要求不小于 70%。

(9)粒化高炉矿渣。

粒化高炉矿渣是高炉炼铁时所排出的以硅酸钙和铝酸钙为主要成分的熔融物,经淬冷成粒后即为粒化高炉矿渣,其主要化学成分为 CaO,SiO_2,Al_2O_3,MgO 和 Fe_2O_3,通常 CaO,SiO_2 和 Al_2O_3 占 90%(质量分数)以上。

(10)火山灰质混合材料。

凡天然或人工的以活性氧化硅和活性氧化铝为主要成分的矿物质材料,经磨成细粉,拌水后本身不能硬化,但与石灰混合后即可水化形成水硬性矿物的物质称为火山灰质混合材料,如硅藻土、蛋白石、火山灰、凝灰岩、浮石、烧黏土、煤渣、煤灰、页岩灰等。

(11)粉煤灰。

粉煤灰是火力发电厂煤粉燃烧后从烟气中收集来的粉状物,粒径为 $1\sim50~\mu m$,呈玻璃质的实心或空心球状颗粒,SiO_2,Al_2O_3,Fe_2C_3 含量一般超过 70%(质量分数),其含量越高,含碳量越低,细度越细,活性越好,另外还有少量 CaO,MgO,SO_3 等。粉煤灰是一种具有潜在活性的火山灰质材料,表面光滑,密度为 $1~770\sim2~430~kg/m^3$,松散密度为 $516\sim1~073~kg/m^3$。

2. 特种水泥

特种水泥是指具有某些突出特性的水泥,如膨胀水泥、快硬水泥、自应力水泥、抗硫酸盐水泥等。

(1)膨胀水泥。

膨胀水泥是指在硬化过程中可产生体积膨胀的水泥。根据膨胀率的大小它可分为两类:一是膨胀率较小者,主要用于补偿一般硅酸盐水泥硬化过程中产生的体积收缩或者微小膨胀;二是膨胀率较大者,称为自应力水泥。自应力水泥实质上是一种依靠水泥本身膨胀而产生预应力的水泥。

膨胀水泥不仅应有一定的膨胀率,而且还必须要具备一定的强度,而膨胀本身又往往导致强度的下降,所以在使用时应注意。

(2)快硬水泥。

凡以硅酸盐水泥熟料和适量石膏磨细制成的以 3 d 抗压强度表示强度等级的水硬性胶凝材料称为快硬硅酸盐水泥,简称快硬水泥。

快硬水泥中石膏掺量一般比普通水泥掺量高,其掺量约为 8%(质量分数)。这主要是因为石膏掺量在 5%(质量分数)以内时起缓凝作用,掺量高时将起促凝作用。

快硬水泥主要用于早期强度要求高的工程,如抢修工程、冬期施工以及混凝土预制构件的生产。

3. 专用水泥

专用水泥是以所用工程的名称命名的,如油井水泥、砌筑水泥、白色硅酸盐水泥和彩色硅酸盐水泥、耐酸水泥、道路硅酸盐水泥等。

白色水泥(白色硅酸盐水泥的简称)主要以硅酸钙为主要成分,氧化铁含量较少。国家标准《白色硅酸盐水泥》(GB 2015)规定:初凝时间不得早于 45 min,终凝时间不得迟于 10 h。白色水泥按白度分为 4 级,其白度值分别不低于 86,84,80 和 75。

其他专用水泥很多,在此不作叙述,需用时按有关规定执行。

二、通用硅酸盐水泥 6 大品种的定义、代号及强度等级

通用硅酸盐水泥是以硅酸盐水泥熟料和适量的石膏及规定的活性和非活性混合材料制成的水硬性胶凝材料。按混合材料品种和掺量分为 6 大品种。

(一)硅酸盐水泥

凡由硅酸盐水泥熟料掺入≤5%(质量分数)的石灰石或粒化高炉矿渣活性混合材料以及适量石膏混合磨细制成的水硬性胶凝材料称为硅酸盐水泥。该水泥又分为Ⅰ型和Ⅱ型。不掺加混合材料的称为Ⅰ型硅酸盐水泥,代号为 P·Ⅰ;掺加≤5%(质量分数)的石灰石或粒化高炉矿渣混合材料的称为Ⅱ型硅酸盐水泥,代号为 P·Ⅱ。硅酸盐水泥有 42.5,42.5R,52.5,52.5R,62.5,62.5R 6 个强度等级(R 表示早强型水泥)。

(二)普通硅酸盐水泥

凡由硅酸盐水泥熟料掺加>5%(质量分数)且≤20%(质量分数)的活性混合材料和非活性混合材料或窑灰(其中允许用不超过水泥质量 8%非活性混合材或不超过水泥质量 5%的窑灰代替)以及适量石膏磨细制成的水硬性胶凝材料,称为普通硅酸盐水泥,简称普通水泥,代号为 P·O。其强度等级有 42.5,42.5R,52.5,52.5R 4 个。

(三)矿渣硅酸盐水泥

凡由硅酸盐水泥熟料掺加>20%(质量分数)且≤70%(质量分数)的粒化高炉矿渣、8%(质量分数)活性混合材料或非活性混合材料或窑灰以及适量石膏磨细制成的水硬性胶凝材料称为矿渣硅酸盐水泥,简称矿渣水泥,代号为 P·S,分为 A 型和 B 型两种。其中 A 型矿渣掺量为>20%(质量分数)且≤50%(质量分数),代号为 P·S·A;B 型矿渣掺量>50%(质量分数)且≤70%(质量分数),代号为 P·S·B。矿渣水泥的强度等级有 32.5,32.5R,42.5,42.5R,52.5,52.5R 6 个。

(四)火山灰质硅酸盐水泥

凡由硅酸盐水泥熟料掺加>20%(质量分数)且≤40%(质量分数)的火山灰质混合材料以及适量石膏磨细制成的水硬性胶凝材料,称为火山灰质硅酸盐水泥,简称火山灰质水泥,代号为 P·P。其强度等级有 32.5,32.5R,42.5,42.5R,52.5,52.5R 6 个。

(五)粉煤灰硅酸盐水泥

凡由硅酸盐水泥熟料掺加>20%(质量分数)且≤40%(质量分数)粉煤灰活性混合材料以及适量石膏磨细制成的水硬性胶凝材料,称为粉煤灰硅酸盐水泥,简称粉煤灰水泥,代号 P·F。其强度有 32.5,32.5R,42.5,42.5R,52.5,52.5R 6 个等级。

(六)复合硅酸盐水泥

凡由硅酸盐水泥熟料掺加>20%(质量分数)且≤50%(质量分数)的活性和非活性混合材料(其中允许用不超过水泥质量 8%的窑灰代替)以及适量石膏磨细制成的水硬性胶凝材料,称为复合硅酸盐水泥,简称为复合性水泥,代号 P·C。其强度等级有 32.5,32.5R,42.5,42.5R,52.5,52.5R 6 个。

三、通用硅酸盐水泥技术指标及解析

通用硅酸盐水泥技术要求分为化学指标 5 项和物理指标 3 项及选择性指标 2 项共 10 项。

(一)化学指标

化学指标包括不溶物、烧失量、三氧化硫、氧化镁、氯离子含量 5 项指标。这些物质的含量在生产水泥的过程中必须严格控制,其结果必须符合国家标准。

(1)不溶物:用规定的试验方法试验,试样在(950±25)℃高温炉中灼烧至恒重后不溶物的质量与试样的质量之比,试验方法按《水泥化学分析方法》(GB/T 176)规定执行。

(2)烧失量:用规定的试验方法试验,试样在(950±25)℃的高温炉中灼烧至恒重后的质量和试样的质量之差与试样质量的比,试验方法按《水泥化学分析方法》(GB/T 176)规定执行。

(二)物理指标

物理指标包括凝结时间、安定性和强度 3 项指标。

(三)选择性指标

选择性指标包括碱含量、细度或比表面积两项指标。

(四)各项技术指标解析

1. 强度

强度是水泥的核心,强度分为抗折强度和抗压强度两种,是水泥强度等级划分的依据,不同龄期的强度应符合表 2.1 要求。

通用水泥不同品种不同强度等级的指标值见表 2.1。

表 2.1　通用水泥不同品种不同强度等级的指标值（GB 175—2007）

品种	强度等级	抗压强度/MPa		抗折强度/MPa	
		3 d	28 d	3 d	28 d
硅酸盐水泥	42.5	≥17.0	≥42.5	≥3.5	≥6.5
	42.5R	≥22.0		≥4.0	
	52.5	≥23.0	≥52.5	≥4.0	≥7.0
	52.5R	≥27.0		≥5.0	
	62.5	≥28.0	≥62.5	≥5.0	≥8.0
	62.5R	≥32.0		≥5.5	
普通硅酸盐水泥	42.5	≥17.0	≥42.5	≥3.5	≥6.5
	42.5R	≥22.0		≥4.0	
	52.5	≥23.0	≥52.5	≥4.0	≥7.0
	52.5R	≥27.0		≥5.0	
矿渣硅酸盐水泥 火山灰质硅酸盐水泥 粉煤灰硅酸盐水泥 复合硅酸盐水泥	32.5	≥10.0	≥32.5	≥2.5	≥5.5
	32.5R	≥15.0		≥3.5	
	42.5	≥15.0	≥42.5	≥3.5	≥6.5
	42.5R	≥19.0		≥4.0	
	52.5	≥21.0	≥52.5	≥4.0	≥7.0
	52.5R	≥23.0		≥4.5	

2. 细度(选择性指标)

硅酸盐水泥和普通硅酸盐水泥的细度以比表面积表示,其比表面积不小于 300 m²/kg;矿渣硅酸盐水泥、火山灰质硅酸盐水泥、粉煤灰硅酸盐水泥和复合硅酸盐水泥的细度以筛余表示,其 80 μm 方孔筛筛余不大于 10%或 45 μm 方孔筛筛余不大于 30%。水泥细度检测参照筛析法《水泥细度检测方法》(GB/T 1345)的规定,比表面积检测参照勃氏法《水泥比表面积测定方法》的规定。

水泥细度与凝结时间、强度、体积稳定性及水泥放热速度等一系列性能都有密切的关系,必须控制在合适的范围内。水泥细度越细,与水起反应的表面就越大,水化较快,水化热也高,水化也较完全,水泥的早期和后期强度都高。一般 3~30 μm 水泥细粒具有良好的水泥活性,对强度起主要作用;小于 3 μm 的细粒对凝结时间和早期强度有利;10~30 μm 的颗粒对 7~28 d 的强度增长有重要作用;大于 40 μm 的颗粒基本上起微集料的作用,水化十分缓慢,这也是水泥存在长期增长强度的原因。国标 GB/T 175—2007 规定硅酸盐水泥、普通硅酸盐水泥的比表面积不小于 300 m²/kg,一般常为 317~350 m²/kg。水泥颗粒过细,干缩和水化放热速率变大,容易吸收自然状态下空气中的水分,使水泥受潮不宜保存,且粉磨时耗能加大。另外水泥细度将影响标准稠度用水量,水泥细度越大,比表面积越大,需水量越多。

3. 安定性(体积安定性)

安定性是表示水泥浆体积硬化后是否发生体积不均匀变化的指标,用沸煮法试验。沸煮法分两种,一是雷氏夹法(标准法),二是试饼法(代用法),如两者有异议或仲裁时以雷氏夹法为准。安定性检测参照国家标准《水泥标准稠度用水量、凝结时间、安定性检验方法》(GB/T 1346)。

雷氏夹法是测其沸煮后的雷氏夹体积膨胀程度,膨胀值不大于 5 mm 为体积安定性合格。

试饼法是测其沸煮后的试饼外形变化(有无裂缝、弯曲),有裂缝或弯曲者为安定性不合格。

水泥安定性不良是由于水泥中某些有害成分造成的。如石膏中的三氧化硫,水泥煅烧时残存的游离 MgO 或 CaO 等,这些成分在水泥浆体硬化过程和硬化后会继续与水或周围的介质发生反应,反应后形成的产物体积增大,引起水泥石内部的不均匀体积变化。当这种变化形成的应力超出水泥结构所能承受的极限时,将会给整个结构造成极为不利的影响,严重时引起结构的破坏。因此为了避免或减轻因安定性不良引起的破坏,必须对安定性进行检测并予以控制。安定性变化轻微均匀,或发生在水泥完全失去塑性之前将不会影响质量。必须说明的是,用沸煮法检测安定性的是针对水泥中的游离 CaO 进行的。沸煮过程可以对游离 CaO 的熟化起到加速的作用,从而使由 CaO 引起的不安定性徐变及早暴露;MgO 需要在压蒸条件下才能反映出不安定性问题;石膏中的 SO_3 危害则需要长期有水的条件下才能表现出来。因此相关规范对 MgO 及 SO_3 含量作出了严格限制,以防二者引起的安定性的问题。

4. 化学指标

通用硅酸盐水泥的化学指标见表 2.2。

表 2.2 通用硅酸盐水泥的化学指标（GB 175—2007）

品种	代号	不溶物含量（质量分数）/%	烧失量（质量分数）/%	三氧化硫含量（质量分数）/%	氧化镁含量（质量分数）/%	氯离子含量（质量分数）/%
硅酸盐水泥	P·Ⅰ	≤0.75	≤3.0	≤3.5	≤5.0①	≤0.06③
	P·Ⅱ	≤1.50	≤3.5			
普通硅酸盐水泥	P·O	—	≤5.0			
矿渣硅酸盐水泥	P·S·A	—	—	≤4.0	≤6.0②	
	P·S·B	—	—		—	
火山灰质硅酸盐水泥	P·P	—	—	≤3.5	≤6.0②	
粉煤灰硅酸盐水泥	P·F	—	—			
复合硅酸盐水泥	P·C	—	—			

注：①如果水泥压蒸试验合格，则水泥中氧化镁的含量（质量分数）允许放宽到 6.0%；
②果水泥中氧化镁的含量（质量分数）大于 6.0% 时，需进行水泥压蒸安定性试验并合格；
③有更低要求时，该指标由买卖双方确定

5. 碱含量（选择性指标）

水泥中碱含量按 $Na_2O+0.658K_2O$ 计算值表示。若使用活性骨料，用户要求提供低碱水泥时，水泥中的碱含量应不大于 0.60%（质量分数）或由买卖双方协商确定。

6. 凝结时间

通用硅酸盐水泥 6 大品种的初凝时间是一致的，均为不小于 45 min，但终凝时间不同。硅酸盐水泥的终凝时间不大于 390 min。普通硅酸盐水泥、矿渣硅酸盐水泥、火山灰质硅酸盐水泥、粉煤灰硅酸盐水泥和复合硅酸盐水泥终凝不大于 600 min。

水泥凝结及凝结时间：水泥加水拌和后成为可塑的水泥浆，水泥浆逐渐变稠失去塑性但不具有强度的过程，称为水泥凝结，该过程所经历的时间称为凝结时间。凝结分初凝和终凝，其各自所经历的时间分别称为初凝时间和终凝时间。

水泥加水拌和至水泥浆开始失去可塑性时为初凝，其经历时间为初凝时间。水泥加水拌和至水泥浆完全失去可塑性并开始产生强度时，称为终凝，其经历时间为终凝时间。初凝和终凝是一个持续水化过程。终凝象征着水泥即具有强度的开始。水泥凝结时间与熟料的矿物组成、水泥的细度等有关，如水泥越细，凝结越快。

四、水泥强度的产生及水化热

（一）水泥强度的产生

水泥强度以抗压强度和抗折强度为代表，是评比水泥质量的重要指标和划分强度等级的唯一依据。水泥强度的产生是由水泥加水后在水化反应作用下，使水泥浆经历初凝、终凝、硬化的持续过程。硬化标志着水泥浆固化后所建立的结构具有一定的机械强度。国标 GB/T 17671 规定，水泥和 ISO 标准砂按 1∶3 混合，水灰比为 0.5，按规定的方法制成试件，在标准温度（(20±1) ℃）的水中养护，测定其 3 d, 28 d 龄期的强度（抗压和抗折强度），并按测定的结果,依据国标 GB/T 175,将水泥分成相应的强度等级,见表 2.1。

水泥的强度取决于熟料的矿物组成和粉磨细度。矿物组成和粉磨细度及环境温湿度决定了水泥的水化速度、水化产物本身的强度、形态与尺寸,因此对水泥强度的增长起着极为重要的作用。熟料中 C_3S 的含量不仅控制早期强度,对后期强度的增长也有很大的影响,是确定水泥强度高低的最重要的矿物;C_2S 的含量在早期一直到 28 d 以前对强度的影响不大,但却是决定后期强度的主要因素;C_3A 强度值不高,增长也慢;C_4AF 强度值高于 C_3A,但后期增长很少。温度高,强度增长快;温度低,强度增长慢。当 0 ℃ 以下时,强度不仅不能增长,可能因水结冰导致水泥石破坏。水是水泥水化必不可少的条件,环境越潮湿,水化越快越充分。

(二)水泥的水化热与早期强度

水泥的水化是放热反应,在凝结硬化过程中放出的热量称为水化热。水化放热量和放热速度与水泥细度、水泥中的混合材料及外加剂品种和数量有关,更重要的是与水泥矿物组成的相对含量有关。C_3A 放热量最大,放热速度最快;C_3S 放热量速度很快,热量较高;C_2S 放热量最低,放热速度也慢;C_4AF 放热量较快,放热量少。硅酸盐水泥 1～3 d 内水化放热量为总放热量的 50%,7 d 为 75%,6 个月为 83%～91%,因此水泥强度的增长与放热量有着密切的关系。水泥的 3 d 强度约为 28 d 强度的 30%～45%,7 d 强度约为 28 d 强度的 70%,28 d 后强度增长较慢。

五、通用硅酸盐水泥强度等级划分依据及方法

水泥强度是评价水泥质量的重要指标,也是划分水泥强度等级的依据。国标 GB/T 175—2007 规定水泥强度按 3 d 和 28 d 龄期的抗折强度和抗压强度划分,并按 3 d 强度分为普通型和早强型(代号为 R,如 P·O 42.5R),各龄期的强度不得低于国家标准规定。

六、通用硅酸盐水泥 6 大品种的检验规则

(一)出厂水泥检验

水泥出厂前按同品种、同强度等级编号。袋装水泥和散装水泥应分别进行编号和取样。水泥出厂编号按年生产能力规定进行编号。对每一编号的取样方法按《水泥取样方法》(GB 12573)规定进行,可连续取,也可从 20 个以上不同部位取等量样品,总量至少 12 kg。

年产量:$200×10^4$ t 以上,不超过 4 000 t 为一编号;$120×10^4$～$200×10^4$ t,不超过 2 400 t 为一编号;$60×10^4$～$120×10^4$ t,不超过 1 000 t 为一编号;$30×10^4$～$60×10^4$ t,不超过 600 t 为一编号;$10×10^4$～$30×10^4$ t,不超过 400 t 为一编号;$10×10^4$ t 以下,不超过 200 t 为一编号。

(二)施工进场水泥检验

①当水泥进场时,首先索取进场水泥的合格证和试验报告单并进行检查核对,无误后进行按批取样。

②每批同厂、同强度等级、同品种且连续进场的袋装水泥小于等于 200 t,散装小于等于 500 t 取样一次进行检验。当某些工程或行业标准有特殊规定时,按特殊规定处理。

③取样方法和数量。对袋装水泥从每批 20 袋水泥中抽取等量试样混合均匀,总量不少于 12 kg。对散装水泥在 15 个不同深度处随机抽取等量试样混合均匀,总量不少于 12 kg。

但当散装水泥运输工具的容量超过每检验批规定数量时,允许该批数量超过规定的吨数。

七、通用硅酸盐水泥合格判定

(一)出厂水泥合格判定

当检验结果符合国家标准《通用硅酸盐水泥》(GB 175)中化学指标(不溶物、烧失量、三氧化硫、氧化镁、氯离子含量)及物理指标(凝结时间、安定性、强度)的规定为合格品,如有任何一项检测指标不符合要求则为不合格品。细度和碱含量这两个选择性指标不作为合格判定指标。

(二)施工进场水泥合格判定

按相关行业标准及工程项目要求的检验项目进行取样检验,其结果不符合国家标准GB 175—2007规定的相应项目技术指标要求为不合格品,否则为合格品。施工进场水泥一般情况下检验项目比出厂水泥检验项目少。常规检验项目为水泥细度(细度或比表面积)、凝结时间、安定性、强度,必要时相应增加检验项目。如《铁路混凝土工程施工质量验收标准》(TB 10424—2010)对水泥的性能、检验要求做了具体规定。表 2.3 是水泥的检验要求。表 2.4 是水泥的性能。表 2.5 是硅酸盐水泥和普通硅酸盐水泥的强度要求。

八、水泥包装及标志

水泥包装袋上应清楚标明执行标准、水泥品种、代号强度等级、生产者名称、生产许可证标志(QS)、编号、出厂编号、包装日期及净含量。不同品种袋装水泥应区别颜色、印刷水泥名称和强度等级。硅酸盐水泥和普通水泥采用红色,矿渣水泥采用绿色,火山灰质、粉煤灰、复合水泥采用黑色或蓝色。

九、水泥的运输与储存

①在运输和储存的过程中,不得受潮和混入杂物,不同品种和强度等级的水泥不得混杂。

②水泥在正常储存条件下,经3个月后,其强度等级降低10%~25%,储存6个月降低25%~40%,所以应尽量缩短储存时间。通用水泥不宜超过3个月,高铝水泥不宜超过2个月,快硬水泥、双快水泥不宜超过1个月,否则应重新测定强度等级,按实测强度使用。

③储存水泥的库房必须保持干燥,库房地面应高出地面30 cm,若地面有良好的防潮层并以水泥砂浆抹面,可直接储存水泥,否则需用木条等物垫高20 cm。袋装水泥堆垛不宜过高,一般为10袋,如储存时间短可堆高15袋。

表 2.3　水泥的检验要求（TB 10424—2010）

检验项目		检验要求		
		质量证明	抽样试验检验	
1	比表面积	√	√	√
2	凝结时间	√	√	√
3	安定性	√	√	√
4	强度	√	√	√
5	烧失量	√	√	
6	游离 CaO 含量	√	√	
7	MgO 含量	√	√	
8	SO₃ 含量	√	√	
9	Cl⁻ 含量	√	√	
10	碱含量	√	√	
11	助磨剂种类及掺量	√		
12	石膏种类及掺量	√		
13	混合材种类及掺量	√		
14	熟料中的 C₃A 含量	√	√	

质量证明列：每厂家、每编号核查供应商提供的质量证明文件，施工单位、监理单位均全部检查

抽样试验检验列：下列情况之一时，检验一次：①任何新选货源；②使用同厂家、同编号的水泥达 6 个月。施工单位试验检验；监理单位见证检验

同厂家、同编号、同生产日期且连续进场的散装水泥达 500 t（袋装水泥每 200 t）为一批，不足上述数量时按一批计。施工单位每批抽查一次；监理单位按施工单位抽查次数的 10%进行见证检验，但至少一次。水泥出厂日期达 3 个月，施工单位抽检一次，监理单位见证检验

十、水泥受潮程度鉴别与处理

水泥受潮是难以避免的，受潮程度不同，强度降低程度不同，因此应区分情况，恰当处置。

①水泥无结块、结粒状态，其烧失量小于 5%，说明水泥尚未变潮。

②水泥有结成小粒的情况，手捏可成粉末状，烧失量在 4%~6%，说明水泥开始受潮，强度损失不大，可将水泥粒压成粉末或适当增加搅拌时间，使用时用在比原来强度要求低的工程（一般降低 15%~20%的活性）。

③水泥已部分结块或外部结成硬块内部尚存粉末，烧失量 6%~8%，这表明水泥已严重受潮，强度损失约 50%，这时应压碎成粉末筛除硬块。该水泥多用于非受力的砂浆中。

④结块坚硬，无粉末状，烧失量大于 8%，该水泥不能使用。

十一、水泥的应用

水泥生产必须执行现行国家标准且必须要符合标准规定的指标。而使用时最关心的是使用性能，一般指用于砂浆和混凝土时的需水性、工作性能（流动性、可塑性、匀质性和稳定性及保持能力）、凝结时间、力学性能、体积稳定性、均匀性，尤其是各种环境下的耐久性等一系列符合工程需要性能的总体。它既包括水泥标准中规定的基本性能，又与工程需要紧密相连，所以根据实际及经验可反映水泥在应用中的几个基本技术参数。

表 2.4　水泥的性能（TB 10424—2010）

序号	检验项目	技术要求	检验方法
1	比表面积	300～350 m²/kg	按 GB/T 8074 检验
2	凝结时间	初凝≥45 min，终凝≤600 min（硅酸盐水泥终凝≤390 min）	按 GB/T 1346 检验
3	安定性	沸煮法合格	
4	强度	符合表2.1的规定	按 GB/T 17671 检验
5	烧失量	≤5.0%（P·O）；≤3.5%（P·Ⅱ）；≤3.0%（P.I）	
6	游离 CaO 含量	≤1.0%	
7	MgO 含量	≤5.0%	按 GB/T 176 检验
8	SO_3 含量	≤3.5%	
9	Cl^- 含量	≤0.06%	
10	碱含量	≤0.80%	
11	助磨剂种类及掺量		
12	石膏种类及掺量	符合 GB 175—2007 规定	检查产品质量证明文件
13	混合材种类及掺量		
14	熟料中的 C_3A 含量	≤8%	按 GB/T 21372 相关规定检验

注：①当骨料具有碱-硅酸反应活性时,水泥的碱含量不应超过0.60%。C40及以上混凝土用水泥的碱含量不宜超过0.60%；

②在氯盐环境条件下,混凝土宜采用低 Cl^- 含量的水泥,不宜使用抗硫酸盐硅酸盐水泥；

③在硫酸盐化学侵蚀环境条件下,混凝土应采用低 C_3A 含量的水泥,且胶凝材料的抗蚀系数(56 d)不得小于0.80；

④表中没有水泥细度检验项目,原因是在此标准中铁路工程混凝土仅要求使用硅酸盐水泥和普通水泥,这两种水泥的细度用比表面积检验,不用筛析法检验水泥细度,所以未列细度检验项目

表 2.5　硅酸盐水泥和普通硅酸盐水泥的强度要求（TB 10424—2010）

品种	强度等级	抗压强度/MPa		抗折强度/MPa	
		3 d	28 d	3 d	28 d
硅酸盐水泥	42.5	≥17.0	≥42.5	≥3.5	≥6.5
	52.5	≥23.0	≥52.5	≥4.0	≥7.0
	62.5	≥28.0	≥62.5	≥5.0	≥8.0
普通硅酸盐水泥	42.5	≥17.0	≥42.5	≥3.5	≥6.5
	52.5	≥23.0	≥52.5	≥4.0	≥7.0

注：表中未列矿渣、火山灰质、粉煤灰、复合硅酸盐水泥的强度值,其原因是在此标准中混凝土分项工程用水泥宜选用硅酸盐水泥和普通硅酸盐水泥且混合材料宜为矿渣或粉煤灰,不宜使用早强水泥。C30以下混凝土可采用矿渣、粉煤灰和复合硅酸盐水泥,也就是说铁路混凝土工程中一般只用表列水泥,所以强度要求仅列出表中两种水泥的强度值

(一)和易性与需水量

对水泥性能的要求是在保证一定和易性的前提下尽可能降低需水量。水泥标准稠度用水量反映了水泥达到某一流动性的需水特性。通用硅酸盐水泥的标准稠度用水量(在做凝结时间、安定性前必须要做的一项)一般为 23%～31%。标准稠度用水量越大,表明水泥浆体达到一定流动性能的需水量越大。在混凝土的配制和生产过程中,当保持混凝土工作性能不变时,会引起混凝土水胶比增大,强度下降,或对减水剂的需要量增大。标准稠度用水量每增加 1%,普通混凝土用水量就要增加 6～8 kg/m³。因此标准稠度用水量小的水泥,在配制混凝土时,混凝土每立方米用水量就少,强度就会增大,如果保持强度不变,就有利于节约水泥用量。

(二)标准稠度用水量

标准稠度用水量大小的影响因素有熟料的矿物组成、烧成质量、水泥的颗粒分布、比表面积或细度及混合材料品种及掺量等。细度越细,比表面积越大,标准稠度用水量也越大。

标准稠度用水量的含义是:按规定的水泥量(一般为 500 g)和规定试验方法加水拌和成水泥净浆并把水泥浆一次性装入规定的试模中,然后用标准的试杆使其垂直自由地沉入水泥浆中 30 s 时试杆沉入水泥浆中的深度(35～37 mm),这时的净浆为标准稠度,所用水量为标准稠度用水量。标准稠度用水量净浆是安定性、凝结时间试验必须使用的净浆,因此其用水量的大小会对安定性及凝结时间产生一定影响。

(三)早期强度与强度增长率

多数施工单位为了提高工效和经济效益的需要,都希望使用早期强度高和强度增长快的水泥。这样有利于加快模板周转速度和工程施工进度,同时可以减少混凝土早期开裂的机会。影响早期强度和强度增长率的因素主要是熟料的矿物组成、混合材料的品种与掺量、水泥的颗粒分布状况及细度等。

(四)水泥与外加剂的相容性

在施工中水泥和外加剂(主要指减水剂)拌和后,出现混凝土坍落度损失大、凝结时间快、泌水、离析等现象,影响混凝土的施工进度和施工质量,把该现象称为相容性。相容性到目前还缺乏一个公认的评价标准,但普遍认为外加剂与水泥相容性好表现在:同一配合比、同一水泥用量条件下获得相同强度等级、相同流动性能的混凝土时所需减水剂用量少,混凝土拌合物坍落度损失小,不离析,不泌水。影响水泥与外加剂相容性的因素有外加剂本身及掺加方法、熟料的组成、烧成工艺、水泥中的碱含量、石膏掺量、颗粒组成、混合材品种与掺量等。

(五)水泥强度等级和水泥品种选择

强度选用原则是低强度等级的混凝土尽可能选用低强度等级的水泥,有利于降低混凝土造价。根据实际施工经验,一般选择的水泥强度等级为混凝土强度等级的 1.0～1.5 倍。目前在使用高效减水剂或高性能减水剂的情况(减水率>20%)下,多用 42.5 水泥配置 C50 混凝土。可以说在使用高效减水剂的条件下,水泥强度等级可比混凝土强度等级稍低些,其比值可降至 0.85～1.5。

通用水泥性能及适用范围见表 2.6。在铁路混凝土工程中,水泥宜选用硅酸盐水泥或普通硅酸盐水泥。C30 以下混凝土可采用矿渣硅酸盐水泥、粉煤灰硅酸盐水泥和复合硅酸盐水泥,不用火山灰质水泥。

表 2.6　通用水泥性能及适用范围

名称	代号	主要特性和适用范围
硅酸盐水泥	P·I	具有强度高、凝结硬化快、抗冻性好、耐磨性和不透水性等优点。其缺点是水化热较高、抗水性差、耐酸碱和硫酸盐类的化学侵蚀较差。它适用于配制高强混凝土、预应力制品、道路工程、低温下施工的工程、石棉制品等,不宜用于大体积混凝土和地下工程
	P·II	
普通硅酸盐水泥	P·O	与硅酸盐水泥相比,早强略有降低,抗冻性与耐磨性稍有下降,低温凝结时间有所延长。它适用于配制各种强度等级的混凝土,用于各种混凝土构件的生产及各种钢筋混凝土工程的施工
矿渣硅酸盐水泥	P·S	具有水化热低,抗硫酸盐侵蚀性能好,抑制碱-骨料反应,蒸汽养护效果好,耐热性较高,凝结时间长,早期强度低,后期强度增长大,保水性、抗冻性较差等特点。它的适用范围广泛,适用于地面、地下、水中各种混凝土工程,不宜用于需要早强或易受冻融循环作用的结构工程
火山灰质硅酸水泥	P·P	具有水化热低,抗硫酸盐侵蚀性能好,保水性好,凝结时间长,早期强度低,后期强度增长大,需水量大,干缩大等特点。它适用于地下工程、大体积混凝土、长期潮湿的环境和地下有腐蚀性的环境工程,但不宜用于需早强或冻融和干湿交替的部位
粉煤灰硅酸盐水泥	P·F	具有需水量少,和易性好,泌水小,干缩小,水化热低,耐侵蚀性好,抑制碱-骨料反应,早期强度低,后期强度增长大,抗冻性差等特点。它可广泛用于各种工业和民用建筑工程,适用于大体积混凝土和地下工程,不宜用在低温下施工的工程
复合硅酸盐水泥	P·C	具有较高的早期强度,较好的和易性,但需水量较大,配制混凝土的耐久性略差

第二节　集(骨)料

一、集(骨)料的含义

集料是粒径不同的碎石、砾石、砂等粒状材料的总称。在混合料中集料约占混凝土体积的 70%,起骨架和填充作用,其质量对混凝土的性能有很大影响。集料分粗、细集料(主要为砂、石),其技术指标及检验见有关标准规范。

二、集料的主要技术性能及其对混凝土性能的影响

1. 表观密度

表观密度指包括非贯通毛细孔在内的集料质量与同体积水的质量之比。多孔的集料,

表观密度小,往往强度低,稳定性也差,因此表观密度已成为衡量其质量的一个重要指标。大多数天然集料的相对表观密度为 2 600~2 800 kg/m³。

集料的表观密度分全干表观密度和饱和面干表观密度两种。前者为集料完全干燥状态下的密度,后者为集料表面没有自由水状态下的密度。饱和面干表观密度更适用于混凝土配料计算。全干状态表观密度在混凝土中要吸收混凝土中的水分,所以影响水胶比。

2. 集料的吸水率和含水率

集料的吸水率表示集料内部的孔隙比例,其含水量不包括集料表面水。即吸水率为饱和面干状态下内部含水量与干砂之比,是集料质量好坏的一项指标。一般情况下,集料吸水大,其密度小,安定性也不好。卵石与碎石的吸水率在 3.0% 以下,砂的吸水率约在 3.5% 以下。对于引气混凝土,即使在通常的水灰比范围内,当集料吸水率超过 3.0% 时,混凝土的耐久性指数要下降到 60% 以下。

集料的含水率表示集料实际的含水量,包括吸水率和表面水。集料含水状态会影响集料与水泥石的黏结、混凝土的抗冻性以及集料的化学稳定性和耐磨性等。含水状态有绝干状态、气干状态、饱和面干状态和湿润状态 4 种。

3. 集料的形状与强度

集料颗粒的形状(见表 2.7)对混凝土的拌合物及强度都有影响。若集料颗粒为立方体或接近圆形的多面体,其填充性就好,可以减少混凝土中水泥和水的用量。集料颗粒的形状不好,如扁长刀刃形等,其拌合物的和易性差,会导致产生各种缺陷。如果集料颗粒有棱角和表面粗糙,则互相间的摩擦增大,流动性变差,在拌制混凝土时,为了得到同样的工作性,必须使用更多的砂、水泥和水。碎石的这种性质比卵石严重,但这种集料与水泥浆之间黏结良好,对强度有利,所以在配制高标号混凝土时多用碎石。

表 2.7 集料的粒形分类

分类	描述	例子
圆形	完全由磨损或完全由摩擦形成	河卵石或海卵石,沙漠、海岸风吹砂
不规则形状	自然的不规则或部分经摩擦形成的圆棱	其他的卵石,砂或挖掘的燧石
多角形	在粗糙平面的横断面上形成有很明显的棱边	各种轧碎的岩石,废料(大卵石),轧碎的矿渣
片状	材料的厚度比其他两个尺寸要小得多	层状岩石
细条状	通常为多角形材料,其长度大大超过另两个尺寸	
针片状和细条状	材料的长度大大超过宽度以及大大超过厚度	

颗粒表面积与其体积之比,在相同粒度情况下,这个比值越小,越接近于球形;比值越大,越接近长方体。表面积与体积之比很大的颗粒,可能为针状和片状。这些颗粒将影响混凝土拌合物的工作性,并对其强度和耐久性也不利,对混凝土坍落度的经时损失也有增大的

趋势,同时产生混凝土离析、泌水的可能性较大,使混凝土硬化中缺陷增多,恶化混凝土的性能。

颗粒长度大于平均粒径的 2.4 倍者为针状颗粒。颗粒厚度小于平均粒径的 0.4 倍者为片状颗粒。

集料的强度对于普通混凝土的强度来说影响甚小,但对高强混凝土或轻集料混凝土的强度影响很大。一般岩石立方体抗压强度(饱水状态)与混凝土的设计强度之比,对于大于 30 MPa 混凝土为 2 倍;对于小于 30 MPa 的为 1.5 倍。大多数集料的抗压强度都在 80 MPa 左右,优质集料可达 100 MPa 以上。

集料强度有两种评价方法,第一种是岩石立方体强度(试件尺寸为 50 mm×50 mm×50 mm);第二种是压碎值指标。一般 C50 以下的混凝土多用压碎值指标。

《铁路混凝土工程施工技术指南》铁建设[2010]241 号规定石料强度等级应以边长 70 mm 的立方体在浸水饱和状态下的抗压极限强度表示。当采用边长为 100 mm 或 50 mm 的立方体试件时,其抗压极限强度应分别乘以 1.14 或 0.86 的换算系数。石料的强度等级分为 MU120,MU100,MU90,MU80,MU70,MU60,MU50,MU40 和 MU30。

4. 集料的最大粒径与级配

粗集料公称粒径的上限称为该粒级的最大粒径(公路工程规定比公称粒径大一个粒级为最大粒径)。随着粒径的增大,集料表面积减小,即包裹集料表面一层润滑层所需水泥浆或砂浆的数量可相应减少。因此增大集料粒径可降低混凝土拌合物的需水性,这样在一定水泥用量条件下,可降低水灰比而提高混凝土的强度。但当最大粒径超过 40 mm 以后,因减少用水量而获得强度的提高,却被较小的黏结面积及非常大的集料造成混凝土连续性及均匀性变差的不利影响所抵消。

根据《混凝土结构工程施工及验收规范》(GB 50204—2002)规定,混凝土用粗集料,最大粒径不得超过结构截面积最小尺寸的 1/4,且不得超过钢筋最小间距的 3/4;对混凝土实心板集料的最大粒径不宜超过板厚的 1/3,且不超过 40 mm。

《铁路混凝土工程施工质量验收标准》(TB 10424—2010)规定,粗集料的最大公称粒径不宜超过钢筋的混凝土保护层厚度的 2/3(在严重腐蚀环境条件下不宜超过 1/2)且不得超过钢筋最小间距的 3/4;配制强度等级 C50 及以上混凝土时,其最大粒径不应大于 25 mm。

集料的级配是指各级粒径颗粒的分布状况,通常可以用筛分曲线或细度模数来表示。粗集料有连续级配与单粒级配之分。连续级配是指从某一最大粒级以下,依次有其他粒径,相邻两级粒径比为 2。间断级配为缺少一个或几个中间粒级,相邻两级粒径比应较大,其第一级与第二级的比为 $\frac{1}{4} \sim \frac{1}{8}$。间断级配的比表面积比连续级配的比表面积小。连续级配,因大小颗粒搭配较好,配制的混凝土拌合物具有良好的和易性与较高的密实度,不宜发生离析现象。间断级配有利于实现集料最大堆积密度,有可能更大限度地发挥集料的骨架作用,减少水泥用量,但间断级配容易使混凝土拌合物产生离析现象,工作性较差。当采用强力振动施工法及低流动性或干硬性混凝土时,采用间断级配较为有利。

5. 集料中的有害物质

集料中存在削弱集料与水泥石的黏结,或能与水泥的水化产物发生化学反应并产生有害膨胀的物质称为有害物质。有害物质包括有机物、石粉物质、黏土物质、云母物质、反应性物质、碱活性硫化物（硫化铁、硫化钙）、氧化钙、氧化镁、石膏等。

(1)有机物：指植物分解所产生的腐殖酸或丹宁酸，它们会与水泥浆中的钙发生反应，生成不溶性的有机酸钙，妨碍水泥水化反应的进行，影响混凝土的早期硬化，降低混凝土强度。

(2)黏土物质：包括高岭石、蒙脱石、伊利石、水化云母或微粒石英等胶体物质，这些物质影响混凝土的和易性、需水量、集料与浆体的黏结强度，导致混凝土强度下降，干缩变形增大，耐磨性、抗渗性能变差。

(3)石粉物质：人工集料在机械破碎制造过程中产生的石粉微粒，其粒径小于 $0.075\,\mu m$，其有害作用与黏土物质相似。

(4)云母物质：主要存在于天然砂中，其本身为层片结构，表面光滑，质地脆弱，与混凝土的胶结能力差，降低混凝土抗拉强度。当砂中云母含量超过 2%（质量分数）时，混凝土需水量几乎呈直线增加，和易性变差，抗冻性、抗渗性和抗磨性明显降低。

(5)反应物质：在集料中能与水泥组分产生反应并膨胀，从而导致混凝土破坏的物质。

集料耐久性指抵抗混凝土由于温度、湿度变化、冻融循环及其他物质的侵蚀作用，使集料产生分解或发生体积变化的能力。一般的混凝土结构物，集料的强度与耐久性可根据其表观密度与吸水率判断，而对特殊要求的情况，需通过试验来判断。耐久性也可以说是集料物理作用及化学作用的体积稳定性。

软弱颗粒指在 147~333 N 的静压力下能压碎的颗粒。对低强度等级混凝土，集料中软弱颗粒的含量不得超过 20%（质量分数），高强度等级混凝土与一般水工混凝土不得超过 10%，有抗冻要求的水工混凝土不得超过 5%（质量分数）。

集料的坚固性指集料的抗冻性或者是集料抵抗一切风化侵蚀的能力。坚固性与原岩的节理和孔隙率、孔分布、孔结构及吸水率等因素有关。当水进入这些弱面及孔穴中受冻产生结冰膨胀，这种交变的结晶膨胀压导致岩石弱面崩裂，所以说集料的坚固性在一定含义下指的是抗冻性或抵抗风化侵蚀的能力。坚固性一般采用硫酸钠膨胀法试验。

集料的耐火性指集料抵抗高温作用不被破坏的能力。其特点是热传导率和热膨胀系数小。一般来说，石灰岩集料导热系数低，热膨胀系数低，因此比其他岩石的集料耐火性好。

碱活性骨料指在一定条件下会与混凝土中的碱发生化学反应，导致混凝土结构产生膨胀、开裂、甚至破坏的骨料，如 SiO_2、Na_2O 活性碳酸盐及蛋白石、玉髓、鳞石英和方石英等。

三、粗骨(集)料(石子)

(一)粗骨料的定义及分类

在混凝土工程中，一般将粒径大于 5 mm(4.75 mm 方孔筛)的卵石和碎石称为粗骨料。将其按颗粒大小、产地来源、密度大小、石质级配等进行分类，见表 2.8。

表 2.8 粗集料分类

项次	方法	分类
1	按颗粒大小分类	小石(5~20 mm)
		中石(20~40 mm)
		大石(40~80 mm)
		特大石(80~150 mm)
2	按产地及来源分类	天然石(河卵石、海卵石、山卵石)
		人工石(碎石)
		工业副产品(矿渣)
3	按密度分类	普通粗集料(相对密度为 2.5~2.8)
		轻粗集料(相对密度 2.0 以下)
		重粗集料(相对密度大于 2.8)
4	按石质分类	火成岩粗集料(花岗岩、正长岩、闪长岩、玄武岩等)
		水成岩粗集料(石灰岩、砂岩)
		变质岩粗集料(片麻岩、石英岩)
5	按一般性及特殊性分类	普通粗集料
		特殊粗集料(防护、耐火、防蚀)
6	按级配分类	连续级配、单粒级配

卵石指由自然风化、水流搬运和分选、堆积形成粒径大于 4.75 mm 且表面光滑、无棱角、不规则的岩石颗粒。

碎石指天然岩石、卵石或矿山废石经机械破碎、筛分制成的粒径大于 4.75 mm 且表面粗糙、有棱角、无规则的岩石颗粒。

(二)卵石、碎石按技术要求分类及使用范围

卵石、碎石分类按 GB/T 14685—2011 规定的技术要求分Ⅰ类、Ⅱ类和Ⅲ类。Ⅰ类宜用于强度等级大于 C60 的混凝土;Ⅱ类宜用于强度等级为 C30~C60 及抗冻、抗渗或其他要求的混凝土;Ⅲ类宜用于强度等级小于 C30 的混凝土。

(三)卵石、碎石的技术要求

颗粒级配指各级粒径颗粒的分布状况,分为连续级配和单粒级配两种。通常用筛分曲线表示,颗粒级配应符合表 2.9 的规定。

表 2.9 颗粒级配(GB/T 14685—2011)

公称粒级/mm		累计筛余/% 方孔筛/mm										
		2.36	4.75	9.50	16.0	19.0	26.5	31.5	37.5	53.0	63.0	75.0	90
连续级配	5~16	95~100	85~100	30~60	0~10	0							
	5~20	95~100	90~100	40~80	—	0~10	0						
	5~25	95~100	90~100	—	30~70	—	0~5	0					
	5~31.5	95~100	90~100	70~90	—	15~45	—	0~5	0				
	5~40	—	95~100	70~90	—	30~65	—	—	0~5	0			
单粒级配	5~10	95~100	80~100	0~15	0								
	10~16		95~100	80~100	0~15								
	10~20		95~100	85~100	—	0~15	0						
	16~25			95~100	55~70	25~40	0~10						
	16~31.5		95~100		85~100			0~10	0				
	20~40			95~100		80~100			0~10	0			
	40~80					95~100			70~100		30~60	0~10	0

注:公称粒级上限为最大粒径,公路工程最大粒径为公称粒级上一个粒级,但应该注意的是在工程中一般最大粒径为公称最大粒径

含泥量指卵石、碎石中粒径小于 75 μm 的颗粒含量。

泥块含量指卵石、碎石中原粒径大于 4.75 mm 经水浸洗,手捏后小于 2.36 mm 的颗粒含量。

针、片状颗粒指卵石、碎石颗粒的长度大于该颗粒所属相应粒级的平均粒径 2.4 倍者为针状,厚度小于平均粒径 0.4 倍者为片状。

坚固性指卵石、碎石在自然风化和其他物理化学因素作用下抵抗破坏的能力。

岩石抗压强度指在水饱和状态下,单位面积上所承受的压力(N),单位 MPa。

压碎值指卵石、碎石试样(粒径为9.5~19 mm)在规定的试模内,按规定的加载方法(1 kN/s)加载至200 kN(公路标准为400 kN)所压碎的小于2.36 mm的颗粒质量与试样质量之比。

碱骨料反应指水泥、外加剂等混凝土组成物及环境中的碱与集料中碱活性矿物在潮湿环境下缓慢发生并导致混凝土开裂破坏的膨胀反应。通常根据活性集料的类型将碱骨料反应分为碱硅酸反应和碱碳酸盐反应两类。碱活性矿物包括活性SiO_2、活性碳酸盐等。

碱骨料反应的3个必要条件:水、混凝土中的碱及活性骨料。正常情况下不允许使用碱活性骨料,如果发现碱活性骨料存在时或为预防碱骨料反应,必须采取相应措施:严格控制混凝土的总碱含量;或掺加矿物掺合料。对活性很大的(砂浆棒膨胀率≥0.3%)骨料,原则上不允许使用。混凝土中的碱含量主要来源于水泥,所以一般情况下在施工预应力等质量要求较高的混凝土时多采用低碱水泥(碱含量不超过0.06%)。

《建设用卵、碎石》(GB/T 14685—2011)对卵石、碎石技术要求的规定见表2.10。

表2.10 卵石、碎石技术要求 (GB/T 14685—2011)

	卵石、碎石技术要求项目	类别(或相同混凝土等级)		
		Ⅰ >60	Ⅱ C30~C60	Ⅲ <C30
1	颗粒级配(筛分法)	应符合表2.9的规定		
2	含泥量(质量分数)%	≤0.5	≤1.0	≤1.5
3	泥块含量(质量分数)%		≤0.2	≤0.5
4	针片状含量(质量分数)%	≤5	≤10	≤15
5	有害物质:有机质(比色法试验)	合格(浅于标准色)		
6	有害物质:硫化物及硫酸盐(按SO_3质量计)/%	≤0.5	≤1.0	≤1.0
7	坚固性:(硫酸钠溶液法试验)质量损失/%	≤5	≤8	≤12
8	岩石抗压强度(水饱和状态下)	火成岩不小于80 MPa,变质岩不小于60 MPa,水成岩不小于30 MPa		
9	压碎值指标:卵石/%	≤10	≤20	≤30
10	压碎值指标:碎石/%	≤12	≤14	≤16
11	吸水率/%	≤1.0	≤2.0	≤2.0
12	表观密度/(kg·m^{-3})	≥2 600 kg/m³		
13	连续级配松散堆积空隙率/%	≤43	≤45	≤47
14	碱骨料反应	经碱骨料反应试验后试件无裂缝、酥裂、胶体外溢等现象,在规定的试验龄期膨胀率应小于0.10%		

《铁路混凝土工程施工质量验收标准》(TB 10424—2010)规定粗集料应选用粒形良好、质地坚固、线胀系数小的碎石。无抗拉和抗疲劳要求的C40以下混凝土也可采用卵石。粗骨料应采用二级或多级级配骨料混配成连续级配,因此应分级采购、分级运输、堆放、计量。

混凝土用粗骨料的性能见表 2.11。粗骨料的压碎指标值见表 2.12。粗骨料的颗粒级配见表 2.13。

表 2.11 混凝土用粗骨料的性能（TB 10424—2010）

序号	检验项目	技术要求			检验方法
		<C30	C30~C45	≥C50	
1	针片状颗粒总含量	≤10%	≤8%	≤5%	按 GB/T 14685 检验
2	含泥量	≤1.0%	≤1.0%	≤0.5%	按 GB/T 14685 检验
3	泥块含量	≤0.2%			按 GB/T 14685 检验
4	岩石抗压强度	母岩抗压强度与混凝土强度等级之比不应小于 1.5			按 GB/T 14685 检验
5	吸水率	≤2%（干湿交替或冻融破坏下<1%）			按 GB/T 14685 检验
6	紧密空隙率	≤40%			按 GB/T 14685 检验
7	坚固性	≤8%（混凝土结构） ≤5%（预应力混凝土结构）			按 GB/T 14685 检验
8	硫化物及硫酸盐含量	≤0.5%			按 GB/T 14685 检验
9	Cl⁻含量	≤0.02%			按 TB 10424—2010 标准附录 C 检验
10	有机物含量（卵石）	浅于标准色			按 GB/T 14685 检验
11	压碎值指标	见表 2.12			
12	颗粒级配	见表 2.13			

粗骨料的压碎指标值应符合表 2.12 的规定。

表 2.12 粗骨料的压碎指标值(%)（TB10424—2010）

混凝土强度等级	<C30			≥C30		
岩石种类	沉积岩	变质岩或深成的火成岩	喷出的火成岩	沉积岩	变质岩或深成的火成岩	喷出的火成岩
碎石	≤16	≤20	≤30	≤10	≤12	≤13
卵石	≤16			≤12		

粗骨料的颗粒级配应符合表 2.13 的规定。

表 2.13 粗骨料的颗粒级配（TB 10424—2010）

公称粒径 /mm	累积筛余（按质量）/%								
	筛孔边长尺寸/mm								
	2.36	4.75	9.5	16.0	19.0	26.5	31.5	37.5	53
5～10	95～100	80～100	0～15	0	—	—	—	—	—
5～16	95～100	85～100	30～60	0～10	—	—	—	—	—
5～20	95～100	90～100	40～80	—	0～10	0	—	—	—
5～25	95～100	90～100	—	30～70	—	0～5	0	—	—
5～31.5	95～100	90～100	70～90	—	15～45	—	0～5	0	—
5～40	—	95～100	70～90	—	30～65	—	—	0～5	0

注：①粗骨料的最大公称粒径不宜超过钢筋的混凝土保护层厚度的 2/3（在严重腐蚀环境条件下不宜超过 1/2），且不得超过钢筋最小间距的 3/4；
②配制强度等级 C50 以上混凝土时，粗骨料最大公称粒径不应大于 25 mm

最大粒径指集料 100% 都能通过的最小标准筛筛孔最小尺寸，所以说最大粒径比最大公称粒径要大一个粒级。

公称最大粒径指集料可以全部通过或允许有少量筛余（不超过 10%）的最小标准筛筛孔尺寸。由此可知最大公称粒径为公称粒级范围的上值。

根据上述定义最大粒径和公称最大粒径有明显的区分，但在工程中最大粒径指公称最大粒径。

四、细骨(集)料(砂)

(一)细骨料的定义及分类(GB/T 14684—2011)

粒径小于 4.75 mm（方孔筛）的岩石颗粒称为细骨料。细骨料一般多指砂，其粒径范围规定为 0.15～4.75 mm。

砂按技术要求分为Ⅰ类、Ⅱ类和Ⅲ类，Ⅰ类宜用于 C60 以上的混凝土；Ⅱ类宜用 C30～C60 的混凝土；Ⅲ类宜用于 C30 以下的混凝土。砂按细度模数分为粗、中、细、特细 4 种规格，用细度模数表示。砂按来源分为天然砂和机制砂两种。

天然砂：自然生成的，经人工开采和筛分的粒径小于 4.75 mm 的岩石颗粒，有河砂、湖砂、山砂和海砂，但不包括软质、风化的岩石颗粒。

机制砂：经除土处理，由机械破碎、筛分制成的粒径小于 4.75 mm 的岩石、矿山尾矿或工业废渣颗粒，但不包括软质、风化的颗粒，俗称人工砂。

(二)细骨料的技术要求

《建设用砂》(GB/T 14684—2011)对细集料的技术要求规定见表 2.14。《铁路混凝土工程施工质量验收标准》(TB 10424—2010)对细集料的要求见表 2.15。细骨料的性能见表 2.16。

(三)砂中的有害物质

砂中的有害物质包括云母、轻物质、有机质、硫化物及硫酸盐、氯化物和贝壳。

(四)砂中 11 个技术指标的含义

①砂中的含泥量:天然砂中粒径小于 0.075 mm 的颗粒含量。
②石粉含量:机制砂中粒径小于 0.075 mm 的颗粒含量。
③泥块含量:砂中原粒径大于 1.18 mm,经水浸洗,手捏后小于 0.6 mm 的颗粒含量。
④细度模数:衡量砂粗细程度的指标。细度模数值是根据筛分把砂分成 0.15 mm, 0.3 mm,0.6 mm,1.18 mm,2.36 mm,4.75 mm 6 个粒级的 6 个累计筛余百分率经计算得出的。根据细度模数的大小把砂分成粗、中、细砂、特细 4 种,粗砂的细度模数为 3.7～3.1,中砂为 3.0～2.3,细砂为 2.2～1.6,特细砂为 1.5～0.7。

表 2.14 细集料的技术要求 (GB/T 14684—2011)

	技术要求项目	类别(或相同于混凝土等级)		
		Ⅰ >60	Ⅱ C30～C60	Ⅲ <C30
1	颗粒级配(筛分法)	Ⅰ区	Ⅰ、Ⅱ、Ⅲ区	Ⅰ、Ⅱ、Ⅲ区
2	含泥量(质量分数)/%	≤1.0	≤3.0	≤5.0
3	泥块含量(质量分数)/%	0	≤1.0	≤2.0
4	云母含量(质量分数)/%	≤1.0	≤1.0	≤2.0
5	轻物质/%	≤1.0	≤1.0	≤1.0
6	有机物(比色法)	浅于标准色		
7	硫化物及硫酸盐(按 SO_3 质量计)/%	≤0.5	≤0.5	≤0.5
8	氯化物(以氯离子质量计)/%	≤0.01	≤0.02	≤0.06
9	贝壳(按质量计)/%,该指标仅适用于海砂,其他砂种不作要求	≤3.0	≤5.0	≤8.0
10	坚固性:(硫酸钠溶液法)	≤8	≤8	≤10
11	压碎值(单级最大压碎值)/%	≤20	≤25	≤30
12	表观密度	不小于 2 500 kg/m³		
13	松散堆积密度	不小于 1 400 kg/m³		
14	空隙率	不大于 44%		
15	碱集料反应	经碱集料反应试验后试件无裂缝、酥裂、胶体外溢,在规定的试验龄期膨胀率应小于 0.10%		
16	含水率和饱和面干吸水率	以实测值为准		

注:机制砂石粉含量和泥块含量分两种情况:一是机制砂亚甲蓝 MB 值≤1.4 或快速法试验合格时;二是亚甲蓝 MB 值>1.4 或快速法试验不合格时。石粉含量和泥块含量(MB 值≤1.4 或快速法试验合格)见表 2.17 和石粉含量和泥块含量(MB 值>1.4 或快速法试验不合格)见表 2.18,其他指标同表 2.14

表 2.15 细骨料的颗粒级配范围（TB 10424—2010）

级配区公称粒径/mm	累计筛余/% Ⅰ区	Ⅱ区	Ⅲ区
10.0	0	0	0
5.00	10～0	10～0	10～0
2.50	35～5	25～0	15～0
1.25	65～35	50～10	25～0
0.63	85～71	70～41	40～16
0.315	95～80	92～70	85～55
0.160	100～90	100～90	100～90

注：除 5.00 mm 和 0.63 mm 筛挡外，细骨料的实际颗粒级配与上表所列的累计筛余百分率相比允许稍有超出分界线，但超出总量不应大于 5%

表 2.16 细骨料的性能（TB 10424—2010）

序号	检验项目		技术要求 <C30	C30～C45	≥C50	检验方法
1	含泥量（质量分数）		≤3.0%	≤2.5%	≤2.0%	
2	泥块含量（质量分数）		≤0.5%			
3	云母含量（质量分数）		≤0.5%			
4	轻物质含量（质量分数）		≤0.5%			
5	有机物含量		浅于标准色			
6	压碎指标值（人工砂）		<25%			按 GB/T 14684 检验
7	石粉含量（人工砂）	$MB<1.40$	≤10.0%	≤7.0%	≤5.0%	
		$MB≥1.40$	≤5.0%	≤3.0%	≤2.0%	
8	吸水率		≤2%			
9	坚固性		≤8%			
10	硫化物及硫酸盐含量（质量分数）		≤0.5%			
11	Cl^- 含量（质量分数）		≤0.02%			

注：①冻融破坏环境下，细骨料的含泥量应不大于 2.0%，吸水率应不大于 1%；
②当细骨料中含有颗粒状的硫酸盐或硫化物杂质时，应进行专门检验，确认能满足混凝土耐久性要求时，方能采用

表 2.17 石粉含量和泥块含量（$MB≤1.4$ 或快速法试验合格）（GB 14684—2011）

类别	Ⅰ	Ⅱ	Ⅲ
MB 值（亚甲蓝值）	≤0.5	≤1.0	≤1.4 或合格
石粉含量（质量分数）/%（此指标经试验验证，可由供需双方确定）		≤10.0	
泥块含量（质量分数）/%	0	≤1.0	≤2.0

表2.18 石粉含量和泥块含量($MB>1.4$或快速法试验不合格)(GB 14684—2011)

类别	Ⅰ	Ⅱ	Ⅲ
石粉含量(质量分数)%	≤1.0	≤3.0	≤5.0
泥块含量(质量分数)%	0	≤1.0	≤2.0

注：从以上两表可以看出,当亚甲蓝$MB≤1.4$或快速法试验合格的机制砂其泥块含量允许值与$MB>1.4$或快速法试验不合格的机制砂允许值是一致的,但石粉含量允许值前者大于后者

⑤云母：表面光滑、质量脆弱为层片结构的物质。

⑥坚固性：砂在自然风化和其他外界物理、化学因素作用下抵抗破裂的能力。

⑦轻物质：砂中表观密度小于 2 000 kg/m³ 的物质。

⑧碱集料反应：水泥、外加剂等混凝土组成物及环境中的碱与集料中碱活性矿物在潮湿环境下缓慢发生并导致混凝土开裂破坏的膨胀反应。碱活性矿物如活性 SO_2、活性碳酸盐等。

⑨亚甲蓝：用于判定机制砂中粒径小于 0.075 mm 颗粒的吸附性能指标。

⑩颗粒级配：指各粒级的分布情况,并根据各粒级含量的累计百分率,以 0.6 mm 筛孔的累计百分率把砂分为 3 个区,即Ⅰ区、Ⅱ区和Ⅲ区。级配Ⅰ区属粗砂,Ⅱ区属中砂,Ⅲ区属细砂。特细砂多数均为 0.15 mm 以下颗粒,因此无级配要求。砂颗粒级配见表 2.19。

表 2.19 砂颗粒级配 (GB/T 14684—2011)

砂的分类	天然砂			机制砂		
级配区	Ⅰ区	Ⅱ区	Ⅲ区	Ⅰ区	Ⅱ区	Ⅲ区
方孔筛	累计筛余/%					
4.75 mm	10～0	10～0	10～0	10～0	10～0	10～0
2.36 mm	35～5	25～0	15～0	35～5	25～0	15～0
1.18 mm	65～35	50～10	25～0	65～35	50～10	25～0
600 μm	85～71	70～41	40～16	85～71	70～41	40～16
300 μm	95～80	92～70	85～55	95～80	92～70	85～55
150 μm	100～90	100～90	100～90	97～85	94～80	94～75

注：①砂的实际颗粒级配除 4.75 mm 和 600 μm 筛挡外,可以略有超出,但各级累计筛余超出值总和应不大于 5%;

②配制混凝土时宜优先选用Ⅱ区砂。当采用Ⅰ区砂,应提高砂率,并保持足够的水泥用量；当采用Ⅲ区砂时,宜适当降低砂率以保证混凝土的强度。当采用特细砂时,应符合相应的规定。泵送混凝土宜采用中砂。当砂细度模数相差 0.3 时,对混凝土拌合物稠度有所影响

⑪饱和面干吸水率：指砂表面有少量的水,但经堆积后的砂堆可自然形成近三角形的外观形状,这时的砂含水量为饱和面干,饱和面干砂中的水的质量与烘干后的砂质量之比,称饱和面干吸水率。过湿的砂可堆成近梯形的外观形状,过干的砂堆则近似弧形状态。

五、粗、细集料(石子、砂)验收规则

砂石的验收规则在实际工作中应按各行业验收标准进行,如没有要求的按下列规定进行。

(一)一般规定

①供货单位应提供砂石的产品合格证以及质量标准报告。使用单位应按同产地、同规格分批验收。

②验收批数量的规定：

当使用大型运输工具时(火车、货船、汽车)时,以 400 m³ 或 600 t 为一验收批;

当使用小型运输工具(如拖拉机等)时,以 200 m³ 或 300 t 为一验收批;

当砂石质量比较稳定、进料量较大时,可以按 1 000 t 为一验收批。

③砂石在运输、装卸和堆放过程中,应防止颗粒离析、混入杂质,并按产地、规格和批次分别堆放。

石子堆放高度不宜超过 5 m;对于单粒级或最大粒径不超过 20 mm 的连续粒级,其堆料高度可增加至 10 m。

(二)取样方法及数量

1. 取样方法

①在料堆上取料时,取料应在不同部位(顶部、中部、底部)均匀分布。在取料前先将取样部位表层铲除之后,从不同部位随机抽取大致等量的石子 16 份、砂 8 份,完成各自一组的样品。

②从皮带运输机上取料时,应用接料器在皮带运输机机头的出料处用与皮带等宽的容器全断面定时随机抽取大致等量的砂 4 份、石子 8 份,组成各自一组样品。

③从火车、汽车、货船上取料时,应从不同部位和高度抽取大致相等的砂 8 份、石子 16 份,组成各自一组样品。

2. 取样数量

砂和石子单项试验的取样数量应符合表 2.20 和表 2.21 的规定。若进行几项试验时,如能保证试样经一项试验后不致影响另一项试验的结果,可用同一试样进行几次不同试验。综合取料样数量一般随颗粒大小不同而定,一般砂为 30～80 kg,石子为 100～300 kg(但在工作中需注意应根据需要确定,确保取样数量满足试验要求)。

表 2.20 砂单项试验取样数量(GB/T 14684—2011)

序号	试验项目	取样数量/kg
1	颗粒级配	4.4
2	含泥量	4.4
3	泥块含量	20.0
4	石粉含量	6.0
5	云母含量	0.6
6	轻物质含量	3.2
7	有机物含量	2.0
8	硫化物与硫酸盐含量	0.6
9	氯化物含量	4.4

续表 2.20

序号	试验项目		取样数量/kg
10	贝壳含量		9.6
11	坚固性	天然砂	8
		机制砂	20
12	表观密度		2.6
13	松散堆积密度与空隙率		5.0
14	碱集料反应		20.0
15	放射性		6.0
16	饱和面干吸水率		4.4

注：每组样品应妥善包装，避免散失，尤其是细料的散失。防止污染，并附样品卡片，标明编号、时间、代表数量、产地、样品数量、检验项目等

表 2.21 石子单项试验取样数量（GB/T 14685—2011）

序号	试验项目	最大粒径/mm						
		9.5	16.0	19.0	26.5	31.5	37.5	63.0	75.0
		最少取样数量/kg						
1	颗粒级配	9.5	16.0	19.0	25.0	31.5	37.5	63.0	80.0
2	含泥量	8.0	8.0	24.0	24.0	40.0	40.0	80.0	80.0
3	泥块含量	8.0	8.0	24.0	24.0	40.0	40.0	80.0	80.0
4	针、片状颗粒含量	1.2	4.0	8.0	12.0	20.0	40.0	40.0	40.0
5	有机含量	按试验要求的粒级和数量取样						
6	硫酸盐和硫化物含量	按试验要求的粒级和数量取样						
7	坚固性							
8	岩石抗压强度	随机选取完整石块锯切或钻取成试验用样品						
9	压碎指标	按试验要求的粒级和数量取样						
10	表观密度	8.0	8.0	8.0	8.0	12.0	16.0	24.0	24.0
11	堆积密度与空隙率	40.0	40.0	40.0	40.0	80.0	80.0	120.0	120.0
12	吸水率	2.0	4.0	8.0	12.0	20.0	40.0	40.0	40.0
13	碱集料反应	20.0	20.0	20.0	20.0	20.0	20.0	20.0	20.0
14	放射性	6.0						
15	含水率	按试验要求的粒级和数量取样						

注：每组样品应妥善包装，避免散失，尤其是细料的散失。防止污染，并附样品卡片，标明编号、时间、代表数量、产地、样品数量、检验项目等

(三)检验项目与方法

一般进场砂石料常规检验项目包括颗粒级配、表观密度、堆积密度、紧密密度、空隙率、含泥量、泥块含量、石粉量(人工砂)、压碎值(石子、人工砂)、有机物含量(卵石、砂)、针片状含量(石子)。在实际工作中应按各行业标准要求检验项目进行。

铁路混凝土工程对粗骨料和细骨料检验要求的规定见表2.22和表2.23。

表2.22 粗骨料的检验要求 (TB 10424—2010)

序号	检验项目		检验要求		
1	颗粒级配	√		√	
2	压碎指标值	√		√	
3	针片状颗粒总含量	√	下列情况之一时,检验一次: ①任何新选料源; ②连续使用同料源、同品种、同规格的粗骨料达一年。 施工单位试验检验;监理单位平行检验	√	连续进场的同料源、同品种、同规格的粗骨料每400 m³(或600 t)为一批,不足上述数量时也按一批计。 施工单位每批抽检一次;监理单位按施工单位抽检次数的10%进行平行检验,但不少于一次
4	含泥量	√		√	
5	泥块含量	√			
6	岩石抗压强度	√			
7	吸水率	√			
8	紧密空隙率	√			
9	坚固性	√			
10	硫化物及硫酸盐含量	√			
11	Cl⁻含量	√		√	
12	有机物含量(卵石)	√			
13	碱活性	√			

表2.23 细骨料的检验要求 (TB 10424—2010)

序号	检验项目			检验要求		
1	颗粒级配		√		√	
2	含泥量		√		√	
3	泥块含量		√		√	连续进场的同料源、同品种、同规格的细骨料每400 m³(或600 t)为一批,不足上述数量按一批计。 施工单位每批抽检一次,其中有机物含量每3个月检验一次;监理单位按施工单位抽检次数的10%进行平行检验,但不少于一次
4	云母含量		√		√	
5	轻物质含量		√	下列情况之一时,检验一次: ①任何新选料源; ②连续使用同料源、同品种、同规格的粗骨料达一年。 施工单位试验检验;监理单位平行检验	√	
6	有机物含量		√			
7	压碎指标值(人工砂)		√			
8	石粉含量(人工砂)	MB<1.40	√			
		MB≥1.40	√		√	
9	吸水率		√			
10	坚固性		√			
11	硫化物及硫酸盐含量		√			
12	Cl⁻含量		√			
13	碱活性		√			

(四)合格判定(GB/T **14685**、GB/T **14684**)

检验结果符合砂、石标准要求的技术指标的可判为该批产品合格。若有一项不符合标准技术要求时,则应从同一批产品中加倍取样,对该项进行复检。复验后,若试验结果仍不符合标准要求的,则判定该批产品不合格;若有两项及以上试验结果不符合标准要求的则判该批产品不合格。

第三节 矿物掺合料

一、定 义

矿物掺合料的定义:指在配制混凝土时加入的能改善新拌混凝土和硬化混凝土性能的无机矿物细粉。通常矿物掺合料掺量大于水泥用量的5%,细度与水泥细度相同或比水泥更细。

二、掺合料与外加剂的区别

掺合料与外加剂的区别主要表现在以下几个方面:

(1)掺量不同:通常掺合料的掺量大于水泥用量的5%,外加剂掺量不大于水泥质量的5%。

(2)与水泥水化的作用不同:掺合料参与水泥的水化过程,对水化产物有所贡献,外加剂不参与水泥水化。

(3)施工中替代水泥用量不同:掺合料代替部分水泥(10%~65%),外加剂不能代替水泥。

在配制混凝土时加入较大量的矿物掺合料,不仅节约工程成本,又可降低温升,改善工作性能,增进后期强度,并可改善混凝土的内部结构,提高混凝土耐久性和抗腐蚀能力。尤其是矿物掺合料对碱集料反应的抑制作用引起了人们的重视且对改善环境污染有所贡献。因此,目前将矿物掺合料与水泥混合使用,统称为胶凝材料,也是高性能混凝土不可缺少的第六组分。

(4)在水泥生产过程中替代硅酸盐熟料不同:在水泥生产中,掺合料能代替部分硅酸盐熟料(5%~70%),不仅增加了水泥的生产量,且使水泥增加了品种,强度等级可控,从而适用范围更广泛。外加剂不能参与水泥的制造。

三、矿物掺合料的分类

矿物掺合料根据其来源可分为天然的、人工的及工业废料三大类,见表2.24。

表 2.24 矿物掺合料的分类

类别	品种
天然类	火山灰、凝灰岩、沸石粉、硅质页岩等
人工类	水溶高炉矿渣、煅烧页岩、偏高岭土等
工业废料类	粉煤灰、硅灰等

近些年工业废渣矿物掺合料直接在混凝土中应用的技术有了新的进展,尤其粉煤灰、磨细矿渣粉、硅灰等具有良好的活性,对节约水泥、节省能源、改善混凝土性能、扩大混凝土品种等方面有显著的技术经济效果和社会效益。

硅灰、磨细矿渣及分选超细粉煤灰可用来生产 C100 以上的超高强混凝土、超高耐久性混凝土和高抗渗混凝土。虽然我国矿渣、火山灰质、粉煤灰、硅酸盐、水泥分别掺入不同量的混合材,但这种掺有混合材的水泥配制的混凝土与水泥掺入矿物掺合料配制的混凝土其性能并不完全相同,除了工作性能外,水化放热速率和强度发展速率等有所不同。

四、矿物掺合料活性的分类

根据其化学活性,矿物掺合料基本可分为以下 3 类:

①有胶凝性(或称潜在水硬活性)的掺合料,如粒化高炉矿渣、高钙粉煤灰或增钙液态渣、沸腾炉(流化床)燃煤脱硫排放的废渣(固硫渣)等。

②有火山灰活性的掺合料。火山灰活性是指本身没有或极少有胶凝性,但遇水时,能与 $Ca(OH)_2$ 在常温下发生化学反应,生成具有胶凝性的组分,如粉煤灰、原状的或煅烧的酸性火山玻璃和硅藻土、某些烧页岩和黏土以及某些工业废渣(如硅灰)。

③惰性掺合料,如细磨的石灰岩、石英砂、白玉岩以及各种硅质岩石的产物。

五、矿物掺合料在混凝土中的效应

(1)形态效应:主要利用矿物掺合料的颗粒形态在混凝土中起减水作用,有学者称之为"矿物减水剂"。如优质的粉煤灰,其玻璃微珠对混凝土和砂浆的流动起"滚珠轴承"作用,因而有减水作用。

(2)微细集料填充效应:利用矿物掺合物中的微细颗粒填充到水泥颗粒填充不到的孔隙中,使混凝土中浆体与集料的界面缺陷减少,致密性提高,大幅度提高混凝土的强度和抗渗性能。

(3)化学活性效应:利用矿物掺合料的胶凝性或火山灰性,将混凝土中,尤其是浆体与集料界面处大量的 $Ca(OH)_2$ 晶体,转化成对强度及致密性更有利的 C—S—H(水化硅酸钙)胶凝,改善界面缺陷,提高混凝土强度。

上述 3 个效应在混凝土中同时起作用,但因掺合料品种不同,自身性质也不同,因此在混凝土中所体现的 3 个效应各有侧重。

六、混凝土中常用的几种矿物掺合料的品种及性能

混凝土中常用的矿物掺合料有粉煤灰、粒化高炉渣、火山灰和硅灰。另外天然沸石粉、

偏高岭土、细磨石灰石粉、石英砂粉等矿物掺合料,在不同地域内也应用较广泛。

(一)硅灰

硅灰是指用高纯度石英冶炼金属硅和硅铁合金的工厂从烟尘中收集的超细粉末,在埋电弧炉中用焦炭或木片将石英还原为单质硅,其蒸气在低温区氧化成 SiO_2 并凝聚成无定形的球状玻璃颗粒,称为凝聚硅灰。其松散容积密度为 250~300 kg/m^3,相对密度为 2.2 左右。用氮气吸附法测定的比表面积达 20~35 m^2/g,平均粒径小于 0.1 μm,比水泥颗粒小两个数量级。虽然硅灰也是球状玻璃体的颗粒,但由于粒径非常小,在硅体系中不能产生"滚珠轴承"效应,相反因其巨大的比表面积效应,在混凝土中不仅不能减水,反而导致混凝土的需水量大幅度增加,硅灰的需水量比为 134%,火山灰活性指标高达 110%。硅灰的性能见表 2.25。

表 2.25　硅灰的性能 (TB 10424—2010)

序号	检验项目	技术要求	检验方法
1	烧失量	≤6%	按 GB/T 176 检验
2	比表面积	≥18 000 m^2/kg	按 GB/T 18736 检验
3	需水量比	≤125%	
4	28 d 活性指数	≥85%	
5	Cl^- 含量	≤0.02%	按 GB/T 176 检验
6	SiO_2 含量	≥85%	
7	含水量	≤3.0%	按 GB/T 1596 检验

注:硅灰掺量一般不超过胶凝材料总量的 8%,且宜与其他矿物掺和使用

硅灰的质量可用 SiO_2 含量和活性率来检验。用于混凝土中的硅灰 SiO_2 含量应大于 90%,其中活性的 SiO_2(在饱和石灰水中可溶)达 40% 以上。以 10% 硅灰等量取代水泥,混凝土强度可提高 25% 以上。

硅灰颗粒细小,掺入混凝土中,具有优异的火山灰效应和微细集料效应,能改善新拌混凝土的泌水和黏聚性,增加混凝土的强度,提高混凝土的抗渗、抗化学腐蚀性和耐磨性、抗冲击性能、抑制碱骨料反应等。因硅灰的高填充效果和高火山灰活性,使其成为超高混凝土的优异矿物掺合料。因此,一般硅灰的掺量为 5%~10%,不超过胶凝材料的 8%,并用高效减水剂来调节需水量,并宜与其他矿物掺合料同时使用。

硅灰在高强高性能混凝土中应用最为普遍。

(二)粉煤灰

粉煤灰是从火力发电厂煤粉炉烟道气体中收集的粉末,是一种具有潜在活性的火山灰质材料。其颗粒多数呈球形,表面光滑,灰色,密度为 1 770~2 430 kg/m^3,松散容积密度为 516~1 073 kg/m^3。其化学成分与高铝黏土接近,主要成分是 SiO_2,Al_2O_3,Fe_2O_3,三者总和一般超过 70%,另外,还有少量 SiO_2,MgO,SO_3 等。普通低钙粉煤灰,CaO 含量不超过 10%,一般少于 5%。粉煤灰中的硫主要以硫酸盐形式存在,用 SO_3 表示。目前粉煤灰已普遍用于混凝土中,尤其是铁路混凝土工程要求必须添加粉煤灰。

1. 粉煤灰的颗粒组成与矿物组成

粉煤灰是由各种颗粒机械混合而成的颗粒群体,从颗粒形貌来说,有玻璃珠,包括实心

微珠、薄壁空心微珠和海绵状多孔玻璃体,主要为直径 1~50 μm 的玻璃球和一部分形状不规则的晶体颗粒。

粉煤灰中的矿物是以高岭石为代表的黏土矿物在高温熔融状态下,经快速冷却形成的,它含有莫来石、α—石英、磁铁矿、赤铁矿等结晶矿物以及 70%~80%的以硅、铝氧化物为主要成分的玻璃体。一般来说,粉煤灰中的结晶矿物不具有火山灰活性,粉煤灰中 CaO 含量越高,其活性越高。

2. 粉煤灰在混凝土中的两大作用

物理作用:由于粉煤灰具有玻璃微珠的颗粒特征,可减少新拌混凝土用水量,增大混凝土的流动性,而且颗粒细小能充分填充其微细孔,所以对提高混凝土的密实度具有优良的物理作用。化学作用:主要表现在硅、铝玻璃体在常温、常压下,可与水泥水化生成的氢氧化钙发生化学反应,生成具有胶凝作用的 C—S—H,具有潜在的化学活性。这种潜在的活性效应只有在较长龄期时才会明显地表现出来,对混凝土后期强度的增长较为有利。

3. 粉煤灰的分类

国标《用于水泥和混凝土中的粉煤灰》(GB/T 1596—2005)把粉煤灰按煤种分为两类:F 类和 C 类,每类又分成三级,Ⅰ级、Ⅱ级和Ⅲ级。

F 类粉煤灰指由无烟煤或烟煤粉煅烧收集的粉煤灰。

C 类粉煤灰指由褐煤或次烟煤煅烧收集的粉煤灰,其氧化钙含量一般大于 10%。

F 类与 C 类粉煤灰技术要求除游离氧化钙有区别外(F 类≤1.0%而 C 类≤4.0%),其他要求是相同的。

4. 粉煤灰的技术要求

国标 GB/T 1596—2005 把粉煤灰按拌制砂浆和混凝土用粉煤灰和水泥活性混合材料(制造水泥时使用)用粉煤灰分别进行要求的,见表 2.26 及表 2.27;放射性指标应合格;碱含量指标按 $NaO+0.658K_2O$ 计算值表示(当粉煤灰用于活性骨料混凝土中,要限制掺合料的碱含量时,由买卖双方协商确定);均匀性指标以细度(45 μm 方孔筛筛余)为考核依据(单一样品的细度不应超过前 10 个样品细度平均值的最大偏差,最大偏差范围由买卖双方协商确定)。铁路混凝土工程用粉煤灰的性能见表 2.28。

粉煤灰的品质指标,直接关系到在混凝土中的作用效果。粉煤灰越细,微细集料效应越显著,需水量比越低,其矿物减水效应越大。通常细度小、需水量比低的粉煤灰(Ⅰ级),其化学活性也较高。烧失量主要是含碳量,未燃尽的碳粒是粉煤灰中的有害成分,碳粒多孔,比表面积大,吸附性强,强度低,带入混凝土后,不但影响混凝土的需水量,还会导致外加剂大幅度增加,对硬化混凝土来说,碳粒影响了水泥浆的黏结强度,成为混凝土中强度的薄弱环节,易增大混凝土的干缩性。粉煤灰中未燃颗粒不仅自身是惰性颗粒,而且是影响粉煤灰形态效应最不利的颗粒,因此必须严加控制。在配制混凝土时,粉煤灰一般可取代混凝土中水泥用量的 20%~40%。为达到掺粉煤灰后混凝土与基准混凝土等强度的目的,粉煤灰的品质越好,超量系数越小,通常Ⅰ级灰的超量系数为 1.0~1.4,Ⅱ级灰为 1.2~1.7,Ⅲ级灰为 1.5~2.0,具体掺量见《普通混凝土配合比设计规程》(JGJ 55—2011)。

表 2.26　拌制混凝土和砂浆用粉煤灰技术要求（GB/T 1596—2005）

项目		技术要求		
		Ⅰ级	Ⅱ级	Ⅲ级
细度(45 μm 方孔筛筛余)/%	F 类粉煤灰	≤12.0	≤25.0	≤45.0
	C 类粉煤灰			
需水量比/%	F 类粉煤灰	≤95	≤105	≤115
	C 类粉煤灰			
烧失量/%	F 类粉煤灰	≤5.0	≤8.0	≤15.0
	C 类粉煤灰			
含水量/%	F 类粉煤灰	≤1.0		
	C 类粉煤灰			
三氧化硫含量/%	F 类粉煤灰	≤3.0		
	C 类粉煤灰			
游离氧化钙含量/%	F 类粉煤灰	≤1.0		
	C 类粉煤灰	≤4.0		
安定性(雷氏夹沸煮后增加距离)/mm	C 类粉煤灰	≤5.0		

表 2.27　水泥活性混合材料用粉煤灰技术要求（GB/T 1596—2005）

项目		技术要求
烧失量/%	F 类粉煤灰	≤8.0
	C 类粉煤灰	
含水量/%	F 类粉煤灰	≤1.0
	C 类粉煤灰	
三氧化硫含量/%	F 类粉煤灰	≤3.5
	C 类粉煤灰	
游离氧化钙含量/%	F 类粉煤灰	≤1.0
	C 类粉煤灰	≤4.0
安定性(雷氏夹沸煮后增加距离)/mm	C 类粉煤灰	≤5.0
强度活性指数/%	F 类粉煤灰	≥70.0
	C 类粉煤灰	

表 2.28 粉煤灰的性能 (TB 10424—2010)

序号	检验项目	技术要求		检测方法
		C50 及以上	C50 以下	
1	细度	≤12.0%	≤25.0%	按 GB/T 1596 检验
2	需水量比	≤95%	≤105%	
3	烧失量	≤5.0%	≤8.0%	按 GB/T 176 检验
4	Cl^- 含量	≤0.02%		
5	含水量	≤1.0%		按 GB/T 1597 检验
6	SO_3 含量	≤3.0%		
7	CaO 含量	≤10%		按 GB/T 176 检验
8	游离 CaO 含量	≤1.0%		

注：在冻融破坏环境下，粉煤灰的烧失量不宜大于 3.0%。

5. 粉煤灰对混凝土性能的影响

(1)工作性：粉煤灰取代水泥后，达到相同流动性时，可减少混凝土的单位用水量，改善泵送混凝土的可泵性，改善混凝土的泌水性，延长混凝土的凝结时间。减少用水量的程度取决于粉煤灰的品质、水泥的置换率等因素。

(2)强度：早期强度有些降低，长期强度则相应地增长。

(3)抗渗性：早期抗渗性较低，而长龄期的抗渗性有很大的改善。

(4)耐久性：和不掺粉煤灰的混凝土抗冻融能力基本相当，但粉煤灰的含碳（烧失量）较高时，对混凝土抗冻融与抗碳化能力均有很大影响。

(5)水化热：在硬化过程中产生水化热的速度将得到缓和，水化放热总量减小。

(6)干缩及弹性模量：在用水量不增加的前提下有利于减少混凝土的干缩，粉煤灰对混凝土弹性模量的影响与抗压强度的影响规律类似，早期使弹性模量下降，后期逐步提高。

(三)粒化高炉矿渣

粒化高炉矿渣简称矿渣，属于第一类有胶凝性矿物掺合料，是高炉炼铁时产生的废渣，具有微弱的自身水硬性。《用于水泥和混凝土中的粒化高炉矿渣粉》(GB/T 18046)将粒化高炉矿渣粉简称矿渣粉，其定义为粒化高炉矿渣经干燥、粉磨（或添加少量石膏一起粉磨）达到相当细度且符合相应活性指数的粉体。矿渣粉磨时允许加入助磨剂，其掺量不大于矿渣质量的 1%。

铁路混凝土工程用磨细矿渣粉的性能见表 2.29。

表 2.29 磨细矿渣粉的性能 (TB 10424—2010)

序号	检验项目	技术要求	检验方法
1	密度	≥2.8 g/cm³	按 GB/T 208 检验
2	比表面积	350~500 m²/kg	按 GB/T 8074 检验
3	流动度比	≥95%	按 GB/T 18046 检验
4	烧失量	≤3.0%	

续表 2.29

序号	检验项目	技术要求	检验方法
5	MgO 含量	≤14.0%	按 GB/T 176 检验
6	SO_3 含量	≤4.0%	
7	Cl^- 含量	≤0.06%	
8	含水量	≤1.0%	
9	7 d 活性指数	≥75%	按 GB/T 18046 检验
	28 d 活性指数	≥95%	

1. 矿渣的化学组成与矿物组成

矿渣的化学成分与硅酸盐水泥相类似,主要有 $CaO,SiO_2,Al_2O_3,P_2O_5,TiO_2,MgO$, BaO,FeO,MnO 等氧化物,其中 CaO,SiO_2,Al_2O_3 三者总和约占矿渣质量的 90% 以上,此外还含有少量硫化物(CaS,MnS,FeS)。

矿渣的矿物组成包括水淬时形成的大量玻璃体、钙镁铝黄长石、假硅灰石、硅钙石和少量硅酸一钙或硅酸二钙等矿物。

矿渣的活性取决于它的化学成分、矿物组成及冷却条件。CaO,Al_2O_3 含量高,SiO_2 含量低时,矿渣活性高。细磨矿渣粉的活性还与其粉磨细度有关,其比表面积越大,活性越高。矿渣越细,早龄期的活性指数越大,但后期细度对活性指数的影响较小。

矿渣粉的颗粒多为不规则形状,因此矿渣粉的形态效应不如粉煤灰的作用强,对混凝土流动性增加的效果也比不上粉煤灰。

矿渣磨得越细,活性越高,掺入混凝土中,早期产生的水化热越大,越不利于降低混凝土的温升,当矿渣的比表面积超过 400 m^2/kg 后,用于很低水胶比的混凝土中时,其早期的收缩随着掺量的增大而增大,低水胶比的高性能混凝土拌合物越黏稠。但矿渣粉掺量超过 70% 时,自收缩可减少,水化热可降低。

矿渣粉的活性指数越高,其取代水泥的置换率越高或对混凝土早期强度的降幅越小。

2. 矿渣粉对混凝土性能的影响

(1)矿渣粉对新拌混凝土性能的影响。

混凝土单位用水量随矿渣粉比表面积的减小而增加,随置换率增大而减小,与此相应细集料率变小,单位粗集料变大。矿渣粉对混凝土泌水量和泌水速度的影响主要取决于矿渣粉的细度,当矿渣粉比水泥细,并代替相同体积组分时,泌水减少;反之,当矿渣粉较粗时,泌水量和泌水速度可能增加,矿渣粉的比表面积越小,置换率越大,掺矿渣粉的混凝土的凝结时间越长。

(2)矿渣粉对硬化混凝土性能的影响。

掺矿渣粉混凝土 7 d 前的早期强度有所降低。矿渣粉的比表面积越小,对水泥的置换率越大,养护温度越低,早期强度增长越慢,但后期强度的增长率较高,尤其是对提高混凝土的抗折强度有利。矿渣粉能优化混凝土结构,提高抗渗性能,降低氯离子扩散速度,减少体系内氢氧化钙的含量,抑制碱骨料反应,提高混凝土抗硫酸盐腐蚀能力,使混凝土的耐久性得到较大改善。

(3)矿渣粉的适用范围。

矿渣粉适宜于配制高强度、高性能混凝土以及道路、桥梁等对抗折强度要求较高的混凝土工程。大掺量矿渣粉在大体积混凝土工程、地下混凝土工程、水下混凝土工程和海水混凝土工程等方面的应用具有很大的优势。

（四）其他矿物掺合料

其他矿物掺合料包括天然沸石粉、偏高岭土、细磨石灰石粉和石英砂粉。

1. 天然沸石粉

天然沸石粉是沸石岩经磨细后形成的一种粉状建筑材料，属于火山灰材料。

天然沸石是一种经长期压力、温度、碱性水介质作用而沸石化了的凝灰岩，用于作混凝土矿物掺合料的主要是斜发沸石和丝光沸石。

沸石粉富含 SiO_2 和 Al_2O_3，同时还具有特殊多孔结构，掺入水泥中能与水泥水化后产生的氢氧化钙作用生成含水的硅酸钙凝胶和铝酸钙凝胶，提高水泥的水化程度，减少孔隙率，使水泥石结构更加密实。

但必须注意，在水灰比不变情况下掺加 15%～20% 的沸石粉，比未掺的混凝土强度基本一致或稍高，掺量超过 20% 将引起强度下降。

沸石粉可显著提高混凝土拌合物的黏聚性和保水性，但随着细度变细，掺量增大，混凝土的需水量增加，沸石粉可以配制高强度和超高强混凝土，提高混凝土抗渗性能效果显著，对降低混凝土的碱含量，防止或抑制混凝土的碱集料反应非常有利。

2. 偏高岭土

偏高岭土是在一定温度和条件下锻烧的高岭土，具有较高的火山灰活性，需水量小于硅灰，而增强效果与硅灰相差无几。

3. 细磨石灰石粉和石英砂粉

在常温常压条件下，细磨石灰石粉、石英砂等活性很低的矿物掺合料属于惰性掺合料。

细磨石灰石粉和石英砂粉，在混凝土中主要是利用其形态效应和微细集料效应来改善混凝土的工作性能和降低温升，有微弱的化学活性。它能与水泥中 C_3A 反应生成水化碳铝酸钙（$C_3A \cdot 3CaCO_3 \cdot 32H_2O$），在混凝土中掺入 2% 磨细石灰石粉，有利于提高早期强度。

七、在使用惰性掺合料时应注意的问题

①掺合料的硫酸盐和硫化物含量，折算为 SO_3 时不得超过 3%。

②在配合比设计有富余时，为节约水泥，可用等量置换，其掺量不宜超过水泥用量的 15%。

③为提高混凝土坍落度，可用外掺法，其掺量不宜超过水泥用量的 20%。

④细磨石英砂在混凝土常规工艺中是惰性材料，但在高压蒸汽养护工艺条件下，当细磨石英砂的 SiO_2 含量较高（大于 65%），细度又等于或小于水泥时，将与水泥发生水化作用，生成托勃莫来石。在置换率为 1:1，内掺量为 30%～40% 时，混凝土的强度大幅度提高，此时，细磨石英砂成为蒸压混凝土制品的活性掺合料。

八、矿物掺合料的检验规则

《铁路混凝土工程施工质量验收标准》（TB 10424—2010）规定，矿物掺合料（粉煤灰、磨细矿渣粉、硅灰）的检验要求见表 2.30。其检验结果应分别符合表 2.25、表 2.28、表 2.29 的要求。

表 2.30 矿物掺合料（粉煤灰、磨细矿渣粉、硅灰）的检验要求（TB 10424—2010）

检验项目		检验要求			
		质量证明文件检查		抽样试验检验	
粉煤灰	细度	√	每厂家、每编号核查供应商提供的质量证明文件。施工单位、监理单位均全部检查	√	下列情况之一时，检验一次：①任何新选货源；②使用同厂家、同规格产品达 6 个月。施工单位试验检验；监理单位平行检验	√	同厂家、同编号、同出厂日期的产品每 200 t 为一批，不足 200 t 按一批计。施工单位每批抽查一次；监理单位按施工单位抽查次数的 10% 进行平行检验，但不少于一次
	需水量比	√		√		√	
	烧失量	√		√		√	
	Cl^- 含量	√		√			
	含水量	√		√			
	SO_3 含量	√		√			
	CaO 含量	√		√			
	游离 CaO 含量	√		√			
磨细矿渣粉	密度	√	每厂家、每编号核查供应商提供质量证明文件。施工单位、监理单位均全部检查	√	下列情况之一时，检验一次：①任何新选货源；②使用同厂家、同规格产品达 6 个月。施工单位试验检验；监理单位平行检验	√	同厂家、同编号、同出厂日期的产品每 200 t 为一批，不足 200 t 按一批计。施工单位每批抽查一次；监理单位按施工单位抽查次数的 10% 进行平行检验，但不少于一次
	比表面积	√		√		√	
	流动度比	√		√			
	烧失量	√		√		√	
	MgO 含量	√		√			
	SO_3 含量	√		√			
	Cl^- 含量	√		√			
	含水量	√		√			
	7 d 活性指数	√		√			
	28 d 活性指数	√		√			
硅灰	烧失量	√	每厂家、每编号核查供应商提供的质量证明文件。施工单位、监理单位均全部检查	√	下列情况之一时，检验一次：①任何新选货源；②使用同厂家、同规格产品达 6 月。施工单位试验检验；监理单位平行检验	√	同厂家、同编号、同出厂日期的产品每 30 t 为一批，不足 30 t 按一批计。施工单位每批抽查一次；监理单位按施工单位抽查次数的 10% 进行平行检验，但不少于一次。硅灰出厂日期达 3 个月，施工单位试验检验，监理单位见证检验
	比表面积	√		√		√	
	需水量比	√		√		√	
	28 d 活性指数	√		√		√	
	Cl^- 含量	√		√			
	SiO_2 含量	√		√			
	含水率	√		√			

(一)检验方法

1. 编号与取样

每一编号为一取样单位,每一编号以连续供应的小于等于 200 t 相同等级、相同种类的粉煤灰(按干灰含水量小于 1%)的质量计算。但当散装粉煤灰运输工具的容量超过该厂规定出厂编号吨数时,允许该编号的数量超过取样规定的吨数。

2. 取样方法

取样方法按《水泥取样方法》(GB 12573—2008)进行,所取样品应有代表性,可连续取,也可从 10 个不同部位取等量样品混合均匀,总量不少于 3 kg。

3. 检验项目

(1)出厂检验。

①拌制砂浆和混凝土用粉煤灰,其项目为表 2.26 要求中全部项目,共 7 项。

②对水泥活性混合料用粉煤灰,其项目为表 2.27 要求中除强度活性指数外的全部项目,共 5 项。

(2)形式检验。

①对拌制砂浆和混凝土用粉煤灰,其项目为表 2.26 要求中全部项目及放射性指标,共 8 项。

②对水泥活性混合料用粉煤灰,其项目为表 2.27 要求中全部项目及放射性指标,共 7 项。

(二)施工进场检验

(1)进场验收:应按批进行检验,每批应有供应单位的出厂合格证,内容包括厂名、合格证编号、粉煤灰等级、批号及出厂日期、数量及质量检验报告等。

(2)验收批数量:每批以连续供应的小于等于 200 t 相同等级、相同种类的粉煤灰取样一次。

(3)取样方法和数量:散装灰应从不同部位取等量 15 份,每份不少于 1 kg;袋装灰应从每批中任意抽取 10 袋,每袋各取试验样品至少 1 kg,混合均匀。

(4)检验项目:每批应测定细度和烧失量,同时对同一供灰单位每月测定一次需水量比,每季度应测定一次三氧化硫含量。

(三)合格判定

对施工进场的粉煤灰,所检项目应符合表 2.26 中所对应的质量标准,当有一项指标达不到标准要求,应从同批中加倍取样复验,如果仍达不到标准要求的,该判定为不合格或降级处理。

出厂检验和形式检验的粉煤灰,其检验项目应分别符合表 2.26 中的对应要求,如果有一项不符合要求,允许在同编号中加倍取样复验全部项目,以复验结果判定。如果复验合格,对拌制砂浆和混凝土用粉煤灰判定为等极品;如果不合格,可降级处理,但如果低于标准要求最低级别的为不合格品。对水泥活性混合材料用粉煤灰,判定为出厂检验合格,如果不合格,只有当活性指数小于 70% 时,该粉煤灰可作为水泥生产中的非活性混合材料。

(四)仲裁

当买卖双方对产品质量有争议时,买卖双方应将双方认可的样品签封,送省级或省级以上国家认可的质量监督检验机构进行仲裁检验。

九、用于水泥和混凝土砂浆中粉煤灰的标志、包装、运输及储存

(一)标志和包装

袋装粉煤灰的包装袋上应标明产品名称(F类或C类)、等级、分选或磨细方法、净含量、批号、执行标准、生产厂名、地址、包装日期、质量,每袋净含量为25 kg或40 kg,并且实际质量不得少于标志质量的98%,其他包装规格可由买卖双方协商决定。

(二)运输和储存

不得受潮、混入杂物,同时应防止环境污染。

十、用于水泥和混凝土砂浆中的粉煤灰试验方法

细度、需水量比、含水量、活性指数、均匀性指标按《用于水泥和混凝土中的粉煤灰》(GB/T 1596—2005)附录A、B、C、D方法进行。

烧失量、三氧化硫、游离氧化钙和碱含量按GB/T 176规定检验。

安定性试验按GB/T 1346进行。

本书仅对如下施工常用检验项目进行阐述。

(一)粉煤灰细度试验方法

1. 原理

利用气流作为筛分的动力和介质,通过旋转的喷嘴喷出的气流作用使筛网里的待测粉状物料呈流态化,并在整个系统负压的作用下,将细颗粒通过筛网抽走,从而达到筛分的目的。

2. 仪器设备

(1)负压筛析仪。负压筛析仪主要由45 μm方孔筛、筛座、真空源和收尘器等组成,其中45 μm方孔筛内径为Φ150 mm,高度为25 mm。

(2)天平。量程不小于50 g,最小分度值不大于0.01 g。

3. 试验步骤

(1)将测试用粉煤灰样品置于温度为105~110 ℃烘干箱内烘至恒重,取出放在干燥器中冷却至室温。

(2)称取试样约10 g,精确至0.01 g,倒入45 μm方孔筛网上,将筛子置于筛座上,盖上筛盖。

(3)接通电源,将定时开关固定在3 min,开始筛析。

(4)开始工作后,观察负压表,使负压稳定在4 000~6 000 Pa。若负压小于4 000 Pa,则应停机,清理收尘器中的积灰后再进行筛析。

(5)在筛析过程中,可用轻质木棒或硬橡胶棒轻轻敲打筛盖,以防吸附。

(6)3 min后筛析自动停止,停机观察筛余物,如出现颗粒成球、粘筛或有细颗粒在筛框

边缘,用毛刷将细颗粒轻轻刷开,将定时开关固定在手动位置,再筛析 1~3 min,直至筛分彻底为止。将筛网内的筛余物收集并称量,精确至 0.01 g。

4. 结果计算

45 μm 方孔筛筛余按下式计算:

$$F = (G_1/G) \times 100\%$$

式中　F——45 μm 方孔筛筛余,%;

　　　G_1——筛余物的质量,g;

　　　G——称取试样的质量,g。

5. 筛网的校正

筛网的校正采用粉煤灰细度标准样品或其他同等级样品,按 3 步骤测定标准样品的细度,筛网校正系数按下式计算:

$$K = m_0/m$$

式中　K——筛网校正系数,$K = 0.8 \sim 1.2$;

　　　m_0——标准样品筛余标准值,%;

　　　m——标准样品筛余实测值,%。

筛析 150 个样品后进行筛网的校正。

(二)需水量比试验方法

1. 原理

按 GB/T 2419 测定试验胶砂和对比胶砂的流动度,以二者流动度达到 130~140 mm 时的加水量之比确定粉煤灰的需水量比。

试验胶砂:试验样品与 GSB 08—1337 中国 ISO 标准砂按 1∶3 质量比混合而成。

对比胶砂:对比样品与 GSB 08—1337 中国 ISO 标准砂按 1∶3 质量比混合而成。

试验样品:对比样品和被检验粉煤灰按 7∶3 质量比混合而成。

对比样品:符合《强度检验用水泥标准样品》(GSB 14—1510)要求。

2. 材料

(1) 水泥:符合《强度检验用水泥标准样品》(GSB 14—1510)要求。

(2) 标准砂:符合 GB/T 17671 规定的 0.5~1.0 mm 的中砂。

(3) 水:洁净的饮用水。

3. 仪器设备

(1)天平:量程不小于 1 000 g,最小分度值不大于 1 g。

(2)搅拌机:符合 GB/T 17671 规定的行星式水泥胶砂搅拌机。

(3)流动度跳桌:符合 GB/T 2419 规定。

4. 试验步骤

(1)胶砂配比按表 2.31 确定。

表 2.31 胶砂配比(一次拌和量) (GB/T 1596—2005)

胶砂种类	水泥/g	粉煤灰/g	标准砂/g	加水量/mL
对比胶砂	250	—	750	125
试验胶砂	175	75	750	按流动度达到 130~140 mm 调整

(2) 试验胶砂按 GB/T 17671 测定进行搅拌。

(3) 搅拌后的试验胶砂按 GB/T 2419 测定流动度,当流动度为 130~140 mm 时,记录此时的加水量;当流动度小于 130 mm 或大于 140 mm 时,重新调整加水量,直至流动度达到 130~140 mm 为止。

5. 结果计算

需水量比按下式计算:

$$X = (L_1/125) \times 100\%$$

式中　　X—— 需水量比,%;

L_1—— 试验胶砂流动度达到 130~140 mm 时的加水量,mL;

125—— 对比胶砂的加水量,mL。

(三)含水量试验方法

1. 原理

将粉煤灰放入规定温度的烘干箱内烘至恒重,以烘干前和烘干后的质量之差与烘干前的质量之比确定粉煤灰的含水量。

2. 仪器设备

(1) 烘干箱:可控制温度不低于 110 ℃,最小分度值不大于 2 ℃。

(2) 天平:量程不小于 50 g,最小分度值不大于 0.01 g。

3. 试验步骤

(1) 称取粉煤灰试样约 50 g,精确至 0.01 g,倒入蒸发皿中。

(2) 将烘干箱温度调整并控制在 105~110 ℃。

(3) 将粉煤灰试样放入烘干箱内烘至恒重,取出放在干燥器中冷却至室温后称量,精确至 0.01 g。

4. 结果计算

含水量按下式计算:

$$W = [(\omega_1 - \omega_0)/\omega_1] \times 100\%$$

式中　　W—— 含水量,%;

ω_1—— 烘干前试样的质量,g;

ω_0—— 烘干后试样的质量,g。

(四)活性指数试验方法

1. 原理

按 GB/T 17671 测定试验胶砂和对比胶砂的抗压强度,以二者抗压强度之比确定试验胶砂的活性指数。

2. 材料

(1)水泥:符合《强度检验用水泥标准样品》(GSB 14—1510)要求。

(2)标准砂:符合 GB/T 17671 规定的中国 ISO 标准砂。

(3)水:洁净的饮用水。

3. 设备

天平、搅拌机、振实台或振动台、抗压强度试验机等均应符合 GB/T 17671 规定。

4. 试验步骤

(1)胶砂配比按表2.32确定。

表2.32 胶砂配比(一次拌和量)(GB/T 1596—2005)

胶砂种类	水泥/g	粉煤灰/g	标准砂/g	水/mL
对比胶砂	450	—	1 350	225
试验胶砂	315	135	1 350	225

(2)将对比胶砂和试验胶砂分别按 GB/T 17671 规定进行搅拌、试体成型和养护。

(3)试件养护至28 d,按 GB/T 17671 规定分别测定对比胶砂和试验胶砂的抗压强度。

5. 结果计算

活性指数按下式计算:

$$H_{28} = (R/R_0) \times 100\%$$

式中　H_{28}——活性指数,%;

　　　R——试验胶砂28 d抗压强度,MPa;

　　　R_0——对比胶砂28 d抗压强度,MPa;

对比胶砂28 d抗压强度也可取《强度检验用水标准样品》(GSB 14—1510)给出的标准值。

(五)烧失量试验方法

本方法适用于水泥及矿物掺合料及指定用该方法试验的烧失量。

1. 仪器设备

(1)高温炉:可自动控制温度为950±25 ℃及火钳。

(2)瓷坩埚。

(3)干燥器(内装变色硅胶)。

(4)精确至0.000 1 g的天平。

(5)其他辅助的器具:如耳勺、毛巾等。

2. 试验步骤

(1)称取约1 g试样,精确至0.000 1 g,放入已灼烧恒量的瓷坩埚中,将盖斜置于坩埚上,放在高温炉内,从低温开始逐渐升高温度,在(950±25) ℃下灼烧15~20 min,用火钳取出坩埚置于干燥器中,冷却至室温,称量。反复灼烧,直至恒量。

(2) 结果的计算。

烧失量按下式计算：

$$S = \frac{m_1 - m_2}{m_1} \times 100\%$$

式中　　S——烧失量(%)，精确至 0.01%；

　　　　m_1——灼烧前试料的质量，g；

　　　　m_2——灼烧后试料的质量，g。

第四节　高强高性能混凝土用矿物外加剂

一、高强高性能混凝土用矿物外加剂的定义

高强高性能混凝土用矿物外加剂是指在混凝土搅拌过程中加入的具有一定细度和活性的用于改善新拌和硬化混凝土性能(特别是混凝土耐久性)的某些矿物类的产品，包括粒化高炉矿渣、磨细矿渣粉、硅灰、粉煤灰、磨细粉煤灰、天然沸石岩、磨细天然沸石岩和复合矿物外加剂。

(1)粒化高炉矿渣：炼铁高炉排出的熔渣，经水淬而成的粒状矿渣。

(2)磨细矿渣：粒状高炉矿渣经干燥、粉磨等工艺达到规定细度的产品。粉磨时可添加适量的石膏和水泥粉磨用工艺外加剂。

(3)硅灰：在冶炼硅铁合金或工业硅时，通过烟道排出的硅蒸气氧化后，经收尘器收集得到的以无定形二氧化硅为主要成分的产品。

(4)粉煤灰：用燃煤炉发电的电厂排放出的烟道灰。

(5)磨细粉煤灰：干燥的粉煤灰经粉磨达到规定细度的产品。粉磨时可添加适量的水泥粉磨用工艺外加剂。

(6)天然沸石岩：指火山喷发形成的玻璃体在长期的碱溶液条件下二次成矿所形成的以沸碳矿物为主的岩石。

(7)磨细天然沸石：以一定纯度的天然沸石为原料，经粉磨至规定细度的产品。粉磨时可添加适量的水泥粉磨用工艺外加剂。

(8)复合矿物外加剂：由两种或两种以上矿物外加剂复合而成的产品。

二、高强高性能混凝土用矿物外加剂的分类、等级划分、代号及标记

高强高性能混凝土用矿物外加剂按矿物组成分为 4 类：磨细粉煤灰、磨细矿渣、磨细天然沸石和硅灰。

高强高性能混凝土用矿物外加剂等级划分：依据性能指标将磨细矿渣分为三级：Ⅰ级、Ⅱ级和Ⅲ级，磨细粉煤灰和磨细天然沸石分为两级。

高强高性能混凝土用矿物外加剂代号：矿物外加剂代号用 MA 表示，磨细矿渣用 S 表示，磨细粉煤灰用 F 表示，磨细天然沸石用 Z 表示，硅灰用 SF 表示。

矿物外加剂的标记依次为：矿物外加剂—分类—等级标准，如Ⅱ级磨细矿渣标记为 MA—S—Ⅱ。

三、高强高性能混凝土用矿物外加剂的技术要求

高强高性能混凝土用矿物外加剂的技术要求见表2.33。

四、高强高性能混凝土用矿物外加剂的检验规则及合格判定、复验

（一）检验规则

矿物外加剂出厂前应按同类同等级进行编号和取样，每一编号为一个取样单位；硅灰及其复合矿物外加剂以小于等于30 t为一个取样单位，其余矿物外加剂以小于等于120 t为一个取样单位。取样时要有代表性，可以连续取样，也可以在20个以上不同部位取等量样品，总量不少于12 kg，硅灰至少4 kg。分两份，一份试验，另一份密封保存6个月，以备复验或仲裁用。

（二）合格判定

各类矿物外加剂性能符合表2.33的要求，则为合格；若其中有一项不符合规定指标，则降低或判定不合格。

（三）复验

在产品储存期内，用户对产品质量提出异议时可提出复验，复验可以用同一编号封存样进行。如果使用方要求现场取样，应事先在供货合同中规定。生产厂应在接到用户通知7日内会同用户共同取样，并送质量监督检验机构检验；生产厂在规定时间内不去现场，用户可会同质检机构取样检验，结果同等有效。

五、高强高性能混凝土用矿物外加剂的包装、标志、运输及储存

包装可以袋装或散装。袋装每袋净质量不得少于标志质量的98%，随机抽取20袋，其总质量不得少于标志质量的20倍，包装应符合GB 9774的规定。散装由供需双方协商确定，但其质量应符合上述原则。标志：所有包装容器均应在明显位置注明以下内容：执行的国家标准号、产品名称、等级、净质量或体积、生产厂名、生产日期及出厂编号，应在产品合格证上予以注明。运输过程中应防止雨淋及包装破损或混入其他产品。应分类储存，不得露天堆放，便于检查提货，储存期为6个月，超期应复验合格方可用。

六、高强高性能混凝土用矿物外加剂的试验方法

氧化镁、氧化硫、烧失量、总碱量、含水率按《水泥化学分析方法》(GB/T 176)检验。

氯离子按《水泥原料中氯离子的化学分析方法》(JC/T 420)检验。

硅灰中二氧化硅分析、吸铵值、需水量比及活性指数按《高强高性能混凝土用矿物外加剂》(GB/T 18736—2002)附录进行。

比表面积：硅灰的比表面积用BET氮吸附法测定；磨细矿渣、磨细粉煤灰、磨细天然沸石采用激光粒度分析仪测定其力度分布，并按仪器说明书给定的方法计算出比表面积。

本书仅对如下的试验项目进行阐述。

表 2.33 矿物外加剂的技术要求（GB/T 18736—2002）

试验项目		指标							
		磨细矿渣			磨细粉煤灰		磨细天然沸石		硅灰
		Ⅰ	Ⅱ	Ⅲ	Ⅰ	Ⅱ	Ⅰ	Ⅱ	
化学性能	MgO 含量（质量分数）/%	—	≤14	—	—	—	—	—	—
	SO₃ 含量（质量分数）/%	—	≤4	—	≤3		—	—	—
	烧失量/% ≤	—	3	—	5	8	—	—	6
	Cl 含量（质量分数）/%	—	≤0.02	—	≤0.02		≤0.02		≤0.02
	SiO₂ 含量（质量分数）/%	—	—	—	—	—	—	—	≥85
	吸铵值/(mmol·(100g)⁻¹) ≥	—	—	—	—	—	≥130	≥100	—
物理性能	比表面积/(m²·kg⁻¹) ≥	750	550	350	600	400	700	500	15 000
	含水量/% ≤	—	1.0	—	1.0		—	—	3.0
	需水量比/% ≤	115	100	100	95	105	110	115	125
胶砂性能	活性指数 3 d/% ≥	85	70	55	—	—	—	—	—
	7 d/% ≥	100	85	75	80	75	—	—	—
	28 d/% ≥	115	105	100	90	85	90	85	85

注：①各种矿物外加剂均应测定其总碱量。根据工程要求，由供需双方商定供货指标。

②磨细天然沸石吸铵值：指按规定方法试验，质量为 1 g 的风干磨细的天然沸石，消耗 NaOH 的摩尔量。

(一)吸铵值试验方法

1. 标准试剂

(1) 氯化铵溶液:1 mol/L。

(2) 氯化钾溶液:1 mol/L。

(3) 硝酸铵溶液:0.005 mol/L。

(4) 硝酸银溶液:5%。

(5) NaOH 标准溶液:0.1 mol/L。

(6) 甲醛溶液:38%。

(7) 酚酞酒精溶液:1%。

2. 测定仪器

(1) 干燥器:Φ30~40 cm。

(2) 调温电炉:300~500 W。

(3) 烧杯:150 mL。

(4) 锥形瓶:250 mL,300 mL。

(5) 漏斗:Φ10~20 cm,附中速定性滤纸。

(6) 滴定管:50 mL,最小刻度 0.1 mL。

(7) 分析天平:200 g,感量 0.1 mg。

3. 测试步骤

(1) 取通过 80 μm 方孔筛的磨细天然沸石风干样,放入干燥器中 24 h 后,取 1 g,精确至 0.1 mg,置于 150 mL 的烧杯中,加入 100 mL 的 1 mol/L 的氯化铵溶液。

(2) 将烧杯放在电热板或调温电炉上加热微沸 2 h(经常搅拌,可补充水,保持杯中溶液至少 30 mL)。

(3) 趁热用中速滤纸过滤,取煮沸并冷却的蒸馏水洗烧杯和滤纸沉淀,用 0.005 mol/L 的硝酸铵淋洗至无氯离子(用黑色比色板滴两滴淋洗液,加一滴硝酸银溶液,无白色沉淀产生,表明无氯离子)。

(4) 移去滤液瓶,将沉淀移到普通漏斗中,用沸煮的 1 mol/L 氯化钾溶液每次约 30 mL 冲洗沉淀物。用一干净烧杯承接,分 4 次洗至 100~120 mL 为止。

(5) 在洗液中加入 10 mL 甲醛溶液,静置 20 min。

(6) 在锥形洗液瓶中加入 2~8 滴酚酞指示剂,用氢氧化钠标准溶液滴定,直至微红色为终点(半分钟不褪色)记下消耗的氢氧化钠标准溶液的体积。

4. 磨细天然沸石吸铵值计算

磨细天然沸石吸铵值计算式为

$$A = \frac{MV \times 100}{m}$$

式中　A—— 吸铵值,mmol/100 g;

　　　M——NaOH 标准溶液的摩尔浓度,mol/L;

　　　V—— 消耗的 NaOH 标准溶液的体积,mL;

m—— 磨细天然沸石风干样放入干燥箱器中 24 h 的质量,g。

5. 测试结果处理

同一样品分别进行两次测试,所得测试结果之差不得大于 3%,取其平均值为实验结果。当测试结果超过允许范围时,应查找原因,重新按上述试验方法进行测试。

(二)矿物外加剂胶砂需水量比及活性指数的测试方法

1. 适用范围

磨细矿渣、硅灰、磨细天然沸石等及其符合的矿物外加剂胶砂需水量比及活性指数的测试方法。

2. 试验用仪器

采用《水泥胶砂强度强度检验方法(ISO 法)》(GB/T 17671)中所规定的试验用仪器。

3. 试验用材料

(1)水泥。

采用 GB 8076 规定的基准水泥。在因故得不到基准水泥时,允许采用 C_3A 含量为 6%～8%(质量分数)、总碱量($Na_2O\%+0.658K_2O\%$)不大于 1% 的熟料和二水石膏、矿渣共同磨细制得强度等级大于等于 42.5 的普通硅酸盐水泥,但仲裁仍需用基准水泥。

(2)砂。

符合 GB/T 17671 规定的标准砂。

(3)水。

采用自来水或蒸馏水。

(4)矿物外加剂。

受检的矿物外加剂。

4. 试验条件及方法

(1)试验条件。

实验室应符合 GB/T 17671 的规定。试验用各种材料和用具应预先放在实验室内使其达到实验室相同的温度。

(2)试验方法。

①胶砂配比。

胶砂配比见表 2.34。

②搅拌。

把水加入搅拌锅中,再加入预先混均的水泥和矿物外加剂,把锅放置在固定架上,上升至固定位置。然后按 GB/T 17671 进行搅拌,开动机器后,低速搅拌 30 s 后,在第二个 30 s 开始的同时均匀地将砂加入。当各级砂石分装时,从最粗粒开始,依次将所需的每级砂量加完。把机器转至高速再拌 30 s,停拌 90 s,在第一个 15 s 内用一个胶皮刮具将叶片和锅壁上的胶砂刮入锅中间,在高速下继续搅拌 60 s。在各个搅拌阶段,时间误差应在 ±1 s 以内。水泥胶砂流动度测定参照 GB/T 2419 进行。

表 2.34　胶砂配比(一次搅拌量)(GB/T 18736—2002)

材料	基准胶砂	受检胶砂				备注
		磨细矿渣	磨细粉煤灰	磨细天然沸石	硅灰	
水泥/g	450±2	225±1	315±1	405±1	450±1	
矿物外加剂/g	—	225±1	135±1	45±1	45±1	
ISO标准砂/g	1 350±5	1 350±5	1 350±5	1 350±5	1 350±5	
水/mL	225±1	使受检胶砂流动度达基准胶砂流动度值±5 mm				

③试件制作。

试件制作按 GB/T 17671 进行。

④ 试件的养护。

a. 试件脱模前处理和养护、脱模、水中养护按 GB/T 17671 进行。

b. 强度和试验龄期。

试验龄期是从水泥加水搅拌开始试验时计算起,不同龄期强度试验在下列时间进行:

72 h±45 min 测试 3 d 强度;

7 d±2 h 测试 7 d 强度;

>28 d±8 h 测试 28 d 强度。

5. 结果与计算

(1)需水量比。

根据表2.34,测得受检胶砂的需水量,按下式计算相应矿物质外加剂的需水量比:

$$R_w = (W_t/225) \times 100\%$$

式中　R_w——受检胶砂的需水量比,%;

　　　W_t——受检胶砂的用水量,g;

　　　225——基准胶砂的用水量,g。

计算结果取整数。

(2)矿物外加剂活性指数计算。

在测得相应龄期基准胶砂和试验胶砂抗压强度后,按下式计算矿物外加剂的相应龄期的活性指数,即

$$A = (R_t/R_0) \times 100\%$$

式中　A——矿物外加剂的活性指数,%;

　　　R_t——受检胶砂相应龄期的强度,MPa;

　　　R_0——基准胶砂相应龄期的强度,MPa。

计算结果取整数。

第五节　外 加 剂

一、外加剂的定义

外加剂是在拌制混凝土过程中加入的用以改善混凝土性能的物质,其掺量不大于水泥

掺量的 5%（特殊情况除外，如防水剂和膨胀剂其掺量往往超过 5%）。掺量表示方法以胶凝材料总量的百分比表示。

由于外加剂能使混凝土的性能和功能得到显著改善和提高，促进了混凝土新技术的发展，促进了混凝土副产品在胶凝材料系统中更多的应用，还有助于节约资源和环境保护，已经逐步成为优质混凝土必不可少的材料，已被人们称为混凝土中不可缺少的第五组分。外加剂的生产和广泛的应用也被认为是混凝土工艺和应用技术上继钢筋混凝土和预应力混凝土之后的第三次重大突破。尤其是目前具有高分散维特性的高效减水剂、聚羧酸系高性能减水剂的出现，揭开了混凝土技术的新篇章。

在使用外加剂时一般根据产品说明的推荐量、掺加方法、注意事项，尤其是水泥的适应性，根据实际使用要求，通过试验确定适宜的掺量和掺加方法。

二、外加剂的主要功能和分类

（一）外加剂的主要功能

混凝土外加剂的主要功能有：
(1)改善混凝土或砂浆拌合物施工时的和易性。
(2)提高混凝土或砂浆的强度及其他物理力学性能。
(3)节约水泥或代替特种水泥。
(4)加速混凝土或砂浆的早期强度发展。
(5)调节混凝土或砂浆的凝结硬化速度。
(6)调节混凝土或砂浆的含气量。
(7)降低水泥初期水化热或延缓水化放热。
(8)改善拌合物的泌水性。
(9)提高混凝土或砂浆耐各种侵蚀性盐类的腐蚀性。
(10)减弱碱—集料反应。
(11)改善混凝土或砂浆的毛细孔结构。
(12)改善混凝土的泵送性。
(13)提高钢筋的抗锈蚀能力。
(14)提高集料与砂浆界面的黏结力，提高钢筋的混凝土的握裹力。
(15)提高新老混凝土界面的黏结力等。

（二）外加剂的分类

按照化学结构式的不同，外加剂可分为 3 类：无机电解质、有机表面活性物质及聚合物电解质。按化学结构式分类的外加剂的基本特性见表 2.35。

表 2.35　按化学结构式分类的外加剂的基本特性

项目	无机电解质	有机表面活性物质	聚合物电解质
相对分子质量	几十至几百	几百至几千	1 000~20 000
减水作用	无或 5%	5%~18%	>20%
引气作用	无	有	无或极小
掺量	1%~5%	<1%	0.5%~2%

三、外加剂的主要技术性能

在生产过程中,对外加剂控制的项目有含固量和含水量、密度、氯离子含量、细度、pH值、表面张力、总碱量($Na_2O+0.658K_2O$)、硫酸钠含量、泡沫性能、水泥净浆流动度或砂浆减水率,其匀质性应符合 GB 8076—2008 的要求,见表 2.36。受检混凝土性能指标见表 2.37。掺聚羧酸系高性能减水剂混凝土性能指标见表 2.38。聚羧酸系高性能减水剂匀质性指标见表 2.39。聚羧酸系高性能减水剂化学性能指标见表 2.40。

《铁路混凝土工程施工质量验收标准》(TB 10424—2010)对外加剂的技术要求规定见表 2.41~2.45。高效减水剂的性能见表 2.41。聚羧酸系高性能减水剂的性能见表 2.42。减水剂的检验要求见表 2.43。引气剂的性能见表 2.44。引气剂的检验要求见表 2.45。

表 2.36 匀质性指标 (GB 8076—2008)

项目	指标
氯离子含量/%	不超过生产厂控制值
总碱量/%	不超过生产厂控制值
含固量/%	$S>25\%$ 时,应控制在 $0.95S\sim1.05S$ $S\leqslant25\%$ 时,应控制在 $0.95S\sim1.10S$
含水量/%	$W>5\%$ 时,应控制在 $0.90W\sim1.10W$ $W\leqslant5\%$ 时,应控制在 $0.80W\sim1.20W$
密度/(g·cm^{-3})	$D>1.1$ 时,应控制在 $D\pm0.03$ $D\leqslant1.1$ 时,应控制在 $D\pm0.02$
细度	应在生产厂控制范围内
pH 值	应在生产厂控制范围内
硫酸钠含量/%	不超出生产厂控制值

注:①生产厂应在相关的技术资料中明示产品匀质性指标的控制值;
②对相同和不同批次之间的匀质性和等效性的其他要求可由供需双方商定;
③表中的 S、W 和 D 分别为含固量、含水率和密度的生产厂控制值

表 2.37 受检混凝土性能指标（GB8076—2008）

项目	高性能减水剂 HPWR			高效减水剂 HWR		普通减水剂 WR			引气减水剂 AEWR	泵送剂 PR	早强剂 Ac	缓凝剂 Re	引气剂 AE
	早强型 HPWR-A	标准型 HPWR-S	缓凝型 HPWR-R	标准型 HWR-S	缓凝型 HWR-R	早强型 WR-A	标准型 WR-S	缓凝型 WR-R					
减水率/%	≥25	≥25	≥25	≥14	≥14	≥8	≥8	≥8	≥10	≥12	—	—	≥6
泌水率比/%	≤50	≤60	≤70	≤90	≤100	≤95	≤100	≤100	≤70	≤70	≤100	≤100	≤70
含气量/%	≤6.0	≤6.0	≤6.0	≤3.0	≤4.5	≤4.0	≤4.0	≤5.5	≥3.0	≤5.5	—	—	≥3.0
凝结时间之差/min 初凝	−90~+90	−90~+120	>+90	−90~+120	>+90	−90~+90	−90~+120	>+90	−9~+120	—	−90~+90	>+90	−90~+120
凝结时间之差/min 终凝	—	—	—	—	—	—	—	—	—	—	—	—	—
1 h 经时变化量 坍落度/mm	—	≤80	≤60	—	—	—	—	—	−1.5~+1.5	≤80	—	—	−1.5~+1.5
1 h 经时变化量 含气量/%	—	—	—	—	—	—	—	—	—	—	—	—	—
抗压强度比/% 1 d	≥180	≥170	—	≥140	—	≥135	—	—	—	—	≥135	—	—
抗压强度比/% 3 d	≥170	≥160	—	≥130	—	≥130	≥115	—	≥115	—	≥130	—	≥95
抗压强度比/% 7 d	≥145	≥150	≥140	≥125	≥125	≥110	≥115	≥110	≥110	≥115	≥110	≥100	≥95
抗压强度比/% 28 d	≥130	≥140	≥130	≥120	≥120	≥100	≥110	≥110	≥100	≥110	≥100	≥100	≥90
收缩率比/% 28 d	≤110	≤110	≤110	≤135	≤135	≤135	≤135	≤135	≤135	≤135	≤135	≤135	≤135
相对耐久性（200次）/%	—	—	—	—	—	—	—	—	—	—	—	≥80	—

注：①表中抗压强度比、相对耐久性和收缩率比，相对耐久性为强制指标，其余为推荐性指标；
②除含气量外，表中所列数据为掺外加剂混凝土与基准混凝土的差值或比值；
③凝结时间指标中的"—"号表示提前，"+"号表示延缓；
④相对耐久性（200 次）性能指标中的"≥80"表示将 28 d 龄期的受检混凝土试件快速冻融循环 200 次后，动弹性模量保留值≥80%；
⑤1 h 含气量经时变化量指标中的"—"号表示含气量增加，"+"号表示含气量减少；
⑥其他品种的外加剂是否需要测定相对耐久性指标，由供需双方协商确定；
⑦当用户对泵送剂等产品有特殊要求时，需要进行的补充试验项目、试验方法及指标，由供需双方协商决定

表 2.38 掺聚羧酸系高性能减水剂混凝土性能指标 (JG/T 223—2007)

序号	试验项目		性能指标			
			FHN 非缓凝型		HN 缓凝型	
			Ⅰ	Ⅱ	Ⅰ	Ⅱ
1	减水率/%	不小于	25	28	25	18
2	泌水率/%	不大于	60	70	60	70
3	含气量/%	不大于	6.0			
4	1 h 坍落度保留值/mm	不小于	—		150	
5	凝结时间差/mm		−90～+120		>+120	
6	抗压强度比/%	1 d	≥170	≥150	—	
		3 d	≥160	≥140	≥155	≥135
		7 d	≥150	≥130	≥145	≥125
		28 d	≥130	≥120	≥130	≥120
7	28 d 收缩率比/%	不大于	100	120	100	120
8	对钢筋锈蚀作用		对钢筋无锈蚀作用			

表 2.39 聚羧酸系高性能减水剂匀质性指标 (JG/T 223—2007)

序号	试验项目	指标
1	固体含量	对液体聚羧酸系高性能减水剂： $S \geqslant 20\%$ 时，$0.95S \leqslant X < 1.05S$ $S < 20\%$ 时，$0.90S \leqslant X < 1.10S$
2	含水率	对固体聚羧酸系高性能减水剂： $W \geqslant 5\%$ 时，$0.90W \leqslant X \leqslant 1.10W$ $W < 5\%$ 时，$0.80W \leqslant X \leqslant 1.20W$
3	细度	对固体聚羧酸系高性能减水剂，其 0.3 mm 筛筛余应小于 15%
4	pH 值	应在生产厂控制值的 ±1.0 之内
5	密度	对液体聚羧酸系高性能减水剂，密度测试波动范围应控制在 ±0.01 g/mL 之内
6	水泥净浆流动度	不应小于生产厂控制值的 95%
7	砂浆减水率	不应小于生产厂控制值的 95%

注：①S 是生产厂提供的固体含量(质量分数)，X 是测试的固体含量(质量分数)；
②W 是生产厂提供的含水率(质量分数)，X 是测试的含水率(质量分数)；
③水泥净浆流动度和砂浆减水率选做其中的一项

表 2.40 聚羧酸系高性能减水剂化学性能指标（JG/T 223—2007）

序号	试验项目	性能指标			
		FHN 非缓凝型		HN 缓凝型	
		Ⅰ	Ⅱ	Ⅰ	Ⅱ
1	甲醛含量（按折固含量计）/%	≤0.05			
2	氯离子含量（按折固含量计）/%	≤0.6			
3	总碱量（NaO+0.658K_2O）（按折固含量计）/%	≤15			

表 2.41 高效减水剂的性能（TB 10424—2010）

序号	检验项目		技术要求		检验方法
			标准型	缓凝型	
1	减水率		≥20%		按 GB8076 检验
2	含气量		≤3.0%		
3	泌水率比		≤20%		
4	压力泌水率比（用于配制泵送混凝土时）		≤90%		按 JC473 检验
5	抗压强度比	1 d	≥140%	—	按 GB 8076 检验
		3 d	≥130%	—	
		7 d	≥125%	≥125%	
		28 d	≥120%	≥120%	
6	坍落度 1 h 经时变化量（用于配制泵送混凝土）		—	≤60 mm	
7	凝结时间差	初凝	−90～+120 min	>+90 min	
		终凝			
8	硫酸钠含量（按折固含量计）		≤10.0%		按 GB/T8077 检验
9	Cl⁻ 含量（按折固含量计）		≤0.6%		
10	碱含量（按折固含量计）		≤10%		
11	收缩率比		≤125%		按 GB 8076 检验

注：①检验减水率、含气量、泌水率比、抗压强度比、凝结时间之差和收缩率比时，混凝土坍落度宜为 80 mm±10 mm；

②抽检试验用水泥宜为工程用水泥

表 2.42 聚羧酸系高性能减水剂的性能（TB 10424—2010）

序号	检验项目		技术要求			检验方法
			早强型	标准型	缓凝型	
1	减水率		≥25%			按 GB 8076 检验
2	含气量		≤3.0%			
3	泌水率比		≥20%			
4	压力泌水率比（用于配制泵送混凝土时）		≤90%			按 JC 473 检验
5	抗压强度比	1 d	≥180%	≥170%	—	按 GB 8076 检验
		3 d	≥170%	≥160%	—	
		7 d	≥145%	≥150%	≥140%	
		28 d	≥130%	≥140%	≥130%	
6	坍落度 1 h 经过时变化量（用于配制泵送混凝土时）		—	≤80 mm	≤60 mm	
7	凝结时间差	初凝	−90～−90 min	−90～+120 min	>+90 min	
		终凝				
8	甲醛含量（按折固含量计）		≤0.05%			按 GB 18582 检验
9	硫酸钠含量（按折固含量计）		≤5.0%			按 GB/T 8077 检验
10	Cl⁻ 含量（按折固含量计）		≤0.6%			
11	碱含量（按折固含量计）		≤10%			
12	收缩率比		≤110%			按 GB 8076 检验

注：①检验减水率、含气量、泌水率比、抗压强度比、凝结时间之差和收缩率比时，混凝土坍落度宜为 80 mm±10 mm；

②抽检验用水泥宜为工程用水泥

表 2.43 减水剂的检验要求（TB 10424—2010）

检验项目		检验要求			
		质量证明文件检查		抽样试验检验	
高效减水剂	减水率	√		√	
	含气量	√		√	
	泌水率比	√		√	
	压力泌水率比（用于配制泵送混凝土时）	√	每品种、每厂家检查供应商提供的质量证明文件。施工单位、监理单位均全部检查	√	下列情况之一时，检验一次：①任何新选料源；②使用同厂家、同品种的产品达6个月及出厂日期达6个月的产品。施工单位试验检验；监理单位平行检验	同厂家、同品种同编号的产品每50 t为一批，不足50 t按一批计。施工单位每批抽检一次；监理单位按施工单位抽检次数的10%进行平行检验，但不少于一次
	抗压强度比	√		√	
	坍落度1 h经时变化量（用于配制泵送混凝土时）	√		√	
	凝结时间差	√		√	
	硫酸钠含量（按折固含量计）	√		√	
	Cl⁻含量（按折固含量计）	√		√	
	碱含量（按折固含量计）	√		√	
	收缩率比	√		√	
聚羧酸系高性能减水剂	减水率	√		√	
	含气量	√		√	
	泌水率比	√		√	
	压力泌水率比（用于配制泵送混凝土时）	√	每品种、每厂家检查供应商提供的质量证明文件。施工单位、监理单位均全部检查	√	下列情况之一时，检验一次：①任何新选料源；②使用同厂家、同品种的产品达6个月及出厂日期达6个月的产品。施工单位试验检验；监理单位平行检验	同厂家、同品种同编号的产品每50 t为一批，不足50 t按一批计。施工单位每批抽检一次，监理单位按施工单位抽检次数的10%进行平行检验，但不少于一次
	抗压强度比	√		√	
	坍落度1 h经时变化量（用于配制泵送混凝土时）	√		√	
	凝结时间差	√		√	
	甲醛含量（按折固含量计）	√		√	
	硫酸钠含量（按折固含量计）	√		√	
	Cl⁻含量（按折固含量计）	√		√	
	碱含量（按折固含量计）	√		√	
	收缩率比	√		√	

表 2.44 引气剂的性能（TB 10424—2010）

序号	检验项目		技术要求	检验方法
1	减水率		≥6%	按 GB 8076 检验
2	含气量		≥3.0%	
3	泌水率比		≤70%	
4	1 h 含气量经时变化量		−1.5%～+1.5%	
5	抗压强度比	3 d	≥95%	
		7 d	≥95%	
		28 d	≥90%	
6	凝结时间差	终凝	−90～+120 min	
		初凝		
7	收缩率比		≤125	
8	相对耐久性（200 次）		≥80%	
9	28 d 硬化混凝土气泡间距系数		≤300 μm	按 TB 10424—2010 附录 E 检验

表 2.45 引气剂的检验要求（TB 10424—2010）

	检验项目	检验要求			
		质量证明文件检查		抽样试验检验	
引气剂	减水率	√	√	下列情况之一时，检验一次： ①任何新选料源； ②使用同厂家、同品种的产品达 6 个月及出厂日期达 6 个月的产品。 施工单位试验检验；监理单位平行检验	√	同厂家、同品种、同编号的产品每 5 t 为一批，不足 5 t 按一批计。 施工单位每批抽检一次，监理单位按施工单位抽检次数的 10% 进行平行检验，但不少于一次
	含气量	√	√		√	
	泌水率比	√	√		√	
	1 h 含气量经时变化量	√	√		√	
	抗压强度比	√	√		√	
	凝结时间差	√	√		√	
	收缩率比	√	√		√	
	相对耐久性（200 次）	√	√		√	
	28 d 硬化混凝土气泡间距系数	√	√		√	

四、外加剂的种类、代号、定义、功能及适用范围

(一)外加剂的种类及代号

常用外加剂分为5类,特殊用途的外加剂分12类,共17类,如图2.1所示。

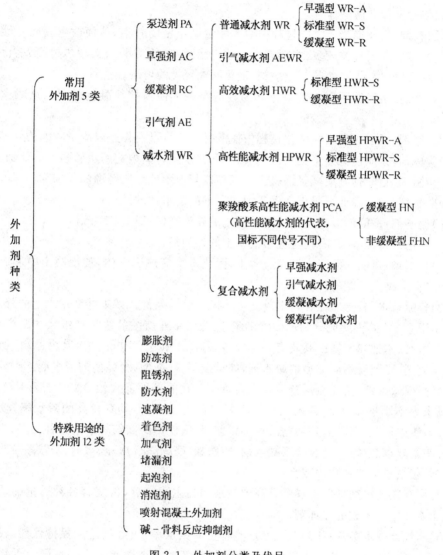

图2.1 外加剂分类及代号

(二)各种外加剂的定义、功能及适用范围

(1)泵送剂:指能改善混凝土泵送性能的外加剂。它由减水剂、调凝剂、引气剂、润滑剂等多种组分复合而成。根据工程要求,其产品性能会有所差异。

(2)早强剂:指能加速水泥水化和硬化,能加速混凝土早期强度发展,而对后期强度无显著影响的外加剂。早强剂是能促进混凝土早期强度增长的外加剂,可缩短混凝土养护龄期,加快施工进度,提高模板和模板的周转率。早强剂主要是无机盐类、有机物等,但现在越来

越多的使用各种复合型早强剂。

(3)缓凝剂:指可在较长时间内保持混凝土工作性,延缓混凝土凝结和硬化时间的外加剂。缓凝剂的种类较多,可分为有机和无机两大类,主要有:

①糖类及碳水化合物,如淀粉、纤维素的衍生物等。

②羟基羧酸,如柠檬酸、酒石酸、葡萄糖酸以及其盐类。

③可溶硼酸盐和磷酸盐等。

(4)引气剂:指在混凝土搅拌过程中引入大量微小密闭气泡,从而改善其和易性与耐久性的外加剂。引气剂种类较多,主要有可溶性树脂酸盐(松香酸)、文沙尔树脂、皂化的吐尔油、十二烷基磺酸钠、十二烷基苯磺酸钠、磺化石油羟类的可溶性盐等。

(5)减水剂:指能在不影响混凝土和易性的条件下使新拌混凝土的用水量减少的外加剂。

(6)膨胀剂:指在水泥凝结硬化过程中使混凝土产生可控膨胀以减少收缩的外加剂。

(7)防冻剂:指能使混凝土在负温下硬化,并在规定时间内达到足够强度的外加剂。

(8)防阻剂:指能抑制或减轻混凝土中钢筋或其他预埋金属锈蚀的外加剂。

(9)防水剂:指能降低混凝土在静压力作用下的透水性的外加剂。

(10)速凝剂:指能使混凝土迅速凝结硬化的外加剂(一般5~10 min)。

(11)着色剂:指能够具有稳定色彩混凝土的外加剂。

(12)加气剂:指能在混凝土制备过程中,因化学反应放出气体,使混凝土中形成大量气孔,从而降低混凝土密度的外加剂。

(13)普通减水剂:指能在保持混凝土坍落度一致的条件下减少拌和用水量的外加剂,减水率不小于8%。其主要成分为木质素磺酸盐,通常由亚硫酸盐法生产纸浆的副产品制得,常用的有木钙、木钠和木镁。其具有一定的缓凝、减水和引气作用。以其为原料,加入不同类型的调凝剂,可制得不同类型的减水剂,如早强型、标准型、缓凝型减水剂。

(14)高效减水剂:指能在保持混凝土坍落度一致的条件下大幅度减少拌和用水量的外加剂,减水率不小于14%。高效减水剂不同与普通减水剂,具有较高的减水率,较低引气量,是我国使用量大、面广的外加剂品种。目前,我国使用的高效减水剂品种较多,主要有下列几种:萘系减水剂、氨基磺酸盐系减水剂、脂肪族(醛酮缩合物)减水剂、密胺系及改性密胺系减水剂、蒽系减水剂和洗油减水剂。

缓凝型高效减水剂是以上述各种高效减水剂为主要组分,再复合各种适量的缓凝组分或其他功能性组分而成的外加剂。

(15)高性能减水剂:指比高效减水剂具有更高减水率,更好坍落度保持性能,较小干燥收缩,具有一定引气性能的减水剂,减水率不小于25%。高性能减水剂是国内近年来开发的新型外加剂品种,目前主要为聚羧酸盐类产品。它具有"梳状"的结构特点,由带有游离的羧酸阴离子团的主链和聚氧乙烯侧链组成,用改变单体的种类、比例和反应条件可生产具有各种不同性能和特性的高性能减水剂。早强型、标准型、缓凝型高性能减水剂可由分子设计引入不同功能团而生产,也可掺入不同组分复配而成,其主要特点为:

①掺量低(按照固体含量计算,一般为胶凝材料质量的0.15%~0.25%),减水率高。

②混凝土拌合物工作性及工作性保持性较好。

③外加剂中氯离子和碱含量较低。

④用其配制的混凝土收缩率较小,可改善混凝土的体积稳定性和耐久性。
⑤对水泥的适应性较好。
⑥生产和使用过程中不污染环境,是环保型的外加剂。

(16)聚羧酸系高性能减水剂:指能使混凝土在减水、保坍、增强、收缩及环保等方面具有优良性能的减水剂,减水率一等品不少于25%,合格品不小于18%,其最大减水率可达30%以上。

(17)喷射混凝土外加剂:指能改善混凝土和砂浆与基底黏结性及喷射后的稳定性的外加剂。

(18)碱—骨料反应抑制剂:指能减少由于碱—骨料反应引起膨胀的外加剂。

(19)起泡剂:是一种因物理作用而引入大量空气,从而能用于生产泡沫混凝土的外加剂。

(20)消泡剂:是一种能够防止混凝土拌合物中气泡产生或使原气泡减少的外加剂。
(21)早强减水剂:是一种有早强和减水功能的外加剂。
(22)早强高效减水剂:是一种有早强和显著减水功能的外加剂。
(23)缓凝减水剂:是一种兼有缓凝和减水功能的外加剂。
(24)缓凝高效减水剂:是一种兼存缓凝和显著减水功能的外加剂。
(25)引气减水剂:是一种兼有引气和减水功能的外加剂。
(26)引气高效减水剂:是一种兼有引气和显著减水功能的外加剂。

常用外加剂的掺量及适用范围见表2.46。

表 2.46 常用外加剂的掺量及适用范围

外加剂名称	适用范围	功能	掺量
普通减水剂	最低气温+5℃以上的混凝土,各种预制、现浇混凝土、预应力混凝土、泵送混凝土、大体积混凝土及大模板、滑模等工程,不能单独用于蒸养混凝土	减水≥8%,节约水泥,增加强度,增大坍落度60~80,增大流动性	一般为0.15%~0.35%,常用0.25%,但注意木质素磺酸钙类减水剂不宜超过0.35%,否则极大延缓甚至不凝固
高效减水剂	最低气温0℃以上的混凝土工程,各种高强混凝土、早强混凝土、大流动混凝土、蒸养混凝土等	减水率≥14%,节约水泥,提高强度,增大坍落度80~120,增大流动性	一般0.3%~1.5%,常用0.5~0.75%
高性能减水剂	比高效减水剂适应范围更广,但用于大流动混凝土效果更佳	减水率≥25%,比高效减水剂性能更好,对大流动混凝土效果更好	正常掺量为0.55%~1.2%,常用0.75%~1.0%
聚羧酸高效能减水剂		减水率,I等品≥25%,II等品≥18%,比高效减水剂性能更好	

续表 2.46

外加剂名称	适用范围	功能	掺量
早强剂及早强减水剂	最低气温-5 ℃以上及早强或防冻要求的混凝土,蒸汽养护混凝土	提高混凝土的早期强度,缩短混凝土的送气时间,早强减水剂兼具减水作用	$NaCl$,$CaCl$,$0.5\%\sim1.0\%$；$CaSO_4$,$NaSO_4$,K_2SO_4,$0.5\%\sim2.0\%$；三乙醇胺,$0.03\%\sim0.05\%$
缓凝剂及缓凝减水剂	最低气温+5 ℃以上的混凝土工程,夏季和炎热地面混凝土施工,预拌混凝土和商品混凝土、泵送混凝土以及滑模施工	延长混凝土凝结时间,延缓水泥反应速度,降低水化热峰值	糖蜜减水剂,$0.1\%\sim0.3\%$；木质素磺酸盐类,$0.2\%\sim0.25\%$
引气剂及引气减水剂	抗冻要求的混凝土和大面积易受冻的混凝土,如路面、飞机跑道、抗冻要求的防水混凝土,抗盐类抗碱混凝土,泵送、大流动、骨料质量相对差以及轻骨料混凝土	提高混凝土拌合物的工作性,减少离析,提高混凝土的耐久性和抗渗性,引气减水剂兼具减水作用	松香树脂及其衍生物,$0.005\%\sim0.015\%$
防冻剂	一定的负温条件下施工	降低混凝土中水的冰点,从而避免混凝土早期被冻胀破坏	木质素磺酸盐或糖钙+硫酸钠,($0.05\%\sim0.25\%$)+($0.1\%\sim0.2\%$)
速凝剂	喷射混凝土、喷射砂浆、临时性堵漏用砂浆及混凝土	能使砂浆或混凝土在1~5 min内达到初凝,2~10 min终凝并有早强功能	速凝剂,$2.0\%\sim5.0\%$
防水剂	地下防水、防潮及其他水利工程	砂浆混凝土抗渗性能显著提高	按使用说明书
膨胀剂	补偿收缩混凝土,自防水屋面地下水等填充用膨胀混凝土,地脚用螺栓固定自应力混凝土	体积膨胀,减少混凝土收缩,从而提高混凝土的抗裂性和抗渗性	明矾石膨胀剂,$10\%\sim12\%$

五、外加剂的应用与解析

（一）减水剂的应用与解析

1. 减水剂的含义

减水剂一词来源于使用它能在不影响混凝土和易性的条件下使新拌混凝土的用水量明

显减少。减水剂也称为塑化剂或分散剂,是混凝土外加剂中最重要的品种。

2. 减水剂对混凝土的作用

(1)在不减少单位用水量的情况下,改善新拌混凝土的工作性能,提高流动度。

(2)在保持一定工作度下,减少用水量,提高混凝土的强度,改善混凝土的耐久性和体积稳定性。

(3)在保持一定强度情况下,减少单位水泥用量,节约水泥。

(4)改善混凝土拌合物的可泵性以及混凝土的其他物理力学性能。

3. 减水剂的减水机理

水泥加水拌和后使水泥产生絮凝结构,这些絮凝结构中包裹了许多自由水,不能与水泥充分接触,从而降低混凝土拌合物的和易性。加入适量减水剂,减水剂在与水泥发生作用后,导致水泥颗粒相互分散,使混凝土拌合物的流动性增大。另外,减水剂的加入降低水泥浆体整个系统的表面张力,水泥颗粒润湿强度增加,水泥颗粒表面的溶剂化水膜进一步增加了颗粒之间的滑动能力。总之,减水剂加入水泥后,经拌和能发生吸附分散、润湿和润滑作用,故只需要少量的水就可以较容易地将混凝土拌和均匀。

4. 减水剂的掺量及掺加方法

(1)减水剂的掺量。

普通减水剂掺量为 0.15%~0.35%,常用掺量为 0.25%。

高效减水剂、高性能减水剂的掺量为 0.3%~1.5%,常用掺量为 0.75%~1.0%。

木质素磺酸钙类减水剂掺量不宜超过 0.35%,掺量过多会影响混凝土的凝结,很可能会造成混凝土不凝结。

(2)减水剂的掺加方法。

减水剂的掺加方法有先掺法、同掺法、滞水法和后掺法 4 种。

①先掺法。

先掺法是将减水剂与水泥、骨料同时加入搅拌机内混合后,再加水搅拌,即减水剂比水先加入。

先掺法的优点在于使用方便,省去了减水剂的溶解、储存、冬季防冻等工序和设施;缺点是效果不如其他方法好。

②同掺法。

同掺法是将减水剂溶解成一定浓度的溶液(也有液体产品),与水泥、骨料及水同时加入搅拌机搅拌。

同掺法与先掺法比较,溶液搅拌均匀;与滞水法相比,搅拌时间短,搅拌机生产效率高;以溶液方式加入,便于计量和自动化控制。但是它增加了减水剂溶解、储存、冬季防冻等工序,同时由于减水剂中混入了不溶物或溶解度较低的物质,造成使用中的不便。

要注意的是,无论是高效减水剂或是普通减水剂,它们均是水溶性材料,生产出来的产品均是水溶液,然后再经喷雾干燥后得粉剂,因此纯的减水剂是可溶于水的,只是后期可能因为复配、调整减水率等原因,可能混入不溶物或溶解度较低的物质。

③滞水法。

滞水法是在搅拌过程中,减水剂滞后于水 1~3 min(当以溶液加入时称为溶液滞水法,以干粉加入时称为干粉滞水法)加入。

滞水法能提高高效减水剂在某些水泥中的使用效果,即可提高减水率,提高减水剂对水泥的适应性;缺点在于搅拌时间延长,搅拌机生产效率降低。

④后掺法。

后掺法指减水剂不是在搅拌混凝土时加入,而是在搅拌完成后,在运输过程或施工现场分一次或几次加入混凝土中,再经继续或两次、多次搅拌的方法。

这与前述的方法均不同,前述方法中减水剂与混凝土材料一起搅拌,只是与水的加入顺序不同。

后掺法的优点在于可以减少、抑制混凝土在运输过程中的分层离析和坍落度损失;可提高减水剂的减水率,提高减水剂对水泥的适应性。

5. 减水剂与水泥的适应性

减水剂与水泥的适应性是指减水剂在相同条件下,因水泥不同而使用效果有较大的差异,甚至收到完全不同的效果。如同一种减水剂使用相同的掺量,但因水泥的矿物组成、石膏品种和掺量、混合材料、水泥细度等不同,其减水效果及对水泥混凝土的凝结时间等有较大影响。例如,木质素磺酸钙在某些水泥中反而使凝结时间缩短,甚至在 1 h 内达到终凝,这是由于使用以硬石膏为调凝剂的水泥所发生的异常凝结现象。再如,如果水泥中铝酸三钙含量过高(大于 10%),则当加入减水剂,混凝土的用水量较低、水泥用量较高时,就可能发生假凝或闪凝现象。这时,混凝土可能在 10 min 内坍落度可能从 180 mm 减小到 80 mm,混凝土不再具有流动性。由于此时混凝土的贯入阻力仍然很小,因此用测定贯入阻力的方法来测定混凝土时,它仍然未达到凝结条件,故称为假凝。如果在这个过程中,还伴随着放热,则称为闪凝。

由于减水剂与水泥存在适应性的问题,故在减水剂使用过程中,应对水泥和外加剂进行选择并进行试验确定水泥和外加剂掺量。在施工过程中,在配制混凝土前还应进行试验和试拌,确保两者相适应再进行混凝土施工,以避免施工过程中出现问题,造成不必要的麻烦。

6. 减水率的含义

减水率是指在不改变水泥用量,不增加混凝土和易性和工作度条件下,掺入减水剂后所减少的单位用水量与基准混凝土单位用水量之比。

7. 减水剂的分类与应用

(1)按功能分类:按减水率的不同可分为普通减水剂、高效减水剂和高性能减水剂(以聚羧酸系减水剂为代表)。

(2)按混凝土中引入的空气量的多少分为引气减水剂和非引气减水剂。

(3)按其对混凝土凝结时间和早期强度的影响分为标准型、缓凝型和早强型。

(4)按成分分类。

①木质素磺酸盐类。木质素磺酸盐类有木质素磺酸钙(木钙)、木质素磺酸钠(木钠)和木质素磺酸镁(木镁)。我国使用较为广泛的是木钙减水剂,简称 M 剂,其掺量为水泥质量的 0.2%～0.3%,减水率为 5%～15%。该类减水剂具有缓凝作用和一定的引气作用,适用于最低温度 5 ℃以上的各种预制及现浇混凝土,钢筋混凝土及预应力混凝土,大体积、泵送

混凝土,防水混凝土,滑模施工用混凝土,但不宜单独用于蒸养混凝土。对于粉磨水泥过程中采用硬石膏或氟石膏作为调凝剂的水泥,在使用 M 剂时需特别加以注意。

②聚烷基芳基磺酸类。聚烷基芳基磺酸类又称为萘系减水剂,属于阴离子表面活性剂,是普遍应用的高效减水剂,常用掺量为水泥质量的 0.5%～1.0%,减水率为 10%～25%,该减水率不仅适用于普通混凝土,更适用于高强混凝土、早强混凝土、流态混凝土、蒸养混凝土及特种混凝土。目前国内主要有 NF,MVO,FDN,VNF,MF,JN,HN 等。

③三聚氰胺甲醛树脂磺酸盐类。该类减水剂是一种水溶性的聚合物树脂,属阴离子早强非引气型高效减水剂,其掺量为水泥质量的 0.5%～1.0%,减水率为 10%～27%。该减水剂对蒸汽养护的适应性优于其他减水剂,适用于铝酸盐水泥,能提高耐久混凝土在高温下的强度。它主要用于耐久混凝土、蒸养混凝土、高强混凝土、早强混凝土及流态混凝土。

④氨基磺酸盐系高效减水剂。该减水剂具有掺量低,减水效率高(砂浆减水率高达 35%～55%),在低水灰比条件下流动性好,混凝土坍落度大,且经时损失小的优点,因此在混凝土外加剂中具有良好的发展前景。它特别适用于各种高性能及施工要求很高的混凝土工程。

⑤聚羧酸类高性能减水剂。该减水剂具有对水泥颗粒的分散性强,对水泥或混凝土流动性能保持时间长等优点,适用于高强远距离或大高度泵送的流态化混凝土工程。但成本较高,一般比其他高效减水剂高出 20%～30%。它最适宜于大流性混凝土和水灰比小的混凝土及高强混凝土。

⑥复合减水剂。该减水剂主要品种有早强减水剂、引气减水剂、缓凝减水剂和缓凝引气减水剂。

(二)引气剂及引气减水剂的应用

1. 引气剂

引气剂是一种能使混凝土在搅拌过程中引入大量微小密闭气泡,从而改善混凝土和易性与耐抗性的外加剂。引气减水剂指兼具引气和减水作用的外加剂。通常引气剂的减水率为 6%～9%,引气减水剂的减水率为 8%～15%,由此可知掺引气剂和引气减水剂都可以减少单位用水量。引气减水剂有改性木质素磺酸盐类、烷基芳香基磺酸盐类及由各类引气剂和减水剂组成的复合剂,引气剂有松香皂及松香热聚物类、烷基苯磺酸盐类、脂肪酸磺酸盐类等。

2. 引气剂对新拌混凝土及硬化混凝土性能的影响

(1)对流动性的影响(可增大流动性)。

含气量对流动性的影响,正常情况下含气量每增大 1%,混凝土拌合物的坍落度可增加 10 mm 左右。在配制引气混凝土时,可适当减少拌和用水量,降低水灰比,提高混凝土强度,以补偿由于引入气泡后的强度下降。原因是:引气剂使新拌混凝土中引入大量微小气泡,在水泥颗粒之间起着类似滚珠轴承的作用,同时黏度降低,而减少了混凝土拌合物各成分之间的摩阻力,增大了滑移现象,所以增大了流动性。

(2)对泌水性的影响(可减少泌水)。

引气剂加入混凝土拌合物中,由于引入的气泡的作用,泌水量一般可减少 30%～40%。其原因是:引气剂引入的气泡多为微小气泡,这些小气泡起到了阻止集料下流和水分上浮的作用,并且气泡的膜壁消耗部分水分,减少了能够自由移动的水分,使混凝土拌合物更好地处于匀质状态,使拌合物的水分能更长时间地停留在水泥浆中而减少泌水量。

(3)对强度的影响(降低混凝土强度)。

由于引气剂增加了混凝土中的气泡,减小了浆体的有效面积,使混凝土中孔隙体积增大,造成混凝土抗压强度降低。正常情况混凝土含气量每增加1%,其抗压强度降低4%~6%,抗折强度降低2%~3%。为了弥补强度的降低,可在配制混凝土时通过引气剂减少的特性降低水灰比。

(4)对抗冻性的影响(掺量在一定范围内可提高混凝土的抗冻能力)。

性能优良的引气剂引入的微气泡平均直径低于20 μm,其气泡间距离系数为0.1~0.2 mm,此时抗冻性最好。通常掺入引气剂后,混凝土的抗冻性可提高1~6倍,在一定范围含气量内,抗冻性随含气量的增加而提高,当含气量超过6%时,抗冻性反而有所下降,因此很多标准对含气量最大值加以限制。

引气剂能提高混凝土抗冻性的原因是:由于引气剂引入大量微小的气泡均匀地分布在混凝土内部,可以容纳及缓和受冻混凝土内部自由水分迁移造成的静水压力,显著提高混凝土的抗冻性能。

(5)对抗渗性、抗腐蚀性及抗碳化性的影响。

掺入引气剂后,混凝土抗渗性能可能提高50%以上,不会引起钢筋锈蚀,减缓混凝土的碳化速度。其原因是:因为引气产生的大量均匀分布的微小气泡促使混凝土中多余的水分散在气泡壁周围,这些水分不能再集中和连通起来形成毛细管通道,这就相当于把开放的毛细管变成封孔的气孔,只有在更大的静水压力下才会产生渗透。又因为引气剂不含氯离子,同时掺量很小,因此不会引起钢筋锈蚀。而且掺入引气剂降低了水灰比,提高了和易性和抗渗性,所以对防止碳化作用也是有利的。

(6)对干燥收缩的影响。

从整体看,引气剂的加入对干燥收缩影响不明显,由于混凝土引入一定量空气,干缩值会有一定增加,但又由于引气剂可改善混凝土的和易性,在相同流动度时减少了用水量,使水灰比变小,从而减少了混凝土原本的干燥收缩,这样两者相互基本抵消,所以对干燥收缩影响不大。

(7)对钢筋握裹力的影响。

引气剂使混凝土对钢筋的黏结强度有所降低。一般含气量为4%时,对垂直方向的钢筋黏结强度及对水平方向的钢筋黏结强度也有降低,但幅度不大。

(8)引气剂及引气减水剂的适用范围。

引气剂及引气减水剂可用于抗冻混凝土、防渗混凝土、抗硫酸盐混凝土、贫混凝土、轻集料混凝土以及有饰面要求的混凝土等,但不宜用于蒸养混凝土及预应力混凝土。抗冻要求高的混凝土必须掺用引气剂或引气减水剂,其掺量应根据混凝土含气量的要求,由试验确定。要使引气剂发挥更大的效果,还必须掌握正确的使用方法。

(三)缓凝剂及缓凝减水剂的应用与解析

1. 缓凝剂及缓凝减水剂的含义

缓凝剂是一种能延长混凝土凝结时间的外加剂。缓凝减水剂则是一种兼有缓凝和减水功能的外加剂。

缓凝剂和缓凝减水剂的掺量一般分别为水泥掺量的0.05%~0.3%和0.2%~0.3%。

2. 缓凝剂的分类及品种

缓凝剂按生产来源可分为工业副产品类及纯化学品两类。

缓凝剂按化学成分又可分为无机盐类、有机盐类、糖类及化合物、多元醇及其衍生物、纤维素类。

无机盐类有磷酸盐、硼砂、硫酸锌、氟硅酸钠等,掺量为水泥质量的0.1%~0.2%。

有机物类如柠檬酸、酒石酸等,掺量为水泥质量的0.05%~0.2%。

糖类及其化合物类有葡萄糖、蔗糖、糖蜜等,掺量为水泥质量的0.1%~0.3%。

多元醇及其衍生物如丙三醇、聚乙烯醇等,掺量为水泥质量的0.05%~0.2%。

纤维素类如平基纤维素、缩甲基纤维等,掺量为水泥质量的0.1%以下。

缓凝减水剂的品种主要有糖钙、木钙、木钠等,掺量为水泥质量的0.2%~0.3%。

3. 缓凝剂及缓凝减水剂对新拌及硬化混凝土性能的影响

(1)延缓混凝土初终凝时间,降低混凝土拌合物坍落度经时损失。同时初终、凝时间间隔也较短,一般不致影响混凝土早期强度的增长。

(2)降低水化放热速率。一般情况下水泥水化早期(1 d内)延缓及减慢放热速率和降低热峰,从而阻止早期温度裂缝的出现,但不同的水泥对同一种缓凝剂和缓凝减水剂的影响程度也不同。

(3)对抗压强度的影响。早期强度特别是1 d,3 d强度比未掺的要低一些,一般7 d后就完全赶上来,而且有所提高,28 d后较不掺的有相当幅度的提高,至90 d仍保持提高的趋势。对抗弯强度的影响规律基本同抗压强度,但不如抗压强度那么明显。

随着掺量的加大,早期强度降幅增大,强度提高所需的时间延长,如果掺量过大,缓凝时间过长,将严重妨碍水泥的水化,影响混凝土的硬化或由于水分的蒸发和散造成失混凝土强度永久性不可恢复的影响。

(4)对耐久性的影响。耐久性与不掺缓凝剂的混凝土区别不大,但因后期强度有所增加,对混凝土的耐久性有利。

4. 缓凝剂及缓凝减水剂的应用范围

缓凝剂及缓凝减水剂主要用于夏季高温施工的混凝土、大体积混凝土、商品混凝土与泵送混凝土。其原因是:它可以根据要求使混凝土在较长时间内保持塑性,以便于浇筑成型或延缓水化放热速率,减少因集中放热产生温度应力造成混凝土的结构裂缝;在流化混凝土中可用来克服高效减水剂的坍落度损失,保证高品混凝土的施工质量。

(四)早强剂及早强减水剂的应用与解析

1. 分类与品种

早强剂在混凝土工程中常用的有3大类:一是无机盐类早强剂,如氯化物(氯化钙、氯化钠、氯化铝、氯化铁等)、硫酸盐类(硫酸钠、硫酸钙、硫酸铝、硫代硫酸钠等)、重铬酸钾等;二是有机早强剂,如三乙醇胺、三异丙醇胺等;三是复合早强剂,主要是无机与有机早强剂的复合(如三乙酸胺+氯化钠,三乙醇胺+氯化钠+亚硝酸钠)或早强剂与其他外加剂的复合(如硫酸盐糖钙系列早强减水剂、硫酸盐高效减水剂系列早强减水剂等）。

2. 早强剂对混凝土的性能影响

(1)显著提高混凝土的早期强度,对后期强度无不利影响。如氯盐和硫酸盐使混凝土 3 d 强度提高 30%～40%以上（复合早强剂可提高 50%～80%），7 d 强度可提高 15%～30%（复合强剂可提高 20%～30%）。

(2)改变混凝土的抗硫酸盐侵蚀性。氯化钙会降低混凝土的抗硫酸盐性,而硫酸钠则提高混凝土的抗硫酸盐侵蚀性。

(3)加速钢筋锈蚀。早强剂在使用中必须严格控制其在水泥质量的 1%以下。

(4)硫酸盐中的钠盐可能会引起混凝土的碱集料反应,硫酸根过量会危害混凝土的体积稳定性,使用时应严格控制在水泥质量的 4%。

(5)早期对混凝土的体积略有增大作用,后期使混凝土的干缩与徐变增大。

3. 早强剂及早强减水剂的适用范围及掺量

早强剂及早强减水剂可用于蒸养混凝土及常温和最低不低于 $-5\ ℃$ 条件下施工的有早强或防冻要求的混凝土工程,但氯盐、硫酸盐及其复合外加剂不得用于有电的混凝土结构及镀锌或镀铝的铁件相接触的混凝土。早强剂的掺量见表 2.47。常用复合早强剂的组成与剂量见表 2.48。常用早强剂的种类及掺量见表 2.49。

表 2.47 早强剂的掺量（GB 50119—2003）

混凝土种类及使用条件		早强剂品种	掺量（占水泥质量）/%
预应力混凝土	干燥环境	硫酸钠	1
		三乙醇胺	0.05
钢筋混凝土	干燥环境	氯盐（Cl⁻）	0.6
		硫酸钠	2.0
		硫酸钠与缓凝减水剂复合使用	3
		三乙醇胺	0.05
	潮湿环境	硫酸钠	1.5
		三乙醇胺	0.05
有饰面要求的混凝土		硫酸钠	0.8
无钢筋混凝土		氯盐	1.8

注：①在预应力混凝土中,由其他原材料带入的氯盐总量不应大于水泥质量的 0.1%;在潮湿环境下的钢筋混凝土中,不应大于水泥质量的 0.25%;

②表中氯盐含量以无水氯化钙计

表 2.48 常用复合早强剂的组成与剂量

外加剂的组分	常用剂量(掺量占水泥质量)/%
三乙醇胺＋氯化钠	(0.03—0.05)＋0.5
三乙醇胺＋氯化钠＋亚硝酸钠	0.05＋(0.3～0.05)＋(1～2)
硫酸钠＋亚硝酸钠＋氯化钠＋氯化钙	(1～1.5)＋(1～3)＋(0.3～0.5)＋(0.3～0.5)
硫酸钠＋氯化钠	(0.5～1.5)＋(0.3～0.5)
硫酸钠＋亚硝酸钠	(0.5～1.5)＋1.0
硫酸钠＋三乙醇胺	(0.5～1.5)＋0.05
硫酸钠＋二水石膏＋三乙醇胺	(1～1.5)＋2＋0.05
亚硝酸钠＋二水石膏＋三乙醇胺	1.0＋2＋0.05

表 2.49 常用早强剂的种类及掺量

名称	种类	掺量(占水泥质量)%	适用范围	早强效果
早强剂	氯化钙	1～3	低温或常温硬化	2 d 强度提高 40%～65% 3 d 强度提高 30%～50%
	硫酸钠	1～2	低温硬化	2 d 强度提高 84%～138% 7 d 强度提高 28%～34%
	硫酸钾	0.5～2	低温硬化	与氯化钙相当
	三乙醇胺	0.05	常温硬化	3～5 d 可达到设计强度的 70%
	三异丙醇胺 硫酸亚铁	0.05 0.3	常温硬化	7 d 强度提高 20%～30% 28 d 强度提高 40%～50%
	硫酸钠 食盐 生石膏	2 1 2	低温或常温硬化	在正负温交替期,1.5 d 可达设计强度的 70%
	硫酸钠 亚硝酸钠 生石膏	2 2 2	低温或常温硬化	在正负温交替期,矿渣水泥 3.5 d 可达设计强度的 70%
	硫酸钠 石膏	2 1	蒸汽养护	蒸汽养护 6 h,强度可提高 30%～100%
	FDN 减水剂	0.25	正常硬化	3 d 强度提高 30%～80%
	高效减水剂	0.2～0.5	正常硬化	1 d 强度提高 30%～100%

(五)防冻剂的应用与解析

1. 品种

工程中常用的防冻剂有氯盐类、氯盐阻锈类及无氯盐类等。氯盐类包括氯化钠、氯化钙或以氯盐为主的与其他早强剂、减水剂、引气剂等的复合剂。氯盐阻锈防冻剂是以氯盐与阻锈剂(亚硝酸钠)为主的复合剂。无氯盐类防冻剂,如以亚硝酸钠、硝酸盐、碳酸盐、乙酸盐或尿素为主的复合剂。

2. 防冻剂对混凝土防冻的原理

(1)防冻组分能降低水的冰点,使水泥在负温下仍能继续水化。

(2)防冻剂中的早强组分能提高混凝土的早期强度,抵抗水结冰产生的膨胀应力。

(3)减少混凝土中的冰含量,并使冰晶粒度细小且均匀分散,减轻对混凝土的破坏应力。

(4)引气组分引入适量封闭的微气泡,减轻冰胀应力及过冷水迁移产生的应力。

(5)有机硫化物能改变水的冰晶形状,从而减轻冰胀应力。

3. 防冻剂的适用范围及掺量

氯盐类防冻剂可用于素混凝土工程;氯盐阻锈防冻剂可用于钢筋混凝土工程;无氯盐类防冻剂可用于钢筋混凝土工程和预应力混凝土工程。但硝酸盐、亚硝酸盐外加剂不得用于预应力混凝土工程与镀锌钢材、镀铝铁接触部位的钢筋混凝土结构。含6价铬盐、亚硝酸盐等有毒防冻剂,严禁用于饮水工程及与食品接触的部位。对桥梁及抗冻性有特殊要求的混凝土工程选择防冻剂品种与掺量时应通过试验确定。防冻剂组分掺量见表2.50。阻锈剂亚硝酸钠的掺量见表2.51。常用防冻剂的组成及掺量见表2.52。

表2.50 防冻剂组分掺量

防冻剂类别	防冻剂组分掺量
氯盐类	氯盐掺量不得大于拌和水质量的7%
氯盐阻锈类	总量不得大于拌和水质量的15%,当氯盐掺量为水泥质量的0.5%~1.5%时,亚硝酸钠与氯盐之比应大于1;当氯盐掺量为水泥质量的1.5%~3%时,亚硝酸钠与氯盐之比应大于1.3
无氯盐类	总量不得大于拌和水质量的20%,其中亚硝酸钠、亚硝酸钙、硝酸钠、硝酸钙均不得大于水泥质量的8%,尿素不得大于水泥质量的4%,碳酸钾不得大于水泥质量的10%

表2.51 阻锈剂亚硝酸钠的适宜掺量

混凝土浇灌时最低气温/℃	-3	-5	-8	-10
$NaNO_2$(占用水量)/%	3.3	6.6	10	13
$NaNO_2$(占水泥质量)/%	2	4	6	8

表 2.52 常用防冻剂的组成及掺量

混凝土使用温度/℃	防冻剂组成	掺量（占水泥质量）/%
$-3\sim-5$	$NaCl+CaCl_2$	3+2
	$NaCl+NaNO_2$	2+2.5
	$Na_2SO_4+NaNO_2+N(C_2H_2OH)_3$	2+4+0.03
	K_2CO_3+酒石酸	5+0.03
$-5\sim-10$	$NaCl$ 或 $CaCl_2+NaNO_2$ 或 $Ca_2(NO_2)_2$	3+4
	$Na_2SO_4+NaNO_2+N(C_2H_4OH)_3$	3+(6~8)+0.03
	NON—F	5~10

注：引自黑龙江低温建筑研究所试验资料

（六）膨胀剂的应用与解析

膨胀剂是一种在水泥凝结硬化过程中使混凝土（包括砂浆和水泥净浆）产生可控膨胀以减少收缩的外加剂。在水泥硬化阶段，膨胀剂即可自身产生膨胀，也能与水泥混凝土中的其他成分反应产生膨胀，对混凝土起到补偿收缩、防止开裂的作用。

膨胀剂可分为以下几种：

①硫铝酸钙类：如硫铝酸钙膨胀剂（CSA）、明矾石型膨胀剂等。它利用水泥水化过程中所产生的硫铝酸钙发生体积膨胀。

②石灰类膨胀剂。它利用 CaO 的水化反应致使体积发生膨胀。

③铁粉类膨胀剂。它利用铁屑与氧化剂作用产生氢氧化铁、氢氧化亚铁而产生体积膨胀。

④复合型膨胀剂。它借助特定膨胀组分的水化生成物而产生膨胀作用，并利用其他组分赋予的如减水、早强等工程需要的其他功能。

膨胀剂的常用掺量见表 2.53。

表 2.53 膨胀剂的常用掺量

膨胀混凝土（砂浆）种类	膨胀剂名称	掺量（占水泥质量）/%
补偿收缩混凝土（砂浆）	明矾石膨胀剂	13~17
	硫铝酸钙膨胀剂	8~10
	氧化钙膨胀剂	3~5
	氧化钙—硫铝酸钙膨胀剂	8~12
填充用膨胀混凝土（砂浆）	明矾石膨胀剂	10~13
	硫铝酸钙膨胀剂	8~10
	氧化钙膨胀剂	3~5
	氧化钙—硫铝酸钙膨胀剂	8~10
	铁屑膨胀剂	30~35
自应力混凝土（砂浆）	硫铝酸钙膨胀剂	15~25
	氧化钙—硫铝酸钙膨胀剂	15~25

注：膨胀剂的使用应符合《混凝土外加剂应用技术规范》(GB 50119—2003)中的要求

(七)泵送剂的应用与解析

泵送剂是指能改善混凝土泵送性能的外加剂。在混凝土工程中,泵送剂主要由普通(或高效)减水剂、引气剂、缓凝剂和保塑剂等复合而成。其质量应符合《混凝土泵送剂》(JC 473)标准。

混凝土原材料中加入泵送剂,可以配制出不离析、不泌水、黏聚性好、和易性好、可泵性好及具有一定含气量和缓凝性能的大坍落度混凝土,硬化后混凝土有足够的强度和满足多项物理力学性能要求。

泵送剂可用于高层建筑、市政工程、工业民用建筑及其他构筑物混凝土的泵送施工。由于泵送混凝土具有缓凝性能,也适用于大体积混凝土、滑模施工混凝土、水下浇筑混凝土等。

(八)速凝剂的应用与解析

速凝剂主要用于喷射混凝土中,掺加方法为后掺法,即在喷射口处掺加,掺量为水泥质量的 2%~5%。

速凝剂进场按同厂家、同品种、同编号的小于等于 50 t 为一验收批,其检验项目有匀质性、凝结时间、抗压强度比、水泥适应性和速凝效果。掺速凝剂的净浆及硬化砂浆的性能要求见表2.54。

表 2.54 掺速凝剂的净浆及硬化砂浆的性能要求 (TB 10424—2010)

净浆凝结时间/min		1 d 抗压强度/MPa	28 d 抗压强度比
初凝	终凝		
≤5	≤10	≥7	≥75%

(九)聚羧酸系高性能减水剂的应用与解析

(1)定义及技术指标:聚羧酸系高减水剂由含有羧基的不饱和单体和其他单体共聚而成,使混凝土在减水、保坍、收缩及环保等方面具有优良性能的系列减水剂。

聚羧酸系高性能减水剂代号为 PCA,分为两种类型:缓凝型 HN 和非缓凝性 FHN,形态分液体 Y 和固体 G,等级分一等品 Ⅰ 和合格品 Ⅱ。掺聚羧酸系高性能减水剂混凝土性能指标见表2.38。聚羧酸系高性能减水剂匀质性指标见表2.39。聚羧酸系高性能减水剂化学性能指标见表2.40。

(2)标记方法。

聚羧酸高性能减水剂标记方法如图 2.2 所示。

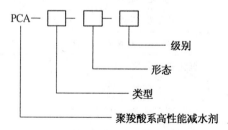

图 2.2 聚羧酸高性能减水剂

(3)检验批量:同厂家、同一品种的聚羧酸系高性能减水剂小于等于 100 t 为一批。

(4)取样和留样:取样应具有代表性,每一批号取样量不少于 0.2 t 水泥所需用聚羧酸系高性减水剂量,一般为 2~4 kg,分成两份,一份用于试验,另一份密封保存 6 个月,以备有争议时复验或仲裁。

(5)合格判定:产品性能完全符合各项技术指标为合格,有一项不合格则判定为不合格。

(6)包装:固体产品采用有塑料袋衬里的编织袋或纸袋包浆,液体产品应密封包浆,质量差不应超过 2%。且包浆容器上均应在明显位置注明以下内容:产品名称、标记、型号、净质量和生产厂名。生产日期及出厂编号应在产品合格证上予以说明。

(7)出厂:生产厂应随第一批货提供出厂检验报告、产品说明书和合格证。

六、外加剂的检验规则

(一)批号、取样及取样数量

(1)批号:生产厂应根据产量和生产设备条件,将产品分批编号。掺量不大于胶凝材料质量 1% 的同品种的外加剂每一批号小于等于 100 t;掺量小于胶凝材料质量 1% 的外加剂每一批号小于等于 50 t。同一批号的产品必须混合均匀。

(2)取样:分点样和混合样,点样是一次生产产品时所取得的一个试样,混合样是 3 个或更多的点样等量均匀混合而取得的试样。

(3)取样数量:每一批号取样量不少于 200 t 水泥所需用的外加剂量。

(二)试样与留样

每一批号取样应充分混匀,分为两等分,其中一份按表 2.36 和表 2.37 规定的项目进行试验,另一份密封保存半年,以备有疑问时,提交国家指定的检验机关进行复验或仲裁。

(三)检验

1. 出厂检验

每批号外加剂的出厂检验项目,根据其品种按表 2.55 规定的项目进行试验。

表 2.55　外加剂测定项目（GB 8076—2008）

测定项目	外加剂品种												备注
	高性能减水剂 HPWR			高效减水剂 HWR		普通减水剂 WR			引气减水剂 AEWR	泵送剂 PA	早强剂 Ac	缓凝剂 Re	引气剂 AE	
	早强型 HPWR-A	标准型 HPWR-S	缓凝型 HPWR-R	标准型 HWR-S	缓凝型 HWR-R	早强型 WR-A	标准型 WR-S	缓凝型 WR-A						
含固量														液体外加剂必测
含水率														粉状外加剂必测
密度														液体外加剂必测
细度														粉状外加剂必测
pH 值	√	√	√	√	√	√	√	√	√	√	√	√	√	
氯离子含量	√	√	√	√	√	√	√	√	√	√	√	√	√	每3个月至少一次
硫酸钠含量				√	√						√			每3个月至少一次
总碱量	√	√	√	√	√	√	√	√	√	√	√	√	√	每3个月至少一次

2. 形式检验

形式检验项目包括表 2.36 和表 2.37 的全部项目。

(四) 合格判定

(1) 出厂检验合格判定：形式检验报告在有效期内且出厂检验结果符合表 2.36 的要求，判定为该批产品合格。

(2)形式检验合格判定。

产品经检验,匀质性检验结果符合表 2.36 的要求;各种类型外加剂受检混凝土性能指标中,高性能减水剂及泵送剂的减水率和坍落度的经时变化量,其他减水剂的减水率,缓凝型外加剂的凝结时间差,引气型外加剂的含气量及其经时变化量,硬化混凝土的各项性能符合表 2.37 的要求,则判定该批号外加剂合格。如果不符合上述要求时,则判定该批号外加剂不合格。

(五)复验

复验以封存样进行,如果使用单位要求现场取样,应事先在供货合同中规定,并在生产和使用单位人员在场的情况下在现场混合样,复验按照形式检验项目检验。

(六)产品说明书、包装、储存及退货

1. 产品说明书

产品说明书包括以下内容:生产厂名称;产品名称及类型;产品性能特点、主要成分及技术指标;使用范围;推荐掺量;储存条件及有效期,有效期从生产日期算起,企业根据产品性能自行规定;使用方法、注意事项、安全防护提示等。

2. 包装

粉状外加剂可采用有塑料袋衬里的编织袋包装;液体外加剂可采用塑料桶、金属桶包装。包装净质量误差不超过 1%。液体外加剂也可采用槽车散装。

所有包装容器上均应在明显位置注明以下内容:产品名称及类型、代号、执行标准、商标、净质量或体积、生产厂名及有效期限。生产日期和产品批号应在产品合格证上予以说明。

3. 产品出厂

凡有下列情况之一者,不得出厂:技术文件(产品说明书、合格证、检验报告等)不全、包装不符、质量不足、产品变潮变质以及超过有效期限。产品匀质性指标的控制值应在相关的技术资料中注明。

生产厂随货提供的技术文件内容应包括产品名称及型号、出厂日期、特性及主要成分、适用范围及推荐掺量、外加剂总碱量、氯离子含量、安全防护提示、储存条件及有效期等。

4. 储存

外加剂应存放在专用仓库或固定的场所妥善保管,以易于识别,便于检查和提货为原则。搬运时应轻拿轻放,防止破损,运输时避免受潮。

5. 退货

使用单位在规定的存放条件和有效期内,经复验发现外加剂性能与表 2.36 和表 2.37 不符合时,则应予以退回或更换。

净质量和体积误差超过 1%时,可以要求退货或补足。粉状外加剂可取 50 包,液体外加剂可取 30 桶(其他包装形式由双方协商),称量,取平均值计算。

凡无出厂文件或出厂技术文件不全以及发现实物质量与出厂技术文件不符合,可退货。

七、影响水泥与外加剂适应性的主要因素

水泥与外加剂的适应性是一个十分复杂的问题，遇到水泥和外加剂不适应的问题，必须通过试验对不适应因素逐个排除，找出其原因。

①水泥：矿物组成、细度、游离氧化钙含量、石膏掺量及形态、水泥熟料中碱含量、混合材料种类及掺量、水泥助磨剂等。

②外加剂的种类和掺量。如萘系减水剂的分子结构，包括磺化度、平均相对分子质量、相对分子质量分布、聚合性能、平衡离子的种类等。

③混凝土配合比，尤其是水胶比、矿物外加剂的品种和掺量。

④混凝土搅拌时的加料程序、搅拌时的温度、搅拌机的类型等。

八、应用外加剂注意事项

外加剂的使用效果受到多种因素的影响，因此选用外加剂时应特别予以注意。

①外加剂的品种应根据工程设计和施工要求选择。应使用工程原材料，通过试验及技术经济比较后确定。

②几种外加剂复合使用时，应注意不同品种外加剂之间的相容性及对混凝土性能的影响。使用前应进行试验，满足要求后，方可使用。如聚羧酸系高性能减水剂与萘系减水剂不宜复合使用。

③对钢筋混凝土和有耐久性要求的混凝土，应按有关标准规定严格控制混凝土的氯离子含量和碱含量。

④由于聚羧酸系高性能减水剂的掺量对混凝土性能影响较大，用户应注意按照规定准确计量。

第六节 混凝土用水

一、混凝土用水的定义

混凝土用水是混凝土拌和水和混凝土养护用水的总称，其包括饮用水、地表水、地下水、再生水、混凝土企业设备洗刷水和海水等。

饮用水指符合国家标准《生活饮用水卫生标准》(GB 5749)规定的水。

地表水指存在于江、河、湖、塘、沼泽和冰川等中的水，海水不属于地表水。

地下水指存在于岩石缝隙或土壤空隙中可以流动的水。

再生水指污水经适当再生工艺处理后具有使用功能的水。

混凝土企业设备洗刷水属于再生水范畴。

水是混凝土不可替代的主要组成部分之一，它直接影响混凝土拌合物的性能，如力学性能、长期性能和耐久性能，因此混凝土用水在使用前必须检测合格后方可使用。

二、混凝土用水的技术要求

(一)混凝土拌和用水

①对于设计使用年限为 100 年的结构混凝土,氯离子含量不得超过 500 mg/L;对于使用钢绞线或经热处理钢筋的预应力混凝土,氯离子含量不得超过 350 mg/L。混凝土拌和用水的质量要求见表 2.56。

表 2.56 混凝土拌和用水的质量要求 (JGJ 63—2006)

项目	预应力混凝土	钢筋混凝土	素混凝土
pH 值	≥4.5	≥4.5	≥4.5
不溶物/(mg·L^{-1})	≤2 000	≤2 000	≤5 000
可溶物/(mg·L^{-1})	≤2 000	≤5 000	≤10 000
Cl$^-$/(mg·L^{-1})	≤500	≤1000	≤3 500
SO$_4^{2-}$/(mg·L^{-1})	≤600	≤2 000	≤2 700
碱含量/(mg·L^{-1})	≤1 500	≤1 500	≤1 500

注:①pH 值表示水呈现酸碱性的指标值。当 pH 值等于 7 时水呈中性,大于 7 时水呈碱性,小于 7 时水呈酸性。检测时用 pH 试纸比对法,根据 pH 试纸所呈现的颜色的不同与 pH 试纸规定的标准色进行对比,确定酸碱性。标准色共 1~14 种颜色,在碱性范围内值越大,碱性越强;在酸性范围内值越小,酸性越强。当 pH 值约为 4 时,对水泥凝结时间和胶砂强度影响不大。但 pH 值约为 4 时,水呈较明显的酸性,尤其是腐殖酸或有机酸对混凝土耐久性会造成影响;

②不溶物:在规定的条件下,水样经过滤,未通过滤膜部分干燥后留下的物质,主要是水中的泥土和悬浮物等。当这类物质含量较高时会影响混凝土质量,但控制在水泥质量的 1% 以内时影响较小;

③可溶物:在规定的条件下,水样经过滤,通过滤膜部分干燥蒸发后留下的物质,主要是各类盐的总量,从而限制各类离子对混凝土性能的影响;

④Cl$^-$(氯离子)会引起钢筋锈蚀,所以应根据实际使用部位严加控制;

⑤SO$_4^{2-}$(硫酸根离子)会与水泥水化产物反应,进而影响混凝土的体积稳定性,且对混凝土中的钢筋也有腐蚀作用;

⑥碱含量按 Na$_2$O+0.658K$_2$O 计算值来表示。采用非碱活性骨料时可不检验碱含量;如果使用碱活性骨料,则必须限制混凝土中的碱含量,避免发生碱—骨料反应

②地表水、地下水、再生水的放射性应符合现行国家标准《生活饮用水卫生标准》(GB 5749)的规定。

③被检验水样应与饮用水样进行水泥凝结时间对比试验。对比试验的水泥初凝时间差及终凝时间差均不大于 30 min;同时,初凝时间和终凝时间应符合现行国家标准《硅酸盐水泥、普通硅酸盐水泥》(GB 175)的规定。

④被检验水样应与饮用水样进行水泥胶砂强度对比试验。被检验水样配制的水泥胶砂 3 d 和 28 d 强度不应低于饮用水配制的水泥胶砂 3 d 和 28 d 强度的 90%。

⑤混凝土拌和用水不应有漂浮明显的油脂和泡沫,不应有明显的颜色和异味(油脂等影响混凝土性能,有明显颜色的水影响混凝土质量,有异味的水会影响环境)。

⑥混凝土企业设备洗刷水不宜用于预应力混凝土、装饰混凝土、加气混凝土和暴露于腐蚀环境中的混凝土。不得使用含碱活性或潜在碱活性骨料的混凝土(设备洗刷水含

Ca(OH)$_2$，pH 可达 12 左右，若沉淀不足会含有细粒；水中含有一些有害物质，如碱含量较高等）。

⑦未经处理的海水严禁用于钢筋混凝土和预应力混凝土（避免钢筋锈蚀）。

⑧在无法获得水源的情况下，海水可用于素混凝土，但不宜用于装饰混凝土（海水会引起混凝土表面潮湿和泛霜，影响混凝土表面质量）。

（二）混凝土养护用水

①混凝土养护用水可不检验不溶物和可溶物，其他检验项目应符合拌和水的规定。

②混凝土养护用水可不检验水泥凝结时间和水泥胶砂强度。

③对硬化混凝土的养护用水，重点控制 pH 值、氯离子含量、硫酸根离子含量和放射性指标等。对混凝土养护用水的要求，可较拌和用水适当放宽，检测项目可适当减少。

三、检验方法

检验方法全部按现行国家标准进行检验，其方法为：

①pH 值：按《水质 pH 值的测定 玻璃电极法》(GB/T 6920)的要求并宜在现场测定。

②不溶物：按《水质 悬浮物的测定 重量法》(GB/T 11901)的要求。

③可溶物：按《生活饮用水标准检验法》(GB 5750)中溶解性总固体检验法的要求。

④Cl$^-$：按《水质 氯化物的测定 硝酸银滴定法》(GB/T 11896)的要求。

⑤SO$_4^{2-}$：按《水质 硫酸盐的测定 重量法》(GB/T 11899)的要求。

⑥碱含量：按《水泥化学分析方法》(GB/T 176)的要求。

⑦水泥凝结时间：按《水泥标准稠度用水量 凝结时间 安定性检验方法》(GB/T 1346)的要求。水泥可用 42.5 级硅酸盐水泥，也可用 42.5 级普通硅酸盐水泥。出现争议时，应以 42.5 级硅酸盐水泥为准。

⑧水泥胶砂强度：按《水泥胶砂强度检验方法(ISO法)》(GB/T 17671)的要求。水泥可用 42.5 级硅酸盐水泥，也可用 42.5 级普通硅酸盐水泥。出现争议时，应以 42.5 级硅酸盐水泥为准。

注意：采用 42.5 级普通水泥的原因是水泥凝结时间和胶砂强度受矿物掺合料影响较小，而 42.5 级硅酸盐水泥中矿物掺合料影响更少。所以采用这两种水泥，并以 42.5 级硅酸盐水泥为准。

由于混凝土工程水的试验频率较少，一般工地试验多委托有资质的试验检测单位进行试验。

四、检验规则

（一）取样

①水质检验水样不应少于 5 L，生活用水不少于 6.5 L，用于测定水泥凝结时间和胶砂强度的水样不应少于 3 L。

②采集水样的容器应无污染；容器应用待采集水样冲洗 3 次再灌装，容器内应留有 15～20 mL空间，并应密封待用（目的是保证检验的准确性）。

③地表水宜在水域中心部位、距水面 100 mm 以下采集，并应记载季节、气候、雨量和周

边环境的情况。

④地下水应在放水冲洗管道后接取,或直接用容器采集;不得将地下水积存于地表后再从中采集。

⑤再生水还应在取水管道终端接取。

⑥混凝土企业设备洗刷水应沉淀后,在池中距水面 100 mm 以下采集。

(二)检验期限和频率

检验期限为了避免水质因陈放时间过长变质而规定的。水质全部项目检验宜在取样后 7 d 内完成;放射性检验、水泥凝结时间检验和水泥胶砂强度成型宜在取样后 10 d 内完成。

检验频率是为了满足监控混凝土用水质量稳定性要求,便于及时解决发现问题。地表水、地下水、再生水和混凝土企业设备洗刷水在使用前应进行检验;在使用期间,检验频率宜符合下列要求:

①地表水每 6 个月检验一次。

②地下水每年检验一次。

③再生水每 3 个月检验一次;在质量稳定一年后,可每 6 个月再检验一次。

④混凝土企业设备洗刷水每 3 个月检验一次;在质量稳定一年后,可一年再检验一次。

⑤当发现水受到污染和对混凝土性能有影响时,应立即进行检验。

五、结果评定

①符合现行国家标准《生活饮用水卫生标准》(GB 5749)要求的饮用水,可不经检验作为混凝土用水。

②当水泥凝结时间和水泥胶砂强度的检验不满足要求时,应重新加倍抽样复检一次(其原因可能是材料(如水泥)或操作因素的影响,所以进行复检)。

③符合混凝土拌和用水技术要求时可作为混凝土拌和用水和混凝土养护用水。符合混凝土养护用水的要求时只能作为混凝土养护用水。

六、铁路混凝土工程拌和用水的检验要求

铁路混凝土工程拌和用水的检验要求见表 2.57。

表 2.57 拌和用水的检验要求 (TB 10424—2010)

序号	检验项目		检验要求		
1	pH 值	√	下列情况之一时,检验一次: ①新水源; ②同一水源的水使用达一年。 施工单位实验检验;监理单位见证检验	√	同一水源的涨水季节检验一次。施工单位实验检验;监理单位按施工单抽查次数的 10% 进行见证检验,但至少一次
2	不溶物含量	√		√	
3	可溶物含量	√		√	
4	氯化物含量	√		√	
5	硫酸盐含量	√		√	
6	碱含量	√		√	
7	抗压强度比(28 d)	√			
8	凝结时间差	√			

第三章 混凝土配合比设计

第一节 混凝土配合比设计简介

一、概述

混凝土配合比设计是混凝土施工10大关键环节之一,且是核心环节,它是根据工程图纸及相关标准、规范的要求(如混凝土强度等级、部位、环境及其他特殊要求),在实验室内把组成混凝土的每种材料(如水泥、砂石、掺合料、外加剂、水等)通过试验的手段进行定量的掺配,配制成混凝土,混凝土的各项性能(物理性能、力学性能、耐久性能、特殊性能等)又必须符合图纸和有关规范标准的规定,这一全过程称为混凝土配合比设计。在这里应该特别提出的是,在实际工作中,对施工单位有经验的专业技术人员通常将满足混凝土性能和节约成本作为目标,来进行混凝土配合比设计工作。

混凝土配合比设计包括两个部分:一是普通混凝土理论配合比设计;二是施工配合比换算,由此组成一个完成的工程施工用配合比。

二、对设计工作者的建议

一个好的混凝土配合比设计需满足4个方面要求:强度、工作性、耐久性和经济性,所以配合比设计是一个复杂繁琐的过程,且其中不确定性因素很多,需通过反复试验验证,最后才能确定。它不仅工作量很大,而且时间很长(准备时间不计时,对于28 d龄期要求的配合比最短也需40~50 d),这就要求设计人员从开始至结束这一工作的全过程必须做到严谨、认真、细致且有时间观念,否则不仅不能设计出好的配合比,而且会影响混凝土施工的正常进行(在设计过程中尽量避免人为的错误)。因此准备工作要充分,衔接要紧凑,技术要过硬,设计计算要准确,必要时做好弥补工作的准备。

三、配合比设计的几个主要环节

(一)准备阶段

(1)首先确定所使用的仪器设备、器具(如试模)的技术指标,且满足所需;环境条件是否符合要求。

(2)熟悉配合比设计规定、设计目标和施工基本情况。

(3)各原材料的选用与试验,并确认合格。

(二)初步配合比计算与对比阶段

(1)混凝土配制强度等级的确定。

(2)配合比设计计算。

(3)配合比的最大水胶比、最小(最大)胶凝材料用量、最大掺合料用量、最小含气量和最大碱含量的控制应符合国家或行业标准规范要求。

(三)基准配合比确定阶段(试拌调整阶段)

基本配合比混凝土的物理性能指标的试验。

(四)最终配合比确定阶段

拌和、成型试件、强度试验、确定初步最终配合比和校正(需要时测定拌合物中的水溶性氯离子、硬化后耐久性试验)配合比。

四、普通混凝土配合比设计流程

(1)熟悉和掌握基本规定及相关要求。
(2)了解混凝土设计强度等级及所处环境位置要求及有关要点。
(3)确定混凝土配制强度及相关要求。
(4)水胶比的计算及相关要求。
(5)确定每立方米混凝土用水量及相关规定,以及外加剂(减水剂)掺量。
(6)计算每立方米混凝土胶凝材料用量及相关要求。
(7)每立方米混凝土外加剂(减水剂)用量。
(8)确定矿物掺合料掺量及相关要求。
(9)计算每立方米混凝土水泥用量和掺合料用量。
(10)确定砂率。
(11)确定每立方米混凝土砂用量。
(12)确定每立方米混凝土石子用量。
(13)确定初步配合比(用于试拌)。
(14)试配(通过试配确定基准配合比)与调整。
(15)确定最终理论配合比。

在铁路工程施工且执行 TB 10424 时,混凝土配合比选定试验的检验和计算项目见表 3.1,其他工程施工按其他要求执行。

表 3.1 混凝土配合比选定试验的检验和计算项目(TB 10424—2010)

序号	检验项目	试验方法	备注
1	坍落度或维勃稠度	《普通混凝土拌合物性能试验方法标准》(GB/T 50080)	基本检验项目
2	泌水率		
3	凝结时间	《普通混凝土拌合物性能试验方法标准》(GB/T 50080)	
4	抗压强度	《普通混凝土力学性能试验方法标准》(GB/T 50081)	
5	电通量	《普通混凝土长期性能和耐久性能试验方法》(GB/T 50082)	
6	含气量	《普通混凝土拌合物性能试验方法标准》(GB/T 50080)	
7	弹性模量	《普通混凝土力学性能试验方法标准》(GB/T 50081)	仅对预应力混凝土或当设计有要求时
8	抗冻等级	《普通混凝土长期性能和耐久性能试验方法标准》(GB/T 50082)	仅对处于冻融破坏环境的混凝土或对耐久性有特殊要求的混凝土
9	气泡间距系数	TB 10424—2010	仅对处于冻融破坏、盐类结晶破坏环境的混凝土
10	氯离子扩散系数	《普通混凝土长期性能和耐久性能试验方法标准》(GB/T 50082)	仅对处于氯盐环境的混凝土
11	56 d 抗硫酸结晶破坏等级	《普通混凝土长期性能和耐久性能试验方法标准》(GB/T 50082)	仅对处于盐类结晶破坏环境的混凝土
12	胶凝材料抗腐蚀系数	见 TB 10424—2010 附录 F	仅对处于硫酸盐化学侵蚀环境的混凝土
13	抗渗等级		仅对隧道衬砌混凝土
14	收缩	《普通混凝土长期性能和耐久性能试验方法标准》(GB/T 50082)	仅对无砟轨道座板混凝土、双块式轨枕道床板混凝土和自密实混凝土

续表 3.1

序号	检验项目	试验方法	备注
15	碱含量	水泥、矿物掺合料、外加剂及水的碱含量之和	基本计算项目
16	三氧化硫含量	水泥、矿物掺合料、外加剂及水的三氧化硫含量之和	
17	氯离子含量	水泥、矿物掺合料、粗骨料、细骨料、外加剂及水的氯离子含量之和	

注：电通量指用规定的试验方法测定混凝土试件在 60 V 直流恒电压的作用下 6 h 内通过混凝土的电量。它是确定混凝土抗氯离子渗透性能的一个指标，也是混凝土耐久性的要求。电通量试验宜在试件标准养护为 28 d 养护龄期，也可根据要求养护至 56 d 或 84 d 的龄期进行。当掺有大掺量矿物掺合料的混凝土可在 56 d 龄期进行试验

五、配合比表达方式

配合比表达方式有单位用量表示法和相对用量表示法。单位用量表示法即以每立方米混凝土中各材料的用量列出比例形式表示，如水泥：矿物掺合料：砂：石：外加剂：水，水胶比，单位为 kg/m^3；相对用量表示法即以每立方米混凝土各材料用量与水泥用量之比，计算出水泥为 1 的形式列出各材料比例，如水泥/水泥：矿物掺合料/水泥：砂/水泥：石/水泥：外加剂/水泥：水/水泥，水胶比。

例如，每立方米混凝土各材料用量分别为水泥 300 kg、矿物掺合料 80 kg、砂 680 kg、石子 1 261 kg、外加剂 3.8 kg、水 160 kg，按照相对用量表示法为 1：0.27：2.27：4.20：0.013：0.53，水胶比为 0.42。一般情况下，相对用量表示法的数据取小数点后两位即可，如果要求较为精确时可保留至小数点后 3 位。

六、混凝土配合比设计方法

（一）基本规定

(1) 混凝土配合比设计应满足混凝土配制强度及其他力学性能、拌合物性能、长期性能和耐久性能的设计要求。

(2) 混凝土配合比设计应采用工程实际使用的原材料，所用骨料以干燥状态为基准（即细骨料含水率应小于 0.5%，粗骨料含水率应小于 0.2%）。

(3) 混凝土的最大水胶比应符合各行业有关标准。

(4) 除配制 C15 及其以下强度等级的混凝土外，混凝土的最小胶凝材料用量应符合有关标准。

(5) 矿物掺合料在混凝土中的掺量应通过试验确定。采用硅酸盐水泥或普通硅酸盐水泥时，钢筋混凝土中矿物掺合料最大掺量宜符合表 3.2 的规定。预应力混凝土中矿物掺合料最大掺量应符合表 3.3 的规定。对基础大体积混凝土，粉煤灰、粒化高炉矿渣粉和复合掺合料的最大掺量可增加 5%。采用掺量大于 30% 的 C 类粉煤灰的混凝土应以实际使用的水泥和粉煤灰掺量进行安定性检验。

表 3.2 钢筋混凝土中矿物掺合料最大掺量（JGJ 55—2011）

矿物掺合料种类	水胶比	最大掺量/%	
		采用硅酸盐水泥时	采用普通硅酸盐水泥时
粉煤灰	≤0.40	45	35
	>0.40	40	30
粒化高炉矿渣粉	≤0.40	65	55
	>0.40	55	45
钢渣粉	—	30	20
磷渣粉	—	30	20
硅灰	—	10	10
复合掺合料	≤0.40	65	55
	>0.40	55	45

注：①采用其他通用硅酸盐水泥时，宜将水泥混合材料掺量 20% 以上的混合材料量计入矿物掺合料；

②复合掺合料各组分的掺量不宜超过单掺时的最大掺量；

③在混合使用两种或两种以上矿物掺合料时，矿物掺合料总掺量应符合表中复合掺合料的规定

（6）混凝土拌合物中水溶性氯离子最大含量应符合表 3.4 的规定。其测试方法应符合现行行业标准《水运工程混凝土试验规程》（JTJ 270）中混凝土拌合物中氯离子含量的快速测定方法的规定。

（7）长期处于潮湿或水位变动的寒冷和严寒环境以及盐冻环境的混凝土应掺用引气剂。引气剂掺量应根据混凝土含气量要求经试验确定。混凝土最小含气量见表 3.5，混凝土含气量的最低限值见表 3.6，混凝土含气量见表 3.7，最大不得超过 7.0%。

表 3.3 预应力混凝土中矿物掺合料最大掺量（JGJ 55—2011）

矿物掺合料种类	水胶比	最大掺量/%	
		采用硅酸盐水泥时	采用普通硅酸盐水泥时
粉煤灰	≤0.40	35	30
	>0.40	25	20
粒化高炉矿渣粉	≤0.40	55	45
	>0.40	45	35
钢渣粉	—	20	10
磷渣粉	—	20	10
硅灰	—	10	10
复合掺合料	≤0.40	55	45
	>0.40	45	35

注：①采用其他通用硅酸盐水泥时，宜将水泥混合材料掺量20%以上的混合材料量计入矿物掺合料；
②复合掺合料各组分的掺量不宜超过单掺时的最大掺量；
③在混合使用两种或两种以上矿物掺合料时，矿物掺合料总掺量应符合表中复合掺合料的规定

表 3.4 混凝土拌合物中水溶性氯离子最大含量（JGJ 55—2011）

环境条件	水溶性氯离子最大含量（水泥用量的质量百分比）/%		
	钢筋混凝土	预应力混凝土	素混凝土
干燥环境	0.30	0.06	1.00
潮湿但不含氯离子的环境	0.20		
潮湿且含有氯离子的环境、盐渍土环境	0.10		
除冰盐等侵蚀性物质的腐蚀环境	0.06		

注：测试方法按《水运工程混凝土试验规程》(JTJ 270)执行

表 3.5 混凝土最小含气量 (JGJ 55—2011)

粗骨料最大公称粒径/mm	混凝土最小含气量/%	
	潮湿或水位变动的寒冷和严寒环境	盐冻环境
40.0	4.5	5.0
25.0	5.0	5.5
20.0	5.5	6.0

注:含气量为气体占混凝土体积的百分比

表 3.6 混凝土含气量的最低限值 (TB 10424—2010)

环境条件	冻融破坏环境			盐类结晶破坏环境	其他环境
	D1	D2,D3	D4	Y1,Y2,Y3,Y4	
含气量(入模时)	4.0%	5.0%	6.0%	4.0%	2.0%

注:梁体、轨道板混凝土的含气量应为 2.0%~4.0%

表 3.7 混凝土含气量 (GB 50164—2011)

粗骨料最大公称径/mm	混凝土含气量/%
20	≤5.5
25	≤5.0
40	≤4.5

(8)对于有预防混凝土碱骨料反应设计要求的工程,应掺用适量粉煤灰或其他矿物掺合料,混凝土中最大碱含量不应大于 3.0 kg/m³。对于矿物掺合料碱含量、粉煤灰碱含量可取实测值的 1/6;粒化高炉矿渣粉碱含量可取实测值的 1/2。

(9)合理地选择水泥品种和相适应的水泥强度等级(一般为混凝土强度等级的 1~1.5 倍)。

(10)对混凝土用粗骨料的级配和最大粒径的要求:符合《混凝土质量控制标准》(GB 50164—2011)的规定。宜采用连续级配且由两种及以上粒径掺配而成,最大公称粒径不得大于构件截面最小尺寸的 1/4,且不得大于钢筋最小净间距的 3/4;对混凝土空心板不宜大于板厚的 1/3,且不得大于 40 mm;对大体积混凝土不宜小于 31.5 mm;对于高强混凝土不宜大于 25 mm。

《铁路混凝土工程施工质量验收标准》(TB 10424—2010)规定:级配应采用二级或多级级配混配而成的连续级配。无抗拉和抗疲劳要求的 C40 以下强度等级的混凝土也可采用卵石,最大公称粒径不宜超过钢筋混凝土保护层厚度的 2/3(在严重腐蚀环境条件下不宜超过 1/2),且不得超过钢筋最小间距的 3/4,C50 以上的混凝土不应大于 25 mm。

(二)混凝土配合比设计原则

(1)应满足配制强度的要求,以确保结构物设计强度要求。

(2)满足施工工作性(针对工程实际、断面尺寸、配筋密疏、浇筑振捣、运输距离等施工工艺所需的工作性),以保证施工的需要。

(3)满足耐久性要求。保证在不利条件环境下(如严寒地区、受水影响部位等)混凝土的耐久性要求。

(4)满足经济性要求。在满足强度、工作性、耐久性要求的前提下,降低混凝土成本,提高经济效益(多采用当地材料,就地取材,减少高价材料的使用)。

(三)混凝土配合比设计步骤

混凝土配合比设计分为5步:一是混凝土配制强度计算及相关要求;二是初步配合比计算;三是确定基准配合比;四是确定初步理论配合比;五是确定最终配合比。

1. 混凝土配制强度计算及相关要求

(1)当混凝土设计强度<C60时,计算公式为

$$f_{cu,o} \geqslant f_{cu,k} + 1.645\sigma$$

式中 1.645——保证率为95%的概率值;

$f_{cu,o}$——混凝土配制强度,MPa;

$f_{cu,k}$——混凝土设计强度等级值,MPa;

σ——混凝土强度标准差或均方差,MPa;

(2)当混凝土设计强度≥C60时,计算公式为

$$f_{cu,o} \geqslant 1.15 f_{cu,k}$$

式中 1.15——规定的提高15%的系数;

表3.8是混凝土标准差。计算时需具有近1~3个月的同一品种、同一强度等级混凝土的强度资料,且试件组数不小于30组。按σ计算公式得到的σ值,对于强度等级小于等于C30的混凝土,当σ≥3.0 MPa时,取计算值;当σ<3.0 MPa时,应取3.0 MPa。对于强度等级大于C30且小于C60的混凝土,当σ≥4.0 MPa时,取计算值;当σ<4.0 MPa时,应取4.0 MPa。σ越大,说明其强度离散程度越大,混凝土质量越不稳定。

表3.8 混凝土标准差

混凝土强度等级设计值《普通混凝土配合比设计规程》(JGJ 55—2011)	≤20	C25~C45	C50~C55
	4.0	5.0	6.0
混凝土强度等级设计值《混凝土质量控制标准》(GB 50164—2011)	<C20	C20~C40	≥C45
预拌混凝土搅拌站、构件厂	≤3.0	≤3.5	≤4.5
施工现场拌和站	≤3.5	≤4.0	≤4.5
混凝土强度等级设计值《铁路混凝土与砌体工程及验收规范》(TB 10210—97)	<C20	C20~C40	>C40
预制混凝土构件厂	3.0	4.0	5.0
现场集中搅拌混凝土施工单位	3.5	4.5	5.5
混凝土强度等级设计值《公路桥涵施工技术规范》(JTG/T F50—2011)	<C20	C20~C35	>C35
	4.0	5.0	6.0

σ 的计算公式为

$$\sigma = \sqrt{\frac{\sum_{i=1}^{n}(\bar{x}-x_1)^2+(\bar{x}-x_2)^2+(\bar{x}-x_3)^2+\cdots\cdots+(\bar{x}-x_i)^2}{n-1}}$$

或

$$\sigma = \sqrt{\frac{\sum_{i=1}^{n}f_{cu,i}^2-nm_{f_{cu}}^2}{n-1}}$$

式中 $\bar{x}$——n 个数据的平均值;

x_i——第 i 个数据;

n——数据总数,试件组数不小于 30 组且试件在近期 1~3 个月内的同一品、同一强度等级的混凝土;

$\sum$——求和符号;

$\sum_{i=1}^{n}$——n 个数据从第 1 个数至第 n 个数的和;

$f_{cu,i}^2$——每个数据的平方;

$n \cdot m_{f_{cu}}^2$——n 个数的平均值的平方乘以 n 个数。

2. 初步配合比计算

(1)水胶比计算。

①混凝土强度等级小于 C60 的水胶比计算公式为

$$W/B = \frac{a_a f_b}{f_{cu,o} + a_a a_b f_b}$$

式中 a_a, a_b——粗骨料碎石和卵石的回归系数,其值见表 3.9;

W/B——水胶比,用水量与胶凝材料的比,胶凝材料包括水泥及掺合料(如粉煤灰等)。另外水胶比要符合各行业对不同环境条件下的混凝土最大水胶比的规定,见表 3.10。混凝土最大水胶比和最小胶凝材料用量见表 3.11;

f_b——胶凝材料 28 d 胶砂抗压强度实测值,当没有实测值时,采用下式计算:

$$f_b = \gamma_f \gamma_s f_{ce}$$

式中 γ_f, γ_s——粉煤灰、粒化高炉矿渣粉影响系数,其值见表 3.12;

f_{ce}——水泥 28 d 胶砂抗压强度(MPa)实测值,当无实测值时,通过下式计算确定:

$$f_{ce} = \gamma_c f_{ceg}$$

式中 f_{ceg}——水泥强度等级值,MPa;

γ_c——水泥强度等级值的富余系数(见表 3.13)或按实际统计资料经计算确定。

②高强混凝土(大于等于 C60 时)水胶比应经试验确定,在缺乏试验依据的情况下,水胶比应符合表 3.14 的规定。

表 3.9　a_a,a_b 回归系数取值（JGJ 55—2011）

系数＼粗骨料品种	碎石	卵石
a_a	0.53	0.49
a_b	0.20	0.13

表 3.10　混凝土最大水胶比的规定（GB 50010—2010、JGJ 55—2011）

环境类别	最大水胶比	混凝土最低强度等级
①室内干燥环境；②无侵蚀性静水浸没环境	0.6	C20
①室内潮湿环境；②非严寒和非寒冷地区露天环境；③非严寒和非寒冷地区与无侵蚀性的水或土壤直接接触环境；④严寒和寒冷地区的冻冻线以上与侵蚀性的水或土壤直接接触的环境	0.55	C25
①干湿交替环境；②水位频繁变动环境；③严寒和寒冷地区的露天环境；④严寒和寒冷地区冰冻线以上与无侵蚀的水或土壤直接接触的环境	0.5	C30
①严寒和寒冷地区冬季水位变动区环境；②受除冰盐影响的环境；③海风环境	0.45	C35
①盐渍土环境；②受除冰盐作用的环境；③海岸环境	0.4	C40
海水环境	—	—
受人为或自然的侵蚀性物质影响的环境	—	—

注：①室内潮湿环境指构件表面经常处于结露或湿润状态的环境；
②素混凝土构件的水胶比及最低强度等级的要求可适当放松

表 3.11　混凝土的最大水胶比和最小胶凝材料用量(kg/m³)（TB 10424—2010）

环境类别	环境作用等级	设计使用年限		
		100 年	60 年	30 年
碳化环境	T1	0.55,280	0.60,260	0.60,260
	T2	0.50,300	0.55,280	0.55,280
	T3	0.45,320	0.50,300	0.50,300
氯盐环境	L1	0.45,320	0.50,300	0.50,300
	L2	0.40,340	0.45,320	0.45,320
	L3	0.36,360	0.40,340	0.40,340

续表 3.11

环境类别	环境作用等级	设计使用年限		
		100 年	60 年	30 年
化学侵蚀环境	H1	0.50,300	0.55,280	0.55,280
	H2	0.45,320	0.50,300	0.50,300
	H3	0.40,340	0.45,320	0.45,320
	H4	0.36,360	0.40,340	0.40,340
盐类结晶破坏环境	Y1	0.50,300	0.55,280	0.55,280
	Y2	0.45,320	0.50,300	0.50,300
	Y3	0.40,340	0.45,320	0.45,320
	Y4	0.36,360	0.40,340	0.40,340
冻融破坏环境	D1	0.50,300	0.55,280	0.55,280
	D2	0.45,320	0.50,300	0.50,300
	D3	0.40,340	0.45,320	0.45,320
	D4	0.36,360	0.40,340	0.40,340
腐蚀环境	M1	0.50,300	0.55,280	0.55,280
	M2	0.45,320	0.50,300	0.50,300
	M3	0.40,340	0.45,320	0.45,320

注:碳化环境下,素混凝土最大水胶比不应超过 0.60,最小胶凝材料用量不应低于 260 kg/m³;氯盐环境下,素混凝土最大水胶比不应超过 0.55,最小胶凝材料用量不应低于 280 kg/m³

表 3.12 粉煤灰影响系数(γ_f)和粒化高炉矿渣粉影响系数(γ_s)(JGJ 55—2011)

掺量/% \ 种类	粉煤灰影响系数 γ_f	粒化高炉矿渣粉影响系数 γ_s
0	1.00	1.00
10	0.85~0.95	1.00
20	0.75~0.85	1.00
30	0.65~0.75	0.95
40	0.6~0.65	0.97
50	—	0.85

注:①采用Ⅰ级、Ⅱ级粉煤灰宜取上限值;
②采用 S75 级粒化高炉矿渣粉宜取下限值,采用 S95 级粒化高炉矿渣粉宜取上限值,采用 S105 级粒化高炉矿渣粉可取上限值加 0.05;
③当超出表中的掺量时,粉煤灰和粒化高炉矿渣粉影响系数应经试验确定

表 3.13 水泥强度等级值的富余系数(γ_c)(JGJ 55—2011)

水泥强度等级值	32.5	42.5	52.5
富余系数	1.12	1.16	1.10

表 3.14 高强混凝土(≥C60)水胶比、胶凝材料用量和砂率 (JGJ 55—2011)

强度等级	水胶比	胶凝材料用量/(kg·m⁻³)	砂率/%
≥C60,<C80	0.28～0.34	480～560	35～42
≥C80,<C100	0.26～0.28	520～580	
C100	0.24～0.26	550～600	

(2)用水量:不掺外加剂每立方米混凝土用水量和掺减水剂后的每立方米混凝土用水量(kg/m³)。

①对于混凝土水胶比为0.4～0.8且坍落度为10～90 mm时的塑性混凝土及维勃稠度为5～16 s的干硬性混凝土的用水量,一般多采用查表法,见表3.15及表3.16。但查表时要根据实际所需的坍落度进行查表。必须时也可按下式计算作参考:

$$W = \frac{10}{3}(0.1T + K)$$

式中　T—— 坍落度,mm;

K—— 常数,其值与石子种类及最大粒径有关,见表3.17。

表 3.15 干硬性混凝土的用水量(kg/m³) (JGJ 55—2011)

拌合物稠度		卵石最大公称粒径/mm			碎石最大公称粒径/mm		
项目	指标	10.0	20.0	40.0	16.0	20.0	40.0
维勃稠度/s	16～20	175	160	145	180	170	155
	11～15	180	165	150	185	175	160
	5～10	185	170	155	190	180	165

表 3.16 塑性混凝土的用水量(kg/m³) (JGJ 55—2011)

拌合物稠度		卵石最大公称粒径/mm				碎石最大公称粒径/mm			
项目	指标	10.0	20.0	31.5	40.0	16.0	20.0	31.5	40.0
坍落度/mm	10～30	190	170	160	150	200	185	175	165
	35～50	200	180	170	160	210	195	185	175
	55～70	210	190	180	170	220	205	195	185
	75～90	215	195	185	175	230	215	205	195

注:①本表用水量是采用中砂时的取值,采用细砂时,每立方米混凝土用水量可增加5～10 kg;采用粗砂时,可减少5～10 kg;

②掺用矿物掺合料和外加剂时,用水量应相应调整

表 3.17 K 值

石子最大粒径/mm		10	20	40	80
K 值	碎石	57.5	53.5	48.3	44.0
	卵石	54.5	50.0	45.5	41.0

②当混凝土水胶比小于 0.4 时可通过试验确定用水量。当混凝土坍落度大于 90 mm 的流动性混凝土和大流动性混凝土须掺减水剂,减水剂掺量按产品说明书推荐范围掺加,然后经试验确定。其用水量按下式计算:

$$m_{wo} = m'_{wo}(1-\beta)$$

式中　m_{wo} ——计算配合比每立方米混凝土的用水量,kg/m³;

　　　β ——外加剂的减水率(应经试验确定),一般根据产品合格证书中推荐掺量范围进行试验后确定;

　　　m'_{wo} ——未掺减水剂时预测的满足实际坍落度要求的每立方米混凝土用水量,kg/m³。

以表 3.16 中 90 mm 坍落度的用水量为基础,按每增大 20 mm 坍落度相应增加 5 kg 用水量来计算,当坍落度增大到 180 mm 以上时,随坍落度相应增加的用水量可减小。

(3)每立方米混凝土胶凝材料用量的计算公式为

$$m_{bo} = \frac{m_{wo}}{\dfrac{W}{B}}$$

式中　m_{bo} ——每立方米混凝土胶凝材料(水泥和矿物掺合料用量)的用量(kg/m³),胶凝材料用量应符合各行业标准规定的混凝土最小胶凝材料用量(见表 3.18),如小于规定值应进行调整直至不小于规定值;

　　　m_{wo} ——每立方米混凝土水用量,kg/m³;

　　　W/B ——水胶比。

表 3.18　混凝土的最小胶凝材料用量 (JGJ 55—2011)

最大水胶比	最小胶凝材料用量/(kg·m⁻³)		
	素混凝土	钢筋混凝土	预应力混凝土
0.6	250	280	300
0.55	280	300	300
0.50	320		
≤0.45	330		

(4)每立方米混凝土矿物掺合料用量为

$$m_{fo} = m_{bo}\beta_f$$

式中　m_{fo} ——每立方米混凝土矿物掺合料,kg/m³;

　　　β_f ——矿物掺合料(%),符合表 3.19 的规定。

表 3.19　不同环境下混凝土中矿物掺合料掺量范围(%) (TB 10424—2010)

环境类别	矿物掺合料种类	水胶比 ≤0.40	水胶比 >0.40
碳化环境	粉煤灰	≤40	≤30
	磨细矿渣粉	≤50	≤40
氯盐环境	粉煤灰	30~50	20~40
	磨细矿渣粉	40~60	30~50
化学侵蚀环境	粉煤灰	30~50	20~40
	磨细矿渣粉	40~60	30~50
盐类结晶破坏环境	粉煤灰	≤40	≤30
	磨细矿渣粉	≤50	≤40
冻融破坏环境	粉煤灰	≤30	≤20
	磨细矿渣粉	≤40	≤30
腐蚀环境	粉煤灰	≤30	≤20
	磨细矿渣粉	≤40	≤30

注：①本表规定的矿物掺合料量是指单掺一种矿物掺合料时的适宜掺量范围，当采用多种矿物掺合料复掺时，不同矿物掺合料的掺量可参考本表，并经过实验确定；

②本表规定的矿物掺合料的掺量范围仅限于使用硅酸盐水泥或普通硅酸盐水泥的混凝土；

③对于预应力混凝土结构，粉煤灰的掺量不宜超过30%；

④严重氯盐环境与化学侵蚀环境下，粉煤灰的掺量应大于30%，或磨细矿渣粉的掺量大于50%

（5）每立方米混凝土水泥用量为

$$m_{co} = m_{bo} - m_{fo} \text{ 或 } m_{co} = m_{bo}(1-\beta_f)$$

式中　m_{co}——每立方米混凝土水泥用量，kg/m³；

（6）每立方米混凝土外加剂用量为

$$m_{ao} = m_{bo}\beta_a$$

式中　m_{ao}——每立方米混凝土外加剂用量，kg/m³；

　　　β_a——外加剂掺量，%；

（7）砂率确定：混凝土的砂率见表3.20，必要时也可按砂率计算公式进行计算。

表 3.20　混凝土的砂率(%) (JGJ 55—2011)

水胶比	卵石最大公称粒径/mm			碎石最大公称粒径/mm		
	10.0	20.0	40.0	10.0	20.0	40.0
0.40	26~32	25~31	24~30	30~35	29~34	27~32
0.50	30~35	29~34	28~33	33~38	32~37	30~35
0.60	33~38	32~37	31~36	36~41	35~40	33~38
0.70	36~41	35~40	34~39	39~44	38~43	36~41

注：①本表是中砂的选用砂率，对细砂或粗砂可相应地减少或增大砂率；

②采用人工砂配制混凝土时，砂率可适当增大；

③只用一个单粒径粗骨料配制混凝土时，砂率应适当增大

砂率计算公式为

$$\beta_{\mathrm{s}} = \frac{m_{\mathrm{s0}}}{m_{\mathrm{s0}} + m_{\mathrm{g0}}} \times 100\% = \frac{\rho_{\mathrm{ss}} V_{\mathrm{gs}}}{\rho_{\mathrm{ss}} V_{\mathrm{gs}} + \rho_{\mathrm{gs}}(1 - V_{\mathrm{gs}})} \times B \times 100\%$$

式中 m_{s0}——每立方米混凝土用砂质量,kg/m³;

m_{g0}——每立方米混凝土用石子质量,kg/m³;

ρ_{ss}——砂的松散密度,kg/m³;

ρ_{gs}——石子的松散密度,kg/m³;

V_{gs}——石子松散孔隙率;

B——砂石拨开系数,见表 3.21;

表 3.21 拨开系数 B 选用表

混凝土拌合物品种	每立方米混凝土水泥用量/kg	B	
		碎石	卵石
塑性混凝土	200	1.25	1.30
	250	1.30	1.37
	300	1.35	1.42
	350	1.42	1.50
	400	1.47	1.57
干硬性混凝土	不限	1.05~1.10	1.05~1.10

(8)每立方米混凝土粗、细骨料的用量。

每立方米混凝土粗、细骨料的用量有两种计算方法:质量法(假定质量)和体积法。通常采用质量法,此法比较简便。体积法需要测定水泥等各种原材料的表观密度,对技术条件要求略高,比较烦琐且结果与质量法基本相同,所以一般很少采用。

①质量法计算公式为

$$\begin{cases} m_{\mathrm{cp}} = m_{\mathrm{f0}} + m_{\mathrm{c0}} + m_{\mathrm{g0}} + m_{\mathrm{s0}} + m_{\mathrm{w0}} \\ \beta_{\mathrm{s}} = m_{\mathrm{s0}}/(m_{\mathrm{s0}} + m_{\mathrm{g0}}) \times 100\% \end{cases}$$

式中 m_{g0}、m_{s0}——每立方米混凝土粗骨料和细骨料的用量,kg/m³;

m_{cp}——每立方米混凝土拌合物的假定质量,一般可取 2 350~2 450 kg/m³。

在实际计算中上式可改写成下列形式,比较容易记忆和方便:因为水泥、掺合料(多为粉煤灰)、水的质量在之前的计算过程中已计算出,砂率也从表中查得,每立方米混凝土密度也是已知的,所以可把上公式改写为:

砂石用量:$m_{\mathrm{s0}} + m_{\mathrm{g0}} = m_{\mathrm{p0}} - (m_{\mathrm{f0}} + m_{\mathrm{c0}} + m_{\mathrm{w0}})$

每立方米混凝土砂用量:$m_{\mathrm{s0}} = (m_{\mathrm{s0}} + m_{\mathrm{g0}})\beta_{\mathrm{s}}$

每立方米混凝土石子用量:$m_{\mathrm{g0}} = (m_{\mathrm{s0}} + m_{\mathrm{g0}}) - m_{\mathrm{s0}}$

或 $m_{\mathrm{g0}} = (m_{\mathrm{s0}} + m_{\mathrm{g0}})(1 - \beta_{\mathrm{s}})$

②体积法计算公式为

$$\begin{cases} m_{\mathrm{c0}}/\rho_{\mathrm{c}} + m_{\mathrm{f0}}/\rho_{\mathrm{f}} + m_{\mathrm{s0}}/\rho_{\mathrm{s}} + m_{\mathrm{g0}}/\rho_{\mathrm{g}} + m_{\mathrm{w0}}/\rho_{\mathrm{w}} + 0.01d = 1 \\ \beta_{\mathrm{s}} = m_{\mathrm{s0}}/(m_{\mathrm{s0}} + m_{\mathrm{g0}}) \times 100\% \end{cases}$$

式中　ρ_c——水泥的密度,可取 2 900～3 100 kg/m³,必须要时可按现行国家标准《水泥密度测定方法》(GB/T 208)测定;

　　　ρ_f——矿物掺合料的密度,可按水泥密度测定方法测定,一般粉煤灰的密度为 2 200 kg/m³;

　　　ρ_g——石子的密度,应按现行标准测定,kg/m³;

　　　ρ_s——砂子的密度,应按现行标准测定,kg/m³;

　　　ρ_w——水的密度,一般取 1 000 kg/m³;

　　　d——混凝土的含气百分数,在不使用引气剂或引气型外加剂时 d 取 1。

(9)初步配合比。

把经计算后得出的每立方米混凝土各材料用量写成比例形式,其比例形式同最终配合比表示方法,以备试配时计算材料用量使用。

3. 确定基准配合比(试配与调整)

这一过程是以初步配合比中各材料按需要的数量通过试拌及对拌合物进行工作性能的试验(如坍落度、黏聚性、保水性等),确认初步配合比能否符合要求。如果不符合要求,应对初步配合比中各材料用量进行调整直至符合要求为止。这个符合要求的配合比则为基准配合比。

(1)试拌。

①每盘混凝土试配的最小搅拌量应符合表 3.22 的规定,并不应小于搅拌机容量的 1/4,且不应大于搅拌机的公称容量的 80%。

②拌和混凝土时,各材料称量精度:骨料±1%,水、水泥、外加剂及掺合料为 0.5%。

表 3.22　每盘混凝土试配的最小搅拌量 (JGJ 55—2011)

粗骨料最大公称粒径/mm	拌合物的数量/L	备注
≤31.5	20	当须成型试件时,应根据试件尺寸及数量确定拌合物的数量,如试件尺寸为 150 mm×150 mm×150 mm 时,拌合物应至少 30 L 才能满足 6 块试件数量
40.0	25	

③投料顺序。在投料前应采用拟用的配合比中的砂、水泥等粉状材料适量拌和,用以"粘仓",并把多余砂浆刮除干净(目的是尽可能地避免在拌和的过程中由于"黏附"的原因导致配合比发生变化),然后将石子、砂、水泥、矿物掺合料搅拌均匀后,加水和液体外加剂(液体外加剂先稀释后再加入)。当采用粉体外加剂时,应与胶凝材料同时加入。

④拌和时间不小于 2 min,但不得过拌,以拌和均匀为准。当掺有减水剂或掺合料时,应适当延长搅拌时间。拌和时间指全部材料加入拌和机开始至搅拌结束的时间。

(2)调整方法与步骤。

①要求:当拌和完毕后立即倾卸在钢板上,然后再用人工翻拌 2～3 次,拌和均匀,应在不超过 5 min 内进行各项物理性能试验(坍落度、黏聚性和保水性)。在此必须提醒:当从拌和机中倾卸拌合物之前,首先要把存放拌合物的钢板和其他准备使用的工具进行湿润且不

得有自由水存在(目的是避免这些物具表面干燥或过湿导致水灰比变化)。

②调整方法。当坍落度或维勃稠度不能满足要求时或黏聚性和保水性不好时,应在保持水灰比不变的原则下,调整用水量或砂率(如掺减水剂的混凝土,同时考虑可调整减水剂掺量和砂率,以节约胶凝材料为原则),见表3.23。

表3.23 砂率和用水量调整

改变情况	砂率增减/%	用水量增减/(kg·m^{-3})
水灰比每增加0.05,用水量保持不变	+1	0
砂的细度模数每增加0.1	+0.5	0
坍落度每增加10 mm		+(3—4)
砂用量每增加1%(含砂量)		+2
含气量每增加1%(引气剂)	−(0.5~1.0)	−(5~6)
碎石	+(3~5)	+10
人造石	+(2~3)	+(6~9)

注:本表以卵石塑性混凝土变化为基础

　　a.坍落度大或小时,需减少或增加用水量(但要求保持水胶比不变),即减少或增加水泥浆量。

　　b.黏聚性和保水性不好时,应增加砂率和水泥浆量,相应减少石子用量。

　　c.坍落度大,黏聚性和保水性不好时,应减少水泥浆的同时适量增大砂率。

　　d.坍落度小,黏聚性和保水性不好时,应适量增大水泥浆量和砂率。

　　e.如混凝土有离析现象时,一般皆为坍落度过大导致的,要减少用水泥浆量,适量增大砂率。

　　总之坍落度大小主要与水有关,而砂率有些影响;黏聚性与保水性的好坏主要与砂率有关,而水泥浆量和原材料级配有影响。调整过程中主要是围绕水泥浆和砂的增减来进行,直至把初步计算的配合比各用料调整至所拌混凝土拌合物符合各项指标为止,这个符合指标的各材料的配合比为基准配合比。

4.确定初步理论配合比

初步理论配合比确定一般也需两个过程:称料拌和、调整和确定。

(1)称料拌和、成型试件。

试配应以基准配合比各材料用量为基础,采用3个不同水胶比的配合比逐个称量、拌和、成型试件,每个配合比应至少制作一组试件(实际应至少成型两组,其中一组为标准养护龄期28 d或设计规定龄期,另一组根据需要的标准养护龄期(一般为7 d或14 d)进行强度试验用以参考,及早掌握其强度情况以便提前修正配合比)标准养护到龄期28 d或设计龄期时进行强度试验。

在没有特殊规定的情况下,混凝土强度试件标准养护龄期为28 d。但铁路工程规定的标准养护龄期除蒸汽养护混凝土、预应力混凝土及喷射混凝土为28 d外,其他养护龄期均为56 d。

为什么要采用3个不同水胶比的配合比分别成型试件和强度试验?其意义在于:混凝土拌合物虽经过调整得出并在标准条件下养护至要求的龄期进行强度试验,但这些调整仅说明工作性符合要求,但不能说强度是保证合格的,所以要用3个不同水胶比的配合比进行强度试验做对比,然后选取强度满足试配强度要求且胶凝材料用量最少的配合比。

具体步骤如下:

a. 首先按基准配合比拌和、成型试件。

b. 另外两个配合比比基准配合比分别增加和减少 0.05 个水胶比,但用水量应与基准配合比相同,砂率可分别增加和减少 1% 进行拌和、成型试件(如果试拌时拌合物性能不符合要求时,应重新进行调整,直至符合要求才可成型试件做强度试验)。

(2)调整与确定初步理论配合比。

根据上述 3 个不同水胶比的配合比的试验强度结果,绘制强度和胶水比线性关系图,或插值法计算等于或略大于配制强度对应的胶水比的配合比。

例如,设计强度等级为 C25、配制强度为 30.6 MPa 的配合比,其试拌 3 个不同胶水比的配合比强度结果见表 3.24。

表 3.24 试拌配合比强度结果

试拌配合比(水泥∶砂∶石子∶水)	水胶比	胶水比	强度/MPa
1∶1.66∶3.38∶0.45	0.45	2.22	31.3
1∶2.25∶4.36∶0.50	0.50	2.00	26.9
1∶2.58∶4.79∶0.55	0.55	1.82	22.7

用作图法确定初步理论配合比。根据胶水比与强度的关系作图,如图 3.1 所示,根据图示选取等于或大于配制强度为 30.6 MPa 的胶水比。从图 3.1 中可以看出,31.3 MPa 满足要求,其对应的胶水比为 2.22(水胶比为 0.45)的配合比为最终配合比 1∶1.66∶3.38∶0.45(这个配合比恰好为调整中的已知比例,所以直接采用,否则应根据选用强度值对应的胶水比计算配合比)。

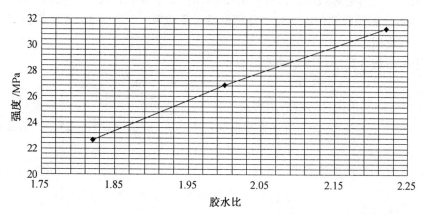

图 3.1 胶水比与强度关系

用插入法计算初步理论配合比。插入法计算公式为

$$\frac{|\text{上值}-\text{下值}|}{\text{要求值}-\text{上值}} = \frac{|\text{上值相对应的值}-\text{下值相对应的值}|}{\text{要求值相对应的值}-\text{上值相对应的值}}$$

或

$$\frac{|上值-下值|}{|上值-要求值|}=\frac{|上值相对应的值-下值相对应的值|}{|上值相对应的值-要求值相对应的值|}$$

从表 3.24 可以看出,试配强度 30.6 MPa 可插入强度 31.3 MPa 和 26.9 MPa 两者之间。

把已知数值代入插入法公式,即

$$\frac{|31.3-26.9|}{30.6-31.3}=\frac{|2.22-2.00|}{x-2.22}$$

解方程得

$$x=2.117(x\ 为胶水比)$$

根据上述结果,保持原砂率不变、密度不变、单位用水量不变即可确定初步理论配合比各材料的用量。

在实际工作中也可直接采用前述 3 个水胶比混凝土强度试验中一个满足配制强度的胶水比作进一步配合比调整。这样较简明,但有时可能强度富余较多,经济代价略高,然而这种直接采用已很普遍,因此应认真考虑其经济代价。

5. 确定最终配合比

(1)用确定后的初步理论配合比进行拌和调整。

用确定后的初步理论配合比进行拌和调整有两种可能结果。第一种是所确定的配合比恰巧为原 3 个配合比中的其中一个,这样便可直接按原配合比拌和。第二种是所确定的配合比不同于原 3 个配合比中的任何一个,这样就需根据确定的配合比的水胶比重新计算各材料用量。即用水量和减水剂应根据确定的水胶比作调整计算(保持水胶比不变)。胶凝材料用量应以新调整后的用水量乘以确定的胶水比计算得出。粗骨料和细骨料用量应根据用水量和胶凝材料用量进行调整(保持砂率不变)。无论哪种情况,拌和后的混凝土拌合物要进行试验,校正其表观密度与计算的密度符合程度,称为校正系数(δ)。当拌合物的实测密度值与计算值之差的绝对值不超过计算值的 2% 时,其所拌和的配合比维持不变;当两者之差超过 2% 时,应将所拌和的配合比中每项材料用量均乘以校正系数,此时经校正后的配合比即为最终理论配合比。

以确定后的配合比计算理论密度:

$$\rho_{cc}=m_c+m_f+m_g+m_s+m_w$$

式中　　ρ_{cc}——混凝土拌合物的表观密度计算值;

　　　　m_c,m_f,m_g,m_s,m_w——每立方米混凝土中水泥、矿物掺合料、粗骨料、细骨料和水的用量,kg/m^3。

混凝土配合比校正系数为

$$\delta=\rho_{ct}/\rho_{cc}$$

式中　　δ——校正系数;

　　　　ρ_{ct}——混凝土拌合物的表观密度实测值,kg/m^3

(2)最终配合比。

校正后各材料用量:

水泥:$m_c\delta$

矿物掺合料:$m_f\delta$

细集料：$m_s\delta$

粗集料：$m_g\delta$

水：$m_w\delta$

假设经计算得：

水胶比为 0.44，水泥∶矿物材料∶细集料∶粗集料∶外加剂∶水＝300∶90∶780∶1 060∶3.92∶170（单位用量表示法）或 1∶0.30∶2.60∶3.53∶0.013∶0.57（相对用量表示法）。

(3)最终配合比确定后，应测定拌合物水溶性氯离子含量，对耐久性设计要求的混凝土应进行相关耐久性试验。当验证指标符合图纸设计后，即配合比设计工作完成，然后出具配合比设计报告，用以指导施工。

第二节 施 工 配 合 比

一、施工配合比的含义

由于实验室在设计配合比时，砂石是以干燥状态(砂含水率小于等于 0.5％，石子含水率小于等于0.2％)为基准的，而施工用砂石绝大多数处于天然状态下，因此其含水率是不定的。为了确保理论配合比中的实际干燥砂石用量不变，维持理论配合比的科学性及严肃性，为此要根据实际使用的砂石含水情况，进行计算，调整理论配合比中砂石含水量后的各用量，这一过程为施工配合比换算。换算后的配合比称为施工配合比。施工配合比换算是混凝土工程施工不可缺少的 10 大关键性环节之一，否则因砂石中含水量的变化，直接影响配合比中砂石用量的变化和用水量的变化，导致混凝土性能(砂率、坍落度、水胶比和强度)的变化，严重影响混凝土质量甚至酿成工程事故。

二、施工配合比的换算原则

(1)主要根据拟用砂石实际含水率的湿砂石质量换算成干砂石质量后，等于理论配合比中干砂石质量。

(2)换算后施工配合比中的砂石的质量是湿质量，应大于或等于理论配合比中砂石干质量。但加水量少于或等于理论配合比的用水量(即砂石中含有多少水，则施工配合比需减少多少水)，否则换算错误。

(3)施工配合比的水胶比与理论配合比的水胶比相同。

三、施工配合比的换算步骤

(1)在换算配合比之前，应首先分别测定拟使用砂石的含水量，按风干法测定比较符合配合比设计时用砂石状态，并按下式计算含水率：

$$S_1 = (S_2 - S_3)/S_3 \times 100\%$$
$$G_1 = (G_2 - G_3)/G_3 \times 100\%$$

式中　S_1, G_1——拟使用的砂石风干含水率；

S_2, S_3——拟用的砂在测定含水率时所用的湿砂质量和测定后的干砂质量，kg；

G_2,G_3—— 拟用的石子在测定含水率时所用的湿石子质量和测定后的干石质量，kg。

(2) 根据拟使用的砂石实际含水率，分别计算施工配合比中需湿砂石质量(kg)，即
$$S_5 = S_4 + (S_4 S_1) = S_4(1 + S_1)$$
$$G_5 = G_4 + (G_5 G_1) = G_4(1 + G_1)$$

式中　S_5, G_5—— 需要拟用湿砂石质量，kg；

　　　S_4, G_4—— 理论配合比中的砂石用量，kg。

(3) 计算经调整的理论配合比中砂石用量后的需加水质量，即
$$W_1 = W - S_4 S_1 - G_4 G_1$$

式中　W_1—— 施工配合比中需加水质量，kg

　　　W—— 理论配合比中原用水质量，kg

(4) 其他材料用量不变(除砂石、水之外的材料)。

(5) 用单位用量表示法列出施工配合比，同时计算出相对用量的配合比。

四、施工配合比与理论配合比的区别

(1) 砂石含水状态不同：施工配合比中的砂石是湿的(即是天然含水状态)，理论配合比中的砂石是干燥的(砂子含水率小于等于 0.5%，石子含水率小于等于 0.2%(多为风干状态))。

(2) 砂石质量状态及质量不同：施工配合比中砂石为湿质量，理论配合比中的砂石为干质量。施工配合比中的湿砂石质量大于理论配合比中的干砂石质量。

(3) 需加水量质量不同：施工配合比由于砂石是湿的，需加水质量少于理论配合比中加水质量。

第三节　普通混凝土配合比设计和施工配合比换算范例

一、普通混凝土配合比设计范例

(一)例题

某桥梁桥台施工用钢筋混凝土(受冰雪影响)设计强度等级为 C30，试确定该混凝土的设计配合比和施工配合比。

(二)解题思路及配合比设计

该题已知条件为混凝土强度等级为 C30，钢筋混凝土，结构受冰雪影响，其他未知。按混凝土配合比设计的主要环节、流程、基本要求、设计步骤进行下列设计计算过程，最终确定理论配合比。

在实际进行配合比设计计算的过程中，往往以配合比设计步骤为主线，把其他几个方面的要求贯穿其中。因此在设计前，作为一个好的设计工作人员必须做到心中有数，确定怎样做才能既符合配合比设计要求(原则、基本要求)，又能满足工程需要(施工现场主要是最短的时间和适宜施工的混凝土拌合物)的设计方案。该设计方案要考虑周全，尤其是在设计流

程主要环节框架内,保证互不影响,有效地把各方面的要求合理地统一到配合比设计这一过程中去,做到又快又好,充分体现工作质量和效率。

要做到上述要求,首先考虑以下工作并逐一平行交叉予以实施:准备工作阶段、初步配合比设计阶段、基准配合比确定阶段、初步理论配合比的确定和最终理论配合比的确定。

1. 准备工作阶段

准备工作阶段为了保证设计顺利有序地进行和混凝土尽快施工,一般在施工前60～80 d进行,包括以下内容:

①熟知掌握配合比设计过程中的流程及步骤、原则和基本要求、图纸规范要求及所处环境条件等。

②了解各原材料的技术性能、状态。

③根据混凝土结构要求(如断面尺寸、钢筋疏密)、搅拌方法、运输设备、运输距离远近、道路好坏、浇筑振捣方法等确定合理的施工混凝土坍落度(考虑施工中坍落度损失值)。

④根据混凝土要求及当地情况,合理选择原材料,并在设计配合比之前备足符合要求的原材料数量(其数量必须满足配合比设计用料之需且质量一致)。

⑤试配、拌和、成型试件所需器具、设备仪器及试件标准养护室要满足要求。

⑥环境条件是否可能控制在要求范围内。如果无特殊要求,实验室温度控制在(20 ± 5) ℃。

注意:在选择砂石时,不仅要质量符合要求,且砂石产源要求具有一定规模且质量相对稳定,尽可能就地取材。石子的最大粒径要满足施工及规范的要求。水泥强度等级、品种,掺合料及外加剂要根据实际情况选择。

2. 初步配合比设计阶段

(1)配制强度的计算。

利用公式 $f_{cu,o} \geq f_{cu,k} + 1.645\sigma$(该混凝土设计强度等级C30<C60,故用此公式)计算,查表3.8得 $\sigma = 5$,则

$$f_{cu,o} \geq 30 + 1.645 \times 5 = 38.225 \text{ MPa} \approx 38.2 \text{ MPa}$$

(2)计算水胶比。

$$\frac{W}{B} = \frac{a_a f_b}{f_{cu,o} + a_a a_b f_b}$$

查表3.9得卵石 $a_a = 0.49, a_b = 0.13$。

f_b没有28 d强度结果,因此按公式计算 $f_b = \gamma_f \gamma_s f_{ce}$,这里,粉煤灰、粒化高炉矿渣未用,即各取1。$f_{ce}$也是28 d强度未有结果,查表3.13,按公式计算 $f_{ce} = \gamma_c f_{ceg} = 1.16 \times 42.5 = 49.8$ MPa,这时 $f_{ce} = f_b$。

把已知数据代入公式得 $\dfrac{W}{B} = \dfrac{0.49 \times 49.8}{38.2 + 0.49 \times 0.13 \times 49.8} = 0.59$。

混凝土所处环境为受冰雪影响,查表3.10得允许值为0.50,而经计算的水胶比为0.59,不符合最大水胶比的规定值,故不予采用,所以取规定值0.50代替计算的水胶比。水胶比是耐久性的一个关键指标,必须符合规定。

(3)计算用水量。查表3.17得 $m_{wo} = 185 \text{ kg/m}^3$(根据坍落度及骨料最大粒径、种类查表)。只要能满足坍落度要求,水用量越少越好,对强度有利。其值仅供参考,在配制中应以

实际用量为准。

(4)计算胶凝材料用量。
$$m_{bo}=m_{wo}/(W/B)=185/0.50 \text{ kg/m}^3=370 \text{ kg/m}^3$$
胶凝材料用量不仅决定强度而且是耐久性的要求。因此应根据水胶比及计算的胶凝材料用量、混凝土种类与表 3.18 比较,可知 370 kg/m³ 满足表中不小于 320 kg/m³ 的要求。

(5)计算矿物掺合料用量(该工程未用)。

(6)计算水泥用量。水泥用量即为胶凝材料用量(因为未用掺合料,所以胶凝材料量为水泥用量)。

(7)计算减水剂用量(该工程未用)。

(8)确定砂率。查表 3.20 得砂率为 32%(根据水胶比、石子种类及最大粒径查表,并根据砂的情况及相关要求按表规定修正。经查表用插入法得砂率为 32%,此砂为中砂,不进行修正)。

(9)计算立方米混凝土粗、细骨料用量。

①假定质量法(假定质量一般取 2 350～2 450 kg/m³,在此取 2 400 kg/m³)。
$$\begin{cases} m_{cp}=m_{fo}+m_{co}+m_{go}+m_{so}+m_{wo} \\ \beta_s=m_{so}/(m_{so}+m_{go})\times 100\% \end{cases}$$
把已知数据代入得
$$m_{so}=590.4 \text{ kg/m}^3, m_{go}=1\ 255.6 \text{ kg/m}^3$$

②体积法。
$$\begin{cases} m_{c0}/\rho_c+m_{f0}/\rho_f+m_{s0}/\rho_s+m_{g0}/\rho_g+m_{w0}/\rho_w+0.01d=1 \\ \beta_s=m_{s0}/(m_{s0}+m_{g0})\times 100\% \end{cases}$$
把已知数据代入公式,得
$$370/3000+0+m_{s0}/2650+m_{g0}/2700+185/1000+0.01\times 1=1$$
$$m_{s0}/(m_{s0}+m_{g0})\times 100\%=32\%$$
得
$$m_{s0}=584 \text{ kg/m}^3, m_{g0}=1\ 241 \text{ kg/m}^3$$

由假定质量法和体积法计算得出的砂、石用量有些差异,但不大,所以一般选用较简单的假定质量法进行计算。

(10)初步配合比。

单位质量表示法:水泥∶砂∶石子∶水=370∶584∶1241∶185,水胶比为 0.50。

相对用量表示法:水泥∶砂∶石子∶水=1∶1.58∶3.35∶0.50,水胶比为 0.50。

3. 基准配合比确定阶段

(1)计算每盘用量,称量,拌和。按初步配合比试拌 30 L 混凝土拌合物,各种材料用量分别为:

水泥:$370 \text{ kg}\times\dfrac{30 \text{ L}}{1\ 000 \text{ L}}=11.100 \text{ kg}$;

砂:$584 \text{ kg}\times\dfrac{30 \text{ L}}{1\ 000 \text{ L}}=17.520 \text{ kg}$;

石子:$1\ 241 \text{ kg}\times\dfrac{30 \text{ L}}{1\ 000 \text{ L}}=37.23 \text{ kg}$;

水：$185 \text{ kg} \times \dfrac{30 \text{ L}}{1\,000 \text{ L}} = 5.550 \text{ kg}$。

将称量准确的材料按投料顺序分别投入到搅拌机中，搅拌均匀后卸于钢板上（或其他不吸水平面上），再人工翻拌 3 遍使之均匀后，立即进行坍落度试验。

(2) 试配调整。按坍落度试验方法，测得坍落度为 63 mm，低于设计坍落度 75～90 mm。因此在保证水灰比不变的情况下，增加水泥浆量，按经验预估需增加水泥浆量为 3%，即

水泥用量增加：$(11.100 \times 3\%) \text{ kg} = 0.330 \text{ kg}$；

水泥总量为：$(11.100 + 0.330) \text{ kg} = 11.430 \text{ kg}$；

水用量增加：$(5.550 \times 3\%) \text{ kg} = 0.166 \text{ kg}$；

水总量为：$(5.550 + 0.1665) \text{ kg} = 5.716 \text{ kg}$；

砂、石用量不变：砂 17.520 kg，石子 37.230 kg。

再次称量，经拌和均匀后，测得坍落度为 88 mm，黏聚性、保水性及棍度均良好，此时完成混凝土工作性检验。据此确定基准配合比。

依据上述各种材料每立方米用量和调整中增加的水泥浆量换算基准配合比：

水泥：$370 \times (1+3\%) \text{ kg} = 381 \text{ kg}$（保留至整数）；

水：$185 \times (1+3\%) \text{ kg} = 190 \text{ kg}$（保留至整数）；

砂、石：砂 584 kg，石子 1 241 kg；

混凝土理论质量：2 415 kg。

(3) 基准配合比为水泥：砂：石子：水 = 381 : 584 : 1241 : 190，水胶比为 0.50。

这个基准配合比的理论质量大于初步配合比理论质量，其原因是在调整时增加了 3% 的水泥浆量，而砂石用量未变。

4. 初步理论配合比的确定

初步理论配合比的确定主要是强度的确定，用 3 个不同水胶比的配合比的强度实测结果选定强度略大于或等于试配强度且水泥用量最少的对应的配合比为确定的最终配合比，然后通过拌和并实测密度，用实测结果校正初步最终配合比即得最终理论配合比。

(1) 计算 3 个不同水胶比的配合比每盘材料用量。

① 基准配合比为 381 : 584 : 1241 : 190，水胶比为 0.50，30 L 混凝土需要的各种材料用量：

水泥：$381 \text{ kg} \times \dfrac{30 \text{ L}}{1\,000 \text{ L}} = 11.42 \text{ kg}$；

砂：$584 \text{ kg} \times \dfrac{30 \text{ L}}{1\,000 \text{ L}} = 17.52 \text{ kg}$；

石子：$1\,241 \text{ kg} \times \dfrac{30 \text{ L}}{1\,000 \text{ L}} = 37.22 \text{ kg}$；

水：$190 \text{ kg} \times \dfrac{30 \text{ L}}{1\,000 \text{ kg}} = 5.70 \text{ kg}$。

② 比基准配合比的水胶比增加 0.05，即水胶比为 0.60 时，30 L 混凝土需要的各种材料用量，用水量不变为 5.70 kg，水泥用量为 10.36 kg，砂率增加 1%，即为 33%，石子用量不变为 37.22 kg，砂用量 $X = (37.22 + X) \times 0.33$，得 $X = 18.33$ kg。

③比基准配合比的水胶比减小 0.05,即水胶比为 0.45 时,30 L 混凝土需要的各种材料用量,用水量不变为 5.70 kg,水泥用量为 12.7 kg,砂率减小 1%,即为 31%,石子用量不变为 37.22 kg,砂用量 $X=(37.22+X)\times 0.31$,得 $X=16.494$ kg。

(2)按上述计算结果分别称量后进行拌和,经试验,工作性均满足要求,然后分别制作至少 2 组试件,一般用于 7 d 和 28 d 抗压强度试验,并进行编号,在室温为(20±5)℃的条件下静置 1～2 d,拆模后立即放入标准养护室养护至规定龄期进行抗压强度试验(一般为 7 d 和 28 d)。7 d 强度作为参考,提示 28 d 强度能否达到试配强度的要求,如果不能应及时重新设计,这样能促使配合比早些完成。正常情况下 7 d 强度对 C40 以下应达到 28 d 强度的 60% 左右,C40 以上的混凝土在 80% 左右。

(3)抗压强度试验。28 d 龄期抗压强度试验结果见表 3.25。

表 3.25　28 d 龄期抗压强度结果

水胶比	胶水比	强度/MPa
0.45	2.22	41.8
0.50	2.00	34.9
0.55	1.82	28.7

(4)初步理论配合比的确定。

根据 3 个不同水胶比的配合比强度试验结果,用图解法或插入法或直接观察,进行选取。这里用作图法选取。

根据混凝土强度与灰水比呈正比关系,把水胶比换算成胶水比,见表 3.25。以 X 轴表示胶水比,Y 轴表示强度,绘制 28 d 抗压强度与胶水比的关系,如图 3.2 所示。从图 3.2 中找出强度等于或稍大于试配强度要求对应的胶水比,然后通过计算得出初步理论配合比。

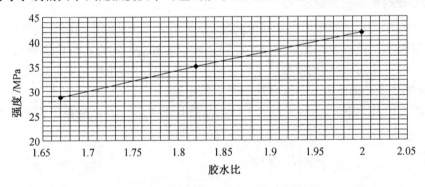

图 3.2　抗压强度与胶水比关系曲线

从图 3.2 确定试配强度为 38.2 MPa,对应的胶水比为 1.92(水胶比为 0.52),进而计算初步理论配合比。

混凝土密度取基准配合比的密度 2 415 kg/m³,单位用水量仍为基准配合比用水量,用水量为 190 kg。

单位水泥用量:190/0.52 kg=365 kg;

砂率取 32%,砂石总量:(2 415−190−365)kg=1 860 kg;

砂用量:(1 860×0.32)kg=595 kg;

石子用量：(1 860－595)kg＝1 265 kg。

5.最终理论配合比的确定(校正混凝土拌合物的密度)

(1)校正系数的计算。用初步理论配合比的各材料的比例，称取满足拌和要求的数量进行拌和，测定混凝土拌合物的密度。经实测其密度为 2 490 kg/m³，由校正系数公式得 $\delta = \frac{\rho_{ct}}{\rho_{cc}}$ ＝2 490/2 415＝1.03，此值大于规定值±2%的要求，故须校正。

(2)校正方法：将初步理论配合比中每种材料用量均乘以校正系数 δ，计算每立方米混凝土实际各材料用量，得出最终理论配合比。

水泥用量：365×1.03 kg/m³＝376 kg/m³；

砂用量：595×1.03 kg/m³＝613 kg/m³；

石子用量：1 265×1.03 kg/m³＝1 303 kg/m³；

水用量：190×1.03 kg/m³＝196 kg/m³。

(3)最终理论配合比为水泥：砂：石子：水＝376：613：1 303：196(单位质量法)或＝1：1.63：3.46：0.52(相对用量表示法)。

至此，配合比设计工作基本完毕，但必要时应测定拌合物水溶性氯离子含量，其结果要符合要求，否则应重新调整各材料用量。对有耐久性设计要求的混凝土应进行相关耐久性试验验证，试验结果应满足耐久性要求，否则应重新设计。如果经试验合格，即可出具配合比报告用于混凝土施工。

二、施工配合比换算范例

由上述理论配合比可知，水泥：砂：石子：水＝376：613：1 303：196，水胶比为0.50。

施工配合比换算步骤如下：

(一)测定拟用的砂、石含水率

(1)取拟用砂、石子试验样品，砂 S_2＝500 g，石子 G_2＝2 000 g(实际工作中按规范规定取试验样品)。

(2)砂、石子分别烘干或风干后称量干质量，干砂 S_3＝480 g，干石子 G_3＝1 990 g。

(3)计算砂、石子的含水率，即

$$S_1 = (S_2 - S_3)/S_3 \times 100 = (500 - 480)/480 \times 100\% = 4.2\%$$
$$G_1 = (G_2 - G_3)/G_3 \times 100 = (2\ 000 - 1\ 990)/1\ 990 \times 100\% = 0.5\%$$

式中 S_1, G_1——砂、石的含水率，%；

S_2, G_2——砂、石试样质量，kg；

S_3, G_3——砂、石试样烘干质量，kg。

(二)施工配合比计算

(1)求施工配合比中湿砂、石的质量。根据理论配合比中的砂、石质量和测定的砂、石含水率进行计算。即

$$S_5 = S_4(1 + S_1) = 613 \times (1 + 4.2\%) \text{kg} = 639 \text{ kg}$$
$$G_5 = G_4(1 + G_1) = 1\ 303 \times (1 + 0.5\%) \text{kg} = 1\ 309 \text{ kg}$$

式中 S_5，G_5——要计算湿砂和湿石子质量，kg；
　　　S_4，G_4——理论配合比中的砂、石质量，kg。

(2)计算施工配合比中需加水质量。

根据理论配合比中的砂、石、水质量和测定的砂、石含水率进行计算。即

$$W_1 = W - (S_4 S_1 + G_4 G_1) = (196 - (613 \times 4.2\% + 1\,303 \times 0.5\%)) \text{kg} = 165 \text{ kg}$$

式中 W，W_1——理论配合比中水的质量和换算后需加水的质量。

(3)其他材料用量不变，水泥为 376 kg。

(4)施工配合比表达方式为：水泥∶砂∶石子∶水＝376∶639∶1 309∶165（单位用量法）或＝1∶1.70∶3.48∶0.44（相对用量表示法），水胶比为 0.50。

第四节　配合比设计中的问题解析

一、混凝土的试配强度

试配强度为了保证配制的混凝土强度在工程使用时能保证工程设计要求的强度等级而规定的具备强度保证率为 95% 的强度值。

试配强度比工程设计要求的强度等级大 1.645σ。σ 的大小反映出生产控制水平的好坏，标准差大，则控制水平差；标准差小，则控制水平高。通常各行业的规范已给出混凝土强度标准差，可直接采取。

二、混凝土的水胶比

混凝土的水胶比是指每立方米混凝土用水量与每立方米混凝土胶凝材料用量之比。水胶比决定混凝土强度的大小。水胶比大，强度低；水胶比小，强度高。

水胶比的大小决定于试配强度、水泥强度等级、粗骨料种类（卵、碎石）、掺合料的品种及掺量等。当计算水胶比时，上述 4 种因素是必须要考虑的，且也是必须参与计算的。

水胶比是耐久性的一项关键性指标，所以水胶比的大小必须满足各行业标准对混凝土所处不同环境下混凝土最低强度等级、最大水胶比的规定要求。

三、混凝土用水量

每立方米混凝土用水量与混凝土的种类（分干硬性混凝土和塑性混凝土）、水胶比、所用粗骨料的品种及最大粒径、天然细骨料的粗细、混凝土要求的稠度指标、矿物掺合料和减水剂有密切关系。

干硬性混凝土每立方米混凝土用水量比塑性混凝土每立方米混凝土用水量少。

用卵石配制的混凝土每立方米混凝土用水量比用碎石配制的每立方米混凝土用水量少。

粗骨料粒径大比粒径小的混凝土每立方米混凝土用水量少。

掺加减水剂比不掺减水剂的混凝土每立方米混凝土用水量少。

掺矿物掺合料时，视矿物掺合料的品种、质量等级而定（如掺Ⅰ级粉煤灰要比不掺的用水量要少，而掺Ⅱ级粉煤灰时其用水量要比不掺的用水量要多；掺硅灰的用水量比不掺的

用水量多,掺磨细矿渣粉的比不掺的用水量稍小或相当)。

在配合比设计时每立方米混凝土用水量计算方法有两种:

(1)当配制坍落度在小于等于 90 mm 时,每立方米混凝土用水量一般采用查表法,查表需具备以下 6 个条件:

①水胶比为 0.4～0.8。

②混凝土的种类(干硬性/塑性)。

③粗骨料的品种(卵/碎石)。

④粗骨料最大粒径。

⑤砂的粗细。

⑥坍落度(或维勃稠度)大小。

但如混凝土中掺加掺合料和外加剂(主要是减水剂)时,其用水量应在表中规定的基础上加以相应调整。

(2)当配制流动性混凝土(坍落度为 100～150 mm)、大流动性混凝土(坍落度大于等于 160 mm)时,需采用查表与计算相结合的方法确定每立方米混凝土用水量。

①按查表的方法,从表中查出坍落度为 90 mm 时的用水量,然后在这基础上,按每增大 20 mm 坍落度相应每立方米混凝土增加 5 kg 用水量来计算总的用水量。当坍落度大于 180 mm 以上时,随坍落度增加用水量可酌情减少,在计算时应考虑。

②由查表或增加的水可知这时每立方米混凝土用水量较多,因此要保证水胶比不变势必要增大水泥用量,这样不仅浪费水泥,而且有时超过水泥最大用量的限制(每立方米 500 kg),对混凝土的性质产生严重影响,因此必须掺加减水剂,以减少混凝土中的用水量。那么掺加减水剂的每立方米混凝土用水量 W,要通过查表、计算相结合而确定。其方法是用计算的每立方米混凝土总的用水量 W_{oc} 减去减水剂能减去的水量 W_j。即

$$W_o = W_{oc} - W_j$$

式中　W_o——加减水剂的用水量,kg/m^3;

　　　W_{oc}——未加减水剂时总的用水量,kg/m^3;

　　　W_j——减水剂减去的水量,$W_j = W_{oc}\beta_w$,kg/m^3;

　　　β_w——减水剂的减水率(按使用说明书中推荐范围)。

四、胶凝材料用量

胶凝材料用量指每立方米混凝土中水泥用量和掺合料用量的总和。胶凝材料用量是关系到混凝土耐久性的一个关键指标,必须符合以下 3 个要求:

①不能小于规定的胶凝材料最小用量的要求。

②不能大于最大水泥用量要求(一般不宜大于 500 kg/m^3)。

③满足特殊混凝土(如抗渗混凝土不宜低于 320 kg/m^3,泵送混凝土不得低于 300 kg/m^3)的要求。

掺合料的用量要求应根据水泥品种及水胶比、混凝土种类、掺合料种类等综合考虑。正常情况下钢筋混凝土中掺量要比预应力混凝土掺量大;水胶比小其掺量比水胶比大掺量多;采用硅酸盐水泥掺量比采用普通硅酸盐水泥掺量要多;采用其他水泥时应把水泥中的混合材料掺量 20% 以上的混合材料量计入掺合料中去。

掺合料一般使用粉煤灰较多,粉煤灰的作用如下:
①减少水泥用量。
②降低水化热。
③具有高工作性能、高耐久性和高体积稳定性。
④在化学侵蚀与氯盐环境下能提高混凝土的抗蚀性。
但应该特别注意采用烧失量大的粉煤灰配制的混凝土工作性差(坍落度损失快、不易捣实)、强度效应差(波特兰效应降低)以及耐久性差(封孔固化和致密效应降低)。粉煤灰中未燃颗粒对外加剂尤其对引气剂具有很大的吸附作用,同时使粉煤灰的活性指数降低。

注:掺有掺合料的胶砂强度与纯水泥胶砂强度之比,称为活性指数,单位为%。《用于水泥和混凝土中的粉煤灰》(GB/T1596—2005)规定其不小于70%。

五、砂 率

砂在混凝土中与水泥和水组成砂浆,起到填充粗骨料的空隙并包裹粗集料和润滑作用,以获得混凝土的流动性。砂率大小往往决定于粗集料种类及规格、级配;砂的粗细、种类(天然砂和人工砂);混凝土要求的坍落度的大小;水胶比的大小。如砂的细度模数相差0.3时,对混凝土拌合物稠度影响很大。

因此在其他条件相同的条件下遵循如下规定:
①碎石的砂率比卵石的砂率大(约大3%)。
②规格小的石子比规格大的石子砂率大(约大3%)。
③单粒级的粗集料比连续级配的粗集料砂率要大。
④粗砂比细砂用量大,在配合比设计中以中砂为标准,如果用细砂须相应减少,如果用粗砂应相应增大。
⑤人工砂比天然砂用量大。
⑥水胶比大比水胶比小砂用量大。每增大0.1的水胶比,砂率增大3%左右。
⑦坍落度大比坍落度小用砂多(坍落度为10~60 mm表现不明显,当坍落度大于60 mm,每增大20 mm时砂率增大1%)。

总之砂率大小,往往要几个因素综合考虑。
在配合比设计时一般采用查表法,见表3.20,也可采用计算法。查表需要具备以下7个条件:
①坍落度要求为10~60 mm。
②水胶比为0.4~0.7。
③石子种类(碎石、卵石)。
④石子的最大粒径。
⑤石子的级配形式(单粒级或连续级配)。
⑥砂子的种类(人工砂或天然砂)。
⑦砂子粗细(粗、中、细砂)。
计算法需要具备如下4个条件:
①砂子的表观密度。
②石子的空隙率。

③水泥用量。

④砂石拨开系数。

无论采用哪种方法确定砂率,其目的是要选择出一个合理的砂率。砂率大或小都会导致混凝土流动性降低,砂率小会使混凝土黏聚性、保水性变差,并容易造成离析、流浆等现象。

六、试拌和调整

在初步配合比计算的过程中得出初步配合比,很多步骤与计算皆为假定或由经验得出的(如混凝土密度为假定),同时所用材料也不可能是完全一样的,这样很难避免计算结果与实际不相符,甚至有时会发生严重的偏差。因此设计就很难一次性达到目的,所以就必须通过试拌、调整的手段来验证确定初步配合比是否能满足设计的要求,如果不能符合要求则须调整,直至达到要求为止。

七、初步配合比及其作用

初步配合比是把混凝土所用的各原材料,按照经验和规定的计算公式及步骤算出其每立方米混凝土各材料用量的质量比。其作用是为基准配合比的确定提供试验调整用料。

八、基准配合比及其作用

基准配合比是由初步配合比提供的每立方米混凝土所有材料比,通过试拌和调整,其混凝土拌合物的物理性能指标符合设计要求的各材料质量比。其作用是为最终初步配合比的确定提供较为合理的强度值。它是最终理论配合比确定的依据。

九、初步理论配合比的含义

初步理论配合比是由基准配合比制作的 3 组不同水胶比的试件经试验后得到 3 个强度代表值,然后在其中选取一个符合试配强度要求的强度值,这个强度值的配合比即为初步理论配合比。其作用是用此配合比实测每立方米混凝土的实际密度,然后对基准配合比的理论密度进行校正,最终确定理论配合比的每立方米混凝土实际各材料质量和质量比。

十、理论配合比

理论配合比是混凝土各种物理性能、力学性能、耐久性能等都符合设计要求的配合比,且密度已确定。其作用是用于指导混凝土施工,且必须严格执行,它是混凝土的核心。

十一、初步配合比、基准配合比、初步理论配合比、理论配合比的区别

初步配合比:各材料用量存在不确定性,仅作为试验用料的比例。

基准配合比:是拌合物符合设计要求指标的各材料的质量比。

初步理论配合比:是拌合物及强度指标都符合设计要求的材料的质量比。

理论配合比:是符合混凝土各项性能指标的质量比,用于指导混凝土施工,必须严格执行,它是混凝土的核心。

十二、混凝土掺用引气剂的要求、掺量及作用

长期处于潮湿或水位变动的寒冷、严寒以及盐冻环境的混凝土应掺用引气剂,其掺量应根据混凝土含气量要求由试验确定。

掺引气剂可以明显提高混凝土的抗冻性,但引气剂掺量太多,混凝土强度损失也较大。

十三、保证混凝土耐久性的重要手段

一是控制最大水胶比和最小胶凝材料用量;二是掺用引气剂以满足最小含气量的要求;三是掺加矿物掺合料,控制碱含量不大于 $3.0\ kg/m^3$。

十四、石子的规格和品种与水泥用量的关系

为降低混凝土工程成本,在没有特殊要求的情况下优先选用规格较大的石子并首选卵石。石子规格大比规格小每立方米混凝土用水量少,在保证水胶比不变的情况下,水泥用量也少,所以节约水泥。卵石通过水胶比计算可知,在强度相等时,卵石比碎石的水胶比大,这说明每立方米混凝土水泥用量少,而且卵石比碎石用水量也少。由此可知,用卵石比用碎石的水泥用量少,且石子规格越大,水泥用量越少。碎石与卵石水泥用量的比较见表 3.26。

表 3.26 碎石与卵石水泥用量的比较

混凝土强度等级/MPa	试配强度/MPa	水胶比		查表用水量/(kg·m⁻³)		水泥用量/(kg·m⁻³)		卵石水泥用量与碎石水泥用量之差/kg
		卵石	碎石	卵石	碎石	卵石	碎石	
15	21.58	0.86	0.86	170	185	198	214	-16
20	26.58	0.71	0.72	170	185	239	255	-16
25	33.22	0.58	0.60	170	185	293	309	-17
30	33..22	0.51	0.53	170	185	334	350	-17
35	38.22	0.45	0.47	170	185	374	392	-17
40	43.22	0.41	0.43	170	185	416	433	-17
45	53.22	0.37	0.30	170	185	456	474	-18
50	59.87	0.33	0.35	170	185	511	529	-19

注:卵石和碎石规格为 20 mm,混凝土设计强度均相同,水泥强度为 42.5 MPa,坍落度为 10~30 mm

十五、施工配合比换算中如何计算含水率

施工配合比的换算主要把现场用的湿砂石换算成理论配合比的干砂石。砂石含水率的计算规范规定,砂石中含水量与干砂石的比称为含水率。这里所说的干砂石是烘干砂石。实际上这个干砂石与配合比设计时的干砂石是不一致的,配合比设计时用的砂石虽说是干燥状态,但这个干燥状态是砂含水率小于 0.5%,石子含水率小于 0.2%的干燥状态,一般说是风干砂石。因此可以说,施工配合比换算以风干砂石状态最符合配合比设计时用的干燥砂石。而烘干砂石是绝干状态,它不符合配合比设计时使用的干燥砂石。为了说明这一问题可由以下计算证明。

如当风干砂石中含水量分别为 0.4% 和 0.2% 时,视为含水率为 0。这样来配制坍落度为 35~50 mm、卵石最大粒径为 40 mm 的混凝土,经计算其结果如下:

水胶比:0.5;

水用量查表:160 kg;

水泥用量:(160÷0.5) kg=320 kg;

砂率:33%;

砂用量:634 kg;

石子用量:1 286 kg。

这个结果是含水率为 0 时的情况,当砂石含水率分别为 0.4% 和 0.2% 时,其各材料用量如下:

由于砂含水率为 0.4%,这样砂中的水量为(634×0.004)kg=2.536 kg,所以砂质量为(634+2.536)kg=636.536 kg。

由于石子含水率为 0.2%,这样石子中的水量为(1 286×0.002)kg=2.572 kg,所以石子质量为(1 286+2.572)kg=1 288.572 kg。

由于砂、石中分别含有水 2.536 kg 和 2.572 kg,合计 5.108 kg,所以用水量应为(160-5.108)kg=154.892 kg。

这时,计算水胶比为:154.892÷320=0.484。

经上述计算可知,如把风干砂石(含水)视为烘干的砂石(不含水),其结果是:

①砂少用 2.536 kg。

②石子少用 2.572 kg。

③水多用了 5.108 kg。

④水胶比变大了,为 0.01~0.02(水增加了,而水泥用量未变)。

⑤坍落度变大了,约增加 20 mm(水多用了,水泥量未变,砂石用量少)。

由此可看出在配合比设计时,导致计算配合比的水胶比看似小,但强度低的逆反现象。其原因是砂石中有水,在称料时未扣除水分,所以砂石量是砂石加水的质量,这样干砂石实际少了。而且用水量还是按计算时的用水量,这样实际用水量等于计算用水量+砂石中的含水量,所以实际用水多了,但水泥量未变,因此导致实际水胶比大,强度低。所以发生水胶比小、强度低的逆反现象,同时还多用水泥约 9 kg 左右。

当用于施工配合比换算时,如用烘干法,其砂石中的含水率势必大于风干法,这样砂石中含水多,不仅湿砂石用量要加大,而且会从配合比中扣除的水多,使水量减小,导致砂石用量多、水减少、水胶比变小、坍落度也变小。

综上所述,施工配合比换算时所用砂石的干燥状态要与配合比设计时所用砂石的干燥状态一致,否则会导致实际施工时水胶比和坍落度的变化。如当配合比设计时用烘干砂,而在配合比换算时用风干砂,将导致水胶比及坍落度变小,且混凝土强度变大。相反配合比设计时用风干砂,而在配合比换算时用烘干砂,将导致水胶比及坍落度变大,且混凝土强度降低,同时使调整难度加大。

十六、确定配合比的3个参数

混凝土配合比设计的3个参数是水胶比、砂率和单位用水量。只要确定了这3个参数，混凝土的配合比就可以确定了，如图3.3所示。

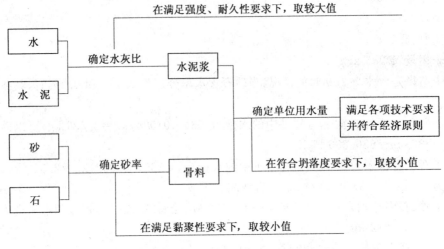

图3.3 混凝土配合比的3个参数

十七、确定最佳砂率的方法

确定最佳砂率时，可按选定的水灰比，保持水泥用量不变，在条件相同的情况下拌制数种砂率不同的拌合物，并测定其坍落度（应为2～10 cm内），其中坍落度最大的一种拌合物所用的砂率即为最佳砂率。

十八、限制石子的最大粒径及其目的

采用较大粒径的石子虽然可以提高混凝土强度并节约水泥，但是由于受结构构件截面和钢筋间距等条件的限制，石子的粒径也不能过大。如果粒径过大，石子无法顺利通过或不能通过钢筋间距及截面狭窄处，造成混凝土空洞，同时在拌和运输过程中容易出现离析现象，使混凝土难以浇筑密实，均匀性更得不到保证。因此，一般规定石子的最大粒径不得超过结构构件最小截面尺寸的1/4和钢筋最小净距的3/4，同时不得大于150 mm（有的规范则规定不得大于80 mm）。

十九、控制混凝土的最大、最小水泥用量

限制水泥用量不能过少，一般是从保证混凝土密实性、耐久性出发的。为了保证混凝土具有足够的密实性，以保护钢筋不易生锈，或为了减轻冻融作用或化学侵蚀对混凝土的破坏，一般技术规范都规定了最大水胶比容许值或最小水泥用量限值。限制水泥用量不能过多，则一般是从防止大体积混凝土水化热过高，或防止预应力构件混凝土收缩量过大来考虑的。水化热过高，会使混凝土因内外温差过大而出现裂缝。收缩量过大除增大预应力损失外，还会造成混凝土开裂、钢筋锈蚀、混凝土渗透性和构件挠度增大等弊端。因此，有关技术

规范还规定最大水泥用量不应超过 500 kg/m³。

总之,水泥用量过少或过多,除了给混凝土技术性带来不利影响外,还会在经济上造成不必要的损失。

二十、配制低强度等级的混凝土最好不用高标号水泥

用高标号水泥配制低强度等级的混凝土时,应采用较大的水胶比,所需的水泥用量也较少。由于水泥用量较少,往往使拌合物的和易性和耐久性差,在操作时难以振实,构件表面也难以抹光。为了改善和易性并提高耐久性而增加水泥用量时,则必然会出现强度等级超出设计的现象,在经济上也是不合理的。

第四章 施工用混凝土及组成混凝土材料的试验

第一节 概 述

一、混凝土试验

1. 混凝土拌合物的性能试验

混凝土试验包括混凝土拌合物的性能试验和硬化后混凝土的性能试验。

混凝土拌合物的性能试验包括(GB/T 50080—2002)稠度、凝结时间、泌水与压力泌水、表观密度和含气量5大项。施工现场以稠度、表观密度、含气量试验最为普遍,而稠度试验是必做的试验。

稠度试验有两种:一种是对塑性混凝土来说,用坍落度(坍落度为10~220 mm)和坍落扩展度表示(坍落度大于220 mm的混凝土);另一种是对干硬性混凝土来说,用维勃稠度表示。而现场稠度试验普遍,频率最高的为坍落度试验,而含气量试验次之。

泌水与压力泌水试验、凝结时间、表观密度多在混凝土设计中使用,施工现场很少进行试验。

2. 硬化后混凝土的性能试验

硬化后混凝土的性能试验包括力学性质试验和耐久性能试验。

(1)力学性质试验(GB/T 50081—2002)。

力学性质试验包括抗压强度试验、抗折强度试验、劈裂抗拉强度试验、静力受压弹性模量试验和轴心抗压强度试验。

抗压强度试验是施工现场必做的试验,而抗折强度试验多在道路、机场等大面积场平工程进行,静力受压弹性模量试验多在桥梁、预制梁等工程进行,劈裂抗拉强度试验很少进行。

(2)耐久性能试验(GB/T 50082—2009)。

耐久性能试验包括抗冻试验、动弹性模量试验、抗水渗透试验、抗氯离子渗透试验、收缩试验、早期抗裂试验、受压徐变试验、碳化试验、混凝土中钢筋锈蚀试验、抗压疲劳变形试验、抗硫酸盐侵蚀试验和碱—骨料反应试验。

施工现场对抗渗、抗冻及抗氯离子渗透试验做的频率不高,仅在图纸有明确要求时进行。

二、混凝土组成材料的试验

混凝土组成材料包括水泥、掺合料、砂、石子、外加剂和水。混凝土组成材料试验包括如下内容：

(1)水泥。

水泥试验包括细度(比表面积)、标准稠度用水量、凝结时间、安定性、胶砂强度和密度(不属于技术指标范畴,但进行比表面积试验时必须有密度值)。

(2)砂。

天然砂和人工砂试验包括颗粒级配及细度模数、含泥量、泥块含量、石粉含量(人工砂)、云母含量、轻物质含量、有机质含量、表观密度、堆积密度、空隙率、含水率和饱和面干吸水率。

(3)石子。

碎石和卵石试验包括颗粒级配、含泥量、泥块含量、针片状含量、有机质含量(卵石)、压碎值(有时同时做母岩抗压强度)、表观密度、堆积密度、空隙率、含水率、吸水率和坚固性(必要时做)。

(4)混凝土外加剂。

主要指减水剂试验,包括减水率、含气量、凝结时间差、经时变化量、抗压强度比、泌水率比、水泥净浆流动度和水泥砂浆工作性。

(5)矿物掺合料

混凝土中的掺合料大多为粉煤灰,在高性能混凝土中还掺有硅粉,其他掺合料参照执行。

掺合料试验项目有细度、需水量比、烧失量、含水量、强度活性指数和吸铵值(对硅粉做)。

上述各种材料技术指标很多,严格讲都要进行试验,以了解和掌握其性能,不仅利于在混凝土工程中合理使用,而且在确保质量的前提下,最大可能地降低工程成本,减少浪费,节约资源及减轻劳动强度,提高生产效率。但对于施工现场,由于试验设备、人员、环境、技术及资源的利用率的等方面的限制,不可能对所有项目进行试验检测。

第二节　试验基础知识

一、试验检测工作的目的

试验检测工作在工程施工中占有很重要地位。通过试验检测工作,采用定量方法,准确及时地鉴定工程使用的材料、结构构件和加工半成品的质量状况;通过试验试配,合理使用原材料;通过试验检测研究更好地推广和发展新材料、新技术,同时也通过试验及时地发现工程施工中存在的问题,以便及时正确地处理,确保工程的安全。

二、试验检测工作关键的术语含义

①检验批:按同一生产条件或按规定的方式汇总起来供检验用的,由一定数量样本组成的检验体。

②检验频率:为了确保生产过程的质量,按一定要求规定的检验次数。

③样品:从需检测的母体中抽取的具有代表性的材料。样品已经抽出应妥善保管,保持

原有状态。

④试样:把抽取有代表性的材料进行适当处理后,使样品满足检测所需的数量、状态的材料称为试样。

⑤平行检验:为了确保检验结果的准确性,而对同一样品一次性进行两次或两次以上的检验,并取平行检验结果为代表结果的行为。

⑥合格性的判定:根据一定规则及检验实测结果对被检验样品做出合格与否的判定。

⑦质量:反应实体满足明确和隐含需要的能力的特性总和。

⑧合格:满足规范标准的要求。

⑨不合格:不满足规范标准的要求。

⑩检定和校准:校准是一组操作,其第一步是在规定的条件下确定由测量标准提供的量值与相应示值之间的关系,这里测量标准提供的量值与相应示值都具有测量不确定度;第二步则是用此信息确定从示值与所获得测量结果的关系。校准属于测量的范畴。检定是查明和确认测量仪器符合法定要求的程序,它包括检查、加标记和(或)出具检定证书。检定属于法制计量和计量管理的范畴。

检定和校准的区别见表4.1。

表4.1 检定和校准的区别

序号	项目	检定	校准
1	效力	具有法制性,政府执法行为	不具有法制性,企业技术行为
2	依据	检定规程分国家、地区、部门3种	校准规范,也可是检定规程的有关部门,国家、地区、部门、企业均可制定
3	内容	全面确定计量特征,判别合格性	仅确定示值误差,不判别合格性
4	证件	合格;检定证书(合格级别)不合格;检定结果通知书	校准证书,给出示值误差值和校准不确定度
5	应用	按规程规定的允许误差考虑不确定度,使用方便,但效率低	按校准不确定度考虑不确定度,一般使用示值进行修正,使用不便,但效率高

任何工程的混凝土及原材料质量合格与否都必须依据检验后提供的准确的数据来判定。所有检验都离不开相应的设备仪器且这些仪器设备都必须符合国家计量法的规定,规定的实现就是由检定和校准来完成的,因此说仪器设备的检定和校准是检测的最基础工作。

检定由国家县及县级以上人民政府主管计量的行政部门负责,属于强制性行为,必须要执行的。校准则由相关有资质技能的部门、人员进行的非强制性行为,必须严格对待,做好这一工作。

⑪检验:对实体的一个或多个特性进行的诸如测量检查试验或度量并将结果与规定要求进行比较,以确定每项特性合格情况所进行的活动。

检验可分为全数检验和抽样检验两大类。

全数检验指对一批产品中的每个产品逐一检验,从而判断产品的质量、状况,其检验可靠,但工作量大,且难以实施。

抽样检验方法:以数理统计学为理论依据,具有很强的科学性和经济性,在许多情况下,只能采用抽样检验方法。特别是破坏性检测不可能使用全数检验,只能用抽样检验。从待检物品中抽取样本,根据样本的质量检验结果,推断整个待检物品的质量状况。总体与样本的关系如图4.1所示。

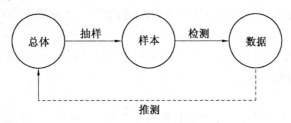

图4.1 总体与样本的关系

三、抽样检验的类型

抽样是从总体中抽取样本的过程,并通过样本了解总体。抽样检验可分为非随机抽样与随机抽样两大类。

(1)非随机抽样。

进行人为的、有意识的挑选取样即为非随机抽样。非随机抽样中,人的主观因素占主导作用,由此所得到的质量数据,往往会对总体做出错误的判断。因此,采用非随机抽样方法所得的检验结论,其可信度较低。

(2)随机抽样。

随机抽样排除了人的主观因素,使待检总体中每一个产品具有同等被抽取到的机会。只有随机抽取的样本才能客观地反映总体的质量状况。这类方法所得到的数据代表性强,质量检验的可靠性得到了基本保证。随机抽样时以数理统计的原理,根据样本取得的质量数据来推测、判断总体的一种科学抽样检验方法,因而被广泛使用。

四、随机抽样的4种方法

先举一个例子,说明随机抽样的方法。假如有一批产品,共200箱,每箱20件,从中选择400个样品,一般有以下几种抽样方法:

①从整批中,任意抽取400件。
②从整批中,先分成10组,每组为20箱,然后分别从各组中任意抽取20件。
③从整批中,分别从每箱中任意抽取2件。
④从整批中,任意抽取20箱,对这20箱进行全数检验。

上述4种方法分别称为单纯随机抽样、系统抽样、分层抽样和密集群抽样。

(1)单纯随机抽样。

在总体中,直接抽取样本的方法即为单纯随机抽样,这是一种不完全随机化的抽样方法。在进行单纯随机抽样时,应对总体中各个个体进行编码。随机抽样并不意味着随便地、任意地取样,而是应采取一定的方式获取随机数,以确保抽样的随机性。而随机数可以利用随机数表获得,也可以利用掷骰子和抽签的方法获得。

(2)系统抽样。

系统地将总体分成若干部分,然后从每个部分抽取一个或若干个个体,组成样本,这一方法称为系统抽样。在工程质量控制中,系统抽样的实现主要有以下3种方式。

①将比较大的数量分为若干部分,根据样本容量的大小,在每部分按比例进行单纯随机抽样,将各部分抽取的样品组合成一个样本。

②间隔定时法:在生产过程中每隔一定的时间,抽取一个或若干个样品。该方法适合于工序质量控制。

③间隔定量法:在生产过程中每隔一定数量的产品,抽取一个或若干个样品,该方法主要适合于工序质量控制。

(3)分层抽样。

一项工程或工序往往是由若干不同的班组施工的,分层抽样法就是依据此类情况,将工程或工序分为若干层。例如,同一个班组施工的工程或工序作为一层,若某项工程或工序是由3个不同的班组施工的,则可分为3层,然后按一定比例确定每层应抽取样品数,对每层则按单纯随机抽样法抽取样品。分层时,应尽量使层内均匀,而层间不均匀。分层抽样法便于了解每层的质量状况,分析每层产生质量问题的原因。

(4)密集抽样:即对一批待检物件,抽取某一部分进行全数检验,此法很少使用。

五、技术标准的含义

为了保证建筑材料的质量,有关权威部门对其提出技术指标要求,各有关部门必须遵守的统一性文献称为技术标准。

目前我国标准分为国家标准、行业标准、地方标准和企业标准4个等级。

六、试验检测必须掌握的3大技术

一般在进行材料测试时,首先要了解并掌握3个方面的技术问题,即抽样技术、测试技术和测试数据的整理、运算和分析。

(1)抽样技术。

抽样技术是指为确保对测试对象的整体测试结果准确,而从母体中抽取必需的具有代表性且数量充足的样品的方法过程。抽样技术的核心就是所抽样品必须能代表母体。通常情况下取样的原则是根据测试要求采用随机抽样法抽取一定的数量的样品(即在母体中任意抽取一定数量的样品)。

(2)测试技术。

测试技术是指对样品、试样进行一系列测试过程的总称。它包括测试仪器的选用(精度、量程和适应性)、适用范围、环境条件、试样的数量、试样的制备、测试方法及标准依据、平行试验的误差、仪器设备的标定及标准、试验程序与步骤和注意事项。

(3)测试数据的整理、运算与分析技术。

它是对被测试对象的结果按科学的方法、有效的依据、标准及方法进行计算、分析、整理的过程,得出定量或定性的结果值。它包括计算精度、数字的修约、结果处理、结果值精度、异常数据舍弃和数据表示方法。

上述单个方面的技术问题,对任何测试对象都是不可缺少的,希望每个测试者都必须认真对待,工作中严格要求,才能保证所测试的结果准确可靠。

母体指所研究对象的全体。

随机抽样指采用一定的方式排除人的主观因素，待检总体中的每一个产品具有同等被抽取到的机会。

子样指组成母体的每个基本单位成为个体，这些个体即称为子样。

异常数据舍弃的方法最常用的是 3 倍的均方差（拉依达法）。

七、运算规则

在计算测试值的数值时，有时在实际中没有必要多取位数，当然更不可任意取舍数字，一般情况可按以下规则进行。

① 几个测试值进行加减时，最后结果所保留小数点后的位数应与参加计算的各值中的小数点后位数最少者相同。如：

$$10.34+10.2=20.5$$
$$21.1-7.32+0.103=13.9$$
$$63.5+78.2=141.7$$

② 在测试值进行乘、除运算时，所得积或商取的位数应与参加计算各值中有效数字位数最少者相同。如：

$$3.45\times0.678\ 9=2.34$$
$$67.44\div0.073\ 4=919$$

③ 测试值的乘幂所取的位数，应与测试值本身的有效数位数相同。如：

$$1.12^2=1.25$$

④ 测试值的平方根一般至少可取与测试值有效数位数相同的位数。如：

$$\sqrt{35.76}=5.980$$

⑤ 若计算式中出现 $\pi e \sqrt{2}$ 等常数量，可根据具体情况来决定它们应取的位数，一般来讲，若计算结果要求 K 位数字，则应取（$K+1$）位。

⑥ 计算测试值的对数量，其对数的小数点后所取的位数应不多于测试值的有效数字位数。如：

$$\lg 183.7=2.264\ 1$$
$$\lg 1.108=0.017\ 8$$

⑦ 若需要对一系列小数进行计算，在一般情况下，应先将各值舍入，只需比所要求的最后的结果位数多保留一位，在计算过程中，对中间结果已计算的值还需进行下一步计算，则较之所要求的多一位，而最后把得到的结果再舍入成所要求的位数。如：

$$72.344+0.178-5.043\ 6$$

若要求最后结果小数点后取一位，则可先将各值舍入成小数点后保留两位，再进行计算。如：

$$72.34+0.18-5.04=67.48$$

最后再将 67.48 舍入成 67.5，这就是所要求的结果值。

八、数字修约

（一）数字修约规则

① 在拟舍弃的数字中，保留数后边（右边）第一个数小于 5（不包括 5）时，则舍去，保留数

的末位数字不变。如将 14.243 2 修约到保留一位小数,即得 14.2。

②在拟舍弃的数字中,保留后边第一个数字大于5(不包括5)时,则进一,保留数的末位数字加一。如将 26.484 3 修约到保留一位小数,即得 26.5。

③在拟舍弃的数字中,保留数后边第一个数字等于5,5后边的数字并非全部为0时,则进一,即保留数末位数字加一。如将 1.050 5 修约到保留小数一位,即得 1.1。

④在拟舍弃的数字中,保留数后边第一个数字等于5,5后边的数字全部为0时,保留数的末位数字为奇数时则进一,若为偶数时(不包括0)则不进。

如:将下列数字修约到保留一位小数。

修约前 0.350 0　　　　修约后 0.4

修约前 0.450 0　　　　修约后 0.4

修约前 1.050 0　　　　修约后 1.0

⑤所拟舍弃的数字,若为两个以上的数字,不得连续进行多次(包括二次)修约。应根据保留数字后边第一个数字的大小,按上述规定一次修约出结果。如将 15.454 6 修约成整数,即得 15;不能进行多次修约,如得 15.455(一次修约),15.46(二次修约),15.5(三次修约),16(四次修约)。

(二)0.5 单位修约和 0.2 单位修约方法

1. 0.5 单位修约(半个单位修约)

0.5 单位修约是按指定修约间隔对拟修约的数值 0.5 单位进行的修约。

0.5 单位修约方法如下:将拟修约数值 X 乘以2,按指定修约间隔对 $2X$ 按规定修约,所得数值($2X$ 修约值)再除以2。

例:将下列数字修约到个数位的 0.5 单位修约。

拟修约数值 X	$2X$	$2X$ 修约值	X 修约值
60.25	120.50	120	60.0
60.38	120.76	121	60.5
60.28	120.56	121	60.5
−60.75	−121.50	−122	−61.0

2. 0.2 单位修约

0.2 单位修约是指按指定修约间隔对拟修约的数值 0.2 单位进行的修约。

0.2 单位修约方法如下:将拟修约数值 X 乘以5,按指定修约间隔对 $5X$ 按规定修约,所得数值($5X$ 修约值)再除以5。

例:将下列数字修约到百数位的 0.2 单位修约。

拟修约数值 X	$5X$	$5X$ 修约值	X 修约值
830	4 150	4 200	840
842	4 210	4 200	840
832	4 160	4 200	840
−930	−4 650	−4 600	−920

修约间隔指修约值的最小数值单位。修约间隔的数值一经确定,修约值即为该数值的整数倍。

如指定修约间隔为 0.1,修约值应在 0.1 的整数倍中选取,相当于将数值修约到一位小数。

如指定修约间隔为 100,修约值应在 100 的整数倍中选取,相当于将数值修约到百位数位。

九、极限数值及表示极限数值的基本用语

1. 极限数值

极限数值指按标准(或技术规范)中规定考核的数量形式给出且符合该标准(或技术规范)要求的指标数值范围的界限值。

2. 表达极限数值的基本用语

表达极限数值的基本用语及符号见表 4.2。

表 4.2 表达极限数值的基本用语及符号(GB/T 8170—2008)

基本用语	符号	特定情形下的基本用语			备注
大于 A	$>A$		多于 A	高于 A	测定值或计算值恰好为 A 值时,不符合要求
小于 A	$<A$		少于 A	低于 A	测定值或计算值恰好为 A 值时,不符合要求
大于或等于 A	$\geqslant A$	不少于 A	少于 A	不低于 A	测定值或计算值恰好为 A 值时,符合要求
小于或等于 A	$\leqslant A$	不大于 A	不多于 A	不高于 A	测定值或计算值恰好为 A 值时,符合要求

注:① A 为极限数值;

② 允许采用以下习惯用语表达极限数值:

  a. "超过 A",指数值大于 $A(>A)$;

  b. "不足 A",指数值小于 $A(<A)$;

  c. "A 及以上"或"至少 A",指数值大于或等于 $A(\geqslant A)$;

  d. "A 及以下"或"至多 A",指数值小于或等于 $A(\leqslant A)$。

如:钢中磷的残量 $<0.035\%$,$A=0.035\%$。

如:钢丝绳抗拉强度 $\geqslant 22\times 10^2$ MPa,$A=22\times 10^2$ MPa。

基本用语可以组合使用表示极限值范围。对特定的考核指标 X,允许采用的表达极限数值的组合用语和符号见表 4.3。同一标准中一般只应使用一种符号表示方式。

表 4.3 对特定的考核指标 X,允许采用的表达极限数值的组合用语及符号(GB/T 8120—2008)

组合基本用语	组合允许用语	符号	
		表示方式 I	表示方式 II
大于或等于 A 且小于或等于 B	从 A 到 B	$A\leqslant X\leqslant B$	$A\leqslant \cdot \leqslant B$
大于 A 且小于或等于 B	超过 A 到 B	$A<X\leqslant B$	$A< \cdot \leqslant B$
大于或等于 A 且小于 B	至少 A 不足 B	$A\leqslant X<B$	$A\leqslant \cdot <B$
大于 A 且小于 B	超过 A 不足 B	$A<X<B$	$A< \cdot <B$

3. 带有极限偏差值的数值

基本数值 A 带有绝对极限上偏差 $+b_1$ 和绝对极限下偏差值 $-b_2$,指从 $A-b_2$ 到 $A+b_1$

符合要求,记为 $A_{-b_2}^{+b_1}$。当 $b_1=b_2=b$ 时,$A_{-b_2}^{+b_1}$ 可简记为 $A\pm b$。

例如 80_{-1}^{+2} mm,指从 79 mm 到 82 mm 符合要求。

十、测定值或其计算值与标准规定的极限数值作比较的方法

1. 总则

(1)在判定测定值或其计算值是否符合标准要求时,应将测试所得的测定值或其计算值与标准规定的极限数值作比较,比较的方法可采用全数值比较法和修约值比较法。

(2)当标准或有关文件中,若对极限数值(包括带有极限偏差值的数值)无特殊规定时,均应使用全数值比较法。如果规定采用修约值比较法,应在标准中加以说明。

(3)若标准或有关文件规定了使用其中一种比较方法时,一经确定,不得改动。

2. 全数值比较法

将测试所得的测定值或计算值不经修约处理(或虽经修约处理,但应标明它是经舍进或未经舍进而得),用该数值与规定的极限数值作比较,只要超出极限数值规定的范围(不论超出程度大小),都判定为不符合要求。

3. 修约值比较法

(1)将测定值或其计算值进行修约,修约数位应与规定的极限数值数位一致。

当测定或计算精度允许时,应先将获得的数值按指定的修约数位多一位或几位报出,然后修约至规定的数位。

(2)将修约后的数值与规定的极限数值进行比较,只要超出极限数值规定的范围(不论超出程度大小),都判定为不符合要求。

4. 两种判定方法的比较

对测定值或其计算值与规定的极限数值在不同情形用全数值比较法和修约值比较法的比较结果的示例见表 4.4。对同样的极限数值,若它本身符合要求,则全数值比较法比修约值比较法相对较严格。

十一、测试过程中的误差、准确度、精密度、精确度及有效数字的概念

(一)误差

误差指真值与测试值之差。

真值指一个物体客观存在的实际应有的量,但这个量是无法测量的。正常情况下真值为人为规定的某值。

测试值指用仪器或工具对一个物体进行测试时所得的数值。

第四章 施工用混凝土及组成混凝土材料的试验

表 4.4 全数值比较法和修约值比较法的示例与比较（GB/T 8070—2008）

项目	极限数值	测定值或其计算值	按全数值比较是否符合要求	修约值	按修约值比较是否符合要求
中碳钢抗拉强度/MPa	≥14×100	1349	不符合	13×100	不符合
		1351	不符合	14×100	符合
		1400	符合	14×100	符合
		1402	符合	14×100	符合
NaOH 的质量分数/%	≥97.0	97.01	符合	97.0	符合
		97.00	符合	97.0	符合
		96.96	不符合	97.0	符合
		96.94	不符合	96.9	不符合
中碳钢中硅的质量分数/%	≤0.5	0.452	符合	0.5	符合
		0.500	符合	0.5	符合
		0.549	不符合	0.5	符合
		0.551	不符合	0.6	不符合
中碳钢中锰的质量分数/%	1.2～1.6	1.151	不符合	1.2	符合
		1.200	符合	1.2	符合
		1.649	不符合	1.6	符合
		1.651	不符合	1.7	不符合
盘条直径/mm	10.0±0.1	9.89	不符合	9.9	符合
		9.85	不符合	9.8	不符合
		10.10	符合	10.1	符合
		10.16	不符合	10.2	不符合
盘条直径/mm	10.0±0.1（不含 0.1）	9.94	符合	9.9	不符合
		9.96	符合	10.0	符合
		10.06	符合	10.1	不符合
		10.05	符合	10.0	符合
盘条直径/mm	10.0±0.1（不含+0.1）	9.94	符合	9.9	符合
		9.86	不符合	9.9	符合
		10.06	符合	10.1	不符合
		10.05	符合	10.0	符合
盘条直径/mm	10.0±0.1（不含−0.1）	9.94	符合	9.9	不符合
		9.86	不符合	9.9	不符合
		10.06	符合	10.1	符合
		10.05	符合	10.0	符合

注：表中的示例并不表明这类极限数值都应采用全数值比较法或修约值比较法

(二)误差的分类

按误差最基本的性质和特点,可以将误差分为3大类:系统误差、随机误差和疏失误差(差错)。

(1)系统误差:凡误差数值恒定不变的,或者是遵循一定的规律变化的,这种误差就称为系统误差或确定性误差。不变的系统误差又称为恒差或定值误差。变化的系统误差则称为系统误差或变值系统误差。

系统误差产生的原因有测试仪器及工具、测试人员及测试方法和测试条件3个方面。

系统误差的特点:有一定的规律性、可查性,并可掌握,也比较容易消除。但是此种误差是危险的,因为它很难发现。

(2)随机误差:凡每个单独的误差的出现没有一定的规律性,其数值大小和性质不固定,误差是随机性变化的,这种误差称为随机误差。

随机误差产生的原因:可能是由于许多互不相干的独立因素引起的,这些因素或太复杂或太多,所以目前尚不完全清楚其主要原因,以致也无法掌握其具体规律。

随机误差的特点:首先是这种误差是随机性、无确定性,也无法消除,并时时存在不可避免,其误差总体来讲具有某些内在的共性,或者说对于一个整体来讲其误差之和等于0。

(3)疏失误差(差错):由于测量过程中读数错误、记录错误操作及计算错误等使测量数据明显地被歪曲,其结果是完全错误的,这种误差称为疏失误差。疏失误差也可以说是人为性的误差。

疏失误差的产生原因:主要是人的因素,即在工作中的疏忽大意不认真造成的错误而导致的误差。

疏失误差的特点:其结果值存在明显的错误,或远远超过同一客观条件下的系统误差和随时误差。因此对于这种误差的数据通常应舍去不用。

(三)真值、测试值与误差之间的关系

真值、测试值与误差之间的关系为真值+误差=测试值。当测试值大于真值时,测试值误差为正值,反之为负值。

(四)绝对误差和相对误差

绝对误差:测试值与真值之差称为绝对误差,绝对误差有正负之分,它表示测试的准确度。

相对误差:绝对误差与真值之比。相对误差是测试精密度的指标,具有可比性。

(五)精密度、准确度及精确度

精密度:对于一物体进行多次测试的值接近的程度称为精密度,越接近则表示精密度越高,如图4.2(a)所示。

准确度:测试值接近真值的程度称为准确度,即绝对误差越小表明准确度越高,如图4.2(b)所示。

精确度:多次测量值不仅相邻之间接近而与真值也接近的值称为精确度,如图4.2(c)所示。

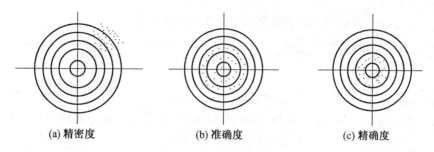

图 4.2 精密度、准确度与精确度示意图

(六)何谓有效数字

对一个数据来讲,从左边不是零的数字算起的数字的个数(包括 0)称为有效数字。有效数字位数越多,表示测试值的准确度越高。数字后边的 0 也是有效数字的组成部分。例如,0.075 0 有效数字为 3 位;80.31 有效数字为 4 位。

十二、试验数据统计分析的一般方法

(一)3 种平均值

(1)算术平均值是最常用的一种平均值方法,用它来了解一批数据的平均水平,度量这些数据的中间位置。其计算公式如下:

$$\bar{x} = \frac{x_1 + x_2 + x_3 + \cdots + x_n}{n} = \frac{\sum x_i}{n}$$

式中　$\bar{x}$——算术平均值;

$x_1, x_2, \cdots, x_n$——各试验数据值;

$\sum x_i$——各试验数据值的总和;

n——试验数据总数;

x_i——第 i 个试验数据,如第 1 个、第 2 个、…、第 i 个。

(2)均方根平均值对一组数据大小跳动反映较为灵敏。其计算公式如下:

$$S = \sqrt{\frac{x_1^2 + x_2^2 + \cdots + x_n^2}{n}} = \sqrt{\frac{\sum x_i^2}{n}}$$

式中　S——各试验数据的均方根平均值;

$x_1, x_2, \cdots, x_n$——各个试验数据值;

$\sum x_i^2$——各试验数据值平方的总和;

n——试验数据个数。

(3)加权平均值是各个试验数据和它的对应数的算术平均值。其计算公式如下:

$$m = \frac{x_1 g_1 + x_2 g_2 + \cdots + x_n g_n}{g_1 + g_2 + \cdots + g_n} = \frac{\sum x_i g_i}{\sum g_i}$$

式中　m——加权平均值;

$x_1, x_2, \cdots, x_n$——各试验数据值;

$g_1, g_2, \cdots, g_n$——$x_1, x_2, \cdots, x_n$ 的对应数;

$\sum x_i g_i$ ——各试验数据值和它的对应数乘积的总和；

$\sum g_i$ ——各对应数的总和。

(二)误差计算

范围误差也称为极差,是试验值中最大值和最小值之差。例如,4 块混凝土试件抗压强度分别为 4.31 MPa,4.52 MPa,4.76 MPa,4.87 MPa,则其范围误差或极差为

$$(4.87-4.31)\text{MPa}=0.56\text{ MPa}$$

算术平均误差计算公式如下：

$$\delta=\frac{|x_1-\bar{x}|+|x_2-\bar{x}|+\cdots+|x_n-\bar{x}|}{n}=\frac{\sum|x_i-\bar{x}|}{n}$$

式中　δ ——算术平均误差；

$x_1,x_2,\cdots,x_n$ ——各试验数据值；

n ——试验数据的总数；

$\bar{x}$ ——试验数据值的算术平均值；

x_i ——第 i 个试验数据,如第 1 个、第 2 个、$\cdots$、第 i 个数据；

均方根误差(标准离差、均方差)是衡量一组数据波动性(离散性大小)的指标,常在混凝土强度评定中使用。其计算公式如下：

$$S=\sqrt{\frac{\sum_{i=1}^{n}(x_1-\bar{x})^2+(x_2-\bar{x})^2+\cdots+(x_i-\bar{x})^2}{n-1}}=\sqrt{\frac{\sum_{i=1}^{n}(x_i-\bar{x})^2}{n-1}}$$

式中　S ——均方根误差(标准离差、均方差)；

$x_1,x_2,\cdots,x_i$ ——各试验数据值；

$\bar{x}$ ——各试验数据的算术平均值；

n ——试验数据总数。

(三)变异系数

测量较大的量值时,绝对误差一般较大;测量较小的量值时,绝对误差一般较小。因此要考虑相对波动的大小,即变异系数。它用于混凝土强度评定,其计算公式如下：

$$C_v=\frac{S}{X}$$

式中　C_v ——变异系数；

S ——标准离差；

X ——试验数据的算术平均值。

十三、可疑数据的判断与舍弃

可疑数据的判断与舍弃常用的方法包括拉依达法(3σ)、肖维纳特法(肖维纳特系数法)和格拉布斯法(格拉斯系数法)。

上述 3 种方法都是以数理统计为基础而确定的。

(一)可疑数据的判断

在一组条件完全相同的重复试验中,个别的测量值可能会出现异常。如测量值过大或

过小,这些过大或过小的测量数据是不正常的,或称为可疑的。对于这些可疑数据应该用数理统计的方法判别其真伪,并决定取舍。在此仅对拉依达法进行介绍,此方法在实际工作中应用较为普通,其优点比较简便,不需查表,容易记忆。但要求较宽,当试验检测次数较多或要求不高时可以应用,当试验检测次数较少时(如 $n<10$),在一组测量值中即使混有异常值,也无法舍弃。

(二)舍弃可疑数据的方法——拉依达法

当试验次数较多时,可简单地用3倍标准偏差(3σ)作为确定可以取舍的标准。当某一测量数据 x_i 与其测量结果的算术平均值 $\bar{x}$ 之差大于3倍标准偏差时,用公式表示为

$$|x_i - \bar{x}| > 3\sigma$$

则该测量数据应舍弃。

这是美国混凝土标准中所采用的方法,由于该方法是以3倍标准偏差作为判别标准,所以也称为3倍标准偏差法,简称 3σ。

取 3σ 的理由是:根据随机变量的正态分布规律,在多次试验中,测量值落在 $\bar{x}-3\sigma$ 与 $\bar{x}+3\sigma$ 之间的概率为99.73%,出现在此范围之外的概率仅为0.27%,也就是在近400次试验中能遇到一次,这种事件为小概率事件,出现的可能性很小,几乎是不可能。因此在实际试验中,一旦出现,就认为该测量数据是不可靠的,应将其舍弃。

另外,当测值与平均值之差大于2倍标准偏差($|x_i - \bar{x}| > 2\sigma$)时,则该测量值应保留,但须存疑。如果发现在生产(施工)、试验过程中,有可疑的变异时,该测量值则应予舍弃。

例:在实验室内进行同配比的混凝土强度试验,其试验结果为($n=10$)23.0 MPa,24.5 MPa,26.0 MPa,25.0 MPa,24.8 MPa,27.0 MPa,25.5 MPa,31.0 MPa,25.4 MPa,25.8 MPa,试用 3σ 法决定其取舍。

解 分析上述10个测量数据,$x_{\min}=23.0$ MPa 和 $x_{\max}=31.0$ MPa 最可疑,故应首先判别 $x_{\min}$ 和 $x_{\max}$。

经计算:$\bar{x}=25.8$ MPa,$\sigma=2.10$ MPa。

由于 $|x_{\max}-\bar{x}|=(31.0-25.8)\text{MPa}=5.2\text{ MPa}<3\sigma=6.3\text{ MPa}$

$|x_{\max}-\bar{x}|=(23.0-25.8)\text{MPa}=2.9\text{ MPa}<3\sigma=6.3\text{ MPa}$

故上述测量数据均不能舍弃。

十四、数据的表达

测量数据的表达方法通常有表格法、图式法和经验公式法3种。

(一)表格法

用表格法来表示函数的方法,在自然科学和工程技术上用得特别多。在科学试验中一系列测量数据都是首先列成表格,然后再进行其他的处理。表格法简单方便,但要进行深入的分析,表格就不能胜任了。首先,尽管测量次数相当多,但它不能给出所有的函数关系;其次,从表格中不易看出自变量变化时函数的变化规律,而只能大致估计出函数是递增的、递减的或是周期性变化的等。列成表格是为了表示出测量结果,或是为了以后的计算方便,同时它也是图示法和经验公式法的基础。

表格有两种:一种是试验检测数据记录表,另一种是试验检测结果表。

试验检测数据记录表是该项试验检测的原始记录表,它包括的内容有试验检测目的、内容提要、试验日期、环境条件、检测仪器设备、原始数据、结果分析以及参加人员和负责人等。

试验检测结果表只反映试验检测结果的最后结论,一般只有几个变量之间的对应关系。试验检测结果表应力求简明扼要,能说明问题。

(二)图示法

在自然科学和工程技术中用图形来表示测量数据是一种普遍的方法。图示法的最大优点是一目了然,即从图形中可非常直观地看出函数的变化规律,如递增型或递减性,最大值或最小值,是否具有周期性变化规律等。但是,从图形上只能得到函数变化关系而不能进行数学分析。

图示法的基本要点为:

①在直角坐标系中绘制测量数据的图形时,应以横坐标为自变量,从坐标为对应的函数量。

②坐标纸的大小与分度的选择应与测量数据的精度相适应。分度过粗时,会影响原始数据的有效数字,绘图精度将低于试验中参数测量的精度;分度过细时,会高于原始数据的精度。

坐标分度值不一定自零起,可用低于试验数据的某一数值作起点和高于试验数据的某一数值作终点,曲线以基本占满全幅坐标纸为宜。

③坐标轴应注明分度值的有效数字和名称、单位,必要时还应表明试验条件,坐标的文字书写方向应与该坐标轴平行,在同一图上表示不同数据时应该用不同的符号加以区别。

④曲线平滑方法。测量数据往往是分散的,如果用短线连接各点得到的就不是光滑的曲线,而是折线。由于每一个测点总存在误差,按带有误差的各数据所描的点不一定是真实值的正确位置。根据足够多的测量数据,完全不可能做出一光滑曲线,决定曲线的走向应考虑曲线应尽可能通过或接近所有的点,但曲线不必强求通过所有的点,尤其是两端的点。当不可能时,则应移动曲线尺,考虑所绘制的曲线与实测值之间的误差的平方和最小。此时曲线两边的点数接近于相等。

(三)经验公式法

测量数据不仅可用图形表示函数之间的关系,而且可用与图形对应的一个公式来表示所有的测量数据,当然这个公式不可能完全准确地表达全部数据。因此,常把与曲线对应的公式称为经验公式,在回归分析中则称为回归方程。

把全部测量数据用一个公式来代替,不仅有紧凑扼要的优点,而且可以对公式进行必要的数学运算,以研究各自变量与函数之间的关系。

根据一系列测量数据,如何建立公式,建立什么形式的公式,这是首先需要解决的问题。

所建立的公式能正确表达测量数据的函数关系,不是一件容易的事情,在很大的程度上取决于试验人员的经验和判断能力,而且建立公式的过程比较繁琐,有时还要多次反复才能得到与测量数据更接近的公式。

第三节 混凝土的试验方法

一、混凝土力学性能试验

(一)混凝土抗压强度试验

混凝土抗压强度试验包括立方体试件抗压强度试验、圆柱体试件抗压强度及轴心抗压强度试验。

1. 立方体试件抗压强度试验

立方体试件分标准试件和非标准试件(每组3个):
标准试件尺寸:150 mm×150 mm×150 mm 立方体。
非标准试件尺寸:100 mm×100 mm×100 mm 立方体及 200 mm×200 mm×200 mm 立方体。
(1)本方法适用于测定立方体试件的抗压强度。
(2)仪器设备。
①压力机:应符合标准。
②量具:分度值1 mm,量具大于等于20 cm 的钢板尺。
(3)试验方法。
①试件从标准养护室取出(或从其他条件下取出)应及时进行试验,首先将试件表面擦拭干净(包括水和其他异物),同时压力机上、下承压板也要擦拭干净。
②将试件以成型侧面为受压面放入压力机上、下承压板中,使试件中心对准上、下承压板中心,然后使上承压板稍接触试件受压面,开动试验机,同时调整球座使上承压板均衡接触试件承压面。
③试验过程中应连续均匀地加荷,加荷速率为:当混凝土强度等级<C30时,为 0.3~0.5 MPa/s;≥C30且<C60时,为0.5~0.8 MPa/s;≥C60时,0.8~1.0 MPa/s。
④当试件接近破坏开始急剧变形时,应停止调整试验机油门,直至破坏,然后记录破坏荷载。
⑤取出已试压完的试件,并清理下承压板上的碎屑,按上述方法放入其他待压试件,重复上述试压过程,直至3个试件试压完毕。
(4)混凝土立方体试件抗压强度应按下式计算:

$$f_{cc} = \frac{F}{A}$$

式中 f_{cc} ——混凝土立方体试件抗压强度,MPa;
F ——试件破坏荷载,N;
A ——试件承压面积,mm^2。

混凝土立方体抗压强度计算应精确至0.1 MPa。
(5)强度值的确定。
①3个试件测值的算术平均值为该组试件的强度值(精确至0.1 MPa)。

②3 个测值中的最大值或最小值中如有一个与中间值的差值超过中间值的 15%时,则把最大及最小值一并舍去,取中间值作为该组试件的抗压强度值。

③如果最大值和最小值与中间值的差均超过中间值的 15%,则该组试件的试验结果无效。

④混凝土强度等级<C60 时,用非标准试件测得的强度值均应乘以尺寸换算系数,对 200 mm×200 mm×200 mm 试件为 1.05,对 100 mm×100 mm×100 mm 试件为 0.95。当混凝土强度等级≥C60 时,宜采用标准试件;使用非标准试件时,尺寸换算系数应由试验确定。

2. 圆柱体试件抗压强度试验

圆柱体试件分标准试件和非标准试件(每组 3 块):

标准试件尺寸:Φ150 mm×300 mm 的圆柱体。

非标准试件尺寸:Φ100 mm×200 mm 和 200 mm×400 mm 的圆柱体。

(1)本方法适用于测定圆柱体试件的抗压强度。

(2)试验设备:

①压力试验机:应符合标准。

②卡尺:量程 300 mm,分度值 0.02 mm。

(3)试验步骤。

①试件从养护地取出后应及时进行试验,将试件表面与上、下承压板面擦干净,然后测量试件的两个相互垂直的直径,分别记为 d_1,d_2,精确至 0.02 mm。再分别测量相互垂直的两个直径段的 4 个高度,直径和高的尺寸公差不得超过 1 mm。

②将试件置于试验机上、下压板之间,使试件的纵横与加压板的中心一致。启动压力试验机,当上压板与试件或钢垫板接近时,调整球座,使接触均衡。试验机的加压板与试件的端面之间要紧密接触,中间不得加入有缓冲作用的其他物质。

③应连续均匀地加荷,加荷速度同立方体试件抗压强度试验的规定。当试件接近破坏,开始迅速变形时,停止调整试验机油门直至试件破坏,记录破坏荷载 $F(N)$。

(4)混凝土圆柱体试件抗压强度试验结果。

①试件直径应按下式计算:

$$d = \frac{d_1 + d_2}{2}$$

式中　d——试件计算直径,mm;

　　　d_1,d_2——试件两个垂直方向的直径,mm。

试件计算直径的计算精确至 0.1 mm。

②抗压强度应按下式计算:

$$f_{cc} = \frac{4F}{\pi d^2}$$

式中　f_{cc}——混凝土的抗压强度,MPa;

　　　F——试件破坏荷载,N;

　　　d——试件计算直径,mm。

混凝土圆柱体试件抗压强度的计算精确至 0.1 MPa。

(5)混凝土圆柱体试件抗压强度值确定同立方体试件。

(6)用非标准试件测得的强度值均应乘以尺寸换算系数,对 Φ200 mm×400 mm 的试件为 1.05,对 Φ100 mm×200 mm 试件为 0.95。

3. 轴心抗压强度试验

轴心抗压强度试件分为标准试件和非标准试件(每组 3 块):150 mm×150 mm×300 mm 棱柱体为标准试件,100 mm×100 mm×300 mm 和 200 mm×200 mm×400 mm 棱柱体为非标准试件。

(1)本试验方法适用于测定混凝土棱柱体试件的轴心抗压强度。

(2)所用试验设备。

①压力机:应符合标准。

②量程大于 60 mm、分度值为 1 mm 的钢板尺。

③其他辅助器具。

(3)轴心抗压强度试验步骤:

①试件从养护地点取出后应及时进行试验,用干毛巾将试件表面与上、下承压板面擦干净。

②将试件直立放置在试验机的下压板或钢垫板上,并使试件轴心与下压板中心对准。

③启动试验机,当上压板与试件或钢垫板接近时,调整球座,使接触均衡。

④应连续均匀地加荷,不得有冲击。所用加荷速度同立方体试件。

⑤试件接近破坏而开始急剧变形时,应停止调整试验机油门,直至试件破坏,然后记录破坏荷载。

(4)试验结果计算及确定。

混凝土棱柱体试件轴心抗压强度应按下式计算:

$$f_{cp} = \frac{F}{A}$$

式中 f_{cp} ——混凝土轴心抗压强度,MPa;

F ——试件破坏荷载,N;

A ——试件承压面积,mm^2。

混凝土轴心抗压强度计算值应精确至 0.1 MPa。

(5)混凝土轴心抗压强度值的确定同立方体试件抗压强度。

(6)混凝土强度等级<C60 时,用非标准试件测得的强度值均应乘以尺寸换算系数,对 200 mm×200 mm×400 mm 试件为 1.05,对 100 mm×100 mm×300 mm 试件为 0.95。当混凝土强度等级≥C60 时,宜采用标准试件;使用非标准试件时,尺寸换算系数应由试验确定。

(二)混凝土抗折强度试验

(1)本方法适用于测定混凝土抗折强度。

(2)试件分标准试件和非标准试件(每组 3 块):边长 150 mm×150 mm×600(或 550)mm 的棱柱体试件为标准试件,边长为 100 mm×100 mm×400 mm 的棱柱体试件为非标准试件。

(3)试验所采用的试验设备应符合下列规定:

①试验机应能施加均匀、连续、速度可控的荷载,并带有能使两个相等荷载同时作用在试件跨度3分点处的抗折试验装置(图4.3)。

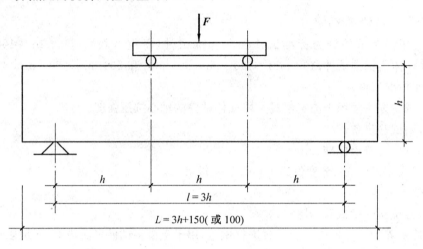

图 4.3 抗折试验装置

②试件的支座和加荷头应采用直径为 20~40 mm、长度不小于($b+10$) mm 的硬钢圆柱,支座立脚点固定铰支,其他应为滚动支点。

(4)抗折强度试验步骤:

①试件从养护地取出后应及时进行试验,将试件表面擦干净。

②按图 4.3 装置试件,安装尺寸偏差不得大于 1 mm。试件的承压面应为试件成型时的侧面。支座及承压面与圆柱的接触面应平稳、均匀,否则应垫平。

③施加荷载应保持均匀、连续。当混凝土强度等级<C30 时,加荷速度取 0.02~0.05 MPa/s;当混凝土强度等级≥C30 且<C60 时,取 0.05~0.08 MPa/s;当混凝土强度等级≥C60 时,取 0.08~0.10 MPa/s。试件接近破坏时,应停止调整试验机油门,直至试件破坏,然后记录破坏荷载。

④记录试件破坏荷载的试验机示值及试件下边边缘断裂位置。

(5)抗折强度试验结果计算及确定:

①若试件下边边缘断裂位置处于两个集中荷载作用线之间,则试件的抗折强度 f_f(MPa)按下式计算:

$$f_f = \frac{Fl}{bh^2}$$

式中 f_f——混凝土抗折强度,MPa;

F——试件破坏荷载,N;

l——支座间跨度,mm;

h——试件截面高度,mm;

b——试件截面宽度,mm;

抗折强度计算应精确至 0.1 MPa。

②抗折强度值的确定。

3个试件测值的算术平均值作为该组试件的强度值,精确至0.1 MPa。

当3个试件中若有一个折断面位于两个集中荷载之外,则混凝土抗折强度值按另外两个试件的试验结果计算。若这两个测值的差值不大于这两个测值的较小值的15%时,则该组试件的抗折强度值按这两个测值的平均值计算,否则该组试件的试验无效。若有两个试件的下边缘断裂位置于两个集中荷载作用线之外,则该组试件试验无效。

③当试件为100 mm×100 mm×400 mm非标准试件时,应乘以尺寸换算系数0.85。当混凝土强度等级≥C60时,宜采用标准试件;使用非标准试件,尺寸换算系数应由试验确定。

(三)混凝土劈裂抗拉强度试验

劈裂抗拉强度试验分为立方体试件劈裂抗拉强度试验和圆柱体试件劈裂抗拉强度试验两种。

1. 混凝土立方体试件劈裂抗拉强度

(1)劈裂抗拉强度试件分为标准试件和非标准试件(每组3块):边长为150 mm的立方体试件为标准试件;边长为100 mm和200 mm的立方体试件为非标准试件。

(2)试验采用的试验设备应符合下列规定:

①压力试验机:应符合标准。

②劈裂抗拉强度试验应采用半径为75 mm的钢制弧形垫块,其横截面尺寸如图4.4所示,垫块的长度与试件相同。

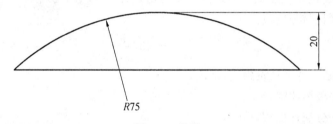

图4.4 垫块

③垫条由3层胶合板制成,宽度为20 mm,厚度为3~4 mm,长度不小于试件长度,垫条不得重复使用。

④支架为钢支架,如图4.5所示。

⑤钢垫板:钢垫板的平面尺寸应不小于试件的承压面积,厚度应不小于25 mm。钢垫板应机械加工,承压面的平面度公差为0.04 mm,表面硬度不小于洛氏硬度(55HRC),硬化层厚度约为5 mm。

⑥其他量具及器具。

a.量程大于600 mm、分度值为1 mm的钢板尺。

b.量程大于200 mm、分度值为0.02 mm的卡尺。

c.捣棒为直径16 mm、长600 mm、端部呈半球形的捣棒。

(3)混凝土劈裂抗拉强度试验步骤。

①试件从养护地点取出后应及时进行试验,将试件表面与上、下承压板面擦干净。

②将试件放在试验机下压板的中心位置,劈裂承压板和劈裂面应与试件成型时的顶面

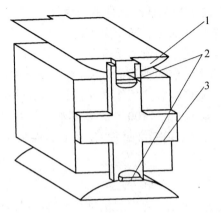

图 4.5 支架示意图
1—垫块;2—垫条;3—支架

垂直。在上、下压板与试件之间垫以圆弧形垫块及垫条各一条,垫块与垫条应与试件上、下面的中心线对准并与成型时的顶面垂直。宜把垫条及试件安装在定位架上使用(图 4.5)。

③开动试验机,当上压板与圆弧形垫块接近时,调整球座,使接触均衡。加荷应连续均匀,当混凝土强度等级<C30 时,加荷速度取 0.02~0.05 MPa/s;当混凝土强度等级≥C30 且<C60 时,取 0.05~0.08 MPa/s;当混凝土强度等级≥C60 时,取 0.08~0.10 MPa/s,至试件接近破坏,应停止调整试验机油门,直至试件破坏,然后记录破坏荷载。

(4)混凝土劈裂抗拉强度试验结果计算及确定。

①混凝土劈裂抗拉强度应按下式计算:

$$f_{ts} = \frac{2F}{\pi A} = 0.637 \frac{F}{A}$$

式中 f_{ts}——混凝土劈裂抗拉强度,MPa;
     F——试件破坏荷载,N;
     A——试件劈裂面面积,mm^2。

劈裂抗拉强度计算精确到 0.01 MPa。

②强度值的确定应符合下列规定:

a. 3 个试件测值的算术平均值作为该组试件的强度值(精确至 0.01 MPa)。

b. 3 个测值中的最大值或最小值中如有一个与中间值的差值超过中间值的 15%时,则把最大值及最小值一并舍去,取中间值作为该组试件的抗压强度值。

c. 如果最大值和最小值与中间值的差超过中间值的 15%,则该组试件的试验结果无效。

③采用 100 mm×100 mm×100 mm 非标准试件测得的劈裂抗拉强度值,应乘以尺寸换算系数 0.85。当混凝土强度等级≥C60 时,宜采用标准试件;使用非标准试件时,尺寸换算系数应由试验确定。

2. 混凝土圆柱体试件劈裂抗拉强度试验

(1)试件分为标准试件和非标准试件(每组 3 块):试件尺寸为 Φ150×300 mm 的圆柱体为标准试件,试件尺寸为 Φ100×200 mm 或 Φ200×400 mm 的圆柱体为非标准试件。

(2)试验采用的试验设备:

①试验机应符合标准。

②垫条同立方体用垫条。

(3)圆柱体劈裂抗压强度试验步骤。

①试件从养护地点取出后应及时进行试验,先将试件擦拭干净,与垫层接触的试件表面应清除掉一切浮渣和其他附着物,测量尺寸,并检查其外观。圆柱体的母线公差应为 0.15 mm。

②标出两条承压线,这两条线应位于同一轴向平面,并彼此相对,两线的末端在试件的端面上相连,以便能明确地表示出承压面。

③擦净试验机上、下压板的加压面。将圆柱体试件置于试验机中心,在上、下压板与试件承压线之间各垫一条垫条,圆柱体轴线应在上、下垫条之间保持水平,垫条的位置应上、下对准,如图 4.6 所示。宜把垫层安放在定位架上使用,如图 4.7 所示。

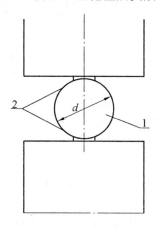

图 4.6 劈裂抗拉试验
1—试件;2—垫条

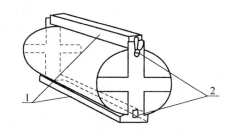

图 4.7 定位架
1—定位架;2—垫条

④连续均匀地加荷,加荷速度同立方体劈裂抗拉强度试验。

(4)圆柱体劈裂抗拉强度试验结果计算及确定。

①圆柱体劈裂抗拉强度按下式计算:

$$f_{ct} = \frac{2F}{\pi dl} = 0.637 \frac{F}{A}$$

式中 f_{ct}——圆柱体劈裂抗拉强度,MPa;

F——试件破坏荷载,N;

d——劈裂面的试件直径,mm;

l——试件的高度,mm;

A——试件劈裂面面积,mm^2。

圆柱体劈裂抗拉强度精确至 0.01 MPa。

②圆柱体的劈裂抗拉强度值的确定同立方体劈裂试件。

③当采用非标准试件时,应在报告中注明。

(四)静力受压弹性模量试验

弹性模量试验分棱柱体和圆柱体试件弹性模量试验两种。

1. 棱柱体试件弹性模量试验

(1)本方法适用于测定棱柱体试件的混凝土静力受压弹性模量(以下简称弹性模量)。

(2)测定混凝土弹性模量的试件尺寸为边长 150 mm×150 mm×300 mm 的棱柱体,每组 6 块,3 块为抗压试件,3 块为弹性模量试件。

(3)试验采用的试验设备。

①压力试验机:应符合标准。

②微变形测量仪:应符合标准。

(4)静力受压弹性模量试验步骤:

①试件从养护地点取出后,先将试件表面与上、下承压板面擦干净。

②取 3 个试件按轴心抗压强度试验方法,测定混凝土的轴心抗压强度(f_{cp})。另外 3 个试件用于测定混凝土的弹性模量。

③在测定混凝土弹性模量时,变形测量仪应安装在试件两侧的中线上并对称于试件的两端。

④应仔细调整试件在压力试验机上的位置,使其轴心与下压板的中心线对准,开动压力试验机,当上压板与试件接近时调整球座,使其接触均衡。

⑤加荷至基准应力为 0.5 MPa 的初始荷载值 F_0,保持恒载 60 s 并在以后的 30 s 内记录每测点的变形读数 ε_0。应立即连续均匀地加荷至应力为轴心抗压强度 f_{cp} 的 1/3 的荷载值 F_a,保持恒载 60 s 并在以后的 30 s 内记录每测点的变形读数 ε_a。所用加荷速度同立方体试件试验。

⑥当以上这些变形值之差与它们平均值之比大于 20% 时,应重新对中试件后重复上述步骤⑤。如果无法使其减少到低于 20%,则此次试验无效。

⑦在确认试件对中符合⑥规定后,以与加荷速度相同的速度卸荷至基准应力 0.5 MPa(F_0),恒载 60 s;然后用同样的加荷和卸荷的速度以及 60 s 的保持恒载(F_0 及 F_a)至少进行两次反复预压。在最后一次预压完成后,在基准应力 0.5 MPa(F_0)持荷 60 s 并在以后的 30 s 内记录每一测点的变形读数 ε_0;再用同样的加荷速度加荷至 F_a,持荷 60 s 并在以后的 30 s 内记录每一测点的变形读数 ε_a(图 4.8)。

⑧卸除变形测量仪,以同样的速度加荷至破坏,记录破坏荷载。如果试件的抗压强度与 f_{cp} 之差超过 f_{cp} 的 20% 时,则应在报告中注明。

(5)混凝土弹性模量试验结果计算及确定按下列方法进行:

①混凝土弹性模量值按下式计算:

$$E_c = \frac{F_a - F_0}{A} \times \frac{L}{\Delta n}$$

式中　E_c——混凝土弹性模量,MPa;

　　　F_a——应力为 1/3 轴心抗压强度时的荷载,N;

　　　F_0——应力为 0.5 MPa 时的初始荷载,N;

　　　A——试件承压面面积,mm²;

　　　L——测量标距。

$$\Delta n = \varepsilon_a - \varepsilon_0$$

式中　Δn——最后一次从 F_0 加荷至 F_a 时试件两侧变形的平均值,mm;

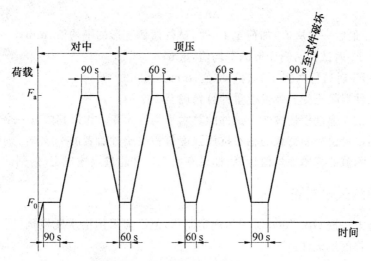

图 4.8 弹性模量加荷方法示意图

ε_a——F_a 时试件两侧变形的平均值,mm;

ε_0——F_0 时试件两侧变形的平均值,mm。

混凝土受压弹性模量计算精确至 100 MPa。

②弹性模量按 3 个试件测值的算术平均值计算。如果其中有一个试件的轴心抗压强度值与用以确定检验控制荷载的轴心抗压强度值相差超过后者的 20% 时,则弹性模量值按另外两个试件测值的算术平均值计算;如果有两个试件超过上述规定时,则此次试验无效。

2. 圆柱体试件弹性模量试验

(1)本方法适用于测定圆柱体试件的静力受压弹性模量。

(2)用于测定圆柱体试件弹性模量的试件,每次试验应制备 6 个试件。

(3)试验采用的试验设备同棱柱体。

(4)圆柱体试件弹性模量试验步骤应按下列方法进行:

①试件从养护地点取出后及时进行试验,将试件擦干净,观察其外观。

②取 3 个试件按圆柱体试件抗压强度试验方法的规定,测定圆柱体试件抗压强度(f_{cp})。另外 3 个试件用于测定圆柱体试件弹性模量。

其余步骤同棱柱体试件。

(5)圆柱体试件弹性模量试验结果计算及确定按下列方法进行:

①计算试件直径 d,按有关规定计算。

②圆柱体试件混凝土受压弹性模量值应按下式计算:

$$E_c = \frac{4(F_a - F_0)}{\pi d^2} \times \frac{L}{\Delta n} = 1.273 \times \frac{(F_a - F_0)L}{d^2 \Delta n}$$

式中 E_c——圆柱体试件混凝土静力受压弹性模量,MPa;

F_a——应力为 1/3 轴心抗压强度的荷载,N;

F_0——应力为 0.5 MPa 时的初始荷载,N;

d——圆柱体试件的计算直径,mm;

L——测量标距,mm。

$$\Delta n = \varepsilon_a - \varepsilon_0$$

式中 Δn ——最后一次从 F_0 加荷至 F_a 时,试件两侧变形的平均值,mm;
　　ε_a —— F_a 时试件两侧变形的平均值,mm;
　　ε_0 —— F_0 时试件两侧变形的平均值,mm。

圆柱体试件混凝土受压弹性模量计算精确至 100 MPa。

③圆柱体试件弹性模量按 3 个试件的算术平均值计算。如果其中有一个试件的轴心抗压强度值与用以检验控制荷载的轴心抗压强度值相差超过后者的 20% 时,则弹性模量值按另外两个试件测值的算术平均值计算;如果有两个试件超过上述规定时,则此次试验无效。

二、长期耐久性试验

试件成型方法按 GB/T50081 中的规定制作,但不应采用憎水脱模剂,同时应制作混凝土立方体抗压强度用试件。

(一)抗水渗透试验

抗水渗透试验有渗水高度法和逐级加压法两种。

1. 渗水高度法

(1)本方法适用于以测定硬化混凝土在恒定水压下的平均渗水高度来表示混凝土抗水渗透性能。

(2)试验设备应符合下列规定:

①混凝土抗渗仪应符合现行行业标准《混凝土抗渗仪》(JG/T 249)的规定,并应能使水压按规定的制度稳定地作用在试件上。抗渗仪施加水压力应为 0.1~2 MPa。

②试模应采用上口内直径为 175 mm、下口内直径为 185 mm 和高度为 150 mm 的圆台体。

③密封材料宜用石蜡加松香或水泥加黄油等材料,也可采用橡胶套等其他有效密封材料。

④梯形板(图 4.9)应采用尺寸为 200 mm×200 mm 透明材料制成,并应画有 10 条等间距、垂直于梯形底线的直线。

⑤钢尺的分度值应为 1 mm。

⑥钟表的分度值应为 1 min。

⑦辅助设备应包括螺旋加压器、烘箱、电炉、浅盘、铁锅和钢丝刷。

⑧安装试件的加压设备可为为螺旋加压或其他加压形式,其压力应能保证将试件压入试件套内(也可用压力机)。

(3)抗水渗透试验步骤:

①应先按规定的方法进行试件的制作和养护。抗水渗透试验应以 6 个试件为一组。

②试件拆模后,应用钢丝刷刷去两端的水泥浆膜,并应立即将试件送入标准养护室进行养护。

③抗水渗透试验的龄期宜为 28 d。应在到达试验龄期的前一天,从养护室取出试件,并擦拭干净。待试件表面晾干后,应按下列方法进行密封:

a. 当用石蜡密封时,应在试件侧面裹涂一层熔化的内加少量松香的石蜡。然后应用螺

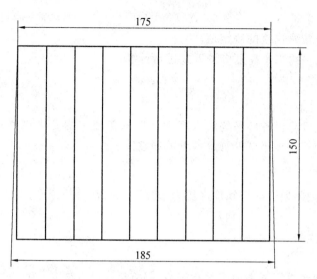

图 4.9 梯形板示意图

旋加压器将试件压入经过烘箱或电炉预热过的试模中,使试件与试模底部平齐,并应在试模变冷后解除压力。试模的预热温度,应以石蜡接触石蜡,即缓慢熔化,但不流淌为准。

b.用水泥加黄油密封时,其质量比应为(2.5~3):1。应用三角刀将密封材料均匀地刮涂在试件侧面上,厚度应为 1~2 mm。应套上试模并将试件压入,应使试件与试模底部齐平。

c.试件密封也可以采用其他更可靠的密封方式。

④试件准备好之后,启动抗渗仪,并开通 6 个试位下的阀门,使水从 6 个孔中渗出,水应充满试位坑,在关闭 6 个试位下的阀门后应将密封好的试件安装在抗渗仪上。

⑤试件安装好后,应立即开通 6 个试位下的阀门,使水压在 24 h 内恒定控制在(1.2±0.05)MPa,且加压过程不应大于 5 min,应以达到稳定压力的时间作为试验记录起始时间(精确至 1 min)。在稳压过程中随时观察试件端面的渗水情况,当有某一个试件端面出现渗水时,应停止该试件的试验并记录时间,并以试件的高度作为该试件的渗水高度。对于试件端面未出现渗水的情况,应在试验 24 h 后停止试验,并及时取出试件。在试验过程中,当发现水从试件周边渗出时,应重新进行密封。

⑥将从抗渗仪上取出来的试件放在压力机上,并应在试件上、下端面中心处沿直径方向各放一根直径为 6 mm 的钢垫条,并应确保它们在同一竖直平面内。然后开动压力机,将试件沿纵断面劈裂为两半。试件劈开后,应用防水笔描出水痕。

⑦应将梯形板放在试件劈裂面上,并用钢尺沿水痕等间距量测 10 个测点的渗水高度值,读数应精确至 1 mm。当读数时若遇到某测点被骨料阻挡,可以靠近骨料两端的渗水高度算术平均值来作为该测点的渗水高度。

(4)试验结果计算及处理应符合下列规定:

①试件渗水高度应按下式进行计算:

$$\overline{h_i} = \frac{1}{10}\sum_{i=1}^{10} h_j$$

式中 h_j——第 i 试件第 j 个测点处的渗水高度,mm;

$\overline{h_i}$——第 i 个试件的平均渗水高度(mm),应以 10 个测点渗水高度的平均值作为该试件渗水高度的测定值。

②一组试件的平均渗水高度应按下式进行计算:

$$\overline{h} = \frac{1}{6}\sum_{i=1}^{6}\overline{h_i}$$

式中 $\overline{h}$——一组 6 个试件的平均渗水高度(mm),应以一组 6 个试件渗水高度的算术平均值作为该组试件渗水高度的测定值。

2. 逐级加压法

(1)本方法适用于通过逐级施加水压力来测定以抗渗等级来表示的混凝土的抗水渗透性能。

(2)仪器设备应符合标准要求。

(3)试验步骤:

①首先应按规定进行试件的密封和安装,同抗渗高度法。

②试验时,水压从 0.1 MPa 开始,以后每隔 8 h 增加 0.1 MPa 水压,并随时观察试件端面渗水情况。当 6 个试件中有 3 个试件表面出现渗水时,或加至规定压力(设计抗渗等级)在 8 h 内 6 个试件中表面渗水试件少于 3 个时,可停止试验,并记下此时的水压力。在试验过程中,当发现水从试件周边渗出时应重新进行密封。

(4)试验结果计算。

混凝土的抗渗等级应以每组 6 个试件中有 4 个试件未出现渗水时的最大水压力乘以 10 来确定。混凝土的抗渗等级应按下式计算:

$$P = 10H - 1$$

式中 P——混凝土抗渗等级;

H——6 个试件中有 3 个试件渗水时的水压力,MPa。

(二)抗氯离子渗透试验

抗氯离子渗透试验有快速氯离子迁移系数法(或称 RCM 法)和电通量法两种。这里主要介绍电通量法试验方法。

1. 试验方法简介

本方法适用于测定以通过混凝土试件的电通量为指标来确定混凝土抗氯离子渗透性能。本方法不适用于掺有亚硝酸盐和钢纤维等良导电材料的混凝土抗氯离子渗透试验。试验环境温度应为 20~25 ℃。试验用试件应加工成尺寸为 $\Phi(100\pm1)$ mm×50 mm,一组 3 块,成型试件尺寸为 $\Phi100$ mm×100 mm 或 $\Phi100$ mm×200 mm。

采用的试验装置、试剂和用具应符合下列规定:

(1)电通量试验装置应符合图 4.10 的要求,并应满足现行行业标准《混凝土氯离子电通量测定仪》(JG/T 261)的有关规定。

(2)仪器设备和化学试剂应符合下列要求:

①直流稳压电源的电压范围应为 0~80 V,电流范围应为 0~10 A,并应能稳定输出 60 V 直流电压,精度应为±0.1 V。

②耐热塑料或耐热有机玻璃试验槽(图 4.11)的边长应为 150 mm,总厚度不应小于

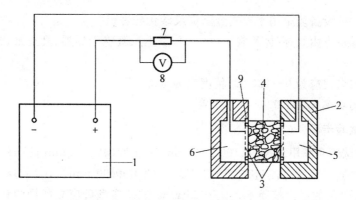

图 4.10 电通量试验装置示意图
1—直流稳压电源;2—试验槽;3—铜电极;4—混凝土试件;
5—3.0%NaCl 溶液;6—0.3 mol/L NaOH 溶液;7—标准电阻;
8—直流数字式电压表;9—试件垫圈(硫化橡胶垫或硅橡胶垫)

51 mm。试验槽中心的两个槽的直径应分别为 89 mm 和 112 mm,两个槽的深度应分别为 41 mm 和 6.4 mm。在试验槽的一边应开有直径为 10 mm 的注液孔。

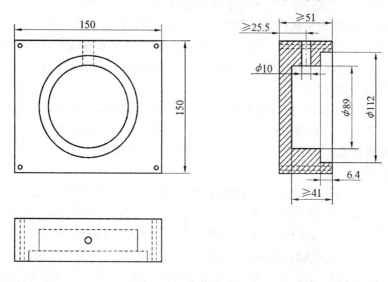

图 4.11 试验槽示意图

③紫铜垫板宽度应为(12±2)mm,厚度应为(0.50±0.05)mm。铜网孔径应为 0.95 mm(64 孔/cm²)或者 20 目。

④标准电阻精度应为±0.1%;直流数字电流表量程应为 0~20 A,精度应为±0.1%。

⑤真空泵和真空表应能保持容器内的气压为 1~5 kPa。

⑥真空容器的内径不应小于 250 mm,并应能至少容纳 3 个试件。

⑦阴极溶液应用化学纯试剂配制的质量分数为 3.0%的 NaCl 溶液。

⑧阳极溶液应用化学纯试剂配制的摩尔浓度为 0.3 mol/L 的 NaOH 溶液。

⑨密封材料应采用硅胶或树脂等密封材料。

⑩硫化橡胶垫或硅橡胶垫的外径应为 100 mm,内径应为 75 mm,厚度应为 6 mm。

⑪切割试件的设备应采用水冷式金刚锯或碳化硅锯。

⑫抽真空设备可由烧杯(体积在 1 000 mL 以上)、真空干燥器、真空泵、分液装置、真空表等组合而成。

⑬温度计的量程应为 0~120 ℃,精度应为±0.1 ℃。

⑭电吹风的功率应为 1 000~2 000 W。

2. 电通量试验步骤

(1)电通量试验应采用直径为(100±1)mm,高度为(50±2)mm 的圆柱体试件。其试件制作、养护、试验室温度应控制在 20~25 ℃,宜使用 Φ100 mm×100 mm 或 Φ100 mm×200 mm 的试模骨料的最大粒径不宜大于 25 mm,试件成型后应立即用塑料薄膜覆盖并移至标准养护箱在(24±2)h 内拆模,然后应浸没于标准养护室的水池中。当试件表面有涂料等附加材料时,应预先去除,且试样内不得含有钢筋等良导电材料。在试件移送实验室前,应避免冻伤或其他物理伤害。

(2)试件养护到 28 d 龄期进行。对于掺有大掺量矿物掺合料的混凝土,可在 56 d 龄期进行试验。应先将养护到规定龄期的试件暴露于空气中至表面干燥,并应以硅胶或树脂密封材料涂刷试件圆柱侧面,还应填补涂层中的孔洞。

(3)电通量试验前应将试件进行真空饱水。应先将试件放入真空容器中,然后启动真空泵,并应在 5 min 内将真空容器中的绝对压强减少至 1~5 kPa,应保持该真空度 3 h,然后在真空泵仍然运转的情况下,注入足够的蒸馏水或者去离子水,直至淹没试件,应在试件浸没 1 h 后恢复常压,并继续浸泡(18±2)h。

(4)在真空饱水结束后,应从水中取出试件,并抹去多余水分,且应保持试件所处环境的相对湿度在 95%以上。应将试件安装于试验槽内,并应采用螺杆将两试验槽和端面装有硫化橡胶垫的试件夹紧。试件安装好后,应采用蒸馏水或者其他有效方式检查试件和试验槽之间的密封性能。

(5)检查试件和试件槽之间的密封性后,应将浓度为 3.0%(质量分数)的 NaCl 溶液和摩尔浓度为 0.3 mol/L 的 NaOH 溶液分别注入试件两侧的试验槽中,注入 NaCl 溶液的试验槽内的铜网应连接电源负极,注入 NaOH 溶液的试验槽中的铜网应连接电源正极。

(6)在正确连接电源线后,应在保持试验槽中充满溶液的情况下接通电源,并应对上述两铜网施加(60±0.1)V 直流恒电压,且应记录电流初始读数 I_0。开始时应每隔 5 min 记录一次电流值,当电流值变化不大时,可每隔 10 min 记录一次电流值;当电流值变化很小时,应每隔 30 min 记录一次电流值,直至通电 6 h。

(7)当采用自动采集数据的测试装置时,记录电流的时间间隔可设定为 5~10 min。电流测量值应精确至±0.5 mA。在试验过程中宜同时检测试验槽中溶液的温度。

(8)试验结束后,应及时排出试验溶液,并应用凉开水和洗涤剂冲洗试验槽 60 s 以上,然后用蒸馏水洗净并用电吹风冷风挡吹干。

3. 试验结果计算及处理

(1)试验过程中或试验结束后,应绘制电流与时间的关系图。应通过将各点数据以光滑曲线连接起来,对曲线作面积积分,或按梯形法进行面积积分,得到试验 6 h 通过的电通量。

(2)每个试件的总电通量可采用下列简化公式计算:

$$Q = 900(I_0 + 2I_{30} + 2I_{60} + \cdots + 2I_t + \cdots + 2I_{300} + 2I_{330} + I_{360})$$

式中 Q——通过试件的总电通量,C;

I_0——初始电流(A),精确到 0.001 A;

I_t——在时间 t(min)的电流(A),精确到 0.001 A。

(3)计算得到的通过试件的总电通量应换算成直径为 95 mm 试件的电通量值。应通过将计算的总电通量乘以一个直径为 95 mm 的试件和实际试件横截面积的比值来换算,换算可按下式进行:

$$Q_S = Q_X \times (95/x)^2$$

式中 Q_S——通过直径为 95 mm 的试件的电通量,C;

Q_X——通过直径为 x mm 试件的电通量,C;

x——试件的实际直径,mm。

(4)每组应取 3 个试件电通量的算术平均值作为该组试件的电通量测定值。当某一个电通量值与中值的差值超过中值的 15% 时,应取其余两个试件的电通量的算术平均值作为该组试件的试验结果测定值。当两个测值与中值的差值都超过中值的 15% 时,应取中值作为该组试件的电通量试验结果测定值。

三、混凝土拌合物性能试验

(一)含气量试验

1. 概述

该方法采用改良式含气量试验方法,适用于骨料最大粒径不大于 40 mm 的混凝土拌合物,步骤如下:

①确定每立方米混凝土实用集料含气量。

②实测混凝土拌合物的含气量。拌合物的实际含气量准确与否决定于试验过程的准确度和人的操作水平。所以要求操作人员必须认真细致做好每一过程的每一环节。

③校准含气量测定仪容器的容积,是否符合规定的容积(规定容积一般为 7 L,具体应按仪器说明书的规定值),如不符合以校准的容积为准。

④对仪器的率定。率定是指实测之前确定仪器中的一些指标值的关系,并画出相应指标关系图的全过程。在此率定是指把含气量与压力表指示的压力值的关系确定下来,并画出含气量与压力值的关系图。

校准、率定、关系图及集料的含气量是为了实测混凝土含气量而用,应在实测之前首先做完的准备工作,所以在以后进行实测混凝土含气量时,可直接利用关系图的数值及集料含气量的数值进行计算。如果条件变化,应随时重新绘制关系图及集料的含气量。但在实际应用中,由于使用仪器的不同,因此应根据仪器说明书的规定进行操作。

2. 含气量检测方法

(1)试验所用设备。

①含气量测定仪如图 4.12 所示,由容器及盖体两部分组成。

容器:应由硬质、不易被水泥浆腐蚀的金属制成,其内表面粗糙度不应大于 3.2 μm,内径应与深度相等,容积为 7 L。

盖体:应用与容器相同的材料制成。盖体部分应包括有气室、水找平室、加水阀、排水阀、操作阀、进气阀、排气阀及压力表。

压力表的量程为 0~0.25 MPa,精度为 0.01 MPa。容器及盖体之间应设置密封垫圈,用螺栓连接,连接处不得有空气存留,并保证密闭。

②捣棒:同成型混凝土试件,直径为 16 mm,长为 600 mm,端部呈半球形的金属捣棒。

③振动台:应符合《混凝土实验室用振动台》(JG/T 302)中技术要求的规定。

④台秤:称量 50 kg,感量 50 g。

⑤橡皮锤:应带有质量为 250 g 的橡皮锤头。

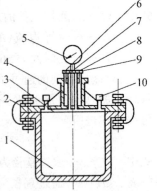

图 4.12 含气量测定仪
1—容器;2—盖体;3—水找平室;4—气室;5—压力表;6—排气阀;7—操作阀;8—排水阀;9—进气阀;10—加水阀

(2)含气量测定的 4 个阶段。

①第一阶段:在进行拌合物含气量测定之前,应按下列步骤测定拌合物所用骨料的含气量。

a. 应按下式计算每个试样中粗、细骨料的质量:

$$M_g = \frac{V}{1\,000} \times M'_g, \quad M_s = \frac{V}{1\,000} \times M'_s$$

式中 M_g, M_s——每个试样中的粗、细骨料质量,kg;

M'_g, M'_s——每立方米混凝土拌合物中粗、细骨料的质量,kg;

V——含气量测定仪容器容积,L。

b. 在容器中先注入 1/3 高度的水,然后把通过 40 mm 网筛的质量为 M_g, M_s 的粗、细骨料称好、拌匀,慢慢倒入容器。水面每升高 25 mm 左右,轻轻插捣 10 次,并略予搅动,以排除夹杂进去的空气,加料过程中应始终保持水面高出骨料的顶面。骨料全部加入后,应浸泡约 5 min,再用橡皮锤轻敲容器外壁,排净气泡,除去水面泡沫,加水至满,擦净容器上口边缘;装好密封圈,加盖拧紧螺栓。

c. 关闭操作阀和排气阀,打开排水阀和加水阀,通过加水阀,向容器内注入水。当排水阀流出的水流不含气泡时,在注水的状态下,同时关闭加水阀和排水阀。

d. 开启进气阀,用气泵向气室内注入空气,使气室内的压力略大于 0.1 MPa,待压力表显示值稳定,微开排气阀,调整压力至 0.1 MPa,然后关紧排气阀。

e. 开启操作阀,使气室里的压缩空气进入容器,待压力表显示值稳定后记录示值 P_{g1},然后开启排气阀,压力仪表示值应回零。

f. 重复以上步骤 d 和 e,对容器内的试样再检测一次,记录表值 P_{g2}。

g. 若 P_{g1} 和 P_{g2} 的相对误差小于 0.2% 时,则取 P_{g1} 和 P_{g2} 的算术平均值,按压力与含气量关系曲线查得骨料的含气量(精确 0.1%);若不满足,则应进行第三次试验。测得压力值 P_{g3}(MPa),当 P_{g3} 与 P_{g1}, P_{g2} 中较接近一个值的相对误差不大于 0.2% 时,则取 P_{g1}, P_{g2} 算术平均值,当仍大于 0.2% 时,则此次试验无效,应重做。

②第二阶段:混凝土拌合物含气量试验应按下列步骤进行:

a. 用湿布擦净容器和盖的内表面,装入混凝土拌合物试样。

b. 捣实可采用手工或机械方法。当拌合物坍落度大于 70 mm 时,宜采用手工插捣;当拌合物坍落度不大于 70 mm 时,宜采用机械振捣,如振动台或插入式振捣器等。用捣棒捣实时,应将混凝土拌合物分 3 层装入,每层捣实后高度约为 1/3 容器高度。每层装料后由边缘向中心均匀地插捣 25 次,捣棒应插透本层高度,再用木锤沿容器外壁重击 10~15 次,使插捣流下的插孔填满。最后一次装料应避免过满。采用机械捣实时,一次装入捣实后体积为容器容量的混凝土拌合物,装料时可用捣棒稍加插捣,振实过程中如果拌合物低于容器口,应随时添加;振动至混凝土表面平整,表面出浆即止,不得过度振捣。若使用插入式振动器捣实,应避免振动器触及容器内壁和地面。在施工现场测定混凝土拌合物含气量时,应采用与施工振动频率相同的机械方法捣实。

c. 振实完毕后立即用刮尺刮平,表面如果有凹陷应予填平抹光。如果需同时测定拌合物表观密度时,可在此时称量和计算。然后在正对操作阀孔的混凝土拌合物表面粘一小片塑料薄膜,擦净容器上口边缘,装好密封垫圈,加盖并拧紧螺栓。

d. 关闭操作阀和排气阀,打开排水阀和加水阀,通过加水阀,向容器内注入水。当排水阀流出的水流不含气泡时,在注水的状态下,同时关闭加水阀和排水阀。

e. 然后开启进气阀,用气泵注入空气至气室内压力略大于 0.1 MPa,待压力示值仪表值稳定后,微微开启排气阀,调整压力至 0.1 MPa,关闭排气阀。

f. 开启操作阀,待压力示值仪稳定后,测得压力值 P_{01}(MPa)。

g. 开启排气阀,压力仪示值回零,重复上述步骤 e、f,对容器内试样再测一次压力值 P_{02}(MPa)。

h. 若 P_{01} 和 P_{02} 的相对误差小于 0.2% 时,则取 P_{01},P_{02} 的算术平均值,按压力与含气量关系曲线查得含气量 A_0(精确至 0.1%);若不满足,则应进行第三次试验,测得压力值 P_{03}(MPa)。当 P_{03} 与 P_{01},P_{02} 中较接近一个值的相对误差不大于 0.2% 时,则取 P_{01},P_{02} 的算术平均值并查得 A_0;当仍大于 0.2%,此次试验无效。

i. 混凝土拌合物含气量应按下式计算:

$$A = A_0 - A_g$$

式中　A——混凝土拌合物含气量,%;
　　　A_0——两次含气量测定的平均值,%;
　　　A_g——骨料含气量,%。

计算结果精确到 0.1%。

③第三阶段:含气量测定仪容器容积的标定,容器容积的标定步骤如下:

a. 擦净容器,并将含气量仪全部安装好,测定含气量仪的总质量,测量精确至 50 g。

b. 往容器内注水至上缘,然后将盖体安装好,关闭操作阀和排气阀,打开排水阀和加水阀,通过加水阀,向容器内注入水。当排水阀流出的水流不含气泡时,在注水的状态下,同时关闭加水阀和排水阀,再测定其总质量,测量结果精确至 50 g。

c. 容器的容积应按下式计算:

$$V = \frac{m_2 - m_1}{\rho_w} \times 1\,000$$

式中　V——含气量的容积,L;
　　　m_1——干燥含气量仪的总质量,kg;
　　　m_2——水、含气量仪的总质量,kg;

ρ_w ——容器内水的密度，kg/m^3。

计算结果应精确至 0.01 L。

④第四阶段：在容器的容积标定完毕后，开始对含气量为 0% 的率定。

含气量测定仪的率定步骤如下：

a. 按第二阶段中操作步骤 e~h，测得含气量为 0% 时的压力值。

b. 开启排气阀，压力示值显示回零。关闭操作阀和排气阀，打开排水阀，在排水阀口用量筒接水。用气泵缓缓地向气室内打气，当排出的水恰好是含气量仪体积的 1% 时，按上述步骤测得含气量为 1% 时的压力值。

c. 如此继续测取含气量分别为 2%，3%，4%，5%，6%，7%，8% 时的压力值。

d. 以上试验均应进行两次，各次所测压力值均应精确至 0.01 MPa。

e. 对以上的各次试验均应进行检验，其相对误差均应小于 0.2%；否则应重新率定。

f. 据此检验以上含气量的测量结果，绘制含气量与含气压力之间的关系曲线，如图 4.13 所示。

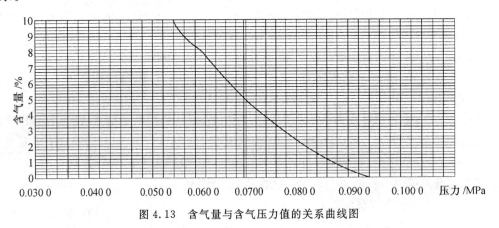

图 4.13 含气量与含气压力值的关系曲线图

（二）表观密度试验

本方法适用于测定混凝土拌合物捣实后的单位体积质量（即表观密度）。

(1)混凝土拌合物表观密度试验所用的仪器设备。

① 容量筒：金属制成的圆筒，两旁装有提手。对骨料最大粒径不大于 40 mm 的拌合物，采用容积为 5 L 的容量筒，其内径与内高均为 186±2 mm，筒壁厚度为 3 mm；骨料最大粒径大于 40 mm 时，容量筒内径与内高均应大于骨料最大粒径的 4 倍。容量筒上缘及内壁应光滑平整，顶面与底面应平行并与圆柱体的轴垂直。

容量筒的容积应予以标定，标定方法可采用一块能覆盖住容量筒顶面的玻璃板，先称出玻璃板和空桶的质量，然后向容量筒中灌入清水，挡水接近上口时，一边不断加水，一边把玻璃板沿筒口徐徐推入盖严，应注意使玻璃板下不带入任何气泡。再擦净玻璃板面及筒壁外的水分，将容量筒连玻璃板放在台秤上称其质量。两次质量之差（kg）即为容量筒的容积（L）。

② 台秤：称量 50 kg，感量 50 g。

③ 振动台：应符合《混凝土实验室用振动台》(JG/T 3020)中技术要求的规定。

④ 捣棒：同成型立方体试件用。

⑤ 刮尺:长度大于容量筒上口直径约 20 cm。

(2)混凝土拌合物表观密度试验步骤。

① 用湿布把容量筒内外擦干净,称出容量筒质量,精确至 50 kg。

② 混凝土的装料及捣实方法应根据拌合物的稠度而定。坍落度不大于 70 的混凝土,用振动台振实为宜;大于 70 mm 的用捣棒捣实为宜。采用捣棒捣实时,应根据容量筒的大小决定分层与插捣次数。用 5 L 容量筒时,混凝土拌合物应分两次装入,每层的插捣次数为 25 次;用大于 5 L 的容量筒时,每层混凝土的高度不应大于 100 mm,每层插捣次数应按每 10 000 mm² 截面不小于 12 次计算。各次插捣应由边缘向中心均匀地插捣,插捣底层是捣棒应贯穿整个深度,插捣第二层时,捣棒应插透本层至下一层的表面。每一层捣完后用橡皮锤轻轻沿容器外壁敲打 5~10 次,进行振实,直至拌合物表面振捣孔消失并不见大气泡为止。

采用振动台振实时,应一次将混凝土拌合物灌到高出容量筒口。装料时可用捣棒稍加插捣,振动过程中如果混凝土低于筒口,应随时添加混凝土,振动直至表面出浆为止。

③ 用刮尺将筒口多余的混凝土拌合物刮去,表面如有凹陷应填平。将容量筒外壁擦净,称出混凝土试样与容量筒总质量,精确至 50 g。

(4)混凝土拌合物表观密度的计算应按下式计算:

$$y_h = \frac{W_2 - W_1}{V} \times 1\ 000$$

式中 y_h——表观密度,kg/m³;

W_1——容量筒质量,kg;

W_2——容量筒和试样总质量,kg;

V——容量筒容积,L;

试验结果精确至 10 kg/m³。

(三)泌水与压力泌水试验

1. 泌水试验

本方法适用于骨料最大粒径不大于 40 mm 的混凝土拌合物泌水测定。

(1)泌水试验所用的仪器设备。

①试样筒:同表观密度试验,容积为 5 L 的容量筒并配有盖子。

②台秤、振动台、捣棒同表观密度试验用。

③量筒:容量为 10 mL,50 mL,100 mL 的量筒及吸管。

(2)泌水试验应按下列步骤进行:

①应用湿布湿润试样筒内壁后立即称量,记录试样筒的质量。再将混凝土试样装入试样筒,混凝土的装料及捣实方法有两种:

方法 A:用振动台振实。将试样一次装入试样筒内,开启振动台,振动应持续到表面出浆为止,且应避免过振,并使混凝土拌合物表面低于试样筒口(30±3) mm,用抹刀抹平。抹平后立即计时并称重,记录试样筒与试样的总质量。

方法 B:人工用捣棒捣实。采用捣棒捣实时,混凝土拌合物应分两层装入,第一层装入高度稍大于 1/2。每层的插捣次数应为 25 次;捣棒由边缘向中心均匀地插捣,插捣底层时捣棒应贯穿整个深度,插捣第二层时,捣棒应插透本层至下一层的表面。每一层捣完后用橡皮锤轻轻沿容器外壁敲打 5～10 次,进行振实,直至拌合物表面插捣孔消失并不见大气泡为止。并使混凝土拌合物表面低于试样筒口(30±3) mm,用抹刀抹平。抹平后立即计时并称量,记录试样筒与试样总质量。

② 在以下吸取混凝土拌合物表面泌水的整个过程中,应使试样筒保持水平、不受振动。除了吸水操作外,应始终盖好盖子。室温应保持在(20±2) ℃。

③ 从计时开始后 60 min 内,每隔 10 min 吸取 1 次试样表面渗出的水。60 min 后,每隔 30 min 吸 1 次水,直至认为不再泌水为止。为了便于吸水,每次吸水前 2 min,将一块 35 mm 厚的垫块垫入筒底一侧使其倾斜,吸水后平稳地复原。吸出的水放入量筒中,记录每次吸水的水量并累计水量,精确至 1 mL。

(3)泌水量和泌水率的结果计算及其确定应按下列方法进行。

① 泌水量应按下式计算:

$$B_a = \frac{V}{A}$$

式中　B_a——泌水量,mL/mm²;

V——最后一次吸水后累计的泌水量,mL;

A——试样外露的表面面积,mm²。

计算结果应精确至 0.01 mL/mm²。泌水量取 3 个试样测值的平均值。3 个测值中的最大值或最小值,如果有一个与中间值之差超过中间值的 15%,则以中间值为试验结果;如果最大值和最小值与中间值之差均超过中间值的 15% 时,则此次试验无效。

② 泌水率应按下式计算:

$$B = \frac{V_W}{(W/G)G_W} \times 100\%$$

$$G_W = G_1 - G_0$$

式中　B——泌水率,%;

V_W——泌水总量,mL;

G_W——试样质量,g;

W——混凝土拌合物总用水量,mL;

G——混凝土拌合物总质量,g;

G_1——试样筒及试拌总质量,g;

G_0——试样筒质量,g。

计算结果应精确至 1%。泌水率取 3 个试样测值的平均值。3 个测值中最大值或最小值,如果有一个与中间值之差超过中间值的 15%,则以中间值为试验结果;如果最大值和最小值与中间值之差均超过中间值的 15% 时,则此次试验无效。

2. 压力泌水试验

本方法适用于骨料最大粒径不大于 40 mm 的混凝土拌合物压力泌水测定。

(1)压力泌水试验所用的仪器设备:

① 压力泌水仪:其主要部件包括压力表、缸体、工作活塞、筛网等。压力表最大量程为 6 MPa,最小分度值不大于 0.1 MPa;缸体内径 125±0.02 mm,内高 200±0.2 mm;工作活

塞压强为 3.2 MPa,公称直径为 125 mm;筛网孔径为 0.315 mm。

② 捣棒:同上泌水试验用。

③ 量筒:200 mL 量筒。

(2)压力泌水试验步骤。

① 混凝土拌合物应分两次装入压力泌水仪的缸体容器内,每层的插捣次数应为 20 次。捣棒由边缘向中心均匀地插捣,插捣底层时捣棒应贯穿整个深度。插捣第二层时,捣棒应插透本层至下一层的表面,直至拌合物表面插捣孔消失并不见大气泡为止,并使拌合物表面低于容器口以下约 30 mm 处,用抹刀将表面抹平。

② 将容器外表擦干净,压力泌水仪按规定安装完毕后应立即给混凝土试样施加压力至 3.2 MPa,并打开泌水阀门同时开始计时,保持恒压,泌出的水接入 200 mL 量筒中。加压至 10 s 时读取泌水量 V_{10},加压至 140 s 时读取水量 V_{140}。

(3)压力泌水率应按下式计算:

$$B_v = \frac{V_{10}}{V_{140}} \times 100\%$$

式中　B_v——压力泌水量,%;

　　　V_{10}——加压至 10 s 时的泌水量,mL;

　　　V_{140}——加压至 140 s 的泌水量,mL。

压力泌水率的计算结果应精确至 1%。

(四)凝结时间试验

本方法适用于从混凝土拌合物筛出的砂浆用贯入阻力法来确定坍落度值不为零的混凝土拌合物凝结时间的测定。

(1)贯入阻力仪应由加荷装置、测针、砂浆试样筒和标准筛组成,可以是手动的,也可以是自动的,贯入阻力仪应符合下列要求:

①加荷装置:最大测量值应不小于 1 000 N,精度为±10 N。

②测针:长为 100 mm,承压面积为 100 mm^2、50 mm^2 和 20 mm^2 3 种测针。在距贯入端 25 mm 处刻有一圈标记。

③砂浆试样筒:上口径为 160 mm,下口径为 150 mm,净高为 150 mm 刚性不透水的金属圆筒,并配有盖子。

④标准筛:筛孔为 5 mm 的符合现行国家标准《试验筛》(GB/T 6005)规定的金属圆孔筛。

⑤捣棒、吸水管(同试件制作用)。

(2)凝结时间试验步骤。

①把取来的混凝土拌合物试样,用 5 mm 标准筛筛出砂浆,每次应筛净,然后将其拌和均匀,将砂浆一次分别装入 3 个试样筒中,做 3 个试样。取样混凝土坍落度不大于 70 mm 的混凝土宜用振动台振实砂浆;取样混凝土坍落度大于 70 mm 的宜用捣棒人工捣实。用振动台振实砂浆时,振动应持续到表面出浆为止,不得过振;用捣棒人工捣实时,应沿螺旋方向由外向中心均匀插捣 25 次,然后用橡皮锤轻轻敲打筒壁,直至插捣孔消失为止。振实或插捣后,砂浆表面应低于砂浆试样筒口约 10 mm,砂浆试样筒应立即加盖。

②砂浆试样制备完毕、编号后应置于温度为(20±2)℃的环境中或现场同条件下待测

试,并在以后的整个测试过程中,环境温度应始终保持(20±2)℃。现场同条件测试时,应与现在条件保持一致,在整个测试过程中,除在吸取泌水或进行贯入试验外,试验样筒应始终加盖。

③凝结时间测定从水泥与水接触瞬间开始计时。根据混凝土拌合物的性能,确定测针试验时间,一般,纯水泥为成型后2~3 h,掺早强剂为1~2 h,掺缓凝剂为4~6 h。以后每隔0.5 h测试一次,在临近初、终凝时可增加测定次数。

④在每次测试前2 min,将一片20 mm厚的垫块垫入筒底一侧使其倾斜,用吸管吸去表面的泌水,吸水后平稳地复原,必须注意避免让试样筒振动。

⑤测试时将砂浆试样筒置于贯入阻力仪上,测针端部与砂浆表面接触,然后在(10±2)s内均匀地使测针贯入砂浆深度为(25±2)mm,记录贯入压力,精确至10 N。记录测试时间,精确至1 min。记录环境温度,精确至0.5 ℃。贯入速度要均匀,不得过慢和过快。

⑥各测点的间距应大于测针直径的两倍而且不小于15 mm,一般100 mm² 的测针为23 mm;50 mm² 的测针为16 mm;20 mm² 的测针为15 mm。测点与试样筒壁的距离应不小于25 mm。

⑦贯入阻力测试在0.2~28 MPa之间应至少进行6次,直至贯入阻力大于28 MPa为止。

⑧在测试过程中应根据砂浆凝结状况,适时更换测针,更换测针宜符合表4.5的规定。

表4.5 测针选用规定(GB/T 50080—2002)

贯入阻力/MPa	0.2~3.5	3.5~20	20~28
测针面积/mm²	100	50	20
测针直径/d	≈11.29	≈2.98	≈5.05

(3)贯入阻力的结果计算以及初凝时间和终凝时间的确定应按下述方法进行:

①贯入阻力应按下式计算:

$$f_{PR} = \frac{P}{A}$$

式中 f_{PR} ——贯入阻力,MPa;
P ——贯入压力,N;
A ——测针面积,mm²。

计算结果应精确至0.1 MPa。

②凝结时间宜通过线性回归方法确定,是将贯入阻力 f_{PR} 和时间 t 分别取自然对数 $\ln f_{PR}$ 和 $\ln t$,然后把 $\ln f_{PR}$ 当作自变量,$\ln t$ 当作因变量作线性回归得到回归方程式,即

$$\ln t = A + B \ln f_{PR}$$

式中 t ——时间,min;
f_{PR} ——贯入阻力,MPa;
A,B ——线性回归系数。

根据上式求得当贯入阻力为3.5 MPa时为初凝时间 t_s,贯入阻力为28 MPa时为终凝时间 t_e。即

$$t_s = e^{A+B\ln 3.5}, \quad t_e = e^{A+B\ln 28}$$

式中 t_s ——初凝时间，min；

t_e ——终凝时间，min；

A,B ——线性回归系数。

凝结时间也可用绘图拟合方法确定，是以贯入阻力为纵坐标，经过的时间为横坐标（精确至 1 min），绘制出贯入阻力与时间之间的关系曲线，以 3.5 MPa 和 28 MPa 画两条平行与横坐标的直线，分别与曲线相交的两个交点的横坐标即为混凝土拌合物的初凝和终凝时间。

③用 3 个试验结果的初凝和终凝时间的算术平均值作为此次试验的初凝和终凝时间。如果 3 个测值的最大值或最小值中有一个与中间值之差超过中间值的 10%，则以中间值为试验结果；如果最大值和最小值与中间值之差均超过中间值的 10%时，则此次试验无效。

凝结时间用 h：min 表示，并修约至 5 min。

当贯入阻力为 3.5 MPa 时，混凝土在振动力的作用下不再呈现塑性；而当贯入阻力为 28 MPa 时，混凝土立方体抗压强度大于 0.7 MPa。

用绘图拟合的方法，以贯入阻力为纵坐标（精确至 0.1 MPa），经过的时间为横坐标（精确至 1 min），绘制出贯入阻力与时间之间的关系曲线。以纵坐标 3.5 MPa 和 28 MPa 分别对应的横坐标的时间就是初凝时间为 288 min，终凝时间为 389 min（图 4.14）。在图中也可以明显地看到，第 6 个点明显偏离曲线，应舍去。其初凝时间和终凝时间分别为 4 h：50 min 和 6 h：30 min。

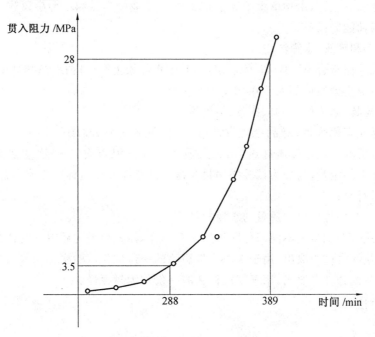

图 4.14 绘图法确定凝结时间

第四节　水泥试验

一、水泥细度试验

水泥细度试验采用筛析法。筛析法分负压筛法、水筛法和手工筛析法。以负压筛法为标准法,当3个筛析法筛析后结果发生争议时,以负压筛法为准。

1. 所用仪器设备

(1)试验筛:由圆形筛框和筛网组成,筛网孔径为 80 μm 和 45 μm,分负压筛、水筛和手工筛3种。负压筛筛孔外径为 $\Phi 160^{+0}_{-2}$ mm,内径为 $\Phi 150$ mm,深为 25 mm,底部带有槽形及密封胶圈,并附有透明筛盖,筛盖与筛上口应有良好的密封性。水筛外径为 $\Phi 135$ mm,内径为 $\Phi 125$ mm,深为 80 mm。手工筛,筛框高度为 50 mm,内径为 $\Phi 150$ mm。

由于物料会对筛网产生磨损,试验筛每使用100次后需重新标定。

(2)负压筛析仪(负压筛析用)。

①由筛座、负压筛、负压源及收尘器组成,其中筛座由转速为(30 ± 2) r/min 的喷气嘴、负压表、控制板、微电机及壳体构成。

②筛析仪负压可调范围为 4 000~6 000 Pa。

③喷气嘴上口平面与筛网之间距离为 2~8 mm。

④负压源和收尘器,由功率大于等于 600 W 的工业吸尘器和小型旋风收尘筒组成或用其他具有相当功能的设备。

(3)水筛架和喷头(水筛法用)。

其结构尺寸应符合 JC/T 728 的规定,但其中水筛架上筛座内径为 140^{+0}_{-3} mm。

(4)天平:最小分度值不大于 0.01 g。

(5)辅助器具:如毛刷、盛器、抹布、勺子等。

水泥样品应有代表性,样品处理方法按《水泥取样方法》(GB 12573—2008)中的混合样:"每一编号所取水泥单样通过 0.9 mm 方孔筛后充分混合均匀,一次或多次将样品缩分到相关标准要求的定量,均分为试验样和封存样。试验样按相关标准要求进行试验,封存样按规定方法进行封存"。

单样:由一个部位取出的适量的水泥样品。

混合样:从一个编号内不同部位取得的全部单样,经充分混匀后得到的样品。

试验样:从混合样中取出,用于水泥质量检验的一份称为试验样。

封存样:从混合样中取出,用于复检仲裁的一份称为封存样。

2. 试验方法

(1)试验准备。

试验前所用试验筛应保持清洁,负压筛和手工筛应保持干燥。试验时,80 μm 筛析试验称取试样 25 g,45 μm 筛析试验称取试样 10 g,各两份用于平行试验。

(2)试验步骤。

①负压筛析法。

a.筛析试验前应把负压筛放在筛座上,盖上筛盖,接通电源,检查控制系统,调节负压至 4 000~6 000 Pa。

b.称取试样,精确至 0.01 g,置于洁净的负压筛中,放在筛座上,盖上筛盖,接通电源,开动筛析仪连续筛析 2 min。在此期间如果有试样附着在筛盖上,可轻轻地敲击筛盖使试样落下。筛毕,用天平称量全部筛余物。

②水筛法。

a.筛析试验前,应检查水中无泥砂,调整好水压及水筛架的位置,使其能正常运转,并控制喷头底面和筛网之间距离为 35~75 mm。

b.称取试样,精确至 0.01 g,置于洁净的水筛中,立即用淡水冲洗至大部分细粉通过后,放在水筛架上,用水压力为(0.05±0.02) MPa 的喷头连续冲洗 3 min。筛毕,用少量水把筛余物冲至蒸发皿中,等水泥颗粒全部沉淀后,小心倒出清水,烘干并用天平称量全部筛余物。

③手工筛析法。

a.称取水泥试样,精确至 0.01 g,倒入手工筛内。

b.用一只手持筛往复摇动,另一只手轻轻拍打,往复摇动和拍打过程应保持近于水平。拍打速度每分钟约 120 次,每 40 次向同一方向转动 60°,使试样均匀分布在筛网上,直至每分钟通过的试样量不超过 0.03 g 为止。称量全部筛余物。

(3)对其他粉状物料或采用 45~80 μm 以外规格方孔筛进行筛析试验时,应指明筛子的规格、称样量、筛析时间等相关参数。

(4)试验筛的清洗。

试验筛必须经常保持洁净,筛孔通畅,使用 10 次后要进行清洗。金属框筛、铜丝网筛清洗时应用专门的清洗剂,不可用弱酸浸泡。

(5)结果计算及处理。

①结果计算。

水泥试样筛余百分数按下式计算:

$$F=\frac{R_t}{W}\times 100\%$$

式中　F——水泥试样的筛余百分数,%;
　　　R_t——水泥筛余物的质量,g;
　　　W——水泥试样的质量,g。

计算结果精确至 0.1%。

②筛余结果的修正。

试样筛的筛网会在试验中磨损,因此筛析结果应进行修正。修正的方法是将计算的筛余百分率的值乘以该试验筛标定后得到的有效修正系数,即为最终结果。

如果用试验筛对水泥样的筛余值为 5.0%,而该试验筛的修正系数为 1.10,则该水泥样的最终结果为 5.0%×1.10=5.5%。

合格评定时,每个样品应称取两个试样分别筛析,取筛余平均值为筛析结果。若两个筛余结果绝对误差大于 0.5% 时(筛余值大于 5.0% 时可放至 1.0%)应再做一次试验,取两次相近结果的算术平均值,作为最终结果。

二、水泥胶砂流动度测定方法

1. 原理

通过测量一定配合比的水泥胶砂在规定振动状态下的扩展范围来衡量其流动性。

2. 实验室条件及设备

(1)实验室温度为(20±2)℃,相对湿度应不低于50%,所用材料的温度同室温。

(2)仪器和设备:

①水泥胶砂流动度测定仪(简称跳桌):符合要求。

②水泥胶砂搅拌机:符合JC/T681的要求。

③试模:由截锥圆模和模套组成,金属材料制成,内表面加工光滑。圆模尺寸为

高度:60 mm±0.5 mm;

上口内径:70 mm±0.5 mm;

下口内径:100 mm±0.5 mm;

下口外径:120 mm;

模壁厚大于5 mm。

④捣棒:由金属材料制成,直径为(20±0.5) mm,长度约为200 mm。

捣棒底面与侧面成直角,其下部光滑,上部手柄滚花。

⑤卡尺:量程不小于300 mm,分度值不大于0.5 mm。

⑥小刀:刀口平直,长度大于80 mm。

⑦天平:量程不小于1 000 g,分度值不大于1 g。

(3)胶砂组成。

胶砂材料用量按相应标准要求或试验设计确定。

(4)试验方法。

①如跳桌在24 h内未被使用,先空跳一个周期25次。

②胶砂制备按GB/T 17671有关规定进行,水泥(450±2) g,标准砂(1 350±5) g,水(225±1) g,称量用的天平精度应为±1 g,当用自动滴管其精度为±1 mL。在制备胶砂的同时,用潮湿棉布擦拭跳桌台面、试模内壁、捣棒以及胶砂接触的用具,将试模放在跳桌台面中央并用潮湿棉布覆盖。

③将拌好的胶砂分两层迅速装入试模,第一层装至截锥圆模高度约 $\frac{2}{3}$ 处,用小刀在相互垂直两个方向各划5次,用捣棒由边缘至中心均匀捣压15次;随后,装第二层胶砂,装至高出截锥圆模约20 mm,用小刀在相互垂直两个方向各划5次,再用捣棒由边缘至中心均匀捣压10次。捣压后胶砂应略高于试模。捣压深度,第一层捣至胶砂高度的 $\frac{1}{2}$,第二层捣实不超过已捣实底层表面。装胶砂和捣压时,用手扶稳试模,不要使其移动。

④捣压完毕,取下模套,将小刀倾斜,从中间向边缘分两次以近水平的角度抹去高出截锥圆模的胶砂,并擦去落在桌面上的胶砂。将截锥圆模垂直向上轻轻提起,立刻开动跳桌,以每秒钟一次的频率,在(25±1)s内完成25次跳动。

⑤流动度试验,从胶砂加水开始到测量扩散直径结束,应在6 min内完成。

⑥跳动完毕,用卡尺测量胶砂底面互相垂直的两个方向直径,计算平均值取整数,单位为 mm。该平均值即为该水量的水泥胶砂流动度。

三、水泥密度试验

水泥密度表示水泥单位体积的质量,单位 g/cm³。

1. 仪器

(1)李氏瓶:横截面形状如图 4.15 所示。其结构材料是优质玻璃,透明无条纹,具有抗化学侵蚀性且热滞后性小,要有足够的厚度以确保较好的耐裂性。

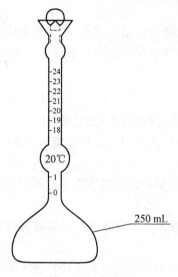

图 4.15 李氏瓶

(2)无水煤油:应符合 GB 253 要求。

(3)恒温水槽、滤纸和小匙。

2. 测定步骤

(1)将无水煤油注入李氏瓶中 0～1 mL 刻度线后(以弯月面为准),盖上瓶塞放入恒温水槽内,使刻度部分浸入水中(水温应控制在李氏瓶刻度时的温度),恒温 30 min,记下初始(第一次)读数。

(2)从恒温水槽中取出李氏瓶,用滤纸将李氏瓶细长颈内没有煤油的部分仔细擦干净。

(3)水泥试样应预先通过 0.90 mm 方孔筛,在(110±5) ℃温度下干燥 1 h,并在干燥器内冷却至室温。称取水泥 60 g,称准至 0.01 g。

(4)用小匙将水泥样品一点点的装入李氏瓶中,反复摇动(也可用超声波震动),至没有气泡排出,再次将李氏瓶静置于恒温水槽中,恒温 30 min,记下第二次读数。

(5)第一次读数和第二次读数时,恒温水槽的温度差不大于 0.2 ℃。

3. 结果计算

(1)水泥体积应为第二次读数减去初始(第一次)读数,即水泥所排开的无水煤油的体积(mL)。

(2)水泥密度 ρ(g/cm³)按下式计算:

$$水泥密度 \rho = 水泥质量(g)/排开的体积(cm^3)$$

结果计算到小数第三位,且取整数至 0.01 g/cm³,试验结果取两次测定结果的算术平均值,两次测定结果之差不得超过 0.02 g/cm³。

四、水泥标准稠度用水量、凝结时间、安定性检验方法

水泥标准稠度用水量、凝结时间、安定性检验方法分标准法和代用法两种。正常情况下应按标准法进行检测,当不具备标准法的条件时,用代用法。但凝结时间检验方法只有一种。

1. 适用范围

该方法适用于硅酸盐水泥、普通硅酸盐水泥、矿渣硅酸盐水泥、粉煤灰硅酸盐水泥、火山灰质硅酸盐水泥、复合硅酸盐水泥以及指定采用本方法的其他品种水泥。

2. 试验原理

(1)水泥标准稠度用水量。

水泥标准稠度净浆对标准试杆(标准法)或试锥(代用法)的沉入具有一定阻力,通过测定不同含水量水泥净浆的穿透性,以确定水泥标准稠度净浆中所需加的水量。

(2)凝结时间。

试针沉入水泥标准稠度净浆至一定深度所需的时间即为凝结时间。

(3)安定性。

①雷氏法(标准法)是通过测定水泥标准稠度净浆在雷氏夹中沸煮后试针的相对位移表征其体积膨胀的程度。

②试饼法(代用法)是通过观测水泥标准稠度净浆试饼沸煮后的外形变化情况表征其体积安定性。

3. 试验条件

(1)实验室温度为 20 ℃±2 ℃,相对湿度应不低于 50%,水泥试样、拌和水、仪器和用具的温度与实验室一致。

(2)湿气养护箱的温度为 20 ℃±1 ℃,相对湿度不低于 90%。

4. 仪器设备

(1)水泥净浆搅拌机:符合 JC/T729 的要求。

(2)标准法维卡仪。

测定水泥标准稠度和凝结时间用的维卡仪及配件示如图 4.16 所示。

标准稠度试杆由长度为 50 mm±1 mm,直径为 Φ10 mm±0.05 mm 的圆柱形耐腐蚀金属制成。初凝用试针由钢制成,其有效长度初凝针为 50 mm±1 mm,终凝针为 30 mm±1 mm,直径为 Φ1.13 mm±0.05 mm。滑动部分的总质量为 300 g±1 g,与试杆、试针联结的滑动杆表面应光滑,能靠重力自由下落。

盛装水泥净浆的试模由耐腐蚀的、有足够硬度的金属制成,试模为深 40 mm±0.2 mm、顶内径 Φ65 mm±0.5 mm、底内径 Φ75 mm±0.5 mm 的截顶圆锥体。每个试模应配备一个边长或直径约为 10 mm,厚度为 4~5 mm 的平板玻璃地板或金属地板。

(3)代用法维卡仪:符合 JC/T727 的要求。

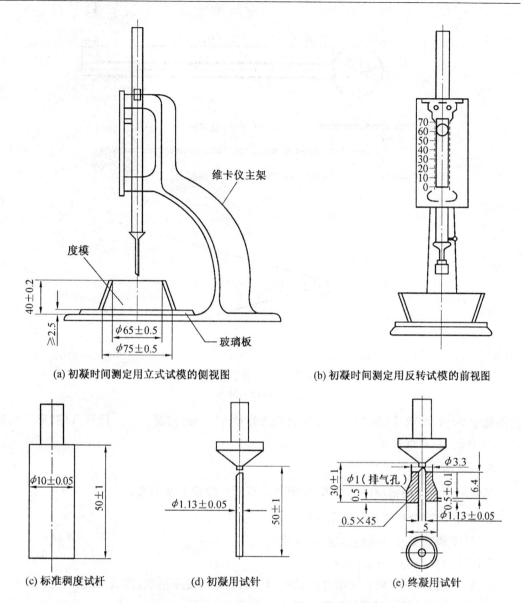

图 4.16 测定水泥标准稠度和凝结时间用的维卡仪及配件

(4)雷氏夹:由钢质材料制成,其结构如图 4.17 所示。当一根指针的根部悬挂在一根金属丝或尼龙丝上,另一根指针的根部再挂上 300 g 质量的砝码时,两根指针针尖的距离增加应为 17.5 mm±2.5 mm,即 $2x=17.5$ mm±2.5 mm(图 4.17(b)),当去掉砝码后针尖的距离能恢复至挂砝码前的状态。

(5)沸煮箱:符合 JC/T955 的要求。

(6)雷氏夹膨胀测定仪如图 4.18 所示,它由底座、模子座、测弹性标尺、立柱、测膨胀值标尺、悬臂及悬丝细线组成。

(7)量筒或滴定管:精度±0.5 mL。

(8)天平:最大量程不小于 1 000 g,分度值不大于 1 g。

(9)其他辅助器具。湿气养护箱同胶砂强度试验用,可控制温度为(20±1)℃,相对湿

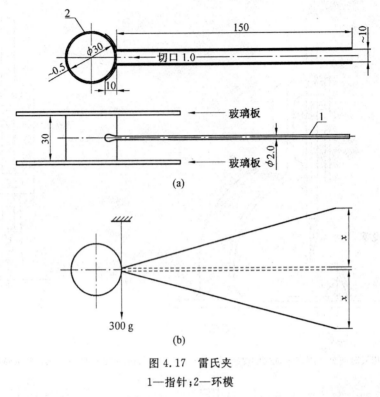

图 4.17 雷氏夹
1—指针；2—环模

度不低于 90%,玻璃片(厚 4~5 mm)(边长或直径 80 mm)盛器、小勺、调灰刀(弧形头宽约 25 mm 直边刀)和钢直尺(20 cm)。

5. 试验用水

试验用水应使用洁净的饮用水,如果有争议时应以蒸馏水为准。

6. 试验方法(分标准法和代用法)

(1)标准稠度用水量测定方法(标准法)。

①试验前的准备工作。

a. 维卡仪的滑动杆能自由滑动。试模和玻璃底板用湿布擦拭,将试模放在底板上。

b. 调整至试杆接触玻璃板时指针对准零点。

c. 搅拌机运行正常。

②水泥净浆的拌制。

用水泥净浆搅拌机搅拌,搅拌锅和搅拌叶片先用湿布擦,将其拌和水倒入搅拌锅内,然后在 5~10 s 内小心将称好的 500 g 水泥加入水中,防止水和水泥溅出。拌和时,先将锅放在搅拌机的锅座上,升至搅拌位置,启动搅拌机,低速搅拌 120 s,停 15 s,同时将叶片和锅壁上的水泥用调灰刀刮入锅中间,接着高速搅拌 120 s 停机。

③标准稠度用水量的测定步骤。

拌和结束后,立即用小勺取适量水泥净浆一次性将装入已置于玻璃底板上的试模中,浆体超过试模上端,用宽约 25 mm 的直边刀轻轻拍打超出试模部分的浆体 5 次以排除浆体中的孔隙,然后在试模上表面约 1/3 处,略倾斜于试模分别向外轻轻锯掉多余净浆,再从试模

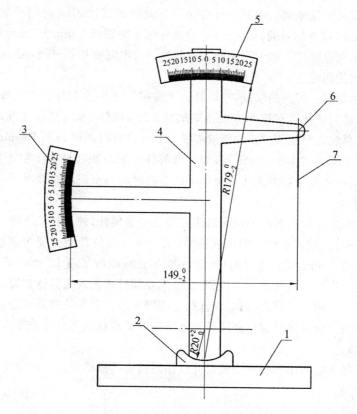

图 4.18 雷氏夹膨胀测定仪
1—底座；2—模子座；3—测弹性标尺；4—立柱；
5—测膨胀值标尺；6—悬臂；7—悬丝

边沿轻抹顶部一次，使净浆表面光滑。在去掉多余净浆和抹平的操作过程中，注意不要压实净浆；抹平后迅速将试模和底板移到维卡仪上，并将其中心定在试杆下，降低试杆直至与水泥浆面表面接触，拧紧螺丝 1～2 s 后，突然放松，使试杆垂直自由地沉入水泥净浆中。在试杆沉入或释放试杆 30 s 时记录试杆距底板之间的距离，升起试杆后，立即擦净，整个过程应在搅拌后 1.5 min 内完成。以试杆沉入净浆并距底板 6 mm±1 mm 的水泥净浆为标准稠度净浆。其拌和水量为该水泥的标准稠度用水量（P），按水泥质量的百分比计，即用水量÷水泥质量×100%。

(2) 凝结时间测定方法。

① 试验前准备工作。

调整凝结时间测定仪的试针，接触玻璃板时指针对准零点。

② 试件的制备。

以标准稠度用水量制成标准稠度净浆，装模和刮平后，立即放入湿气养护箱中。记录水泥全部加入水中的时间作为凝结时间的起始时间。

③ 初凝时间的测定。

试件在湿气养护箱中养护至加水后 30 min 时进行第一次测定。测定时，从湿气养护箱中取出试模放到试针下，降低试针与水泥净浆表面接触。拧紧螺丝 1～2 s 后，突然放松，试针垂直自由地沉入水泥净浆。观察试针停止下沉或释放试针 30 s 时指针的读数。临近初凝时间每隔 5 min(或更短时间)测定一次,当试针沉至距底板 4 mm±1 mm 时,为水泥达到初凝状态。由水泥全部加入水中至初凝状态的时间为水泥的初凝时间,用 min 表示。

④终凝时间的测定。

为了准确观测试针沉入的状况,在终凝针上安装一个环形附件。在完成初凝时间测定后,立即将试模连同浆体以平移的方式从玻璃板取下,翻转 180°,直径大端向上,小端向下放在玻璃板上,再放入湿气养护箱中继续养护。临近终凝时间时每隔 15 min(或更短时间)测定一次,当试针沉入试体 0.5 mm 时,即环形附件开始不能在试体上留下痕迹时,为水泥达到终凝状态。由水泥全部加入水中至终凝状态的时间为水泥的终凝时间,用 min 表示。

⑤测定注意事项。

测定时应注意,在最初测定的操作时应轻轻扶持金属柱,使其徐徐下降,以防试针撞弯,但结果以自由下落为准。在整个测试过程中,试针沉入的位置至少要距试模内壁 10 mm。临近初凝时,每隔 5 min(或更短时间)测定一次,临近终凝时每隔 15 min(或更短时间)测定一次,到达初凝时应立即重复测一次,当两次结论相同时才能确定到达初凝状态。到达终凝时,需要在试体另外两个不同点测试,确认结论相同才能确定到达终凝状态。每次测定不能让试针落入原针孔,每次测试完毕须将试针擦净并将试模放回湿气养护箱内,整个测试过程要防止试模受震。

注意:可以使用能得出与标准中规定方法相同结果的凝结时间自动测定仪,有矛盾时以标准规定方法为准。

(3)安定性测定方法(标准法)。

①试验前准备工作。

每个试样需成型两个试件,每个雷氏夹需配备两个边长或直径约为 80 mm、厚度为 4~5 mm 的玻璃板,凡与水泥净浆接触的玻璃板和雷氏夹内表面都要稍稍涂上一层油。

注意:有些油会影响凝结时间,矿物油比较合适。

②雷氏夹试件的成型。

将预先准备好的雷氏夹放在已擦油的玻璃板上,并立即将已制好的标准稠度净浆一次装满雷氏夹,装浆时一只手轻轻扶持雷氏夹,另一只手用宽约 25 mm 的直边刀在浆体表面轻轻插捣 3 次,然后抹平,盖上稍涂油的玻璃板,立即将试件移至湿气养护箱内养护 24 h±2 h。

③沸煮。

a. 调整好沸煮箱内的水位,使能保证在整个沸煮过程中都超过试件,不须中途添补试验用水,同时又能保证在 30 min±5 min 内升至沸腾。

b. 脱去玻璃板取下试件,先测量雷氏夹针尖端间的距离(A),精确到 0.5 mm,接着将试件放入沸煮箱水中的试件架上,指针朝上,然后在 30 min±5 min 内加热至沸并恒沸 180 min±5 min。

c. 结果判别。

沸煮结束后,立即放掉沸煮箱中的热水,打开箱盖,待箱体冷却至室温,取出试件进行判别。测量雷氏夹指针尖端的距离(C),准确至 0.5 mm,当两个试件煮后增加距离($C-A$)的平均值不大于 5.0 mm 时,即认为该水泥安定性合格;当两个试件煮后增加距离($C-A$)的平均值大于 5.0 mm 时,应用同一样品立即重做一次试验,以复检结果为准。

(4)水泥稠度用水量测定方法(代用法)。

①试验前准备工作。

a.维卡仪的金属棒能自由滑动。

b.调整至试锥接触锥模顶面时指针对准零点。

c.搅拌机运行正常。

②水泥净浆的拌制。

③标准稠度的测定。

a.采用代用法测定水泥标准稠度用水量可用调整水量和不变水量两种方法的任一种测定。采用调整水量方法时,拌和水量按经验找水;采用不变水量方法时,拌和水量用 142.5 mL。

b.拌和结束后,立即将拌好的水泥净浆装入试模中,用宽约 25 mm 的直边刀在浆体表面轻轻插捣 5 次,再轻振 5 次,刮去多余的净浆;抹平后迅速放到试锥下面固定的位置上,将试锥降至净浆表面,拧紧螺丝 1~2 s 后,突然放松,让试锥垂直自由地沉入水泥净浆中。到试锥停止下沉或释放试锥 30 s 时记录试锥下沉深度。整个操作应在搅拌后 1.5 mm 内完成。

c.用调整水量方法测定时,以试锥下沉深度 30 mm±1 mm 时的净浆为标准稠度净浆。其拌和水量为该水泥的标准稠度用水量(P),按水泥质量的百分比计。如果下沉深度超出范围须另称试样,调整水量,重新试验,直至达到 30 mm±1 mm 为止。

d.用不变水量方法测定时,根据下式(或仪器上对应标尺)计算得到标准稠度用水量 P。当试锥下沉深度小于 13 mm 时,应改用调整水量法测定。即

$$P = 33.4 - 0.185S$$

式中　P——标准稠度用水量,%;

　　　S——试锥下沉深度,mm。

(5)安定性测定方法(代用法)。

①试验前准备工作。

每个样品须准备两块边长约 10 mm 的玻璃板,凡与水泥净浆接触的玻璃板都要稍稍涂上一层油。

②试饼的成型方法。

将制好的标准稠度净浆取出一部分分成两等份,使之成球弧形,放在预先准备好的玻璃板上,轻轻振动玻璃板并用湿布擦过的小刀由边缘向中央抹,做成直径为 70~80 mm、中心厚约为 10 mm、边缘渐薄、表面光滑的试饼,接着将试饼放入湿气养护箱内养护 24 h±2 h。

③沸煮。

a.步骤参照雷氏夹沸煮。

b.脱去玻璃板取下试件,在试饼无缺陷的情况下将试饼放在沸煮箱水中的篦板上,在 30 min±5 min 内加热至沸并恒沸 180 min±5 min。

c.结果判别。

沸煮结束后,立即放掉沸煮箱中的热水,打开箱盖,待箱体冷却至室温,取出试件进行判别。目测试饼未发现裂缝,用钢直尺检查也没有弯曲(使钢直尺和试饼底部紧靠,以两者间

不透光为不弯曲)的试饼为安定性合格,反之为不合格。当两个试饼判别结果有矛盾时,该水泥的安定性为不合格。

五、水泥比表面积测定方法(勃氏法)

此方法是用勃氏透气仪来测定水泥细度的试验方法。本方法适用于测定水泥的比表面积及适合采用本方法的比表面积为 2 000~6 000 cm^2/g 的其他各种粉状物料,不适用于测定多孔材料及超细粉状物料。

方法原理:本方法主要是根据一定量的空气通过具有一定空隙率和固定厚度的水泥层时,所受阻力不同而引起流速的变化来测定水泥的比表面积。在一定空隙率的水泥层中,孔隙的大小和数量是颗粒尺寸的函数,同时也决定了通过料层的气流速度。

试验条件:相对湿度不大于 50%。

水泥比表面积:单位质量的粉末所具有的总表面积,以平方厘米每克(cm^2/g)或平方米每千克(m^2/kg)来表示。

(1)仪器设备。

①透气仪。

本方法采用勃氏比表面积透气仪,分手动和自动两种,均应符合《勃氏透气仪》(JC/T 956)的要求。它主要由 U 形压力计、抽气装置和透气圆筒(内须装圆形穿孔板,其孔为 35 个和 Φ12.7 mm 的圆形中速滤纸)组成,另配有捣器和细长捣棒(直径比透气筒略小)。

②烘干箱。

控制温度灵敏度±1 ℃,自动控制温度在(110±5) ℃。

③分析天平。

分度值为 0.001 g。

④秒表:精确至 0.5 s。

⑤水泥样品:水泥样品按 GB 12573 进行取样,先通过 0.9 mm 方孔筛,再在 110 ℃±5 ℃下烘干 1 h,并在干燥器中冷却至室温。

⑥基准材料。

基准材料俗称水泥标准粉,符合《水泥细度和比表面积标准样品》(GSB 14—1511)或相同等级的标准物质。如果有争议时以 GSB 14—1511 为准。

⑦压力计液体:采用带有颜色的蒸馏水或直接采用无色蒸馏水。

⑧滤纸:采用符合《化学分析滤纸》(GB/T 1914)中的中速定量滤纸和 Φ12.7 mm 边缘光滑的圆形滤纸片。每次测定须用新的滤纸片。

⑨汞(水银):分析纯汞。

⑩其他辅助用品:小薄玻璃片 30 mm×30 mm×厚(1~2) mm、镊子、毛刷、小勺、抹布等。

(2)测定水泥密度:按 GB/T 208 测定水泥密度。

(3)仪器校准。

采用 GSB 14—1511 或相同等级的其他标准物质,有争议时以前者为准。

仪器校准按 JC/T956 进行。校准周期至少每年进行一次。当使用频繁,则应半年进行一次。维修后也要进行重新标定。

(4)比表面积测定步骤。

①漏气检查。

将透气圆筒上口用橡皮塞塞紧,接到压力计上。用抽气装置从压力计一臂中抽出部分气体,然后关闭阀门,观察是否漏气,如果发现漏气,可用活塞油脂加以密封。

②空隙率(ε)的确定。

硅酸盐 PI、PII 型水泥的空隙率采用 0.500±0.005,其他水泥或粉料的空隙率选用 0.530±0.005。

当上述空隙率不能将试样压至下试料层制备规定的位置时,则允许改变空隙率。

空隙率的调整以 2 000 g 砝码(5 等砝码)将试样压实至规定的位置为准。

③确定试样量。

试样量按式下计算:

$$m = \rho V(1-\varepsilon)$$

式中　m——需要的试样量,g;

　　　ρ——试样密度,g/cm³;

　　　V——试料层体积,按 JC/T 956 测定,cm³。

　　　ε——试料层空隙率,水泥层空隙率见表 4.6。

表 4.6　水泥层空隙率 (GB 8074—2008)

空隙率值 ε	$\sqrt{\varepsilon^3}$	空隙率值 ε	$\sqrt{\varepsilon^3}$
0.495	0.348	0.515	0.369
0.496	0.3491	0.520	0.374
0.497	0.350	0.525	0.380
0.498	0.351	0.526	0.381
0.499	0.352	0.527	0.383
0.500	0.354	0.528	0.384
0.501	0.355	0.529	0.385
0.502	0.356	0.530	0.386
0.503	0.357	0.531	0.387
0.504	0.358	0.532	0.388
0.505	0.359	0.533	0.389
0.506	0.360	0.534	0.390
0.507	0.361	0.535	0.391
0.508	0.362	0.540	0.397
0.509	0.363	0.545	0.402
0.510	0.364	0.550	0.408

④试料层制备。

a.将穿孔板放入透气圆筒的突缘上,用捣棒把一片滤纸放到穿孔板上,边缘放平并压紧。称取按③确定的试样量,精确到 0.001 g,倒入圆筒内。轻敲圆筒的边,使水泥层表面平坦。再放入一片滤纸,用捣器均匀捣实试料直至捣器的支持环与圆筒顶边接触,并旋转 1～2 圈,慢慢取出捣器。

b.穿孔板上的滤纸为 Φ12.7 mm 边缘光滑的圆形滤纸片。每次测定需用新的滤纸片。

⑤透气试验。

a.把装有试料层的透气圆筒下锥面涂一层活塞油脂,然后把它插入压力计顶端锥形磨口处,旋转 1～2 圈。要保证紧密连接不致漏气,并不振动所制备的试料层。

b.打开微型电磁泵,慢慢从压力计一臂中抽出空气,直到压力计内液面上升到扩大部分大端时关闭阀门。当压力计内液体的凹月液面下降到第三条刻线时开始计时,当液体的凹月液面下降到第二条刻线时停止计时,记录液面从第三条刻度线到第二条刻度线所需的时间。以秒记录,并记录试验时的温度(℃)。每次透气试验,应重新制备试料层。

(5)计算。

①当被测试样的密度、试料层中空隙率与标准样品相同,试验时的温度与校准温度之差 ≤3 ℃时,可按式计算:

$$S = \frac{S_s \sqrt{T}}{\sqrt{T_s}}$$

如果试验时的温度与校准温度之差>3 ℃时,则按下式计算:

$$S = \frac{S_s \sqrt{\eta_s} \sqrt{T}}{\sqrt{\eta} \sqrt{T_s}}$$

式中 S——被测试样的比表面积,cm²/g;
S_s——标准样品的比表面积,cm²/g;
T——被测试样试验时,压力计中液面降落测得的时间,s;
T_s——标准样品试验时,压力计中液面降落测得的时间,s;
η——被测试样在试验温度下的空气黏度,μPa·s,在不同温度下汞密度、空气黏度见表 4.7。
η_s——标准样品在试验温度下的空气黏度,μPa·s。

表 4.7 在不同温度下汞密度、空气黏度(GB/T 8074—2008)

室温/℃	汞密度/(g·cm⁻³)	空气黏度 η/(μPa·s)	$\sqrt{\eta}$ 值
8	13.58	17.49	4.18
10	13.57	17.59	4.19
12	13.57	17.68	4.20
14	13.56	17.78	4.22
16	13.56	17.88	4.23
18	13.55	17.98	4.24
20	13.55	18.08	4.25
22	13.54	18.18	4.26
24	13.54	18.28	4.28

续表 4.7

室温/℃	汞密度/(g·cm^{-3})	空气黏度 η/(μPa·s)	$\sqrt{\eta}$ 值
26	13.53	18.37	4.29
28	13.53	18.47	4.30
30	13.52	18.57	4.31
32	13.52	18.67	4.32
34	13.51	18.76	4.33

②当被测试样的试料层中空隙率与试样样品试料层中空隙率不同，试验时的温度与校准温度之差≤3 ℃时，可按下式计算：

$$S = \frac{S_s \sqrt{T}(1-\varepsilon_s) \sqrt{\varepsilon^3}}{\sqrt{T_s}(1-\varepsilon) \sqrt{\varepsilon_s^3}}$$

如果试验时的温度与校准温度之差＞3 ℃时，则按下式计算：

$$S = \frac{S_s \sqrt{\eta_s} \sqrt{T}(1-\varepsilon_s) \sqrt{\varepsilon^3}}{\sqrt{\eta}\sqrt{T_s}(1-\varepsilon) \sqrt{\varepsilon_s^3}}$$

式中　S——被测试样试料层中的空隙率；
　　　ε_s——标准样品试料层中的空隙率。

③当被测试样的密度和空隙率与标准样品不同，试验时的温度与校准温度之差≤3 ℃时，可按下式计算：

$$S = \frac{S_s \rho_s \sqrt{T}(1-\varepsilon_s) \sqrt{\varepsilon^3}}{\rho\sqrt{T_s}(1-\varepsilon) \sqrt{\varepsilon_s^3}}$$

如果试验时的温度与校准温度之差大于 3 ℃时，则按下式计算：

$$S = \frac{S_s \rho_s \sqrt{\eta_s} \sqrt{T}(1-\varepsilon_s) \sqrt{\varepsilon^3}}{\rho\sqrt{\eta}\sqrt{T_s}(1-\varepsilon) \sqrt{\varepsilon_s^3}}$$

式中　ρ——被测试样的密度，g/cm^3；
　　　ρ_s——标准样品的密度，g/cm^3。

④结果处理。

a. 水泥比表面积应由两次透气试验结果的平均值确定。如果两次试验结果相差 2% 以上时，应重新试验。计算结果保留至 10 cm^2/g。

b. 当同一水泥用手动勃氏透气仪测定的结果与自动勃氏透气仪测定的结果有争议时，以手动勃氏透气仪测定结果为准。

六、水泥胶砂强度检验方法(ISO 法)

水泥胶砂强度检验包括抗压强度和抗折强度两种，正常情况下对同一试件先进行抗折试验，使其折断两截(其中最小的一截长度不应小于 50 mm)，折断后的两截立即进行抗压强度试验。

1. 实验室环境条件

试件成型时实验室的温度应保持在(20±2) ℃，相对湿度应不低于 50%，但每天至少每

4 h 记录一次。在自动控制的情况下每天记录两次。自动控制设定在要求范围的中值。

2. 仪器设备

(1)中国(ISO)标准砂试验筛共 6 个:筛由金属丝网制作,筛网尺寸分别为:2.0 mm,1.6 mm,1.0 mm,0.5 mm,0.16 mm,0.080 mm,其标准应符合 GB/T 6003 的要求。

(2)试模:试模由 3 个水平的模槽组成(图 4.19),可同时成型 3 条截面为 40 mm× 40 mm,长 160 mm 的棱柱体试件,其尺寸偏差允许宽、高为±0.2 mm,长为±0.8 mm,其质量应符合 JC/T 726 的要求。

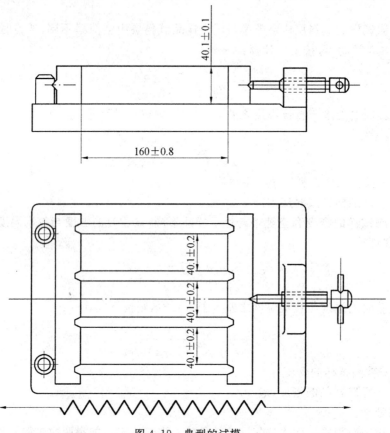

图 4.19 典型的试模

(3)搅拌机:属行星式,应符合 JC/T 681 的要求。叶片距离搅拌锅直壁(8±1) mm,距离底及圆弧壁(3±1) mm。

(4)振实台在其放置试模处的位置带有一个壁高 20 mm 的金属笼状的套模,应符合 JC/T 682 的要求,振实台应安装在高度约 400 mm 的混凝土基座上。混凝土体积约为 0.25 m³,质量约为 600 kg。须防外部振动影响效果时,可在整个混凝土基座下放一层厚约 5 mm 天然橡胶弹性衬垫。

将仪器用地脚螺丝固定在基座上,安装后设备成水平状态,仪器底座与基座之间铺一层砂浆以保证它们完全接触。

(5)播料器:大小各一个,如图 4.20(a)所示,用于控制每次装料厚度和刮平胶砂。

(6)金属刮平直尺(图 4.20(b)),长 300 mm×宽 30 mm×厚 2 mm。

第四章 施工用混凝土及组成混凝土材料的试验

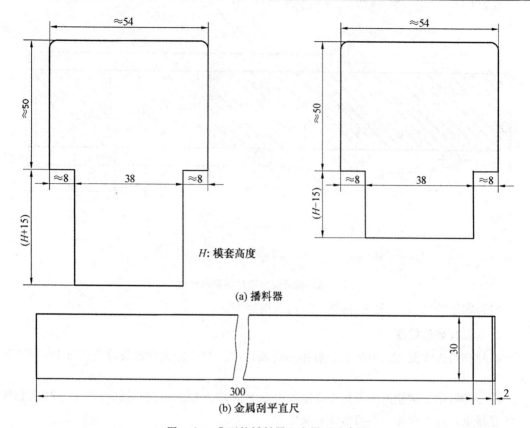

图 4.20 典型的播料器和金属刮平直尺

(7)抗折强度试验机应符合 JC/T 724 的要求。抗折强度测定加荷示意图如图 4.21 所示。

通过 3 根圆柱轴的 3 个竖向平面应该平行,并在试验时连续保持平行和等距离垂直试体的方向,其中一根支撑圆柱和加荷圆柱能轻微地倾斜使圆柱与试体完全接触,以使荷载沿试体宽度方向均匀分布,同时不产生任何扭转应力。

抗折强度试验也可用抗压强度试验机来测定,但应使用符合上述规定的夹具。

(8)抗压强度试验机精度为±1%,以最大荷载 200~300 kN 为佳。当用其他压力机时,在较大的 $\frac{4}{5}$ 量程范围内使用时记录的荷载应有±1%精度。压力机具有按 2 400 N/s±200 N/s 速率的加荷能力,并能自动记录和显示其压力动态的指示器(如表盘指针或显示器)。下承压板能具备自动调整水平功能,即有球座,上、下压板应由维氏硬度不低于 HV600 硬度钢制成。压板和试件接触的表面平面度公差应为 0.01 mm,表面粗糙度应为 0.1~0.8。

当压力机的下压力板不具备自动调整水平的球座时(没有或已不灵活等原因)应采用规定的抗压夹具。

(9)抗压强度试验机用夹具:夹具应符合 JC/T 683 的要求。其夹具确保试件受压面面积为 40 mm×40 mm。夹具的上压板有一球座,能自动调整水平。

(10)天平:精度为±1 g。当用滴管时,其精度为±1 mL。

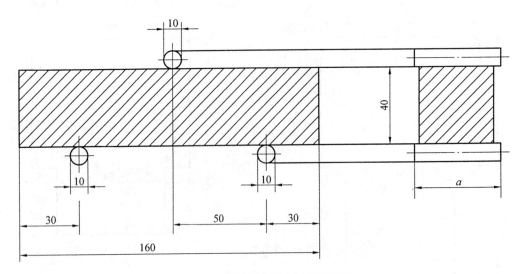

图 4.21 抗折强度测定加荷示意图

(11)其他辅助器具:勺子、盛器、毛巾、橡皮锤等。

3. 水泥胶砂的组成

(1)胶砂:由水泥、水、中国 ISO 标准砂组成。中国 ISO 标准砂的质量应符合 ISO679 要求。

(2)水泥:用于试验的水泥从取样至试验要保持 24 h 以上,应把它储存在基本装满和气密的容器里。这个容器应不与水泥起反应。

(3)水:一般可用饮用水,但仲裁试验或其他重要试验用蒸馏水。

4. 胶砂的制备

(1)配合比。

配合比按水泥∶标准砂∶水=1∶3∶5 比例(水灰比为 0.5),但每次搅拌的数量应能成型 3 条试体,即每次胶砂搅拌用的材料数量,见表 4.8。

表 4.8 每次胶砂搅拌用的材料数量(GB/T 17671—1999)

材料量/g 水泥品种	水泥	标准砂	水
硅酸盐水泥			
普通硅酸盐水泥			
矿渣硅酸盐水泥	450±2	1 350±5	225±1
粉煤灰硅酸盐水泥			
复合硅酸盐水泥			
石灰石硅酸盐水泥			

(2)配料。

水泥、标准砂、水和试验用具的温度与实验室相同,称量用的天平精度应为±1 g。当用自动滴管加 225 mL 水时,滴管精度应达到±1 mL。

(3)搅拌。

先使搅拌机处于待工作状态,然后按以下的程序进行操作:

①把水加入搅拌锅中,再加入水泥,把锅放在固定架上,上升至固定位置。

②然后立即开动机器,低速搅拌 30 s 后,在第二个 30 s 开始的同时均匀地将砂子加入。当各级砂是分装时,从最粗粒级开始,一次将所需的每级砂量加完。把机器转至高速再搅拌 30 s。

③停拌 90 s,在第 1 个 15 s 内用一胶皮刮具将叶片和锅壁上的胶砂刮入锅中间。在高速下继续搅拌 60 s。各个搅拌阶段,时间误差应在±1 s 以内。

5. 试件的制备

(1)试件应是 40 mm×40 mm×160 mm 的棱柱体。

(2)成型。

胶砂制备后立即进行成型。将空试模和模套固定在振实台上的套模中,用一个适当的勺子直接从搅拌锅中将胶砂分两层装入试模。装第一层时,每个槽里放约 300 g 胶砂,用大播料器垂直在模套顶部,沿每个模槽来回一次将料层播平,接着振实 60 次。再装入第二层胶砂,用小播料器播平,再振实 60 次。移走模套,从振实台上取下试模,用一金属直尺以近似 90°的角度架在试模模顶的一端,然后沿试模长度方向以横向锯割动作慢慢向另一端移动,一次将超过试模部分的胶砂刮去,并用同一直尺以近似水平的情况下将试体表面抹平。在试模上做标记或加字条标明试件编号和试件相对于振实台的位置。

当使用代用的振动台成型时,操作如下:

在搅拌胶砂的同时将试模和下料漏斗卡紧在振动台的中心。将搅拌好的全部胶砂均匀地装入下料漏斗中,开动振动台,胶砂通过漏斗流入试模。振动 120 s±5 s 停止,振动完毕,取下试模,用刮刀以振动台规定的刮平手法刮去高出试模的胶砂并抹平。接着在试模上做标记或用纸条标明试件编号。

6. 试件的养护

所用设备:养护箱或雾室温度保持在 20 ℃±1 ℃,相对湿度不低于 90%(用于试体带模养护),养护池水温为 20 ℃±1 ℃(用于试体养护)。

(1)脱模前的处理和养护。

去掉留在模子四周的胶砂。立即将做好标记的试模放入雾室或湿箱的水平架子上养护,湿空气应能与试模各边接触。养护时不应将试模放在其他试模上。一直养护到规定的脱模时间取出,脱模。脱模前,用防水墨汁或颜料笔对试体进行编号和做其他标记。两个龄期以上的试体,在编号时应将同一试模中的 3 条试体分在两个以上龄期内。

(2)脱模。

脱模应非常小心,对于 24 h 龄期的,应在破型试验前 20 min 内脱模;对于 24 h 以上龄期的,应在成型后 20~24 h 脱模。

脱模时可用塑料锤或橡胶榔头或专门的脱模器。对于胶砂搅拌或振实操作,或胶砂含气量试验的对比,建议称量每个模型试体的质量。如果经 24 h 养护,会因脱模对强度造成损害时,可以延迟至 24 h 以后脱模,但在试验报告中应予注明。

已确定作为 24 h 龄期试验(或其他不下水直接做试验)的已脱模试体,应用湿布覆盖至做试验时为止。

(3)水中养护。

将做好标记的试件立即水平或竖直放在 20 ℃±1 ℃水中养护,水平放置时刮平面朝上。

试件放在不易腐烂的篦子上,并彼此间保持一定间距,以让水与试件的 6 个面接触。养护期间试件之间间隔或试体上表面的水深不得小于 5 mm。

每个养护池只养护同类型的水泥试件。最初用自来水装满养护池(或容器),然后随时加水保持适当的恒定水位,不允许在养护期间全部换水。除 24 h 龄期或延迟至 48 h 脱模的试件外,任何到龄期的试体应在试验(破型)前 15 min 从水中养护取出。擦去试体表面沉积物,并用湿布覆盖至试验为止。

(4)强度试验试体的龄期。

试体龄期是从水泥加水搅拌开始试验时算起。不同龄期强度试验在下列时间进行:

1 d 强度:24 h±15 min;

2 d 强度:48 h±30 min;

3 d 强度:72 h±45 min;

7 d 强度:7d±2 h;

28 d 强度:>28 d±8 h。

7. 试验程序

在折断后的棱柱体上进行抗压强度试验,受压面是试体成型时的两个侧面,面积为 40 mm×40 mm。

当不需要抗折强度数值时,抗折强度试验可以省去。但抗压强度试验应在不使试件受到有害压力情况下折断的两截棱柱体上进行。

(1)抗折强度测定。

将试体一个侧面放在试验机支撑圆柱上,试体长轴垂直于支撑圆柱,通过加荷圆柱以 50 N/s±10 N/s 的速率均匀地将荷载垂直地加在棱柱体相对侧面上,直至折断。保持两个半截棱柱体处于潮湿状态。

抗折强度 R_f(MPa)按下式进行计算:

$$R_f = \frac{1.5 F_f L}{b^3}$$

式中　F_f——折断时施加于棱柱体中部的荷载,N;

　　　L——支撑圆柱之间的距离,mm;

　　　b——棱柱体正方形截面的边长,mm。

(2)抗压强度测定。

把半截棱柱体的侧面放入压力机(或夹具中)进行,半截棱柱体中心与压力机压板受压中心差应在±0.5 mm 内,棱柱体试件露在压板外的部分约有 10 mm。在整个加荷过程中以 2 400 N/s±200 N/s 的速率均匀地加荷至破坏。

抗压强度 R_c(MPa)按式进行计算,精确至 0.1 MPa:

$$R_c = \frac{F_c}{A}$$

式中 F_c——破坏时的最大荷载,N;
　　A——受压部分面积,mm^2。

8.试验结果处理

(1)抗折强度。

以一组3个棱柱体抗折结果的平均值作为试验结果。当3个强度值中有超出平均值±10%时,应剔除后再取平均值作为抗折强度试验结果。

(2)抗压强度。

以一组3个棱柱体上得到的6个抗压强度测定值的算术平均值为试验结果。如果6个测定值中有一个超出6个平均值的±10%,就应剔除这个结果,而以剩下5个的平均数为结果。如果5个测定值再有超过它们平均数±10%的,则此结果作废。

第五节　细骨料(砂)、粗骨料(石子)试验方法

一、细骨料(砂)试验方法

《铁路混凝土工程施工质量验收标准》(TB 10424—2010)规定砂试验用此方法。

(一)一般规定

(1)试验环境:实验室温度应保持在(20±5)℃。

(2)试验用筛:应满足 GB/T 6003.1 和 GB/T 6003.2 中方孔试验筛的规定,筛孔大于 4 mm 的筛应采用穿孔板试验筛。

(3)试样处理:把按规定取来的砂样,按下述方法进行处理使之符合试验用试样要求:

①用分料器法:将样品在潮湿状态下拌和均匀,然后通过分料器,取接料斗中的其中一份再次通过分料器。重复上述过程,直至把样品缩分到试验所需量为止。

②人工四分法:将所取样品置于平板上,在潮湿状态下拌和均匀,并堆成厚度约为 20 mm 的圆饼,然后沿互相垂直的两条直径把圆饼分成大致相等的4份,取其中对角线的两份重新拌匀,再堆成圆饼,重复上述过程,直至把样品缩分到试验所需量为止。

③堆积密度、机制砂坚固性试验所用试样可不经缩分,在拌匀后直接进行试验。

(二)各试验项目的试验方法

1.颗粒级配

(1)仪器设备。

①鼓风干燥箱:能使温度控制在(105±5)℃。

②天平:称量1 000 g,感量1 g。

③方孔筛:规格为150 μm,300 μm,600 μm,1.18 mm,2.36 mm,4.75 mm 及 9.5 mm 的筛各一只,并附有筛底和筛盖。

④摇筛机。

⑤搪瓷盘、毛刷等。

(2)试验步骤。

①按规定取样,将试样缩分至约 1 100 g,放在干燥箱中于(105±5)℃下烘至恒量,待冷却至室温后,分为大致相等的两份备用。

注意:恒量是指试样在烘干 3 h 以上的情况下,其前后质量之差不大于该项试验所要求的称量精度(下同)。

②称取试样 500 g,精确至 1 g。将试样倒入按孔径大小从上到下组合的套筛(附筛底)上,然后进行筛分。

③将套筛置于摇筛机上,摇 10 min,取下套筛,按筛孔大小顺序再逐个用手筛,筛至每分钟通过量小于试样总量 0.1% 为止。通过的试样并入下一号筛中,并和下一号筛中的试样一起过筛,这样顺序进行,直至各号筛全部筛完为止。

④称取各号筛的筛余量,精确至 1 g,试样在各号筛上的筛余量不得超过按下式计算出的量。

$$G = \frac{A d^{1/2}}{200}$$

式中　G——在一个筛上的筛余量,g;
　　　A——筛面面积,mm^2;
　　　d——筛孔尺寸,mm。

超过时应按下列方法之一处理:

a.将该粒级试样分成少于按上式计算出的量,分别筛分,并以筛余之和作为该号筛的筛余量。

b.将该粒级及以下各粒级的筛余混合均匀,称出其质量,精确至 1 g。再用四分法缩分为大致相等的两份,取其中一份,称出其质量,精确至 1 g,继续筛分。计算该粒级及以下各粒级的分计筛余量时应根据缩分比例进行修正。

(3)结果计算与评定。

①计算分计筛余百分率:各号筛的筛余量与试样总量之比,计算精确至 0.1%。

②计算累计筛余百分率:该号筛的分计筛余百分率加上该号筛以上各分计筛余百分率之和,精确至 0.1%。如果每号筛的筛余量与筛底的剩余量之和同原试样的质量之差超过 1% 时,应重新试验。

③砂的细度模数按下式计算,精确至 0.01:

$$M_x = \frac{(A_2 + A_3 + A_4 + A_5 + A_6) - 5A_1}{100 - A_1}$$

式中　M_x——细度模数;
　　　A_1,A_2,A_3,A_4,A_5,A_6——4.75 mm,2.36 mm,1.18 mm,600 μm(0.6 mm),300 μm(0.3 mm),150 μm(0.15 mm)筛的累计筛余百分率。

④累计筛余百分率取两次试验结果的算术平均值,精确至 1%。细度模数取两次试验结果的算术平均值,精确至 0.1;如果两次试验的细度模数之差超过 0.20 时,应重新试验。

⑤根据各号筛的累计筛余百分率,采用修约值比较法评定该试样的颗粒级配。

2.含泥量

(1)仪器设备。

①鼓风干燥箱:能使温度控制在(105±5)℃。
②天平:称量 1 000 g,感量 0.1 g。
③方孔筛:孔径为 75 μm(0.075 mm)及 1.18 mm 的筛各一只。
④容器:要求淘洗试样时,保持试样不溅出(深度大于 250 mm)。
⑤搪瓷盘、毛刷等。

(2)试验步骤。

①按规定取样,并将试样缩分至约 1 100 g,放在干燥箱中于(105±5)℃下烘干至恒量,待冷却至室温后,分为大致相等的两份备用。

②称取试样 500 g,精确至 0.1 g。将试样倒入淘洗容器中,注入清水,使水面高于试样面约 150 mm,充分搅拌均匀后,浸泡 2 h,然后用手在水中淘洗试样,使尘屑、淤泥和黏土与砂粒分离,把浑水缓缓倒入 1.18 mm 及 75 μm 的方孔筛。试验前筛子的两面应用水润湿,在整个过程中应小心防止砂粒流失。

③再向容器中注入清水,重复上述操作,直至容器内的水目测清澈为止。

④用水淋洗剩余在筛上的细粒,并将 75 μm 筛放在水中(使水面略高出筛中砂粒的上表面)来回摇动,以充分洗掉小于 75 μm 的颗粒,然后将两只筛的筛余颗粒和清洗容器中已经洗净的试样一并倒入搪瓷盘,放在干燥箱中于(105±5)℃下烘干至恒重,待冷却至室温后,称出其质量,精确至 0.1 g。

(3)结果计算与评定。

①含泥量按下式计算,精确至 0.1%:

$$Q_a = \frac{G_0 - G_1}{G_0}$$

式中　Q_a——含泥量,%;
　　　G_0——试验前烘干试样的质量,g;
　　　G_1——试验后烘干试样的质量,g。

②含泥量取两个试样的试验结果算术平均值作为测定值,采用修约值比较法进行评定。

3. 石粉含量与 MB 值(亚甲蓝值)

该试验需分 3 个过程:一是亚甲蓝溶液配制,二是石粉含量测定,三是亚甲蓝 MB 值的测定。

(1)试剂和材料及仪器设备。

①定量滤纸(快速)。
②蒸馏水。
③亚甲蓝。
④烧杯(1 000 mL)、搪瓷盘和毛刷。
⑤容量瓶(1 L)。
⑥深色储藏瓶(至少 1 L)。
⑦天平:称量 1 000 g,感量 0.1 g,及称量 100 g,感量 0.01 g 各一台。
⑧孔筛:孔径为 0.075 mm,1.18 mm,2.36 mm 的筛各一只。
⑨鼓风干燥箱:能使温度控制在(105±5)℃。
⑩容器:要求淘洗试样时,保持试样不溅出(深度大于 250 mm)。

⑪移液管:5 mL,2 mL 移液管各一个。
⑫三片或四片式叶轮搅拌器:转速可调最高达(600±60)r/min,直径为(75±10)mm。
⑬定时装置:精度 1 s。
⑭温度计:精度 1 ℃,0～100 ℃。
⑮玻璃棒:2 支(直径 8 mm,长 300 mm)。

(2)亚甲蓝溶液制备。

①亚甲蓝粉末含水率测定:称量亚甲蓝粉末约 5 g,精确到 0.01 g,记为 M_h。将该粉末在(100±5)℃烘干至恒量,置于干燥器中冷却。从干燥器中取出后立即称重,精确到 0.01 g,记为 M_g。按下式计算含水率,精确到小数点后一位,记为 W。即

$$W = \frac{M_h - M_g}{M_g}$$

式中　W ——含水率,%;
　　　M_h ——烘干前亚甲蓝粉末的质量,g;
　　　M_g ——烘干后亚甲蓝粉末的质量,g。

每次染料溶液制备均应进行亚甲蓝含水率测定。

②亚甲蓝溶液制备步骤:称量亚甲蓝粉末((100+W)/10)g±0.01 g(相当于干粉 10 g),精确至 0.01 g。倒入盛有约 600 mL 蒸馏水(水温加热至 35～40 ℃)的烧杯中,用玻璃棒持续搅拌 40 min,直至亚甲蓝粉末完全溶解,冷却至 20 ℃。将溶液倒入 1 L 容量瓶中,用蒸馏水淋洗烧杯等,使所有亚甲蓝溶液全部移入容量瓶,容量瓶和溶液的温度应保持在(20±2)℃,加蒸馏水至容量瓶 1 L 刻度。振荡容量瓶以保证亚甲蓝粉末完全溶解。将容量瓶中溶液移入深色储藏瓶中,标明制备日期、失效日期(亚甲蓝溶液保质期应不超过 28 d),并置于阴暗处保存。

(3)试验步骤。

①石粉含量的测定同含泥量测定方法。

②亚甲蓝 MB 值的测定。

测定过程终点是当使用的亚甲蓝溶液使滤纸色晕可持续保持 5 min 时的总体积。

a.按规定取样,并将试样缩分至约 400 g,放在干燥箱中于(105±5)℃下烘干至恒量,待冷却至室温后,筛除大于 2.36 mm 的颗粒备用。

b.称取试样 200 g,精确至 0.1 g。将试样倒入盛有(500±5)mL 蒸馏水的烧杯中,用叶轮搅拌机以(600±60)r/min 转速搅拌 5 min,使成悬浮液,然后以(400±40)r/min 转速搅拌,直至试验结束。

c.悬浮液中加入 5 mL 亚甲蓝溶液,以(400±40)r/min 转速搅拌至少 1 min 后,用玻璃棒蘸取一滴悬浮液(所取悬浮液滴应使沉淀物直径为 8～12 mm),滴于滤纸(置于空烧杯或其他合适的支撑物上,以使滤纸表面不与任何固体或液体接触)上。若沉淀物周围未出现色晕,再加入 5 mL 亚甲蓝溶液,继续搅拌 1 min,再用玻璃棒蘸取一滴悬浮液,滴于滤纸上,若沉淀物周围仍为出现色晕。重复上述步骤,直至沉淀物周围出现约 1 mm 的稳定浅蓝色色晕。此时,应继续搅拌,不加亚甲蓝溶液,每 1 min 进行一次沾染试验。若色晕在 4 min 内消失,再加入 5 mL 亚甲蓝溶液;若色晕在第 5 min 消失,再加入 2 mL 亚甲蓝溶液。两种情况下,均应继续进行搅拌和沾染试验,直至色晕可持续 5 min。

d. 记录色晕持续 5 min 时所加入的亚甲蓝溶液总体积,精确至 1 mL。

③亚甲蓝的快速试验。

a. 按规定取样,并将试样缩分至约 400 g,放在干燥箱中于(105±5)℃下烘干至恒量,待冷却至室温后,筛除大于 2.36 mm 的颗粒备用。

b. 称取试样 200 g,精确至 0.1 g。将试样倒入盛有(500±5)mL 蒸馏水的烧杯中,用叶轮搅拌机以(600±60)r/min 转速搅拌 5 min,使成悬浮液,然后以(400±40)r/min 转速搅拌,直至试验结束。

c. 一次性向烧杯中加入 30 mL 亚甲蓝溶液,在(400±40)r/min 转速下持续搅拌 8 min,然后用玻璃棒蘸取一滴悬浮液,滴于滤纸上,观察沉淀物周围是否出现明显色晕。

(4)结果计算与评定。

①石粉含量的计算同含泥量的计算。

②亚甲蓝 MB 值按下式计算,精确至 0.1:

$$MB = \frac{V}{G} \times 10$$

式中　MB ——亚甲蓝值,g/kg,表示每千克 0~2.36 mm 粒级试样所消耗的亚甲蓝质量;

　　　G ——试样质量,g;

　　　V ——所加入的亚甲蓝溶液的体积,mL;

　　　10——用于每千克试样消耗的亚甲蓝溶液体积换算成亚甲蓝质量。

③亚甲蓝快速试验结果评定。

若沉淀物周围出现明显色晕,则判断亚甲蓝快速试验合格;若沉淀物周围未出现明显色晕,则判定亚甲蓝快速试验为不合格。

④采用修约值比较法进行评定。

4. 泥块含量

(1)仪器设备。

①鼓风干燥箱:能使温度控制在(105±5)℃。

②天平:称量 1 000 g,感量 0.1 g。

③方孔筛:孔径为 600 μm 及 1.18 mm 的筛各一只。

④容器:要求淘洗试样时,保持试样不溅出(深度大于 250 mm)深盆。

⑤搪瓷盘、毛刷等。

(2)试验步骤。

①按规定取样,并将试样缩分至约 5 000 g,放在干燥箱中于(105±5)℃下烘干至恒量,待冷却至室温后,筛除小于 1.18 mm 的颗粒,分为大致相等的两份备用。

②称取试样 200 g,精确至 0.1 g。将试样倒入淘洗容器中,注入清水,使水面高于试样面约 150 mm,充分搅拌均匀后,浸泡 24 h。然后用手在水中碾碎泥块,再把试样放在 600 μm 筛上,用水淘洗,直至容器内的水目测清澈为止。

(3)结果计算与评定。

①泥块含量按下式计算,精确至 0.1%:

$$Q_b = \frac{G_1 - G_2}{G_1} \times 100\%$$

式中 Q_b——泥块含量,%；

G_1——1.18 mm 筛筛余试样的质量,g；

G_2——试验后烘干试样的质量,g。

②泥块含量取两次试验结果的算术平均值,精确至 0.1%。

③采用修约值比较法进行评定。

5. 云母含量

(1)仪器设备。

①鼓风干燥箱:能使温度控制在(105±5)℃。

②放大镜:3～5 倍放大率。

③天平:称量 100 g,感量 0.01 g。

④方孔筛:孔径为 300 μm 及 4.75 mm 的筛各一只。

⑤钢针、搪瓷盘等。

(2)试验步骤。

①按规定取样,并将试样缩分至约 150 g,放在干燥箱中于(105±5)℃下烘干至恒量,待冷却至室温后,筛余大于 4.75 mm 及小于 300 μm 的颗粒备用。

②称取试样 15 g,精确至 0.01 g。将试样倒入搪瓷盘中摊开,在放大镜下用钢针挑出全部云母。称出云母的质量,精确至 0.01 g。

(3)结果计算与评定。

①云母含量按下式计算,精确至 0.1%：

$$Q_c = \frac{G_2}{G_1} \times 100\%$$

式中 Q_c——云母含量,%；

G_1——300 μm～4.75 mm 颗粒的质量,g；

G_2——云母质量,g。

②云母含量取两次试验结果的算术平均值,精确至 0.1%。

③采用修约值比较法进行评定。

6. 轻物质含量

(1)试剂及仪器设备。

①氯化锌:化学纯。

②量杯:1 000 mL,250 mL,150 mL 各一个。

③天平:称量 1 000 g,感量 0.1 g。

④鼓风干燥箱:能使温度控制在(105±5)℃。

⑤比重计:测定范围为 1 800～2 200 kg/m³。

⑥方孔筛:孔径为 4.75 mm 及 0.3 mm 筛各一只。

⑦网篮:内径和高度均约为 70 mm,网孔孔径不大于 0.3 mm。

⑧陶瓷盘、玻璃棒、毛刷、毛巾等。

(2)氯化锌重液的配制。

向 100 mL 的量杯中加水至 600 mL 刻度处,再加入 1 500 g 氯化锌。用玻璃棒搅拌使氯化锌充分溶解,待冷却至室温后,将部分溶液倒入 250 mL 量筒中测其密度。若密度小于 2 000 kg/m³,则倒回 1 000 mL 量杯中,再加入氯化锌,待全部溶解并冷却至室温后测其密度,直至溶液密度达到 2 000 kg/m³。

(3)试验步骤。

①按规定取样,并将试样缩分至约 800 g,放在干燥箱中于(105±5)℃下烘干至恒量,待冷却至室温后,筛除大于 4.75 mm 及小于 300 μm 的颗粒分为大致相等的两份备用。

②称取试样 200 g,精确至 0.1 g。将试样倒入盛有重液的量杯中,用玻璃棒充分搅拌,使试样中的轻物质与砂充分分离。静置 5 min 后,将浮起的轻物质连同部分重液倒入网篮中,轻物质留在网篮上,而重液通过网篮流入另一容器。倾倒重液时应避免带出砂粒,一般当重液表面与砂表面相距 20~30 mm 时立即停止倾倒,流出的重液倒回盛试样的量杯中。重复上述过程,直至无轻物质浮起为止。

③用清水洗净留存于网篮中的物质,然后将它移入已恒量的烧杯中,放在干燥箱中在(105±5)℃下烘干至恒量,待冷却至室温后,称出轻物质与烧杯的总质量,精确至 0.1 g。

(4)结果计算与评定。

①轻物质含量按下式计算,精确至 0.1%:

$$Q_\mathrm{d} = \frac{G_2 - G_3}{G_1} \times 100\%$$

式中 Q_d——轻物质含量,%;
G_1——300 μm~4.75 mm 颗粒的质量,g;
G_2——烘干的轻物质与烧杯的总质量,g;
G_3——烧杯的质量,g。

②轻物质含量取两次试验结果的算术平均值,精确至 0.1%。

③采用修约值比较法进行评定。

7. 有机物含量

(1)试验材料及仪器设备。

①试剂:氢氧化钠、鞣酸、乙醇和蒸馏水。

②量筒:10 mL,100 mL,250 mL,1 000 mL 各一个。

③方孔筛:孔径为 4.75 mm 的筛一只。

④烧杯、玻璃棒、移液管、毛巾、小勺等。

⑤水浴锅:可控制温度为 60~70 ℃。

⑥天平:1 000 g,感量 0.1 g 及称量 100 g,感量 0.01 g 各一台。

(2)标准溶液的配制。

取 2 g 鞣酸溶解于 98 mL 质量分数为 10% 乙醇溶液中即得所需的鞣酸溶液。然后取该溶液 25 mL 注入 975 mL 质量分数为 3% 的氢氧化钠溶液中(取 3 g 氢氧化钠溶于 97 mL 蒸馏水中),加塞后剧烈摇动,静置 24 h 即得标准溶液。

(3)试验步骤。

①按规定取样,并将试样缩分至约 500 g,风干后,筛除大于 4.75 mm 的颗粒备用。

②向 250 mL 容量筒中装入风干试样至 130 mL 刻度处,然后注入质量分数为 3% 的氢氧化钠溶液至 200 mL 刻度处,加塞后剧烈摇动,静置 24 h。

③比较试样上部溶液和标准溶液的颜色,盛装标准溶液与盛装试样的容量筒大小应一致。

(4)结果评定。

试样上部的溶液颜色浅于标准溶液颜色时,则表示试样有机物含量合格。若两种溶液颜色接近,应把试样连同上部溶液一起倒入烧杯中,放在 60~70 ℃ 的水浴中,加热 2~3 h,然后再与标准溶液比较。如果浅于标准溶液,认为有机物含量合格;若深于标准溶液,则应配制成水泥砂浆做进一步试验。即将一份原试样用质量分数为 3% 氢氧化钠溶液洗除有机质,再用清水淋洗干净,与另一份原试样分别按相同的配合比按 GB/T 17671 的规定制成水泥砂浆,测定 28 d 的抗压强度。当原试样制成的水泥砂浆轻度不低于洗除有机物后试样制成的水泥砂浆强度的 95% 时,则认为有机物含量合格。

注:JGJ 52—2006 与此方法基本相同。

8. 表观密度

(1)仪器设备。

①鼓风干燥箱:能使温度控制在 (105 ± 5) ℃。

②天平:称量 1 000 g,感量 0.1 g。

③容量瓶:500 mL 两个。

④干燥器、搪瓷盘、滴管、毛刷、温度计、勺子等。

(2)试验步骤。

①按规定取样,并将试样缩分至约 660 g,放在干燥箱中于 (105 ± 5) ℃ 下烘干至恒量,待冷却至室温后,分为大致相等的两份备用。

②称取试样 300 g,精确至 0.1 g。将试样装入容量瓶,注入冷开水至接近 500 mL 的刻度处,用手旋转摇动容量瓶,使砂样充分摇动,排除气泡,塞紧瓶盖,静置 24 h。然后用滴管小心加水至容量瓶 500 mL 刻度处,塞进瓶塞,擦干瓶外水分,称出其质量,精确至 1 g。

③倒出瓶内水和试样,洗净容量瓶,再向容量瓶内注水(水温应与上述②的水温相差不超过 2 ℃,并在 15~25 ℃ 范围内)至 500 mL 刻度处,塞紧瓶塞,擦干瓶外水分,称出其质量,精确至 1 g。

注意:在测定砂的表观密度过程中应测量并控制水的温度,试验的各项称量可在 15~25 ℃ 的温度范围内进行。从试样加水静置的最后 2 h 起直至实验结束,其温度相差不应超过 2 ℃。

(3)结果计算与评定。

①砂的表观密度按下式计算,精确至 10 kg/m³:

$$\rho_0 = \left(\frac{G_0}{G_0 + G_2 - G_1} - \alpha_t \right) \times \rho_水$$

式中　ρ_0——表观密度,kg/m³;

$\rho_水$——水的密度,1 000 kg/m³;

G_0——烘干试样的质量,g;

G_1——试样、水及容量瓶的总质量,g;

G_2——水及容量瓶的总质量,g;

α_t——水温对表观密度影响的修正系数,不同水温对砂的表观密度影响的修正系数见表 4.9。

表 4.9　不同水温对砂的表观密度影响的修正系数（GB/T 14684—2011）

水温/℃	15	16	17	18	19	20	21	22	23	24	25
α_t	0.002	0.003	0.003	0.004	0.004	0.005	0.005	0.006	0.006	0.007	0.008

②表观密度取两次试验结果的算术平均值,精确至 10 kg/m³。如果两次试验结果之差大于 20 kg/m³,应重新试验。

③采用修约值比较法进行评定。

9. 堆积密度与空隙率

(1)仪器设备。

①鼓风干燥箱:能使温度控制在(105±5)℃。

②天平:称量 10 kg,感量 1 g。

③容量筒:圆柱形金属筒,内径 108 mm,净高 109 mm,壁厚 2 mm,筒底厚约 5 mm,容积为 1 L。

④方孔筛:孔径为 4.75 mm 的筛一只。

⑤垫棒:直径 10 mm,长 500 mm 的圆钢。

⑥直尺、漏斗或料勺、搪瓷盘、毛刷、铁锹、毛巾和玻璃板(长、宽为 20 cm,厚为 2～3 mm)。

(2)试验步骤。

①按规定取样,用搪瓷盘装取试样约 3 L,放于干燥箱中于(105±5)℃下烘干至恒量,待冷却至室温后,筛除大于 4.75 mm 的颗粒,分为大致相等的两份备用。

②松散堆积密度:取试样一份,用漏斗或料勺将试样从容量筒中心上方 50 mm 处徐徐倒入,让试样以自由落体落下,当容量筒上部试样呈堆体,且容量筒四周溢满时,即停止加料。然后用直尺沿筒口中心线向两边刮平(试验过程应防止触动容量筒),称出试样和容量筒总质量,精确至 1 g。

③紧密堆积密度:取试样一份,分两次装入容量筒。装完第一层后(估计稍高于 1/2),在筒底垫放一根直径为 10 mm 的圆钢,将筒按住,左右交替击地面各 25 下。然后装入第二层,第二层装满后用同样方法颠实(但筒底所垫钢筋的方向与第一层时的方向垂直)后,再加试样直至超过筒口,然后用直尺沿筒口中心线向两边刮平,称出试样和容量筒总质量,精确至 1 g。

(3)结果计算与评定。

①松散或紧密堆积密度按下式计算,精确至 10 kg/m³:

$$\rho_1 = \frac{G_1 - G_2}{V}$$

式中　ρ_1——松散堆积密度或紧密堆积密度,kg/m³;

G_1——容量筒和试样总质量,g;

G_2——容量筒质量,g;

V——容量筒的容积,L。

②空隙率按下式计算，精确至1%：

$$V_0 = (1 - \frac{\rho_1}{\rho_2}) \times 100\%$$

式中　V_0——空隙率，%；
　　　ρ_1——试样的松散（或紧密）堆积密度，kg/m^3；
　　　ρ_2——试样的表观密度，kg/m^3。

③堆积密度取两次试验结果的算术平均值，精确至10 kg/m^3。空隙率取两次试验结果的算术平均值，精确至1%。

④采用修约值比较法进行评定。

⑤容量筒校准方法。

将温度为(20±2)℃的饮用水装满容量筒，用一玻璃板沿筒口推移，使其紧贴水面。擦干筒外壁水分，然后称出其质量，精确至1 g。容量筒容积按下式计算，精确至1 mL：

$$V = G_1 - G_2$$

式中　V——容量筒容积，mL；
　　　G_1——容量筒、玻璃板和水的总质量，g；
　　　G_2——容量筒和玻璃板的总质量，g。

10. 含水率

(1)仪器设备。

①鼓风干燥箱：能使温度控制在(105±5)℃。

②天平：称量1 000 g，感量0.1 g。

③吹风机(手提式)。

④饱和面干试模及质量约为340 g的捣棒(图4.22)。

⑤干燥器、吸管、搪瓷盘、小勺、毛刷等。

(2)试验步骤。

①将自然潮湿状态下的试样用四分法缩分至约1 100 g，拌匀后分为大致相等的两份备用。

②称取一份试样的质量，精确至0.1 g。将试样倒入已知质量的烧杯中，放在干燥箱中于(105±5)℃下烘至恒量。待冷却至室温后，再称出其质量，精确至0.1 g。

(3)结果计算与评定。

①含水率按下式计算，精确至0.1%：

$$Z = \frac{G_2 - G_1}{G_1} \times 100\%$$

式中　Z——含水率，%；
　　　G_2——烘干前的试样质量，g；
　　　G_1——烘干后的试样质量，g。

②含水率取两次试验结果的算术平均值，精确至0.1%。两次试验结果之差大于0.2%时，应重新试验。

11. 饱和面干吸水率

本方法适用于测定以烘干质量为基准的饱和面干吸水率，包括天然砂和人工砂两种。

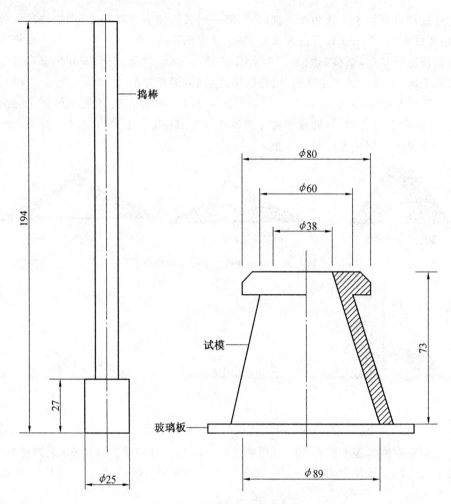

图 4.22 饱和面干试模及捣棒

(1)仪器设备。

①鼓风干燥箱:能使温度控制在(105±5)℃。

②天平:称量 1 000 g,感量 0.1 g。

③手提式吹风机。

④饱和面干试模及质量为 340 g 的捣棒(图 4.22)。

⑤烧杯、吸管、毛刷、玻璃棒、搪瓷盆、不锈钢盘和玻璃板(30 cm×30 cm×厚(0.2~0.3 cm))。

(2)试验步骤。

①在自然状态下用分料器或四分法缩分细集料至约 1 100 g,均匀拌和后分为大致相等的两份备用。

②将一份试样倒入搪瓷盆中,注入洁净水,使水面高出试样表面 20 mm 左右,水温控制在(23±5)℃,用玻璃棒连续搅拌 5 min,以排除气泡,静置 24 h。浸泡完成后,在水澄清的状态下,细心地倒去试样上部的清水,不得将细粉部分倒走。在盘中摊开试样,用吹风机缓缓吹拂暖风,并不断翻动试样,使表面水分均匀蒸发,不得将砂样颗粒吹出。

③将试样分两层装入饱和面干试模中,第一层装入模高度的一半,用捣棒均匀捣 13 下(捣棒距离试样约 10 mm 处自由落下)。第二层装满试模,再轻捣 13 下,刮平试模上口后,垂直将试模徐徐提起,试样如图 4.23(a)、图 4.24(a)所示状态,说明试样仍含有表面水,应再用暖风干燥,并按上述方法试验,直至试模提起后,试样如图 4.23(b)、图 4.24(b)所示状态为止。若试模提起后,试样如图 4.23(c)、图 4.24(c)所示状态,说明试样过干,此时应喷洒水 50 mL,再充分拌匀后,静置于加盖容器中 30 min,按按上述方法进行试验,直至达到图 4.23(b)、图 4.24(b)所示状态为止。

(a) 试样过湿时的状态

(b) 试样饱和面干状态　　(c) 试样过干状态

图 4.23　机制砂饱和面干试样的状态

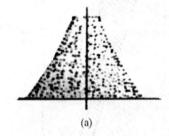
(a)

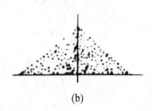
(b)

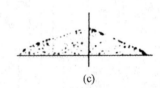
(c)

图 4.24　天然砂试样的塌陷情况

④立即称取饱和面干试样 500 g,精确至 0.1 g,倒入已知质量的烧杯(或搪瓷盘)中,置于(105±5)℃的干燥箱中烘干至恒量,在干燥器内冷却至室温后,称取干试样的质量(m_0),精确至 0.1 g。

(3)结果计算与评定。

①吸水率按下式计算,精确至 0.01%:

$$Q_x = \frac{m_1 - m_0}{m_0} \times 100\%$$

式中　Q_x——吸水率,%;

m_1——饱和面干试样的质量,g;

m_0——烘干试样的质量,g。

取两次试验的结果的算术平均值作为吸水率值,精确至 0.1%。如果两次试验结果之差大于平均值的 0.2%,则这组数据作废,应重新试验。

②采用修约值比较法进行评定。

二、粗集料(石子)试验方法

(一)一般规定

(1)试验环境:实验室的温度应保持在(20±5)℃。

(2)试验用筛:应满足 GB/T 6003.1/GB/T 6003.2 中方孔筛的规定,筛孔大于 400 mm

的试验筛采用穿孔板试验筛。

(3)试样处理:将所取样品置于平板上,在自然状态下拌和均匀,并堆成堆体,然后沿互相垂直的两条直径把堆体分成大致相等的两份,取其中对角线的两份重新拌匀,再堆成堆体。重复上述过程,直至把样品缩分到试验所需量为止。

堆积密度试验所用试样可不经缩分,在拌匀后直接进行试验。

(二)各试验项目的试验方法

1. 颗粒级配

(1)仪器设备。

①鼓风干燥箱:能使温度控制在(105±5)℃。

②天平:称量10 kg,感量1 g。

③方孔筛:孔径为2.36 mm,4.75 mm,9.50 mm,16.0 mm,19.0 mm,26.5 mm,31.5 mm,37.5 mm,53.0 mm,63.0 mm,75.0 mm及90 mm的筛各一只,并附有筛底和筛盖(筛框内径为300 mm)。

④摇筛机。

⑤搪瓷盘、毛刷、铁锹和盛器。

(2)试验步骤。

①按规定取样,并将试样缩分至略大于表4.10规定的数量,烘干或风干后备用。

表 4.10　颗粒级配试验所需试样数量 (GB/T 14685—2011)

最大粒径/mm	9.5	16.0	19.0	26.5	31.5	37.5	63.0	75.0
最少试样的质量/kg	1.9	3.2	3.8	5.0	6.3	7.5	12.6	16.0

②根据试样的最大粒径,称取按表4.10的规定数量试样一份,精确到1 g。将试样倒入按孔径大小从上到下组合的套筛(附筛底)上,然后进行筛分。

③将套筛置于摇筛机上,摇10 min,取下套筛,按筛孔大小顺序再逐个用手筛,筛至每分钟通过量小于试样总量0.1%为止。通过的颗粒并入下一号筛中,并和下一号筛中的试样一起过筛,这样顺序进行,直至各号筛全部筛完为止。当筛余颗粒的粒径大于19 mm时,在筛分过程中,允许用手拨动颗粒。

④称出各号筛的筛余量,精确至1 g。

(3)结果计算与评定。

①计算分级筛余百分率:各号筛的筛余量与试样总质量之比,精确至0.1%。

②计算累计筛余百分率:各号筛及以上各筛的分计筛余百分率之和,精确至1%。筛分后,如果每号筛的筛余量与筛底的筛余量之和同原试样质量之差超过1%时,应重新试验。

③根据各号筛的累计筛余百分率,采用修约值比较法评定该试样的颗粒级配。

2. 含泥量

(1)仪器设备。

①鼓风干燥箱:能使温度控制在(105±5)℃。

②天平:称量10 kg,感量1 g。

③方孔筛:孔径为 75 μm 及 1.18 mm 的筛各一只。
④容器:要求淘洗试样时,保持试样不溅出。
⑤搪瓷盘、毛刷等。
(2)试验步骤。
①按规定取样,并将试样缩分至略大于表 4.11 规定的 2 倍数量,放在干燥箱于(105±5)℃下烘干至恒量,待冷却至室温后,分成大致相等的两份备用。

注意:恒量是指试样在烘干 3 h 以上,其前后质量之差不大于该项试验所要求的称量精度(下同)。

表 4.11 含泥量试验所需试样数量 (GB/T14685—2011)

最大粒径/mm	9.5	16.0	19.0	26.5	31.5	37.5	63.0	75.0
最少试样质量/kg	2.0	2.0	6.0	6.0	10.0	10.0	20.0	20.0

②根据试样的最大粒径,称取按表 4.11 的规定数量试样一份,精确到 1 g。将试样放入淘洗容器中,注入清水,使水面高于试样表面 150 mm,充分搅拌均匀后,浸泡 2 h,然后用手在水中淘洗试样,使尘屑、淤泥和黏土与石子颗粒分离,把浑水缓缓倒入 1.18 mm 及 75 μm 的筛上(1.18 mm 筛放在 75 μm 筛上面),滤除小于 75 μm 的颗粒。试验前筛子的两面应先用水润湿。在整个过程中应小心防止大于 75 μm 的颗粒流失。

③再向容器中注入清水,重复上述操作,直至容器内的水目测清澈为止。

④用水淋洗剩余在筛上的细粒,并将 75 μm 筛放在水中(使水面略高出筛中石子颗粒的上表面)来回摇动,以充分洗掉小于 75 μm 的颗粒,然后将两只筛上筛余的颗粒和清洗容器中已经洗净的试样一并倒入搪瓷盘中,置于干燥箱中于(105±5)℃下烘干至恒量,待冷却至室温后,称出其质量,精确至 1 g。

(3)结果计算与评定。
①含泥量按下式计算,精确至 0.1%:

$$Q_a = \frac{G_1 - G_2}{G_1} \times 100\%$$

式中 Q_a——含泥量,%;

G_1——试验前烘干试样的质量,g;

G_2——试验后烘干试样的质量,g。

②含泥量取两次试验结果的算术平均值,精确至 0.1%。

③采用修约值比较法进行评定。

3. 泥块含量

(1)仪器设备。
①鼓风干燥箱:能使温度控制在(105±5)℃。
②天平:称量 10 kg,感量 1g。
③方孔筛:孔径为 2.36 mm 及 4.75 mm 筛各一只。
④容器:要求淘洗试样时,保持试样不溅出。
⑤搪瓷盘、毛刷等。

(2)试验步骤。

①按规定取样,并将试样缩分至略大于表 4.11 规定的 2 倍数量,放在干燥箱中于(105±5)℃下烘干至恒量,待冷却至室温后,筛除小于 4.75 mm 的颗粒,分为大致相等的两份备用。

②根据试样的最大粒径,称取按表 4.11 的规定数量试样一份,精确到 1 g。将试样倒入淘洗容器中,注入清水,使水面高于试样表面,充分搅拌均匀后,浸泡 24 h。然后用手在水中碾碎泥块,再把试样放在 2.36 mm 筛上,用水淘洗,直至容器内的水目测清澈为止。

③保留下的试样小心地从筛中取出,装入搪瓷盘后,放在干燥箱中于(105±5)℃下烘干至恒量,待冷却至室温后,称出其质量,精确到 1 g。

(3)结果计算与评定。

①泥块含量按下式计算,精确至 0.1%:

$$Q_b = \frac{G_2 - G_1}{G_1} \times 100\%$$

式中 Q_b——泥块含量,%;

G_1——4.75 mm 筛筛余试样的质量,g;

G_2——试验后烘干后试样的质量,g。

②泥块含量取两次试验结果的算术平均值,精确至 0.1%。

③采用修约值比较法进行评定。

4. 针、片状颗粒含量

(1)仪器设备。

①针状规准仪与片状规准仪(图 4.25)。

②天平:称量 10 kg,感量 1 g。

③方孔筛:孔径为 7.75 mm,9.50 mm,16.0 mm,19.0 mm,26.5 mm,31.5 mm 及 37.5 mm 的筛各一个。

(2)试验步骤。

①按规定取样,并将试样缩分至略大于下表 4.12 规定的数量,烘干或风干后备用。

表 4.12 针、片状颗粒含量试验所需试样数量 (GB/T 14685—2011)

最大粒径/mm	9.5	16.0	19.0	26.5	31.5	37.5	63.0	75.0
最少试样质量/kg	0.3	1.0	2.0	3.0	5.0	10.0	10.0	10.0

②根据试样的最大粒径,称取按表 4.12 规定数量试样一份,精确到 1 g。然后按表 4.13 规定的粒级进行筛分,筛分的方法同颗粒级配。

表 4.13 针、片状颗粒含量试验的粒级划分及其相应的规准仪孔宽或间距 (GB/T14685—2011)

石子粒级/mm	4.75~9.50	9.50~16.0	16.0~19.0	19.0~26.5	26.5~31.5	31.5~37.5
片状规准仪相对应孔宽/mm	2.8	5.1	7.0	9.1	11.6	13.8
针状规准仪相对应间距/mm	17.1	30.6	42.0	54.6	69.6	82.8

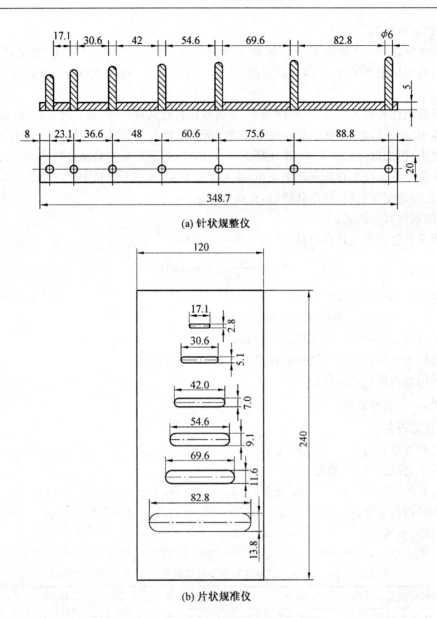

图 4.25 针片状规准仪与片状规准仪

③按表 4.13 规定的粒级分别用规准仪逐粒检验,凡颗粒长度大于针状规准仪相应间距者,为针状颗粒;颗粒厚度小于片状规准仪相应孔宽者,为片状颗粒。称出其总质量,精确至 1 g。

④石子粒径大于 37.5 mm 的碎石或卵石可用卡尺检验针、片状颗粒,卡尺卡口的设定宽度应符合表 4.14 的规定。

表 4.14 大于 37.5 mm 针、片状颗粒含量试验的粒级划分及其相应的卡尺卡口设定宽度

石子粒级/mm	37.5～53.0	53.0～63.0	63.0～75.0	75.0～90
检验片状颗粒的卡尺卡口设定宽度/mm	18.1	23.2	27.6	33.0
检验针状颗粒的卡尺卡口设定宽度/mm	108.6	139.2	165.6	198.0

(3)结果计算与评定。

①针、片状颗粒含量按下式计算,精确至 1%:

$$Q_c = \frac{G_2}{G_1} \times 100\%$$

式中　Q_c——针、片状颗粒含量,%;

G_1——试样的质量,g;

G_2——试样中所含针、片状颗粒的总质量,g。

②采用修约值比较法进行评定。

5. 有机物含量

(1)试验材料和仪器设备。

①试剂:氢氧化钠、鞣酸、乙醇和蒸馏水。

②天平:称量 10 kg,感量 1 g 及称量 100 g,感量 0.01 g 各一台。

③量筒:100 mL 及 1 000 mL 各一个。

④方孔筛:孔径为 19.0 mm 筛一个。

⑤烧杯、玻璃棒、移液管、耳勺、盛器、毛巾等辅助用品。

(2)标准溶液配制:取 2 g 鞣酸溶解于 98 mL 质量分数为 10%乙醇溶液中(无水乙醇 10 mL,加蒸馏水 90 mL)即得所需的鞣酸溶液。然后取该溶液 25 mL 注入 975 mL 质量分数为 3%的氢氧化钠溶液中(3 g 氢氧化钠溶于 97 mL 蒸馏水中),加塞后剧烈摇动,静置 24 h 即得标准溶液。

(3)试验步骤。

①按规定取样,筛除大于 19.0 mm 以上的颗粒,然后缩分至约 1.0 kg,风干后备用。

②向 1 000 mL 容量筒中装入风干试样至 600 mL 刻度处,然后注入质量分数为 3%的氢氧化钠溶液至 800 mL 刻度处,剧烈搅动后静置 24 h。

③比较试样上部溶液和标准溶液的颜色,盛装标准溶液与盛装试样的容量筒大小应一致。

(4)结果评定。

试样上部的溶液颜色浅于标准颜色时,则表示试样有机物含量合格。若两种溶液的颜色接近,应把试样连同上部一起倒入烧杯中,放在 60~70 ℃的水浴中,加热 2~3 h,然后再与标准溶液比较,如果浅于标准溶液,认为有机物含量合格;若深于标准溶液,则应配制成混凝土做进一步试验。即将一份原试样用质量分数为 3%氢氧化钠溶液洗除有机质,再用清水淋洗干净,与另一份原试样分别按相同的配合比制成混凝土,测定 28 d 的抗压强度。当原试样制成的混凝土强度不低于淘洗试样制成的混凝土强度的 95%时,则认为有机物含量

合格。

6. 坚固性

(1)试验材料及仪器设备。

①质量分数为10％的氯化钡溶液。

②无水硫酸钠(Na_2SO_4)或结晶硫酸钠($Na_2SO_4 \cdot H_2O$)。

③鼓风干燥箱:能使温度控制在(105 ± 5)℃。

④天平:称量10 kg,感量1 g。

⑤三角网篮:用金属丝制成,网篮直径为100 mm,高为150 mm,网的孔径为2～3 mm。

⑥方孔筛:孔径为4.75 mm,9.5 mm,19.0 mm,37.5 mm,63.0 mm及75.0 mm的筛各一个。

⑦容器:瓷缸,容积不小于50 L。

⑧比重计。

⑨玻璃棒、搪瓷盘和毛刷。

⑩量杯。

⑪水浴锅。

(2)硫酸钠溶液的配制:在1 L水中(水温30 ℃左右),加入无水硫酸钠(Na_2SO_4)350 g,或结晶硫酸钠($Na_2SO_4 \cdot H_2O$)750 g,边加入边用玻璃棒搅拌,使其溶解并饱和。然后冷却至20～25 ℃,在此温度下静置48 h,即为试验溶液,其密度应为1.151～1.174 g/cm^3。

(3)试验步骤。

①按规定取样,并将试样缩分至规定的试样。坚固性试验所需的试样质量见表4.15。将试样用水淋洗干净,放在干燥箱中于(105 ± 5)℃下烘干至恒量,待冷却至室温后,筛除小于4.75 mm的颗粒,然后按颗粒级配筛分规定进行筛分后备用。

表4.15 坚固性试验所需的试样质量 (GB/T 14685—2011)

石子粒级/mm	4.75～9.50	9.50～19.0	19.0～37.5	37.5～63.0	63.0～75.0
试样量/g	500	1 000	1 500	3 000	3 000

②根据试样的最大粒径,称取按表4.15规定的数量试样一份,精确至1 g,将不同粒级的试样分别装入网篮,并浸入盛有硫酸钠溶液的容器中,溶液的体积应不小于试样总体积的5倍。网篮浸入溶液时,应上下升降25次,以排除试样的气泡,然后静置于该容器中,网篮底面应距离容器底面约30 mm,网篮之间距离应不小于30 mm,液面至少高于试样表面30 mm,溶液温度应保持在20～25 ℃。

③浸泡20 h后,把装试样的网篮从溶液中取出,放在干燥箱中于(105 ± 5)℃烘4 h,至此,完成了一次试验循环。待试样冷却至20～25 ℃后,再按上述方法进行第二次循环。从第二次循环开始,浸泡与烘干时间均为4 h,共循环5次。

④最后一次循环后,用清洁的温水淋洗试样,直至淋洗试样后的水加入少量氯化钡溶液不出现白色浑浊为止。洗过的试样放在干燥箱中于(105 ± 5)℃下烘干至恒量,待冷却至室温后,用孔径为试样粒级下限的筛过筛,称出各粒级试样试验后的筛余量,精确至0.1 g。

(4)结果计算与评定。

①各粒级试样质量损失百分率按下式计算,精确至 0.1 g:

$$P_i = \frac{G_1 - G_2}{G_2} \times 100\%$$

式中　P_i——各粒级试样质量损失百分率,%;
　　　G_1——各粒级试样试验前的质量,g;
　　　G_2——各粒级试样试验后的筛余量,g。

②试样的总质量损失百分率按下式计算,精确至 1%:

$$P = \frac{\partial_1 P_1 + \partial_2 P_2 + \partial_3 P_3 + \partial_4 P_4 + \partial_5 P_5}{\partial_1 + \partial_2 + \partial_3 + \partial_4 + \partial_5}$$

式中　P——试样的总质量损失率,%;
　　　$\partial_1, \partial_2, \partial_3, \partial_4, \partial_5$——各粒级质量占试样(原试样中筛除了小于 4.75 mm 颗粒)总质量的百分率,%;
　　　P_1, P_2, P_3, P_4, P_5——各粒级试样质量损失百分率,%。

③采用修约值比较法进行评定。

7.表观密度

该试验是检测颗粒尺寸大于等于 4.75 mm 粒级的粗骨料的表观密度。

表观密度试验分液体比重天平法和广口瓶法两种。

环境温度:试验时各项称量可在 15~25 ℃ 范围内进行,但从试样加水静止的 2 h 起至试验结束,其温度变化不应超过 2 ℃。

(1)液体比重天平法。

①仪器设备。

a.鼓风干燥箱:能使温度控制在(105±5)℃。

b.天平:称量 5 kg,感量 5 g,其型号及尺寸应能允许在臂上悬挂盛试样的吊篮,并能将吊篮放在水中称量。

c.吊篮:直径和高度均为 150 mm,由孔径为 1~2 mm 的筛网或钻有 2~3 mm 孔洞的耐锈金属板制成。

d.方孔筛:孔径为 4.75 mm 的筛一只。

e.盛水容器:有溢流孔。

f.温度计、搪瓷盘、毛巾等。

②试验步骤。

a.按规定取样,并缩分至略大于表 4.16 规定的试样数量,风干后筛除小于 4.75 mm 的颗粒,然后洗刷干净,分为大致相等的两份备用。

表 4.16　表观密度试验所需试样数量 (GB/T 14685—2011)

最大粒径/mm	<26.5	31.5	37.5	63.0	75.0
最少试样质量/kg	2.0	3.0	4.0	6.0	6.0

b.取试样一份装入吊篮,并浸入盛水的容器中,水面至少高出试样 50 mm。浸泡 24 h 后,移放到称量用的盛水容器中,并用上下升降吊篮的方法排除气泡(试样不得露出水面)。

吊篮每升降一次约 1 s,升降高度为 30～50 mm。

c. 测定水温后(此时吊篮应全浸在水中),准确称出吊篮及试样在水中的质量,精确至 5 g。称量时盛水容器中水面的高度由容器的溢流孔控制。

d. 提起吊篮,将试样倒入浅盘,放在干燥箱中于(105±5)℃下烘干至恒量,待冷却至室温后,称出其质量,精确至 5 g。

e. 称出吊篮在同样温度水中的质量,精确至 5 g。称量时盛水容器的水面高度仍由溢流孔控制。

③结果计算。

a. 表观密度按下式计算,精确至 10 kg/m³:

$$\rho_0 = \left(\frac{G_0}{G_0 + G_2 - G_1} - \alpha_t\right) \times \rho_水$$

式中　ρ_0——表观密度,kg/m³;
　　　G_0——烘干后试样的质量,g;
　　　G_1——吊篮及试样在水中的质量,g;
　　　G_2——吊篮在水中的质量,g;
　　　$\rho_水$——1 000,kg/m³;
　　　α_t——水温对表观密度影响的修正系数,不同水温对碎石和卵石的表观密度影响的修正系数,见表 4.17。

表 4.17　不同水温对碎石和卵石的表观密度影响的修正系数 (GB/T 14685—2011)

水温/℃	15	16	17	18	19	20	21	22	23	24	25
α_t	0.002	0.003	0.003	0.004	0.004	0.005	0.005	0.006	0.006	0.007	0.008

b. 表观密度取两次试验结果的算术平均值,两次试验结果之差大于 20 kg/m³,应重新试验。对颗粒材质不均匀的试样,如果两次试验结果之差超过 20 kg/m³,可取 4 次试验结果的算术平均值。

(2)广口瓶法。

本方法不宜用于测定最大粒径大于 37.5 mm 的碎石或卵石的表观密度。

①仪器设备。

a. 鼓风干燥箱:能使温度控制在(105±5)℃。

b. 天平:称量 2 kg,感量 1 g。

c. 广口瓶:1 000 mL,磨口。

d. 方孔筛:孔径为 4.75 mm 的筛一只。

e. 玻璃片(尺寸 100 mm×100 mm)、温度计、搪瓷盘、毛巾等。

②试验步骤。

a. 按规定取样,并缩分至略大于表 4.16 规定的数量,风干后筛除小于 4.75 mm 的颗粒,然后洗刷干净,分为大致相等两份备用。

b. 将试样浸水饱和,然后装入广口瓶中。装试样时,广口瓶应倾斜放置,注入饮用水,用玻璃片覆盖瓶口,以上下左右摇晃的方法排除气泡。

c. 气泡排尽后,向瓶中添加饮用水,直至水面凸出边缘。然后用玻璃片沿瓶口迅速滑行,使其紧贴瓶口水面。擦干瓶外水分后,称出试样、水、瓶和玻璃片的总质量,精确至 1 g。

d. 将瓶中试样倒入浅盘,放在干燥箱中于(105±5)℃下烘干至恒量,待冷却至室温后,称出其质量,精确至 1 g。

e. 将瓶洗净并重新注入饮用水,用玻璃片紧贴瓶口水面,擦干瓶外水分后,称出水、瓶和玻璃片的总质量,精确至 1 g。

③结果计算与评定。

a. 表观密度计算同液体比重天平法的计算,精确至 10 kg/m³。

b. 表观密度取两次试验结果的算术平均值,两次试验结果之差大于 20 kg/m³,应重新试验。对颗粒材质不均匀的试样,如果两次试验结果之差超过 20 kg/m³,可取 4 次试验结果的算术平均值。

c. 采用修约值比较法进行评定。

8. 堆积密度与空隙率

堆积密度分松散堆积密度和紧密堆积密度两种。

(1)仪器设备。

①天平:称量 10 kg,感量 10 g 及称量 50 kg 或 100 kg,感量 50 g 各一台。

②容量筒:容量筒的规格要求见表 4.18。

③垫棒:直径为 16 mm,长 600 mm 的圆钢。

④直尺、小铲、铁锹、玻璃板等。

表 4.18 容量筒的规格要求 (GB/T 14685—2011)

最大粒径/mm	容量筒容积/L	容量筒规格		
		内径/mm	净高/mm	壁厚/mm
9.5,16.0,19.0,26.5	10	208	294	2
31.5,37.5	20	294	294	3
53.0,63.0,75.0	30	360	294	4

(2)试验步骤。

①按规定取样,烘干或风干后,拌匀并把试样分为大致相等的两份备用。

②松散堆积密度。

取试样一份,用小铲将试样从容量筒口中心上方 50 mm 处徐徐倒入,让试样以自由落体落下,当容量筒上部试样呈锥体,且容量筒四周溢满时,即停止加料。除去凸出容量口表面的颗粒,并以合适的颗粒填入凹陷部分,使表面稍凸部分和凹陷部分的体积大致相等(试验过程应防止触动容量筒),称出试样和容量筒的总质量。

③紧密堆积密度。

取试样一份,分 3 次装入容量筒。装满第一层后,在筒底垫放一根直径为 16 mm 的圆钢,将筒按住,左右交替颠击地面各 25 次,再装入第二层。第二层装满后用同样方法颠实(但筒底所垫钢筋的方向与第一层时的方向垂直),然后装入第三层。第三层装满后用同样方法颠实(但筒底所垫钢筋的方向与第一层时的方向平行)。试样装填完毕,再加试样直至超过筒口,用钢尺沿筒口边缘刮去高出的试样,并用合适的颗粒填平凹陷部分,使表面稍凸起部分与凹陷部分的体积大致相等。称取试样和容量筒的总质量,精确至 10 g。

(3)结果计算与评定。

①松散堆积密度或紧密堆积密度按下式计算,精确至 10 kg/m³：

$$\rho_1 = \frac{G_1 - G_2}{V}$$

式中　ρ_1——松散堆积密度或紧密堆积密度,kg/m³;

　　　G_1——容量筒和试样的总质量,g;

　　　G_2——容量筒的质量,g;

　　　V——容量筒的容积,L。

②空隙率按下式计算,精确至 1%：

$$V_0 = (1 - \frac{\rho_1}{\rho_2}) \times 100\%$$

式中　V_0——空隙率,%;

　　　ρ_1——松散堆积密度或紧密堆积密度,kg/m³;

　　　ρ_2——表观密度,kg/m³。

③堆积密度取两次试验结果的算术平均值,精确至 10 kg/m³。空隙率取两次试验结果的算术平均值,精确至 1%。

④采用修约值比较法进行比较。

附：容量筒的校准方法

将温度为(20±2)℃的饮用水装满容量筒,用一玻璃板沿筒口推移,使其紧贴水面。擦干筒外壁水分,然后称出其质量,精确至 10 g。容量筒的容积按下式计算,精确至 1 mL：

$$V = G_1 - G_2$$

式中　V——容量筒的容积,mL;

　　　G_1——容量筒、玻璃板和水的总质量,g;

　　　G_2——容量筒和玻璃板的总质量,g。

9. 吸水率

(1)仪器设备。

①鼓风干燥箱:能使温度控制在(105±5)℃。

②天平:称量 10 kg,感量 1 g。

③方孔筛:孔径为 4.75 mm 的筛一只。

④容器、搪瓷盘、毛巾、刷子等。

(2)试验步骤。

①按规定取样,并将试样缩分至略大于表 4.19 规定的数量,洗刷干净后分为大致相等的两份备用。

表 4.19　吸水率试验所需的试样数量 (GB/T 14685—2011)

石子最大粒径/mm	9.50	16.0	19.0	26.5	31.5	37.5	63.0	75.0
最少试样数量/kg	2.0	2.0	4.0	4.0	4.0	6.0	6.0	8.0

②取试样一份置于盛水的容器中,水面应高出试样表面约 5 mm,浸泡 24 h 后,从水中取出,用湿毛巾将颗粒表面的水分擦干,即成为饱和面干试样,立即称出其质量,精确至 1 g。

③将饱和面干试样放在干燥箱中于(105±5)℃下烘干至恒量,待冷却至室温后,称出取质量,精确至 1 g。

(3)结果计算与评定。

①吸水率按下式计算,精确至 0.1%:

$$W = \frac{G_1 - G_2}{G_2} \times 100\%$$

式中　W——吸水率,%;
　　　G_1——饱和面干试样的质量,g;
　　　G_2——烘干后试样的质量,g。

②吸水率取两次试样结果的算术平均值,精确至 0.1%。

③采用修约值比较法进行评定。

10. 含水率

(1)仪器设备。

①鼓风干燥箱:能使温度控制在(105±5)℃。

②天平:称量 10 kg,感量 1 g。

③小铲、搪瓷盘、毛巾、刷子等。

(2)试验步骤。

①按规定取样,并将试样缩分至约 4.0 kg,拌匀后分为大致相等的两份备用。

②称取试样一份,精确至 1 g,放在干燥箱中于(105±5)℃下烘干至恒量,待冷却至室温后,称出其质量,精确至 1 g。

(3)结果计算与评定。

①含水率按下式计算,精确至 0.1%:

$$Z = \frac{G_1 - G_2}{G_2} \times 100\%$$

式中　Z——含水率,%;
　　　G_1——烘干前试样的质量,g;
　　　G_2——烘干后试样的质量,g;

②含水率取两次试验结果的算术平均值,精确至 0.1%。

11. 岩石抗压强度

(1)仪器设备。

①压力试验机:量程为 1 000 kN,示值相对误差为 2%。

②钻石机或锯石机。

③岩石磨光机。

④游标卡尺和角尺、直尺。

(2)试件。

①立方体试件尺寸为 50 mm×50 mm×50 mm。

②圆柱体试件尺寸为 Φ50 mm×50 mm。

③试件与压力机压头接触的两个面要磨光并保持平行,6 个试件为一组。对有明显层理的岩石,应制作两组,一组保持层理与受力方向平行,另一组保持层理与受力方面垂直,分别测试。

(3)试验步骤。

①用游标卡尺测定试件尺寸,精确至 0.1 mm,并计算顶面和底面的面积,取顶面和底面的算术平均值作为计算抗压强度所用的截面积。将试件浸没于水中浸泡 48 h。

②从水中取出试件,擦干表面,放在压力机上进行强度试验,加荷速度为 0.5～1 MPa/s。

(4)结果计算与评定。

①试件抗压强度按下式计算,精确至 0.1 MPa:

$$R = \frac{F}{A}$$

式中　R——抗压强度,MPa;
　　　F——破坏荷载,N;
　　　A——试件的荷载面积,mm^2。

②岩石抗压强度取 6 个试件试验结果的算术平均值,并给出最小值,精确至 1 MPa,采用修约值比较法进行评定。

③对存在的明显层理的岩石,应分别给出与受力方向平行层理的岩石抗压强度及与受力方向垂直层理的岩石抗压强度。

注意:仲裁检验时,以 Φ50 mm×50 mm 圆柱体试件抗压强度为准。

12. 压碎指标

(1)仪器设备。

①压力试验机:量程为 300 kN,示值相对误差为 2%。

②天平:称量 10 kg,感量 1 g。

③压碎指标测定仪:由圆筒、底座和加压头等组成。

④方孔筛:孔径分别为 2.36 mm,9.50 mm 及 19.0 mm 的筛各一只。

⑤垫棒:Φ10 mm、长 500 mm 圆钢,毛刷、铁铲、铁盘。

(2)试验步骤。

①按规定取样,风干后筛除大于 19.0 mm 及小于 9.50 mm 的颗粒,并去除针、片状颗粒,分为大致相等的 3 份备用。当试样中粒径在 9.50～19.0 mm 之间的颗粒不足时,允许将粒径大于 19.0 mm 的颗粒破碎成粒径在 9.50～19.0 mm 之间的颗粒用作压碎指标试验。

②称取试样 3 000 g,精确至 1 g。将试样分两层装入圆模(置于底盘上)内,每装完一层试样后,在底盘下面垫放一直径为 10 mm 的圆钢,将筒按住,左右交替颠击地面各 25 下,两层颠实后,平整模内试样表面,盖上压头,当圆模装不下 3 000 g 试样时,以装至距离圆模上口 10 mm 为准。

③把装有试样的圆模置于压力试验机上,开动压力试验机,按 1 kN/s 速度均匀加荷至 200 kN 并稳荷 5 s,然后卸荷。取下加压头,倒出试样,用孔径为 2.36 mm 的筛筛除被压碎的细颗粒,称出留在筛上的试样质量,精确至 1 g。

(3)结果计算与评定。

①压碎指标按下式计算,精确至 0.1%:

$$Q_e = \frac{G_1 - G_2}{G_1} \times 100\%$$

式中　Q_e——压碎指标,%;

G_1——试样的质量,g;

G_2——压碎试验后筛余的试样质量,g。

②压碎指标取 3 次试验结果的算术平均值,精确至 1%。

③采用修约值比较法进行评定。

第六节　外加剂试验方法

一、概　述

外加剂试验分外加剂匀质性指标试验、掺有外加剂的混凝土拌合物性能试验、掺外加剂的硬化后混凝土性能试验及外加剂对水泥的适应性试验 4 大类。

外加剂匀质性指标有氯离子含量、总碱量、含固量、含水率、密度、细度、pH 值、硫酸钠含量。一般施工现场不做,但出厂的合格证上应标明其试验结果。

掺加外加剂的混凝土拌合物试验项目包括减水率(早强剂、缓凝剂不做减水率试验)、泌水率比、含气量、凝结时间差和 1 h 经时变化量(针对高性能减水剂和泵送剂的坍落度和引气剂及引气减水剂的含气量)。

掺外加剂的硬化混凝土的试验项目包括抗压强度比、收缩比和相对耐久性(仅对引气减水剂和引气剂)。

外加剂对水泥的适应性试验,外加剂对水泥的适应性问题是工程中应用外加剂的一个非常重要,并迫切需要解决的问题,所以为了施工顺利必须在使用前确定适应性,否则不能随意使用。

(一)对原材料的要求

1. 水泥

基准水泥是检验混凝土外加剂性能的专用水泥,是由符合品质指标的硅酸盐水泥熟料与二水石膏共同粉磨而成的 42.5 强度等级的 P·I 型硅酸盐水泥。基准水泥必须由经中国建材联合会混凝土外加剂分会与有关单位共同确认具备生产条件的工厂供给。

水泥品质指标(除满足 42.5 强度等级硅酸盐水泥技术要求外)包括以下内容:

①熟料中铝酸三钙(C_3A)含量为 6%～8%(质量分数)。

②熟料中硅酸三钙(C_3S)含量为 55%～60%(质量分数)。

③熟料中游离氧化钙含量不得超过 1.2%(质量分数)。

④水泥中碱($Na_2O + 0.658K_2O$)含量不得超过 1.0%(质量分数)。

⑤水泥比表面积为 $(350 \pm 10) m^2/kg$。

注意:水泥材料的要求,对施工现场为了符合施工的实际情况,应使用工程拟用的水泥进行各种试验,这样其试验结果才有意义。

基准水泥的验收规则:出厂 15 t 为一个编号,每一批号应取 3 个有代表性的样品,分别测定比表面积,测定结果均须符合规定,其他品质指标必须符合要求。

基准水泥包装:采用结实牢固和密封良好的塑料桶包装。每桶净重 25 ± 0.5 kg,桶中应有合格证,注明生产日期、批号及有效储存期。

2. 砂

砂的质量应符合 GB/T 14684 中要求的中砂,但细度模数为 2.6~2.9,含泥量小于 1%(质量分数)。

3. 石子

石子的质量应符合 GB/T 14685 要求的公称粒径为 5~20 mm 的碎石或卵石,采用两级配,其中 5~10 mm 占 60%,满足连续级配要求,针、片状物质含量小于 10%(质量分数),空隙率小于 47%,含泥量小于 0.5%(质量分数)。如果有争议,以碎石结果为准。

4. 水

水符合 JGJ63 中混凝土拌和水的技术要求。

5. 外加剂

外加剂需要检测。

(二)配合比的要求

基准混凝土配合比按 JGJ 55 进行设计。掺非引气型外加剂的受检混凝土和其对应的基准混凝土的水泥、砂、石的比例相同。配合比设计应符合以下规定:

①水泥用量:掺高性能减水剂或泵送剂的基准混凝土和受检混凝土的单位水泥用量为 360 kg/m³;掺其他外加剂的基准混凝土和受检混凝土单位水泥用量为 330 kg/m³。

②砂率:掺高性能减水剂或泵送剂的基准混凝土和受检混凝土的砂率均为 43%~47%;掺其他外加剂的基准混凝土和受检混凝土的砂率为 36%~40%;掺引气减水剂或引气剂的受检混凝土的砂率应比基准混凝土的砂率低 1%~3%。

③外加剂掺量:按生产厂家指定掺量。

④用水量:掺高性能减水剂或泵送剂的基准混凝土和受检混凝土的坍落度控制在 (210 ± 10) mm,用水量为坍落度在 (210 ± 10)mm 时的最小用水量;掺其他外加剂的基准混凝土和受检混凝土的坍落度控制在 (80 ± 10)mm。

用水量包括液体外加剂、砂、石材料中所含的水量。

(三)混凝土搅拌的要求

采用符合 JG 3036 要求的公称容量为 60 L 的单卧轴式强制性搅拌机。搅拌机的拌和量应不少于 20 L,不宜大于 45 L。

外加剂为粉状时,将水泥、砂、石、外加剂一次投入搅拌机,干拌均匀,再加入拌和水,一起搅拌 2 min。外加剂为液体时,将水泥、砂、石一次投入搅拌机,干拌均匀,再加入掺有外加剂的拌和水一起搅拌 2 min。

出料后,在铁板上用人工翻拌至均匀,再行试验。各种混凝土试验材料及环境温度均应保持在 (20 ± 3)℃。

（四）试件制作及试验所需试件的数量

混凝土试件制作及养护按 GB/T 50080 的要求进行，但混凝土预养温度为(20±3)℃。试验项目及所需试件数量见表 4.20。

表 4.20 试验项目及所需试件数量（GB 8076—2008）

试验项目		外加剂类别	试验类别	试验所需数量			
				混凝土拌和批数	每批取样数量	基准混凝土总取样数目	受检混凝土总取样数目
减水率		除早强剂、缓凝剂外的各种外加剂	混凝土拌合物	3	1次	3次	3次
					1个	3个	3个
泌水率比				3	1个	3个	3个
含气量		各种外加剂		3	1个	3个	3个
凝结时间差				3	1个	3个	3个
1h经时变化量	坍落度	高性能减水剂、泵送剂		3	1个	3个	
	含气量	引气剂、引气减水剂		3	1个	3个	
抗压强度比		各种外加剂	硬化混凝土	3	6、9或12块	18、27或36块	18、27或36块
收缩率比				3	1条	3条	3条
相对耐久性		引气减水剂、引气剂	硬化混凝土	3	1条	3条	3条

注：①试验时，检验同一种外加剂的 3 批混凝土的制作宜在开始试验一周内的不同日期完成，对比的基准混凝土和受检混凝土应同时成型；
②试验龄期参考外加剂章节中受检混凝土性能指标表；
③试验前后应仔细观察试样，对有明显缺陷的试样和试验结果都应舍去

二、掺外加剂的混凝土拌合物性能试验方法

（一）坍落度和坍落度 1 h 经时变化量测定

每批混凝土取一个试样。坍落度和坍落度 1 h 经时变化量均以 3 次试验结果的平均值

表示。3 次试验的最大值和最小值与中间值之差有一个超过 10 mm 时,将最大值和最小值一并舍去,取中间值作为该批的试验结果;最大值和最小值与中间值之差均超过 10 mm 时,则应重做。

坍落度及坍落度 1 h 经时变化量测定值以 mm 表示,结果表达修约到 5 mm。

1. 坍落度测定

混凝土坍落度按照 GB/T 50080 测定,但坍落度为(210±10)mm 的混凝土,分两层装料,每层装入高度为筒高的一半,每层用插捣棒插捣 15 次。

2. 坍落度 1 h 经时变化量测定

当要求测定坍落度 1 h 经时变化量时,应将按照上述方法搅拌的混凝土留下足够一次混凝土坍落度的试验数量,并装入用湿布擦过的试样桶内,容器加盖,静置至 1 h(从加水搅拌时开始计算),然后倒出,在铁板上用铁锹翻拌至均匀后,再按照坍落度测定方法测定坍落度。计算出机时和 1 h 之后的坍落度之差值,即得到坍落度的经时变化量。

坍落度 1 h 经时变化量按下式计算:

$$\Delta Sl = Sl_0 - Sl_1$$

式中 ΔSl——坍落度经时变化量,mm;

Sl_0——出机时测得的坍落度,mm;

Sl_1——1 h 后测得的坍落度,mm。

(二)减水率测定

减水率为坍落度基本相同时,基准混凝土和受检混凝土单位用水量之差与基准混凝土单位用水量之比。减水率按下式计算,应精确到 0.1%:

$$W_R = \frac{W_0 - W_1}{W_0} \times 100\%$$

式中 W_R——减水率,%;

W_0——基准混凝土单位用水量,kg/m³;

W_1——受检混凝土单位用水量,kg/m³。

W_R 取 3 批试验结果的算术平均值,精确到 1%。若 3 批试验的最大值或最小值有一个与中间值之差超过中间值的 15% 时,则把最大值与最小值一并舍去,取中间值作为该组试验的减水率;若有两个测值与中间值之差超过 15%,则该批试验结果无效,应该重做。

(三)泌水率比测定

泌水率比按下式计算,应精确到 1%:

$$R_B = \frac{B_t}{B_c} \times 100\%$$

式中 R_B——泌水率比,%;

B_t——受检混凝土泌水率,%;

B_c——基准混凝土泌水率,%。

泌水率的测定和计算方法如下:

先用湿布润湿容积为 5 L 的带盖筒(内径为 185 mm,高 200 mm),将混凝土拌合物一次装入,在振动台上振动 20 s,然后用抹刀轻轻抹平,加盖以防水分蒸发。试样表面应比筒口边低约 20 mm。自抹面开始计算时间,在前 60 min,每隔 10 min 用吸液管吸出泌水一次,以后每隔 20 min 吸水一次,直至连续 3 次无泌水为止。每次吸水前 5 min,应将筒低一侧垫高约 20 mm,使筒倾斜,以便于吸水。吸水后,将筒轻轻放平盖好。将每次吸出的水都注入带塞量筒,最后计算出总的泌水,精确至 1 g,并按下式计算泌水率:

$$B = \frac{V_W}{(W/G) G_W} \times 100\%$$

$$G_W = G_1 - G_0$$

式中　B ——泌水率,%;

　　　V_W ——泌水总质量,g;

　　　W ——混凝土拌合物的用水量,g;

　　　G ——混凝土拌合物的总质量,g;

　　　G_W ——试样的质量,g;

　　　G_1 ——筒及试样的质量,g;

　　　G_0 ——筒的质量,g。

试验时,从每批混凝土拌合物中取一个试样,泌水率取 3 个试样的算术平均值,精确到 0.1%。若 3 个试样的最大值或最小值中有一个与中间值之差大于中间值的 15%,则把最大值或最小值一并舍去,取中间值作为该组试验的泌水率;如果最大值和最小值之差均大于中间值的 15% 时,则应重做。

(四)含气量和含气量 1 h 经时变化量的测定

试验时,从每批混凝土拌合物中取一个试样,含气量以 3 个试样测值的算术平均值来表示。若 3 个试样中的最大值或最小值中有一个与中间值之差超过 0.5% 时,将最大值与最小值一并舍去,取中间值作为该批的试验结果;如果最大值与最小值与中间值之差超过 0.5%,则应重做。含气量和 1 h 经时变化量测定值精确到 0.1%。

1. 含气量测定

按 GB/T 50080 的要求用气水混合式含气量测定仪,并按仪器说明进行操作,但混凝土拌合物应一次装满并稍高于容器,用振动台振实 15~20 s。

2. 含气量 1 h 经时变化量测定

当要求测定含气量 1 h 经时变化量时,搅拌的混凝土应满足一次含气量试验的数量,并装入用湿布擦过的试样筒内,容器加盖,静置 1 h(从加水搅拌时开始计算),然后倒出,在铁板上用铁锹翻拌均匀后,再按照含气量测定方法测定含气量。计算出机时和 1 h 之后的含气量之差值,即得到含气量 1 h 经时变化量。

含气量 1 h 经时变化量按下式计算:

$$\Delta A = A_0 - A_1$$

式中　ΔA ——含气量 1 h 经时变化量,%;

　　　A_0 ——出机时测得的含气量,%;

　　　A_1 ——1 h 后测得的含气量,%。

(五)凝结时间差测定

同时对受检混凝土和基准混凝土的初凝或终凝时间进行检测,两者之差为凝结时间差。

凝结时间差按下式计算：
$$\Delta T = T_t - T_c$$

式中 ΔT——凝结时间之差,min；

T_t——受检混凝土的初凝或终凝时间,min；

T_c——基准混凝土的初凝和终凝时间,min。

凝结时间采用贯入阻力仪测定,仪器精度为10 N,凝结时间测定方法如下：

将混凝土拌合物用5 mm(圆孔筛)振动筛筛出砂浆,拌匀后装入上口直径为160 mm,下口直径为150 mm,净高150 mm的刚性不渗水的金属圆筒,试样表面应略低于筒口约10 mm,用振实台振实,约3～5 s,置于(20±2)℃的环境中,容器加盖。一般基准混凝土在成型后3～4 h,掺早强剂的在成型后1～2 h,掺缓凝剂的在成型后4～6 h开始测定,以后每0.5 h或1 h测定一次,但临近初、终凝时,可以缩短测定间隔时间。每次测点应避开前一次测孔,其净距为试针直径的2倍,但至少不小于15 mm,试针与容器边缘之距离不小于25 mm。测定初凝时间用截面积为100 mm²的试针,测定终凝时间用20 mm²的试针。

测试时,将砂浆试样筒置于贯入阻力仪上,测针端部与砂浆表面接触,然后在(10±2)s内均匀地使测针贯入砂浆深度为(25±2) mm。记录贯入阻力,精确至10 N,记录测量时间,精确至1 min。贯入阻力按下式计算,精确到0.1 MPa：

$$R = \frac{P}{A}$$

式中 R——贯入阻力值,MPa；

P——贯入深度达25 mm时所需的净压力,N；

A——贯入阻力仪试针的截面积,mm²。

根据计算结果,以贯入阻力值为纵坐标,测试时间为横坐标,绘制贯入阻力值与时间关系曲线,求出贯入阻力值达3.5 MPa时,对应的时间作为初凝时间；贯入阻力值达28 MPa时,对应的时间作为终凝时间。从水泥与水接触时开始计算凝结时间。

试验时,从每批混凝土拌合物中取一个试样,凝结时间取3个试样的平均值。若3批试验的最大值或最小值之中有一个与中间值之差超过30 min,把最大值与最小值一并舍去,取中间值作为该组试验的凝结时间。若两测值与中间值之差均超过30 min,该组试验结果无效,则应重做。凝结时间以min表示,并修约到5 min。

三、掺外加剂的硬化混凝土性能试验方法

掺外加剂的硬化混凝土性能试验包括混凝土抗压强度比和相对耐久性试验,在此仅对混凝土抗压强度比试验方法作介绍。

抗压强度比指以掺外加剂混凝土与基准混凝土同龄期抗压强度之比表示,按下式计算,精确到1%。

$$R_f = \frac{f_t}{f_c} \times 100\%$$

式中 R_f——抗压强度比,%；

f_t——受检混凝土的抗压强度,MPa；

f_c——基准混凝土的抗压强度,MPa。

受检混凝土与基准混凝土的抗压强度按 GB/T 50081 的要求进行试验和计算。制作试件时,用振动台振动 15～20 s。试件预养温度为(20±3)℃。试验结果以 3 批试验测值的平均值表示。若 3 批试验测值中有一批的最大值或最小值与中间值的差值超过中间值 15%,则把最大值与最小值一并舍去,取中间值作为该批的试验结果;如有两批测值与中间值的差均超过中间值的 15%,则该试验结果无效,应该重做。

四、混凝土外加剂对水泥的适应性检测方法

该方法适用于检测各类混凝土减水剂及与减水剂复合的各种外加剂对拟用水泥的适应性,也可用于检测其对矿物掺合料的适应性。

(1)检测所用仪器设备。
①水泥净浆搅拌机。
②截锥形圆模:上口内径 36 mm,下口内径 60 mm,高度 60 mm,内壁光滑无接缝的金属制品。
③玻璃板:尺寸为 400 mm×400 mm×5 mm。
④钢直尺:300 mm。
⑤电子天平:称量 50 g,感量 0.05 g 及称量 100 g,感量 1 g 各一台。
⑥其他辅助工具:刮刀、秒表、时钟、抹布毛巾、勺子、盛器等。

(2)水泥适应性检测方法。
①将玻璃板放置在水平位置,用湿布将玻璃板、截锥圆模、搅拌器及搅拌锅均匀擦一遍,使其表面湿而不带水滴。
②将截锥圆模放在玻璃板中央,并用湿布覆盖待用。
③称取水泥 600 g,倒入搅拌锅内。
④对某种水泥需选择外加剂时,每种外加剂应分别加入不同掺量。对某种外加剂选择水泥时,每种水泥应分别加入不同掺量的外加剂。对不同品种外加剂,不同掺量应分别进行试验。
⑤加入 174 g 或 210 g 水(外加剂为水剂时,应扣除其含水量),其水胶比为 1∶2.9 或 1∶3.5,搅拌 4 min。
⑥将搅拌好的净浆迅速取出部分(剩余水泥浆应用湿布覆盖)注入截锥圆模内,用刮刀刮平,将截锥圆模按垂直方向提起。同时,开启秒表计时,至 30 s 用直尺量取流淌水泥净浆互相垂直的两个方向的最大直径,取平均值作为水泥净浆初始流动度。此水泥净浆不再倒入搅拌锅内。
⑦剩留在搅拌锅内的水泥净浆,至加水后 30 min,60 min,开启搅拌机,搅拌 4 min,按上述⑥的方法分别测相应时间的水泥净浆流动度。

(3)测试结果分析。
①绘制以掺量为横坐标,流动度为纵坐标的曲线,其中饱和点外加剂掺量低,流动度大,流动度损失小的外加剂对水泥的适应性好。
②需注明所用外加剂和水泥的品种、等级、生产厂,实验室温度、相对湿度等。如果水灰比(水胶比)与本规定不符合,也需注明。

注意：净浆流动度随外加剂掺量的增加而增大，当掺量到某一值时，再增加掺量，流动度基本不再增加，有的反而减少，此掺量为饱和点。或者说外加剂掺量与水泥浆流动度变化曲线的拐点是饱和点。

第五章 混凝土施工过程中常见问题解析

一、混凝土分项工程

混凝土分项工程是指从水泥、砂、石、水、外加剂、矿物掺合料等原材料选定,进场检验、混凝土配合比设计及施工称量,拌制,运输,浇筑、振捣、养护,试件制作直至混凝土达到预定强度等一系列技术工作和完成实体的总称。

二、常用材料的单位质量

常用材料的单位质量见表 5.1。

表 5.1 常用材料的单位质量

名称	单位质量/(kg·m^{-3})	状态	名称	单位质量/(kg·m^{-3})	状态
钢材	7 850		水泥	1 250/3 100	松散/表观密度
素混凝土	2 200~2 400		细砂	1 400/2 600~2 700	干松/表观密度
钢筋混凝土	2 400~2 600		粗砂	1 700	干
泡沫混凝土	400~600		碎石	1 400~1 700	堆置
加气混凝土	550~750		卵石	1 600~1 800	干
沥青混凝土	2 350~2 420		砂卵石	1 500~1 700	干松
石油沥青	1 000~1 100		砂卵石	1 600~1 920	干、实
煤沥青	1 200~1 340		砂卵石	1 890~1 920	湿
烟煤块	800	堆置	黏土块卵石	1 700~1 800	干、松
烟煤末	400~700		花岗岩片石	1 540	堆置
无烟煤末	840~890	堆置	石灰岩片石	1 520	堆置
无烟煤块	700~1 000	干、堆置	石 粉	1 600	
焦炭	360~530	堆置	粉煤灰	526~1 073	干、松
机制黏土砖	1 900		硅灰	250~300	松
黏土	1 350	干松			
砂土	1 220	干松			
石膏粉	900				
生石灰块	1 100	堆置			
生石灰粉	1 200	堆置			
熟石灰膏	1 350				

三、混凝土施工前必须做好的准备工作

混凝土施工前一般应先做好地基清理、模板制作、钢筋加工、混凝土配合比设计、预埋件和垫块的装设等工作。此外,还应做好技术上和物质上两个方面的准备。技术方面包括施工方法、操作要求、质量要求、劳动组织和安全生产等;物质方面包括混凝土材料、模板、钢筋和施工机具等。

四、地基清理应注意的事项

如果混凝土直接在地基(如基础、地坪)上灌筑时,事先应校正地基的设计标高和轴线,复核其各部位尺寸是否符合设计要求,并清除地基上的淤泥和杂物。如果有不平,应加以修整,尤其是对于岩石地基,更应处理平整。

对于干燥的非黏土地基,应洒水润湿;对于岩石地基,要用水清洗,并清除积水。

如果在开挖地基时有地下水涌出或地表面水流到地基上时,应设法排除,并应考虑到混凝土灌筑及硬化过程中的防水措施,以防新灌筑的混凝土受到冲刷。

五、在岩石地基上灌筑混凝土时应事先将地基处理平整

岩石地基如果不处理平整,高低起伏很大,混凝土就容易因收缩而受到岩基的约束力。这种约束应力实际上使混凝土产生了拉应力。当这种拉应力超过了混凝土的抗拉强度时就产生裂缝。当混凝土因收缩向中心线移动时,由于岩基对混凝土产生了阻止混凝土向中心线移动的阻力。这种阻力实际上对混凝土产生了反方向的拉应力。地基起伏程度越大,阻力越大,混凝土所产生的拉应力也越大,因此应将岩石地基处理平整。

六、灌筑混凝土前对模板的处理

灌筑混凝土前,主要应检查模板和支架的位置、标高、截面尺寸及预留拱度等是否与设计相符,检查模板的支架是否牢固,以防在灌筑过程中发生变形、走动等现象。此外还应检查脱模剂是否已干,模板内的杂物、钢筋和预埋件上的水泥浆、油污等是否已经清理干净。对于土模和砖模,还应检查场地是否夯实,制作尺寸是否符合要求,表面是否平整;对于木模板,还应浇水润湿,但不能留有积水,如果有缝隙,应设法填塞;对于胎膜或在已硬化的混凝土构件上叠层灌筑时,应预先刷好脱模剂。

如果模板内的杂物不清理干净,或模板上粘有前次灌筑混凝土时留下的硬块,不仅会使构件表面不平整、不光洁,还会影响混凝土的顺利脱模,使构件表面受到损伤,影响质量。因此,灌筑混凝土前应将模板内打扫干净。

七、严格控制水胶比的目的及施工中要经常测定砂子含水率的原因

水胶比是决定混凝土强度和密实性的主要因素,同时还影响混凝土的抗渗性、抗冻性、抗蚀性和抗碳化性能。在水泥用量不变的条件下,用水量越少,混凝土强度越高,密实性和耐久性也越好。但是如果用水量过少,又会使混凝土拌合物的流动性变差,不仅给施工带来不便,还会造成混凝土质量不良。反之,如果在施工中随意加水而不增加其水泥用量,则会使混凝土强度大大地降低,密实性和耐久性也相应变差。一般当水胶比增大 0.05 时,混凝

土强度降低约 5 MPa。因此,施工时应严格控制水胶比和配料计量的准确性。

混凝土的用水量对混凝土性能起着重要的作用。在混凝土配合设计时,一般常按干燥砂子的质量计算,因此施工时的实际加水量应扣除砂子本身所含的水量,并补足砂子用量,这样才能保证混凝土的水灰比和配合比符合设计要求。由于砂子含水量往往随着气候的变化而有较大的变化,因此施工时应经常测量砂子的含水率,尤其是在雨天或热天施工时,应增加测定的次数,以便及时调整混凝土的加水量。

八、引起混凝土强度波动的主要因素

引起混凝土强度波动的因素很多,一般可分为以下两大因素:

(1)偶然因素:这是一些不可避免的或查不清的原因,在现有的技术条件下,即使认真按施工规范进行作业,也是不可避免的。偶然因素除了原材料质量、配合比和水胶比的波动外,主要受计量、拌和、运输、灌筑、养护、环境温度的变化和试验误差等的影响。其中实验误差也是多方面的,如捣实程度、试验机误差和加荷速度等。

(2)异常因素:主要是人为的操作失误,通过加强管理,改进工作,从技术上是可以消除的。

九、混凝土质量管理内容

(1)初步控制:包括原材料、配合比、水胶比、坍落度、含气量和计量工具、施工机具等各工序的管理。

(2)质量控制:指在施工过程中的控制,使混凝土具有稳定的质量,故又称为施工控制。

(3)质量检验:指在工程交付验收时的控制,根据验收标准判断是否合格,故又称为合格控制。

十、质量控制与质量检验的区别

质量控制是施工过程中的检验,一般可绘制施工质量控制图(管理图)进行控制。质量检验是工程交付验收时的检验,需要按照验收标准判定。虽然两者都运用数理统计学的概念,根据混凝土强度进行统计、分析、判断,而且都是以随机抽样的方法进行检验,但两者的目的不同。前者是为了在施工过程中控制混凝土具有稳定的质量,及时发现问题,及时加以纠正,防止质量出现过大的波动而造成浪费水泥的现象;后者是为了向使用单位提供某种保证而进行的另一种控制方式,即通过验收标准来判断交付的工程质量是否合格。

十一、混凝土质量检验的内容

根据混凝土质量评定验收标准规定,质量检验包括以下两方面内容:

(1)保证项目:包括原材料质量、配合比、原材料称量、混凝土养护方法和时间等必须符合规范规定。混凝土强度必须符合设计要求,设计有特殊要求时(如抗冻性、抗渗性、抗拉强度或含气量等),也应符合设计要求。

(2)检验项目:是结构构件的外观质量,包括外形尺寸和表面缺陷(包括露筋、空洞、蜂窝、冷缝、缝隙夹碴、露石、麻面、砂斑、砂线、边角残缺)是否符合规定限值,根据规定条件评为合格或不合格两个等级。

十二、现场混凝土坍落度的调整

混凝土用罐车运输过程中,因运输距离过远、交通或现场等问题造成坍落损失较大而卸料困难,或浇筑困难时,可采用在混凝土拌合物中掺入适量的减水剂并快挡旋转搅拌罐的措施。

当施工工艺及环境条件未发生明显变化,原材料的品质在合格的基础上发生波动时,可对混凝土外加剂用量、粗骨料分级比例、砂率等进行适当调整,调整后混凝土拌合物的性能应与理论配合比一致。调整方法(《铁路混凝土工程施工技术指南》铁建设[2010]241号)如下:

(1)分级骨料的比例调整:骨料品质应符合要求,调整配合比混凝土坍落度应在理论配合比设计坍落度±10范围内,调整配合比混凝土含气量应满足规范入模含气量的要求,出机含气量与原配合比出机含气量之差在±0.5%范围内。

(2)砂率的调整:品质符合要求,砂率调整范围不得超过1%,坍落度应在原配合比坍落度±10范围内,含气量与原配合比之差在±0.5%范围内。

(3)引气剂掺量的调整:应在原理论配合比坍落度±10范围内,含气量与原配合比之差在±0.5%范围内。

(4)凝结时间的调整:可与原配合比之差在±60 min范围内。

(5)减水剂掺量的调整:调整范围在胶材用量的±0.1%,坍落度之差在±10范围,含气量之差在±0.5%范围内,凝结时间之差在±60 min范围内。

注意:坍落度之差应符合GB 50164—2011的规定。

十三、混凝土离析与泌水

离析与泌水是混凝土拌合物工作性的重要方面,将直接影响混凝土的匀质性和其他性能。

(1)离析:指混凝土拌合物成分互相分离,造成内部组成和结构不均匀的现象。通常表现为粗集料和砂浆互相分离,密度大的的颗粒沉积到拌合物的底部或粗集料从拌合物整体中分离出来,形成石子堆积一起、砂浆堆积一起的现象。

造成离析的原因有:

①运输、浇筑、振捣方法不适当。

②集料最大粒径过大或集料级配不好,或粗集料比例过高。

③胶凝材料和细骨料的含量偏低。

④拌合物的坍落度过大。

使用矿物掺合料或引气剂可降低离析倾向。

混凝土离析对混凝土的影响如下:

不仅影响混凝土的和易性,使成型的混凝土难以密实,还将直接影响硬化后混凝土的各种性能,包括混凝土的耐久性,所以应该引起足够的重视。

判别混凝土离析的方法如下:

从坍落度扩展的表现形状就能观察出来,不离析的混凝土,在扩展的过程中,始终保持其均匀性,不论是扩展的中心还是边缘,粗骨料的分布都是均匀的,浆体不会从边缘析出。

如果中央堆聚着粗骨料,水泥浆从边缘析出,这种现象说明混凝土已产生离析。

(2)泌水:指混凝土拌合物或浇筑的混凝土密实之后在凝结硬化之前,水分从拌合物内部迁移到拌合物边缘或表面的现象,是离析现象的一种特殊形式(离析是石子与砂分离,泌水是水与胶凝材料分离,其泌出的水为清水)。

造成泌水的原因如下:
①胶凝材料用量少或细骨料含量少。
②拌和不均匀。
③减水剂掺量过大。
④水泥浆过稀。

泌水带来的影响如下:
①泌水会在混凝土内部留下泌水通道,并与外界环境相连,降低耐久性。
②泌水会在混凝土表面形成富浆层,高水胶比、高孔隙率的薄弱区域。
③泌水还将在粗集料和钢筋底部积水,留下薄弱环节,降低黏结力。
④泌水还将引起塑性收缩甚至开裂。
⑤泌水过多会使混凝土丧失流动性,从而严重影响混凝土的工作性和泵水性。
⑥泌水有时还会把拌合物中细小的颗粒带到混凝土表面,形成浮浆层。
⑦泌水现象过重,往往会造成混凝土表面泛砂等,但适当的泌水是存在的,尤其对未硬化混凝土表面,有利于抹光、修饰。

解决泌水可以采取使用矿物掺合料、引气剂、减少用水量等措施。

一般情况下,不掺外加剂的混凝土泌水大于掺外加剂的混凝土。其量随外加剂品种不同而不同,但对掺有普通标准型减水剂、缓凝型减水剂、早强剂、缓凝剂及高效减水剂其泌水稍小或等于不掺外加剂的混凝土。

十四、混凝土"假凝"和"速凝"现象的原因及预防

"假凝"的含义:指混凝土拌和后迅速产生硬化,但再次搅拌,拌合物又能恢复流动性,并呈现正常凝结的现象。

"速凝"的含义:指混凝土拌和后迅速硬化,再次搅拌,拌合物不能恢复流动性的现象。

产生"假凝"的原因:一是水泥中半水石膏遇水迅速水化变成二水石膏,但由于水泥中石膏含量较少,整体强度较低,再次搅拌很容易破坏结构;二是由于C_3A的原因使混凝土拌和刚一完成便快速反应形成过量钙矾石;三是固体颗粒表面过高的表面电荷也会导致颗粒凝聚成团。

"速凝"往往是由于C_3A活性过高,快速形成单硫型水化硫铝酸钙或其他水化硫铝酸盐而产生。这主要由于有时混凝土中的外加剂使C_3A水化过快,导致速凝。或者C_3A和石膏的含量都很高,形成大量的钙矾石而导致速凝。这种速凝硬化后的混凝土强度不高。

总之上述两种现象都属于不正常的凝结,可以通过水泥与外加剂的适应性试验,或者水泥预水化后,延迟添加外加剂的方法预防。

十五、外加剂与水泥及混凝土的相容性(适应性)

1. 相容性的提出

混凝土中添加外加剂的目的是使混凝土流动性增大,或水灰比降低,或强度提高或水泥用量减少或坍落度损失少等,但在实际应用中往往出现上述指标达不到要求,尤其是坍落度小及坍落度经时损失过大,常出现严重的离析和泌水或凝结不正常等问题,但厂家的水泥都是符合国家标准的合格产品。因此人们把这些问题归结水泥与外加剂相容性或说是适应性不好,相容性的概念由此提出。

2. 相容性的特征

同一配合比、同一水泥用量条件下获得相同强度等级、相同流动度的混凝土,所需减水剂用量少,混凝土拌合物坍落度经时损失小,且抗离析泌水性能好,凝结时间正常等。

3. 评价方法

目前还没有一个评定水泥与外加剂相容性的标准,但实际中采用较多的是测定掺外加剂的混凝土的坍落度及坍落度损失率,水泥净浆或砂浆流动度及其随外加剂掺量变化的方法,但这些方法不仅繁琐且浪费大。我国 GB 50119—2003 标准规定用净浆流动度的方法测定减水剂的减水率来评定相容性。

4. 影响相容性的因素

①减水剂的掺量与掺加方法。
②水泥的化学组成和矿物组成,尤其是 C_3A 和碱含量。
③水泥的细度。
④水泥中硫酸钙的含量与形式。
⑤减水剂的化学结构等。

一般,水泥与减水剂的互相作用改变了水泥内部结构,同时也受到水泥颗粒的吸附特性、水化特性等的影响,这些因素相互交织在一起,共同对外加剂的使用效果产生影响。

5. 水泥熟料的矿物组成对相容性的影响

水泥熟料中 4 大矿物 C_3S,C_2S,C_3A,C_4AF 对减水剂的吸附力不同,其吸附大小顺序是 $C_3A>C_4AF>C_3S>C_2S$。这实质是它们的水化速率不同及在水化早期产生的水化产物表面积不同造成的。因此,为了保证有限度的减水剂能使水泥颗粒有效分散,即提高水泥与外加剂的相容性,应提高熟料中的硅酸盐矿物含量,降低铝酸盐,特别是 C_3A 的含量。

(1)石膏的形态与掺量。

石膏是调整水泥凝结时间的缓凝剂。如果在水泥粉磨过程中,磨机内部温度过高,有一部分二水石膏脱水形成半水膏或硬石膏,或者用硬石膏做水泥的调凝剂,这些水泥在使用过程中也会出现与外加剂相容性较差的现象。

(2)混合料的品种。

水泥中混合料的种类、细度、颗粒形貌及掺量对外加剂的吸附作用是不同的。外加剂对矿渣、粉煤灰、石灰石的相容性好,对火山灰、煤矸石、沸石等比表面积大、吸附性强的混合料相容性较差。

(3)水泥的颗粒分布状况。

水泥的比表面积增大,水化速度加快,对外加剂吸附作用增强,因而,外加剂的用量增大,流动性经时损失加大,表现出相容性变差,同一比表面积的水泥颗粒分布越宽,水泥浆的流动性越好,外加剂用量越少,但流动度的经时损失会较大。水泥颗粒圆度系数提高,对减水剂饱和掺量影响不大,但可以提高水泥浆的流动度和混凝土的坍落度,减小坍落度的经时损失。

(4)水泥中的碱含量。

随着水泥中碱含量的增大,减水剂对水泥的塑化效果变差。碱含量的增大还会导致混凝土凝结时间缩短,坍落度经时损失变大。

(5)水泥的陈放时间。

水泥陈放时间越短,出磨水泥温度越高,减水剂对水泥的塑化效果越差,减水率越低,混凝土拌合物坍落度经时损失越大。因此,陈放时间稍长的水泥有利于提高相容性。

(6)水胶比:通常混凝土的水胶比越小,相容性问题越突出。

6. 检测减水剂和水泥的相容性的方法

检测减水剂和水泥的相容性的方法有4种:坍落度法、水泥净浆流动度法、参照加拿大Marsh筒法和水泥砂浆工作性法。这几种方法都是以拌合物的流动性大小来表示相容性的好坏。在此只对水泥砂浆工作性法作如下介绍。

水泥砂浆工作性法:采用GB/T 8077—2000中的方法测试掺加减水剂的水泥砂浆工作性,以砂浆减水率来表示。参照《水泥胶砂流动度试验方法》(GB 2419—2005),先测定基准砂浆跳桌流动度达到(180±5)mm时的用水量,测定掺减水剂砂浆达到相同流动度时的用水量,此时砂浆用水量越小,减水剂与水泥的相容性越好。

十六、影响混凝土拌合物和易性的主要因素

(1)水泥浆量:在一定范围内,水泥浆量越多,混凝土拌合物流动性越大。但如果水泥浆量过多,不仅流动性无明显增大,反而加大泌水率,降低黏聚性,影响施工质量。

(2)水胶比:水胶比不同,水泥浆的稀稠程度也不同。在水泥浆量不变的条件下,增大水胶比,即减少水泥用量或增加用水量时,水泥浆就变稀,黏聚性降低,流动性增大。但水胶比过大,黏聚性降低过多,保水性差,就会出现泌水现象。反之,如果水胶比过小,水泥浆较稠,采用一般施工方法时也难以灌筑振实,故水胶比不能过大,也不能过小,一般为0.45~0.55可以获得较好的技术经济效果,和易性也比较理想。

(3)砂率:在一定的水泥浆量条件下,如果砂率过大,则砂石总比表面积及孔隙率增大,混凝土拌合物显得干稠,流动性小;如果砂率过小,砂用量不足,不能在石子周围形成足够的砂浆层起润滑作用,也会使坍落度降低,并影响黏聚性和保水性,使拌合物显得粗涩,石子离析,水泥浆流失。因此,砂率不能过小,也不能过大,应通过试验确定最佳砂率。

此外水泥种类、细度,石子种类及其粒形和级配,以及外加剂等,都对拌合物的和易性有影响。

十七、混凝土拌合物和易性的3个指标及其作用

(1)流动性:其作用是在自重或机械振动作用下能产生流动,使混凝土拌合物能填充混

凝土内部和模板的各个部位,使混凝土结构更加密实。

(2)黏聚性:其作用是在混凝土拌合物各材料之间有一定的黏聚力,不致产生分层离析现象,使混凝土拌合物更加稳定均匀。

(3)保水性:其作用是在混凝土拌合物施工过程中不在表面析出水,使混凝土不产生泌水。

流动性用坍落度(mm)表示,是混凝土拌合物和易性(工作性)的主要指标之一。

干硬性混凝土拌合物和易性的主要指标是工作性。

十八、多加水对混凝土拌合物和易性的影响

混凝土拌合物中多加水,则水胶比变大,拌合物变稀,使水泥浆对砂石的包裹隔层和润滑作用变好,因而坍落度增大,拌合和浇筑都比较容易。但在混凝土硬化过程中,其中的水只有一小部分(占水泥质量的20%)可满足水化作用,剩余的大部分水将逐渐蒸发。这些水分原来占据的位置就留下了很多毛细管孔道,使混凝土变得不密实,因而强度和耐久性降低。

混凝土拌合物中多加水,水泥浆变稀,黏性变小,使水泥浆黏结砂石能力降低,导致混凝土强度降低。

十九、提高混凝土拌合物的流动性的措施

提高混凝土拌合物的流动性最好的方法是掺加减水剂。当流动性调整范围不大时,可采取以下措施:①保证水胶比不变适当增加水泥浆,但多耗水泥;②适当调整砂率,使用最佳砂率,混凝土拌合物流动性最大;③采用适当的插捣手段。

但应当注意,无论在何种情况下,决不能采用单纯多加水的方法来提高混凝土拌合物的流动性,否则不仅会影响拌合物的黏聚性和保水性,造成离析和流浆,还会导致混凝土各项性能降低或恶化。

二十、骨料(砂、石)对混凝土拌合物性质的影响

砂率过大即砂子用量过多,虽然能较好地将石子包裹起来并隔开,但需要更多的水泥浆把砂子包裹并隔开。当水泥浆量不变而过多增加砂子时,水泥浆就不能很好包裹砂子,并显得水泥浆量不足,砂子之间的摩擦力增加,和易性变差。

砂石颗粒越粗,则比表面积(单位质量的砂石露在外面的总比表面积)越小,需要包裹砂石的水泥浆量也越少。如果用相同数量的水泥浆与相同数量的砂石拌和,对于粒径较大的砂石来说,水泥浆包裹砂石的浆层就会厚一些,并更均匀一些,混凝土拌合物流动时的摩擦力就小一些,坍落度也就大一些。反之,对于粒径小的砂石来说,则必然使水泥浆包裹砂石的浆层变薄,不能将砂石很好地隔开,流动时摩擦力增大,坍落度变小。

混凝土中的石子粒径越大,孔隙率和总表面积就越小,为达到同一坍落度所需的水泥浆量就越少。同时,石子的强度比水泥石高,由于石子用量增多,使混凝土强度增大,水泥用量则可以减少。

二十一、影响混凝土拌合物凝结时间的主要因素

影响混凝土拌合物凝结时间的主要因素是水灰比、水泥品种、牌号、掺合料品种和掺量、外加剂品种和掺量、温度。水灰比小,温度高,凝结就快,反之就慢。外加剂为早强型的凝结快,缓凝型的外加剂凝结慢,有掺合料时凝结慢,且随着掺量的增加凝结速度逐渐变慢。总之,能使水泥水化速度快的因素,都会使混凝土拌合物凝结速度加快,反之则慢,所以水泥品种牌号的不同其水化速度也会有差异。

二十二、混凝土有关温度的控制

(1)混凝土入模温度:不宜高于 30 ℃(夏季施工),不应低于 5 ℃(冬季施工)。

(2)混凝土出机温度:不宜低于 10 ℃(冬季施工)。

(3)新浇筑混凝土入模温度与邻接的已硬化混凝土或岩土介质表面温度不得大于 15 ℃,与新浇混凝土接触的已硬化混凝土及其他介质温度不得低于 2 ℃。

(4)当月平均气温低于 5 ℃时不得洒水,应自然养护。

(5)养护期间混凝土芯部温度不要超过 60 ℃,最高不得大于 65 ℃(轨枕和轨道板的芯部温度不宜大于 55 ℃)。混凝土芯部温度与表面温度之差及表面温度和环境温度之差不宜大于 20 ℃(梁体温度不宜大于 15 ℃),养护用水温度与混凝土表面温度之差不得大于 15 ℃。

(6)采用蒸汽养护时,应分为静停、升温、恒温和降温 4 个阶段。静停时间不宜少于 2 h,温度不宜低于 5 ℃,升温速度不宜超过 25 ℃/h,降温速度不宜超过 20 ℃/h,最高和恒温温度不宜超过 65 ℃。当出池或撤除养护前,其表面与外界温差不大于 20 ℃。

对于大体积混凝土,其表面温度与内部的温差不宜超过 25 ℃,表面与外界温差不宜大于 20 ℃,入模温度不宜大于 28 ℃。

(7)混凝土试件标准养护温度为(20±2) ℃。

(8)混凝土中水的冰点为-0.5~-2.5 ℃。

(9)微冻地区最冷月份的平均温度为 2.5 ℃≥T≥-3 ℃;寒冷地区最冷月份的平均温度为-3 ℃≥T≥-8 ℃;严寒地区最冷月份的平均温度为小于等于-8 ℃。

(10)混凝土中的自由水在-2 ℃开始结冰。

(11)硬化混凝土中的自由水在 100 ℃时会失去。

(12)硬化混凝土水泥石中的结晶水在 260 ℃时会脱出。

(13)硬化混凝土中 $Ca(OH)_2$ 在 580 ℃左右脱水。

(14)硬化混凝土中 $CaCO_3$ 在 750 ℃时产生气体分解。

二十三、混凝土有关拆模的规定

承重模板应在混凝土强度达到表 5.2 的规定方可拆模。

表 5.2 底模拆除时的混凝土强度要求（铁建设[2010]241 号）

构件类型	构件跨度/m	达到设计的混凝土立方体抗压强度标准值的百分率/%
板、拱	≤2	≥50
	>2 且 ≤8	≥75
	>8	≥100
梁	≤8	≥75
	>8	≥100
悬臂梁（板）	≤2	≥75
	>2	≥100

混凝土强度达到 1.2 MPa 前不得在其上踩踏或安装模板及支架。当混凝土尚未达到一定强度时，如果在上面行走，常会因负担不起所受的荷重而被破坏。而当混凝土强度达到 1.2 MPa 时，一般可负担一个人的重量，人在上面行走，不会破坏混凝土结构。混凝土强度达到 1.2 MPa 所需时间见表 5.3。

表 5.3 混凝土强度达到 1.2 MPa 的时间估计（GB 50164—2011）

水泥品种	外界温度/℃			
	1～5	5～10	10～15	15 以上
硅酸盐水泥 普通硅酸盐水泥	45 h	36 h	26 h	20 h
矿渣硅酸盐水泥 火山灰质硅酸盐水泥 粉煤灰硅酸盐水泥	60 h	38 h	28 h	22 h

注：掺加矿物掺合料的混凝土可适当增加时间

非承重模板应在混凝土强度达到 2.5 MPa 以上，且其表面及棱角不因拆模而受损时方可拆除。

混凝土初凝即塑性开始降低，一旦受到碰撞或振动，就会使已经初步形成的结构被破坏而且不能恢复，使混凝土强度降低，因此在初凝后不能受到碰撞或振动。

二十四、高温季节施工对混凝土性能的影响

炎热天气温度高，水泥水化作用加快，水化热迅速且集中，初期温度上升较高，内部混凝土不易散热，由此将产生热应力，容易引起温度裂缝。同时由于温度高，水分蒸发加快，混凝土迅速干燥而收缩，易引发收缩裂缝。及时养护可减少或预防裂缝的产生。混凝土灌筑后应在数分钟内覆盖，保湿养护，促使水泥正常硬化并减少裂缝的产生。如果不能及时保湿养护，也会影响水泥硬化并发生裂缝。

高温季节灌筑的混凝土，由于早期高速水化，没有充分的时间使水泥水化产物从水泥颗粒表面溶解于水，而在水泥颗粒表面形成一层高浓度的水化产物，给水泥颗粒进一步水化带来困难，水化速度缓慢，对后期强度的增长带来不利影响。如果在低温季节灌筑混凝土，则

水泥颗粒表面有充分的时间可以不断地产生水化产物,并不断地溶解于水,水泥颗粒又不断地暴露出一层新的表面,再继续与水反应。此种作用不断进行下去,使水泥颗粒周围的溶液很快成为水化产物饱和的溶液,并逐步形成凝胶体而凝结硬化。

二十五、干热气候条件下施工的混凝土的特点

环境相对湿度低于20%,气温超过35 ℃时称为干热气候。

干热气候条件下施工的混凝土的特点是:混凝土的水分容易蒸发,使它丧失了继续水化作用的基本条件,以致强度在短期内停止增长。同时,由于白天受热,夜间受冷,也容易使混凝土结构逐渐变得疏松,同样也会降低混凝土强度。

干热气候条件进行混凝土施工时,应注意以几点:

①充分利用早、晚气温较低的时间灌筑混凝土。

②石料经常洒水,以利于散热。

③尽量缩短运输和灌筑时间,防止暴晒,并增大拌合物出罐时的坍落度。

④养护时,不宜间断浇水。因为混凝土表面在干燥时温度升高,在浇水时冷却,这种冷热交替作用会使混凝土强度和抗裂性降低。

二十六、冬季施工和炎热天施工时混凝土的特点及应采取的措施

冬季施工与炎热天施工的混凝土相比较,在性质上具有许多显著的差别,见表5.4。

为了保证混凝土质量,冬季施工和炎热天施工时应采取的措施见表5.5。

表5.4 冬季施工与炎热天施工的混凝土性质比较

性质	冬季施工混凝土	炎热天施工混凝土
需水量	需水量少。为防止受冻,应减少用水量	需水量多。由于坍落度损失大,应同时增加用水量和水泥用量,并维持水灰比不变
含气量	气泡稳定,容易生产,应减少引气剂掺量	气泡不稳定,难以生成,应增大引气剂掺量
坍落度	由于空气湿度低,运输过程中也会使坍落度损失	运输过程中坍落度损失大
水化作用	水化作用慢,早期强度低,但后期在低温下能长期水化,后期强度增长率仍能得到提高	水化作用块,早期强度高,但后期的水化作用慢,强度增长率降低
凝结硬化	凝结慢,早期容易受冻。由于表面冷缩或干缩,也容易产生收缩裂缝	凝结快,捣实困难。由于水分蒸发快,表面容易产生收缩裂缝
水化热	水化放热量小,容易受冻。对于大体积混凝土,则容易产生温度裂缝	水化放热量大,夜间气温降低,容易产生温度裂缝

表 5.5　冬季施工和炎热天施工时保证混凝土质量的措施

项目	冬季施工	炎热施工
原材料	(1)选用水化热高的水泥 (2)必要时将砂石料加热,并根据气温情况加以覆盖,以防混入冰雪 (3)必要时将拌和用水加热,但不能超过 60 ℃ (4)可使用早强剂或防冻剂,如氯化钙、三乙醇胺等	(1)选用水化热低的水泥 (2)砂石料应避免日光直晒,必须时可洒水,以利于散热 (3)必须时可用冰降低拌和用水温度 (4)可使用缓凝剂,如木质酸钙、柠檬酸等
配合比	为了防止冻害,应减少用水量,或增加水泥用量以利用水化热来防止受冻	当坍落度损失大时,可增加用水量和水泥用量,但应保持水灰比不变
运输	运输容器要保温,同时可提高拌和温度,如将材料加热,以防拌合物冷却或受冻	采用不易受热的容器运送并尽量缩短时间
灌筑	根据气象预报,尽量在暖和天气时进行灌筑	利用早、晚气温较低的时间进行灌筑
养护	选择能保湿、保温的养护方法	进行充分地潮湿养护

二十七、混凝土早期受冻对混凝土强度的影响

混凝土强度是依靠水泥水化而产生的。当温度低于混凝土的冰点时(约为 -2 ℃),混凝土拌合物中的水分冻结成冰,水泥不仅不能与冰发生水化作用产生强度,而且因水结冰产生体积膨胀(约 9%),引起混凝土内部结构的破坏,强度降低。但当混凝土的强度增长至混凝土强度等级的 40% 或 5 MPa 时,才能抵抗水结冰时体积膨胀的破坏。

混凝土灌筑后立即受冻,再恢复正温养护,强度仍能继续增长,但因内部结构受到破坏,最终强度难以完全恢复,损失较大。

混凝土灌筑后预养 24 h 后再受冻,虽然也遭到一些破坏,但冻后再恢复标准养护条件,3 个月的强度可达到 28 d 的强度。

二十八、混凝土因冻融作用而遭到破坏的原因及预防措施

由于混凝土内部存在连通或不连通的孔隙,这些孔隙是渗水的途径,当混凝土处于饱和状态并遇到负温时,内部水分冻结,体积约膨胀 9%,这时孔隙的周壁上产生内压力,使孔壁产生拉应力;当遇到正温时,冰虽融化,但孔壁已产生的塑性变形不能恢复到原来的大小,其胀力(拉应力)依然存在。如此反复冻融,孔隙逐渐加大,其胀力也逐渐累积加大。当胀力超过混凝土的抗拉强度时,就发生了裂缝,随着裂缝逐渐扩展和连接,致使混凝土开裂或破坏,呈现出棱角、棱线变圆,表皮剥落。

为了提高混凝土的抗冻性,应采用以下相应措施:
①选用较小的水胶比。尽可能减少混凝土中的水用量,这样就减少了由于水的水化、蒸

发而造成的结构孔隙,使混凝土更加密实。一般对抗冻混凝土限制水胶比在 0.55 以下。

②掺用引气剂。引气剂能使混凝土产生无数互不连通的微细气泡,不仅截断了渗水通道,同时有一定的适应变形能力,对冰冻膨胀能起到缓冲作用,故显著提高混凝土的抗冻性能,一般可提高 3～4 倍。

③合理选择水泥品种。水泥中的混合材料掺量过大时,会使混凝土的抗冻性降低,最好选用抗硫酸盐水泥、硅酸盐大坝水泥、硅酸盐水泥、普通水泥等。

④保证施工质量。经调查发现混凝土因冻融作用而破坏的原因,多数是由于施工质量不良而引起的。

二十九、混凝土渗水的原因及其预防措施

混凝土是一种非匀质材料,从微观结构上看属于多孔结构,加上因各种因素引起裂缝,导致混凝土产生渗漏现象。

混凝土内部的孔隙可分为结构孔隙和施工孔隙。结构孔隙即混凝土本身由水泥水化和水胶比产生的。由于水泥水化过程中多余水分蒸发后在混凝土中遗留下孔隙,这种孔隙较小,称为毛细孔隙。混凝土水胶比越大,剩余水分越多,蒸发后留下来的细孔径越粗,渗水的可能性越大。此外由于砂石料与水泥的密度和颗粒大小都不相同,混凝土在捣实后会产生不同程度的沉降。石子沉降速度较快并较早地固定下来,水泥砂浆则在石子间继续沉降,水的密度最小,最后析出混凝土表面,另一部分聚积在石子下表面形成水膜,当这些析水通道和水膜中的水分蒸发后就形成构造孔隙,这种构造孔隙往往是连通的。施工孔隙是由于浇筑、振捣质量不良而引起的。这些孔隙在压力水作用下就形成渗漏水的通道,而使混凝土渗水。当自然蒸发量小于渗水量时,呈现渗水现象。

抗渗性能是混凝土耐久性的一项重要指标,必须加以预防,提高混凝土的抗渗性能。由上述渗水原因可知,预防混凝土渗水必须消除混凝土中的孔隙,可采取以下措施:

①减小水胶比。水胶比越小,泌水量越少,因此泌水时所形成的通道也越少。水分蒸发后遗留下来的毛细孔隙越少,渗水的可能就越小。因此对抗渗要求的混凝土,水胶比一般应小于 0.6。

②混凝土中掺入引气剂(但要控制掺量,掺量大强度降低)。引气剂由于能产生无数互不连通的微细气泡,改变了混凝土中的孔隙结构,截断了渗水通道,可显著地提高混凝土的抗渗性。

③改善砂石级配。采用级配好的砂石料,使砂石之间具有较小的空隙,提高砂石混合料的密度。

④合理地进行混凝土的浇筑、振捣,使混凝土更加密实,同时加强养护,减少和避免水分快速蒸发留下的互相连通通道。

三十、混凝土产生麻面、蜂窝、空洞的主要原因

(1)产生麻面的主要原因如下:

①由于模板干燥,吸收了混凝土中的水分。

②由于振捣时没有配合人工插边,使水泥浆流不到靠近模板的地方。

③多次周转使用的模板上粘有水泥浆,未经刷洗干净,使板面粗糙,造成混凝土麻面。

④拆模过早,使混凝土表面的水泥浆粘在模板上,也会产生麻面。

(2)混凝土产生蜂窝主要是由于漏振或构件截面狭小、钢筋稠密、振捣不密实而引起的。此外,由于卸料不当而造成离析,或由于坍落度过小,石子过多,砂浆过少,严重漏浆等原因,也容易引起出现蜂窝的现象。

(3)混凝土产生空洞的主要原因是由于坍落度过小并在钢筋密集的地方被卡住,或由于漏振接着又继续灌筑第二层混凝土而引起的。

三十一、高度较大的结构构件混凝土强度上部低、下部高的原因

结构构件的高度较大时,混凝土在不同高度处的密实条件差异也较大。下部混凝土的振捣时间较长,混凝土在硬化前的沉积过程中,密度较大的砂石下沉,水分往上析出,最后形成下部密实、上部较疏松的现象。而且在上部混凝土的作用下,下部混凝土承受着更大的静压力,促使其强度提高,尤其在采用较大坍落度时,这种现象更加明显。一般说来,上部混凝土的强度低于与其硬化条件相同情况的下部混凝土强度。

因此,一般在确定高度大于 1.5 m 的构件混凝土计算强度时,要考虑强度随高度不同而变化的工作条件系数,此系数是随着混凝土坍落度而变化的。

三十二、混凝土产生"松顶"的原因及其预防措施

混凝土产生"松顶"的原因:
①水灰比过大,易产生离析,引起"松顶"。
②振捣时间过长,造成离析,并使有害气体集中于顶部而形成"松顶"。振捣时间在 20 s 以内时,不易产生离析。

混凝土"松顶"的外观和内部症状主要是:一般在距顶面 5~10 cm 范围内有明显颜色变化,表面粗糙无光泽,显得松散;内部呈多孔性,基本上全是砂浆,无石子分布其中,经不起外力冲击磨损;容重小于同强度混凝土,回弹强度一般比构件底部降低 15% 左右。

预防方法:避免混凝土泌水,使混凝土保水性好,对顶层进行二次振捣和二次抹面,并排除多余的水分。对高度较大的混凝土连续灌筑时,随着高度的上升分层减水。

为了增加构件顶层混凝土密实性,并防止混凝土出现变形收缩、"松顶"、裂缝,提高强度和耐久性的措施是:

①采用二次振捣和二次抹面的措施,可以增强构件顶层混凝土的密实性,并能减少混凝土变形和收缩,防止发生沉缩裂缝、干缩裂缝和"松顶"现象,从而可以提高其强度和耐久性。

②二次振捣的适宜时间应在混凝土初凝时间 $\frac{1}{2} \sim \frac{2}{3}$ 范围内进行,先用平板式振捣器振捣后,即将表面抹平压光。

三十三、常见混凝土裂缝的种类、特征、区别、产生原因及预防

常见混凝土裂缝的种类、特征、区别、产生原因及预防见表5.6。

表5.6 常见混凝土裂缝的种类、特征、区别、产生原因及预防

硬化状态	类别		特征	主要原因			预防措施
硬化前	沉降缝（塑性收缩）		顺筋方向表面开裂	钢筋正上方与其周围发生不同的收缩下沉而产生			出现后立即抹平压实
硬化后	干缩缝		(1)表面开裂，纵横交错，没有一定规律，形似龟纹 (2)缝宽和长度都很小，与发丝相似	水分蒸发，因干缩产生的拉力大于混凝土的抗拉强度			减少用水量并充分养护
	温度缝		(1)由于产生原因不同，可能出现表层、深层或贯穿裂缝 (2)表层裂缝的走向一般没有一定规律性。钢筋混凝土的深层或贯穿裂缝走向一般与主筋方向平行或接近平行 (3)裂缝宽度大小不一，但每一条裂缝变化不大 (4)裂缝宽度受温度变化的影响大，热胀冷缩较明显	内部	体积较大的混凝土内部因水泥水化热较高造成内外温度差过大，引起开裂		采用低热水泥，控制灌筑速度和灌筑温度，并提高混凝土的抗拉强度
				外部	昼夜和季节气候变化而引起大面积结构开裂		预留伸缩缝
	应力缝		(1)裂缝走向与主筋方向一般较大，且沿长度或深度方向有明显的变化	超载或地基下沉引起的应力超过混凝土的抗拉强度			正确设计，严格施工
			(2)裂缝宽度一般较大	大坝或底层老混凝土的约束应力超过混凝土抗拉强度			采用闭合共缝或微膨胀水泥，地基处理平整
	施工因素裂缝		(1)大体积混凝土拆模过早时表面开裂 (2)起吊或加载过早发生的横向裂缝多产生于垂直模板移动的方向 (3)因采用滑模或拉模引起的裂缝多产生于垂直主筋板移动的方向	拆模过早			严格施工，正确使用
				起吊过早			
				加载过早			
	化学作用裂缝		(1)混凝土多为龟裂 (2)钢筋混凝土中因钢筋锈蚀引起膨胀的特征为顺筋开裂	混凝土	内部膨胀引起开裂	活性砂石料	选用低碱水泥和非活性砂石料
						水泥安定性不良	加强水泥质量检验，严禁使用不合格水泥
						水泥化学腐蚀	正确选用水泥品种，提高混凝土密实性
				钢筋	钢筋锈蚀		提高混凝土密实性，并有足够的保护层

混凝土浇筑后,处于塑性状态,由于组成原材料的密度不同而发生沉降,自由水向顶部析出并蒸发,而引起沉降收缩即沉缩现象,又称为塑性收缩,这种现象一般发生在板面或抹面层。对钢筋混凝土来说,由于钢筋正上方与其周围发生不同的收缩和下沉而容易发生裂缝。在干燥的土层上作混凝土地面时,混凝土中的水分很快被土吸收,也会引起较大收缩而形成宽而深的裂缝。

沉缩现象一般发生在混凝土灌筑后 1 h 前后,随着混凝土结硬而逐渐停止。与此同时,混凝土中的部分水分被水泥吸收,造成混凝土体积进一步收缩。一般来说,6～7 h 内收缩值最大,6～24 h 内体积暂时不变化,以后由于干缩,体积继续缩小,造成混凝土体积进一步收缩,产生表面裂缝,这种裂缝呈直线形或没有任何规律的纹理,有时裂纹比较深,可达 100 mm 以上。

沉缩裂缝可采用如下措施预防:

①混凝土灌筑后,尤其在尚未出现析水之前,不受强风吹拂和烈日暴晒。在空气湿度较低时,应尽早进行养护,避免混凝土表面因水分急剧蒸发而干燥。

②如果承受面吸水,在浇筑混凝土之前,应将承受面浇湿。

③采用二次振捣或二次抹面,一般可在浇筑后 3～4 h(在混凝土拌合物初凝时间的 $\frac{1}{2} \sim \frac{1}{3}$)进行。

三十四、冬期混凝土施工的要求

当地昼夜平均气温(当地 6 点、14 点、21 点)连续 3 d 低于+5 ℃或最低气温低于-3 ℃时(铁路混凝土工程),室外日平均气温连续 5 日温度低于+5 ℃时(GB 50204—2002),应采取冬期施工措施。

冬期施工混凝土时,易优先采用加热水的方法提高拌合物温度,也可采用加热骨料的方法提高拌合物温度。当加热拌和用水和骨料时,其加热温度不应超过表 5.7 的规定;当骨料不加热时,拌和用水可加热到 60～80 ℃。搅拌时应先投入骨料和热水进行搅拌,然后再投入胶凝材料等共同搅拌(预防混凝土假凝)。

表 5.7 拌和用水和骨料的最高加热温度(℃) (GB 50164—2011)

采用的水泥品种	拌和用水	骨料
硅酸盐水泥和普通硅酸盐水泥	60	40

水泥、矿物掺合料、外加剂要在暖棚自然预热至正温度以上,不得直接加热。当拌制的混凝土出现坍落度减小或发生速凝现象时,应调整拌合料的加热温度。

冬期施工的混凝土,配合比尽可能选用较小的水胶比和较小的坍落度;骨料中不得混有冰雪、冻块及易被冻裂的矿物质;搅拌设备宜安装在气温不低于 10 ℃的暖棚内;拌和时间宜较常温施工延长 50%左右;混凝土运输容器应采取保温措施,运输时间应缩短,并尽量减少中间倒运环节。混凝土出机温度不宜低于 10 ℃,入模温度不宜低于 5 ℃。

混凝土强度未达到设计强度的 40%之前不得受冻,浸水冻融条件下混凝土强度开始受冻时,其强度不得小于设计强度的 75%。混凝土拆模后,在混凝土强度低于设计强度 75%或龄期不足 7 d 时,新浇筑混凝土不能与流动水接触。

《混凝土质量控制标准》(GB 50164—2011)中规定:冬期施工混凝土强度达到设计强度等级的50%时,方可撤除养护措施。混凝土受冻前的强度不得低于5 MPa,模板和保温层应在混凝土冷却到5 ℃方可拆除或混凝土表面温度与外界温度相差不大于20 ℃时拆模,拆模后仍要覆盖,铁路轨道板、梁体均不得大于15 ℃。

混凝土强度不低于5 MPa时具有一定的非冻融循环大气条件下的抗冻能力,这个强度也称为抗冻临界强度。

三十五、混凝土拌合物的运输时间应尽量缩短

水泥有一定的初凝时间,混凝土在拌和、运输、灌筑、振捣等各个工序中,都应在水泥初凝之前完成,避免在灌筑、振捣之前水泥已经凝结。此外,在运输过程中由于水分蒸发等原因,还会使坍落度损失,给灌筑和振捣增加困难,因此,应使运输时间尽量缩短。

三十六、混凝土拌合物经远距离运输至浇筑现场应再测定坍落度

混凝土拌合物经远距离运输之后,坍落度必然受到损失,如果不重新测定坍落度是否能满足灌筑、振捣的要求,就灌筑入模,将会因拌合物的流动性不足,影响施工甚至造成质量事故。如果经过重新测定坍落度而发现坍落度损失过大,可采取补救措施,如预先加大出罐时的坍落度,使其损失一部分之后仍能满足施工要求,或采取二次拌和的措施,在保持水灰比不变的条件下,同时加入水和水泥。

三十七、避免混凝土拌合物在运输过程中发生离析、漏浆、泌水和坍落度损失的措施

(1)减少离析的措施:首先应从混凝土配合比设计着手,采用级配良好的砂石(石子粒径不能过大)材料和适宜的外加剂,以保证拌合物具有一定的黏聚性。其次,应尽量选择适宜的运输设备,如采用吊罐比较合理,它不容易改变各种原材料的相对位置。此外,应避免采用皮带运输或滑槽运输,并选择适宜的卸料方式。

(2)防止漏浆的措施:运输设备的容积宜大不宜小,以减少混凝土的倒运次数。运输容器的水封程度要好,运输道路的平整度要高。

(3)防止严重泌水的措施:混凝土配合比设计时,要求拌合物的保水性好,水灰比不要过大(不要大于0.65)。此外,运输道路要平整,以免过分振动使混凝土发生液化作用而增大泌水率。

(4)减少坍落度损失的措施:拌制混凝土时掺入适宜的外加剂,尽量缩短运输时间,避免渗水、漏浆和水分蒸发。

三十八、浇筑混凝土时应注意的事项

不同的振捣方法所能捣实的混凝土厚度和范围各不相同,超过了设备的振捣能力所能达到的厚度和范围就不能保证混凝土能够振捣密实。因此,对采用不同振捣方法的混凝土,分层最大厚度应加以限制。如采用插入式振捣器振实时,分层厚度不应大于振捣器棒头长度的0.8倍;采用表面振动器振实时,分层厚度不应大于20 cm。

混凝土拌合物的自由下落高度如果超过2 m时,拌合物下落时的冲力很大,石子容易

在着地后弹出去而使砂浆分离,石子由于缺乏砂浆而出现蜂窝现象。如果超过这个高度,就应采用溜槽等工具防止石子与砂浆分离。

混凝土构件最好一次灌筑完毕,构件无施工缝,整体性好。对于大型构件,如果不能一次灌筑完毕,停歇时间不得超过 2 h,超过以后,在两次灌筑的接头处就形成接缝(称冷缝)。由于第一次灌筑、振捣完毕后,混凝土已经开始凝结,再继续灌筑,则相接处的强度会受到影响。当第一次灌筑的混凝土开始初凝尚未终凝时,又灌筑振捣后面的混凝土,还会将前面灌筑的混凝土结构破坏。

为了不使构件强度降低,不使混凝土结构破坏,对于大型构件,除允许能留置施工缝的除外,其他地方不得留置施工缝,故灌筑混凝土时不得随意间断或停歇。

三十九、不同降雨等级下混凝土施工采取的措施

不同降雨等级下混凝土施工采取的措施见表 5.8。

表 5.8 不同降雨等级下混凝土施工采取的措施

降雨等级	降雨强度	降雨情况	采取的措施
雨天	>1 mm/h	地面已湿	(1)及时收听气象预报,周密安排施工 (2)运输工具考虑防雨、防滑措施 (3)随时调整拌和用水量
小雨	1~3 mm/h	地面已全湿,但无积水	(1)适当减少用水量或增加水泥用量 (2)缩短每层混凝土的灌筑时间,加强振捣 (3)防止周围雨水流入,并及时排除模内积水 (4)对新灌筑面应及时防护
中雨	3~10 mm/h	可听到雨声,地面有积水	(1)对于灌筑面积较小的薄壁构件,按小雨的措施进行 (2)对于灌筑面积较大的构件,停止灌筑并加遮盖
大雨	10~20 mm/h	雨声激烈可闻,遍地积水	立即停止灌筑,并采取表面防冲措施

四十、振捣混凝土的作用

混凝土的强度和耐久性等一系列性能都与混凝土的密实性有关。混凝土越密实,这些性能就越好,反之则越差。为了获得密实性好的混凝土,就应对混凝土进行捣实。因为混凝土灌筑以后,只依靠其本身重量是难以充实至模板内各个角落的(尤其是外形比较复杂的结构),混凝土空隙中的气泡也不能自行排除,水泥浆也不能均匀地包裹在砂石的表面。这样制得的混凝土,不仅不密实、不均匀,而且表面容易出现麻面或蜂窝。因此,混凝土捣实是一道必不可少的工序。

混凝土是靠水泥将砂石骨料胶结到一起而具有一定强度的,而水泥的凝结又有一定的时间,混凝土的振实如果不能在水泥初凝(2~3 h)以前完成,混凝土就不容易振实,同时还

会破坏已经形成的结构,影响混凝土的强度和其他性能,因此振捣时一定要迅速,运输过程也应尽量缩短时间。

插入式振捣器的振动器动力传递方向是和轴垂直的,而且振动力只能传到一定的距离。只有当垂直插入时,振动力沿水平方向传布,振动效果最好,振动范围最广,并能使混凝土各部位振捣均匀。

因为振捣时间有一定限制,快插可使上部和下部的混凝土受到同样时间的振捣,比较均匀。如果插入太慢,上部混凝土先受到一段时间振捣之后,才插到下部。如果振捣时间太短,则下部混凝土未振捣,如果太长则上部混凝土过振,容易离析或分层,使混凝土变得更加不均匀,影响质量,也影响生产率。

振捣器拔出时如果太快,原来振捣器的位置不易全部为混凝土拌合物所填实,容易形成空隙,如果慢拔,则空隙可在振捣过程中慢慢聚合填实。

混凝土振捣时间过长,会使比较重的石子沉入底部,而较轻的水泥砂浆浮至上部,发生分层和泌水现象,使混凝土不均匀,强度也降低。此外,振捣时间过长,不仅会影响生产率,而且还容易引起模板变形,甚至造成大量漏浆;如果振捣时间过短,振动力还未传给混凝土,骨料颗粒还来不及互相靠拢紧密,并将多余的水和空气挤出,达不到振捣的目的,混凝土将会出现蜂窝空洞等现象。混凝土如果振捣至表面出现水泥浆并不再沉落时,就认为已经振实,不能再继续振捣了。

混凝土在拌和和灌筑过程中,容易混进一些空气,振捣时骨料颗粒互相靠拢紧密,将水泥浆和空气挤到上部,并形成气泡冒上来。

四十一、混凝土在潮湿养护之后再放置在干燥处,对强度的影响

将潮湿养护的混凝土试件放在空气中2~3周,使之干燥,由于其内摩擦力增大,使强度得到提高,但这只是一时的增长,如果继续干燥下去,强度几乎停止增长。

混凝土在干燥后再重新进行潮湿养护,由于重新获得了水化条件,恢复水化作用,使强度继续增长,但最终强度低于继续潮湿养护的混凝土。

四十二、灌筑混凝土时要留有一定数量试件的原因

灌筑混凝土时要留有一定数量试件的原因:
(1)检查混凝土配合比设计用的原材料及其配合比是否符合设计要求。
(2)判定混凝土结构或构件是否能达到设计强度的要求。
(3)掌握拆模或起吊的时间。对于预应力构件来说,则可用以控制放松预应力筋的时间。

混凝土强度随着养护条件的不同而有很大的差异。一般结构设计时所取的设计强度和配合比设计时所确定的强度,都是以标准养护为准的,因此,标准养护下混凝土试件的强度是判定混凝土质量的重要标准,但是,为了判定构件的拆模、起吊或放松预应力钢筋的时间,就需要根据与构件同条件下硬化的混凝土的实际强度。为了获得混凝土的实际强度,则应需要留置与构件同条件下养护的试件。

四十三、在泵送混凝土时引起泵管堵塞的原因

堵管现象是泵送混凝土工艺上的技术难题之一,如果处理不当,会造成质量事故和人力物力上的损失。引起泵管堵塞的主要原因如下:

(1)石子级配不好或石子超径过多。超径石子挤到一起时,在管内起拱而堵塞管路。

(2)砂率不准。砂率过小或过大都会增大混凝土对管壁之间的摩阻力。

(3)石子吸水率大,在压力下能吸收更多的水分,增大坍落度损失。

(4)坍落度过大或过小。坍落度过大时,混凝土在泵管中滞留时间长,泌水大,容易产生离析。尤其是经过长距离运输之后,离析更加严重,使石子集中,摩阻力增大而形成阻塞。坍落度小时,摩阻力增大,使泵机、泵管、液压系统等磨损增加,随时可能产生阻塞。

(5)混凝土运输时间和现场停歇时间较长。当气温高于20 ℃,时间超过2 h,混凝土就出现泌水和离析现象,可泵性就差;当时间超过3 h,泵送就更困难。尤其当气温高于30 ℃,泵送高度100 m以上,时间超过1.5 h时,则泵送随时可发生阻塞。

(6)对于商品混凝土,还可能由于供应不及时,作业停顿,导致泵送不连续,甚至较长时间停泵,从而造成阻塞。

(7)泵管布置不合理、泵管未加固定或弯管过多等,都是造成泵送阻力增大、泵管阻塞的原因。

(8)泵机料斗下部进料口的横向阀与连接杆之间的磨损严重,间隙增大,水泥砂浆因回路倒流到泵机料斗内,使输送管内的压力降低,同时使混凝土发生离析现象,增大对管壁的摩阻力。

(9)泵车司机技术不熟练,或对泵机缺乏经常性维修,不能保持泵送系统处于完好状态。

(10)没有按照泵机性能要求进行操作,当泵送出现异常征兆时,未能及时采取应急措施,往往导致泵管阻塞。

四十四、喷射混凝土的特点及其在施工中常出现的问题

喷射混凝土具有强度高、黏结力强和抗渗性好等优点,施工时不用模板,并能将混凝土的运输、灌筑和振捣等工序结合在一起。由于喷射混凝土能与岩层紧密结合,填充岩石裂隙或凹穴,并与岩层连成完整的结构,能加固岩层的稳定性,防止岩层的松动和风化。这种工艺不仅可以减薄衬砌厚度,减少岩石的挖掘量,而且能加快施工速度,适用于水工隧洞、铁路隧洞和各种地下建(构)筑物的衬砌施工中,也常用于各种构筑物的缺陷修补。

喷射混凝土在施工中常出现下列问题:

(1)回弹问题。回弹是一种不能完全避免的现象,回弹量一般为15%~25%。回弹物主要是一种黏聚力差的松散物质。为了减少浪费,可将回弹物按20%的掺量加入新料中继续使用。对混凝土质量的影响并不太大,或将回弹物回收,稍加水泥重新拌和,用来制作一般预制构件。

(2)收缩裂缝问题。喷射混凝土的水泥用量一般较大,含砂量较多,又是薄层的大面积结构,硬化过程中由于水分蒸发,体积收缩,容易出现裂缝。为防止裂缝出现,应严格控制水

灰比,其水泥用量不宜大于 450 kg/m³;不使用细砂和火山灰质水泥;适当控制喷层厚度,一般不小于 5 cm;保证最少有 14 d 的充分潮湿养护条件。

(3)渗漏问题。当出现渗漏水现象时,应采取相应措施进行封堵。

(4)防冻问题。为了防止冻害,施工时气温应高于 5 ℃,干混合物进入喷射机时的温度和水温都高于 5 ℃,喷射混凝土强度未达到 5 MPa 之前不能受冻。

四十五、喷射混凝土的最佳水灰比的选定

根据有关经验,喷射混凝土的最佳水灰比为 0.40~0.47,低于或高于这个水灰比时,混凝土的强度都将呈直线下降。因为低于此值时,会使喷射物的黏聚性和均匀性变差,回弹物增多;高于此值时,则会使喷射物发生溅落或流淌,甚至剥落。

四十六、满足道路混凝土的特殊要求应采取的措施

用于路面工程的无筋混凝土称为道路混凝土。它的厚度比较薄,暴露面积比较大,且需要承受频繁的车辆荷载作用所产生的弯曲应力、磨损作用和日夜温度变化所引起的温度拉应力。当温度变化时,混凝土受到地基的约束,不能自由伸缩,从而产生温度拉应力。在寒冷地区还可能受到反复的冻融作用。因此,道路混凝土要求具有较高的抗折强度、抗磨性和抗冻性等特点,并以抗折强度、抗折弹性模量双控制作为衡量混凝土质量的指标。

为了满足道路混凝土的特殊要求的技术措施见表 5.9。

表 5.9 为了满足道路混凝土特殊要求的技术措施

混凝土的工作条件	技术要求	技术措施
承受车轮荷载的重复作用和磨损作用	抗弯强度、抗磨性	(1)有足够的抗压、抗拉、抗弯强度,水灰比一般为 0.5~0.55,水泥用量一般为 300~350 kg/m³ (2)采用 42.5 以上的普通水泥 (3)采用石灰石或石英石碎石(不采用砂岩碎石或卵石)作为混凝土骨料 (4)石子最大粒径不超过路面板厚度的 $\frac{1}{4}$~$\frac{1}{3}$,且不大于 40 mm (5)砂子应坚硬、具有棱角并洁净 (6)有足够的混凝土厚度
温度变化产生的热胀冷缩	体积变化小	(1)将路面划分为较小的板块,并设置伸缩缝 (2)提高混凝土密实性
冰雪的反复冻融作用	抗冻性	掺入引气剂或减水剂

四十七、直接在结构构件上检验混凝土质量的方法

对混凝土的质量检验,可根据混凝土性能的特点,采用破损、半破损或非破损的检验方

法。由于采用破损方法不可能对全部混凝土进行检验,一般都采用抽样检验的方法。当抽样的检验结果不合格时,可采用半破损或非破损的方法进行检验。

直接在结构构件上检验混凝土质量的方法很多,目前被认为比较可行的主要有:

1. 非破损方法

(1)回弹仪估测混凝土强度。

(2)超声波检测仪估测混凝土强度、内部缺陷、均匀性和裂缝深度。

(3)超声回弹综合法检验混凝土强度。

2. 半破损方法

(1)钻孔芯样进行混凝土强度、耐冻性、耐渗性、密实性等各项性能检验。

(2)钻孔压水试验检验混凝土耐渗能力。

(3)拉拔法检验混凝土强度。

此外,还可进行结构构件的荷载试验。

四十八、关于水泥使用的要求

新出厂水泥的温度一般较高,有的水泥厂规定应冷却至50 ℃使残存的游离氧化钙消解,水泥性能得到了稳定时才能进行性能检验。但也有的并未能这样做到,以致有的预制厂或工地因立即使用了出厂的水泥而引起了工程质量事故的发生。因此,有的规范便规定水泥出厂10 d后方可使用,使用前应进行性能检验。

在安定性不合格的水泥中,有一些是因为水泥在磨制前后的储存时间太短,残存的游离氧化钙而造成安定性不良。如果存放一段时间,游离氧化钙继续消解,使其含量减少,安定性就有可能变为合格了。

立窑生产水泥的通病是熟料在窑内炼烧时,窑内中心通风不良,使夹心料和生烧料增加,导致熟料中游离氧化钙含量较大,因而容易引起安全性不良或抗拉强度较低,使用时应特别注意水泥的安定性。如果在水泥中掺入适量的优质活性混合材料,在一定程度上可以克服由于游离氧化钙含量较高而引起安定不良的现象,此外,以立窑水泥配制的混凝土抗冻性一般较低,使用前应加强检验。

四十九、膨胀水泥的特点及用途

由于膨胀水泥在水化过程中生成大量的钙矾石,起到填充、堵塞并切断毛细孔和其他空隙作用,使水泥石的总孔隙率减少,毛细孔径也变小,从而大大地提高了抗渗性。在同条件下,膨胀水泥混凝土的抗渗能力可比普通水泥混凝土约提高1倍,是一种配制防水混凝土的好材料。

目前我国生产的膨胀水泥主要有硅酸盐自应力水泥和明矾石膨胀水泥。这两种水泥都具有较高强度和适量的膨胀率,而且膨胀速度快慢适当,此外还具有抗裂、抗渗等特点。前者常用于输水、输送煤气等压力管道,后者常用来配制补偿收缩混凝土,用于液气贮罐、防渗结构、地下结构、路面、机场跑道、构件接缝和接头等工程。

硅酸盐自应力水泥和明矾石膨胀水泥都是属于硫铝酸钙型的膨胀水泥,它们是在水泥中加入高铝水泥和石膏,或加入明矾石和石膏等膨胀组分按一定比例磨细混合而成的。它们在水化过程中都能形成柱状或针状的水化硫铝酸钙($3CaO \cdot Al_2O_3 \cdot 3CaSO_4 \cdot 31H_2O$，又称为钙矾石)，这些结晶的体积增大 1.22～1.75 倍，从而引起水泥石的体积膨胀。

五十、白色硅酸盐水泥与普通硅酸盐水泥的区别

普通硅酸盐水泥是灰绿色的，是由于有氧化铁(Fe_2O_3)和氧化镁(MgO)存在的结果。如果将 Fe_2O_3 的含量最大限度地减少(约减至原来的 1/10)，就可获得白色的水泥。这种水泥除颜色外，其他性能都与普通水泥几乎一样，还可用颜料调和成各种颜色而成为彩色水泥。

五十一、不同水泥不能随意掺和使用

我国地域辽阔，水泥工厂很多，水泥产量很大，而生产水泥的工厂，有的生产工艺很先进，有的就较差，有的用机械化转窑生产，有的用小立窑或机立窑生产，性能差别很大。常用的6大水泥中，混合材料的质量和掺量差别也很大，水泥标号从低强至高强也有4个，当不同品种的水泥掺和后，水泥性能发生变化，标号降低，不但造成浪费，而且往往容易发生质量事故，因此不同品种、不同标号的水泥应分别储存，不能混杂，更不能掺和使用，尤其是不能与高铝水泥相混。因为高铝水泥水化时反应十分剧烈，1 d 强度可达到其标号的 80%～90%，硬化时又发出大量的热量，如果与硅酸盐类水泥相混，将会由于硅酸盐类水泥中的氢氧化钙和水化铝酸三钙的作用，使水泥迅速凝结而强度下降。

对同一生产厂，同品种、不同强度等级的水泥在混用之前应经技术处理。

由于混合材料掺量不同，使用前应做实验，改变配合比后才能混合使用，但不能作为正常范围。

五十二、快硬硅酸盐水泥的特点及用途

快硬硅酸盐水泥(简称快硬水泥)是一种具有早期强度增长快的水硬性胶凝材料。按照国家标准的规定，水泥标号按 3 d 龄期的抗压强度确定，分为 325,375 和 425 三个标号，它们的 3 d 强度也应分别达到 32.5 MPa,37.5 MPa 和 42.5 MPa。它能获得快硬性能，主要在于矿物成分中的 C_3A 和 C_3S 含量(质量分数)较高，通常 C_3A 为 8%～4%，C_3S 为 50%～60%，两者总量应大于 60%～65%。

快硬水泥适用于对早期强度有要求的混凝土工程、紧急抢修工程、冬季施工混凝土和预应力钢筋混凝土构件的制作。

五十三、高铝水泥的特点和用途

高铝水泥的最大特点是早期强度增长率较快，24 h 即可达到其抗压极限强度的 80% 左右。同时，硬化时的放热量较大，但集中在早期放出，故低温硬化性能好。此外，高铝水泥的抗硫酸盐侵蚀性能好，主要是由于这种水泥中无游离 $Ca(OH)_2$ 存在，水化铝酸钙在无 $Ca(OH)_2$ 存在的条件下能微溶于水，在进入溶液后再与硫酸盐反应，这样生成的水化硫铝酸钙不会产生膨胀性的破坏。同时，由于这种水泥在水化后所形成的水泥石结构较密实，能有效地阻止侵蚀介质的渗入。

根据上述特征，高铝水泥主要适用于紧急抢修工程、有特殊需要的快速施工或冬季施

工,也适用于对抗硫酸侵蚀要求较高的混凝土工程,如在盐碱地上可用它来修筑公路或铁路。

五十四、大坝水泥的特点和用途

大坝水泥即低热水泥,我国目前生产的大坝水泥有 3 种:硅酸盐大坝水泥(简称大坝水泥)、普通硅酸盐大坝水泥(简称普通大坝水泥)和矿渣硅酸盐大坝水泥(简称矿渣大坝水泥),这是根据大坝工程的特点来研制并生产的。大坝水泥和普通大坝水泥的特点是强度高、水化热低,并且具有抗磨、抗冻、抗裂和干缩小等特点,适用于遭受水流、泥砂冲刷、冻融和干湿交替等作用的坝体外部混凝土。矿渣大坝水泥则具有一定强度和低水化热等特点,适用于几乎不受外界环境条件变化影响的坝体内部混凝土。

大坝水泥的低热特点主要是通过控制熟料矿物成分中 C_3S 含量为 40%~55%,C_3A 含量小于 6%(对矿渣大坝水泥为 8%)来达到的。

五十五、抗硫酸盐硅酸盐水泥的用途

抗硫酸盐硅酸盐水泥的主要特点是抵抗硫酸盐侵蚀的能力很强,并且有较好的抗冻性和较低的水化热,主要是通过在矿物成分中限制 C_3A 含量不大于 5%,C_3S 含量不大于 50%,并限制 C_3A 和 C_4AF 含量之和不大于 22%来达到的。这种水泥适用于兼受硫酸盐侵蚀和冻融作用的海工工程、水利工程和地下工程。

五十六、矿渣水泥、火山灰质水泥和粉煤灰水泥的特点

矿渣水泥、火山灰质水泥和粉煤灰水泥的共同特点是凝结慢,早期强度低,抗磨性和抗冻性较差,抗碳化能力也较差。因此,它们不适用于早期强度要求较高的混凝土工程,尤其是在低温条件下不宜使用,也不适用于有抗冲、抗磨性要求的混凝土工程和严寒地区处于水位变动区的混凝土工程。用于钢筋混凝土工程时,还应注意由于抗碳化能力差而容易引起钢筋锈蚀的问题。此外,这 3 种水泥的干缩性较大,在施工中还应加强养护,而且不宜在气候干燥的地区使用。

矿渣水泥、火山灰质水泥、粉煤灰水泥与硅酸盐水泥和普通水泥相比较,在特性方面有许多明显的差别,见表 5.10。

表 5.10 矿渣水泥、火山灰质水泥、粉煤灰水泥与硅酸盐水泥、普通水泥的特性对比

项目	硅酸盐水泥、普通水泥	矿渣水泥、火山灰质水泥和粉煤灰水泥
水化热	高	低
凝结时间	较快	较慢,低温下更为突出
保水性	较好	矿渣水泥较差,其他较好
干缩性	小	粉煤灰水泥较小,其他较大
强度发展	早期强度高	早期强度低,但后期强度增长率大
抗硫酸盐侵蚀性	较弱	较强
抗冻性	较好	矿渣水泥稍差,其他较差
蒸汽养护适应性	温度不宜过高,限 80 ℃以下	适应性好,最高可达 90 ℃

由于矿渣水泥、火山灰质水泥和粉煤灰水泥中都掺入一定数量的混合材料,熟料相对减少,C_3S 和 C_3A 的实际含量也相对地少一些。由于 C_3S 含量较少,还使水化产物 $Ca(OH)_2$ 减少,由于与活性混合材料作用,又消耗了大量的 $Ca(OH)_2$,使水泥石中的游离 $Ca(OH)_2$ 显著减少,从而提高了水泥的抗溶出性侵蚀能力。此外,由于 C_3A 含量减少,抗硫酸盐侵蚀能力也较强。

矿渣水泥、火山灰质水泥和粉煤灰水泥由于掺入较多的混合材料,水化速度较慢,在较短龄期内水泥石结构难以充分形成,密实性也较差,而抗冻性试验一般是在 28 d 龄期时开始的,并不考虑水泥的硬化速度问题,使这种比较薄弱的水泥石结构容易被冰冻作用所崩解而致破坏。此外,由于在掺入混合材料的水泥中,能生成胶凝物质的熟料量比较少,因此使抗冻性随着混合材料掺量的增多而显著降低。

五十七、水泥中氧化镁(MgO)和三氧化硫(SO_3)的危害

水泥中含有 MgO,会增加水泥在凝结硬化后期的体积膨胀,可能使水泥石产生有害的内应力而引起破坏。产生这种后期膨胀的原因,在理论上可解释为:原料石灰石($CaCO_3$)中难免含有碳酸镁($MgCO_3$)成分,$MgCO_3$ 在温度为 600～650 ℃ 即相当迅速地分解,而 $CaCO_3$ 则约在 900 ℃ 时才分解。在烧制水泥时是按照 $CaCO_3$ 完全分解的计算炼烧温度来控制的,这种温度对 $MgCO_3$ 来说显得过高,使 $MgCO_3$ 在已经分解为 MgO 之后严重过烧,这就大大地延迟了它的水化作用。因为水化过程中含有 MgO 的水泥颗粒表面会生成 $Mg(OH)_2$,它的溶解度较小,阻碍水浸透入颗粒内层,减慢了水化硬化过程。在水泥的其他成分已经水化硬化之后,$Mg(OH)_2$ 还会在有水的条件下长期进行水化,并使体积膨胀,就容易引起水泥石破坏。

在粉磨水泥时,加入一定量的石膏,主要是为了调节凝结时间,以达到便于施工的目的。但是,当加入的石膏超过一定量以后,水泥的一系列性能尤其是强度和抗冻性就会显著变坏,严重时还会使水泥石开裂,混凝土结构破坏,这是由于一部分石膏在水泥石硬化后,与水泥中的水化产物水化铝酸钙继续作用,生成水化硫铝酸钙结晶而引起体积膨胀的缘故。其反应式如下:

$$3CaO \cdot Al_2O_3 \cdot 6H_2O + 3(CaSO_4 \cdot 2H_2O) + 19H_2O = 3CaO \cdot Al_2O_3 \cdot 3CaSO_4 \cdot 31H_2O$$

因此,世界各国在水泥标准中,都对水泥中的最大石膏含量有所限制,以 SO_3 计一般不得大于 3.0%～3.5%。

五十八、水泥受潮对水泥性质的影响

水泥在存放时接触空气,会吸收水分而产生轻微的水化作用,生成氢氧化钙,然后又吸收二氧化碳而生成碳酸钙。其反应式如下:

$$CaO + H_2O = Ca(OH)_2$$
$$Ca(OH)_2 + CO_2 = CaCO_3 + H_2O$$

水泥受潮就是水和二氧化碳对水泥产生了风化作用的现象。

水泥风化后,除烧失量增加,密度减少,以及延迟凝结以外,还引起强度降低,一般存放 3 个月强度降低 10%～20%,6 个月强度降低 15%～30%,一年强度降低 30%～40%。即使在有防潮设备的仓库中存放 3 个月,强度降低也可能达到 5%～8%,存放一年,强度降低

也可能达到15%～25%。轻微风化的水泥在外观上几乎看不出来,但风化进行到一定程度就会结成硬块。

五十九、河砂、海砂和山砂的区别及其配制混凝土时应注意的事项

配制混凝土用的原材料主要是水泥、砂子、石子和水等。其中水泥和水起胶结作用,砂子和石子起骨架作用。石子形成混凝土的骨架,砂子填充石子的空隙,同时,砂子形成砂浆部分的骨架,水泥浆填充砂子的空隙,砂浆填充石子的空隙并胶结成一个整体。所以,砂子和石子在混凝土中就和人体的骨骼一样,是起骨架作用的材料,故称为骨料。

河砂长期经受流水冲洗,颗粒形状较圆,介于海砂和山砂之间,比较洁净,通常是上游的河砂粒径较大,砂的产地分布较广,一般工程多采用河砂。

海砂因长期不断地经受海流冲刷,颗粒表面圆滑,比较洁净且粒度一般比较整齐。但常混有贝壳碎片,而且含有盐分,在钢筋混凝土中使用时应控制其含盐量,一般规定海砂的氯化钠总含量不得超过0.1%(以全部氯离子换算成氯化钠占干砂质量的百分数计)。超过规定时,应通过淋洗,使降低至0.1%以下,或在所拌制的混凝土中掺入占水泥质量0.6%～1.0%的亚硝酸钠作为缓蚀剂。

海砂中的含盐量一般为0.01%～0.30%。含盐量的多少与采集地点、颗粒组成和含水量有关。采集地点距岸边越远或在地表面附近的海砂,含盐量较少,因为这些地方的砂容易受到雨水的淋洗,使地表面砂的盐分溶解。此外,海砂颗粒越大,含盐量越少;含水量越大,含盐量越多。距岸边越近或深度越大的地方,海砂含盐量越多,即使离岸边100 m远的相当深的土层中,含盐量也可达0.01%左右。因此,采砂时应选择离岸边较远的地表面附近。

山砂是从山谷或旧河床中采运而得到的,颗粒多带棱角,表面粗糙,与水泥浆胶结力强。但含泥量和含有机杂质较多,使用时应加以限制,一般规定含泥量不应超过1.0%,有机物质含量用比色法试验,颜色不宜深于标准色,当深于标准色时,应进行混凝土对比试验,其强度降低不应大于15%。

六十、砂石中泥土、三氧化硫和有机物质对混凝土性能的危害

在低强度等级混凝土中,泥土如果不附着在砂、石料的表面而分散于其内部时,常常能改善混凝土拌合物的和易性,并增加混凝土的强度和抗渗性。但一般在超过规定的限值时,要增加混凝土的用水量,降低混凝土的强度和耐久性。

砂石中的三氧化硫(SO_3)主要是由硫铁矿(FeS_2)和石膏($CaSO_4 \cdot 2H_2O$)等杂物带入的。如果含量过多时,将会在已硬化的混凝土中与水化铝酸三钙发生反应,生成硫铝酸钙结晶,体积膨胀,在混凝土内部产生破坏作用。

有机物质主要来自动植物的腐殖质、腐殖土或泥煤等含有腐殖酸的物质。这些有机酸妨碍水泥的水化,延缓水泥的硬化过程,降低混凝土强度,尤其是早期强度。腐殖酸占水泥质量的1%时,水泥将长时间不凝结,1 d内不硬化,3 d强度降低65%,28 d强度降低10%。

六十一、砂子粗细对混凝土拌合物和易性的影响

在砂子用量相同的情况下,如果砂子过粗,拌出的混凝土拌合物黏聚性较差,容易产生离析泌水现象;如果砂子过细,砂的总表面积就较大,虽然拌出的混凝土拌合物黏聚性较好,

不易产生离析泌水现象,但需要包围在砂子表面的水泥浆增多,因而会多耗费水泥。所以,混凝土用砂不能过粗或过细。砂子的粗细程度,以细度模量来表示,一般认为细度模量在 2.6～2.7 时最好。

六十二、砂子体积随含水率的变化而发生胀缩现象

砂子在露天堆放时,由于气候的变化,砂子的含水率变化也很大。含水率增减,不仅使砂子的质量增减,而且会使砂子的体积胀缩。这是由于砂子含水时,使颗粒表面包裹着一层水膜,颗粒被水膜互相隔离,因而疏松体积增大。一般情况下,当含水率达到 5%～8% 时,砂子的体积增加量达到最大,可达 20%～30% 或更大。如果含水率再增加,则因水膜破裂而使水分进入颗粒之间的空隙,总体积又逐渐减少。

由于露天堆放砂子具有这个特点,如果进料以体积计量(量方)时,应注意这一特点。

六十三、砂子的含水状态

(1)绝对干燥状态:在温度为 100～110 ℃ 情况下,将砂子烘干至恒重后,其内部水分全蒸发掉。

(2)空气中干燥状态:砂子颗粒表面干燥,但颗粒内部还有一部分水分不能完全蒸发掉,此时砂子的质量比绝对干燥状态的大,但体积不增大。

(3)饱和面干状态:砂子的颗粒表面干燥,但颗粒内部的空隙含水达到饱和状态。

(4)湿润状态：砂子颗粒之间的空隙充满水分,颗粒表面也附有水膜,砂的总体积增大。

六十四、混凝土中砂石级配必须符合规范要求

砂石级配是指大小颗粒之间的搭配情况。对砂石级配的要求是,既要使空隙率小,又要使总面积小,使混凝土得到比较密实的骨架;既能提高混凝土的密实性和强度,又可节约水泥,这样就需要砂石具有良好的级配,要求小颗粒恰好填满中等颗粒的空隙,而中等颗粒又恰好填满大颗粒的空隙。这样一级一级的颗粒互相填满,则最后可以使得砂石的总空隙率达到最小,需要填充这些空隙的水泥浆(或砂浆)也越小。

六十五、砂的级配区及其特点

在保证混凝土质量的情况下,为了扩大我国的天然砂资源的利用率,采用 3 个级配区来控制砂的级配。其中Ⅰ区砂是向粗方向扩大形成的级配区,Ⅲ区砂是向较细方向扩大形成的级配区,这样就使我国有 3/4 的天然砂可以用来制作混凝土。其特点是:

(1)Ⅰ区砂级配较粗,保水能力较差,宜于配制富混凝土和低流动性混凝土,当配制贫混凝土时其拌合物外观较粗糙,内摩擦力大,灌筑成型时不易插捣密实,故应增大砂率,以保持其和易性。

(2)Ⅱ区砂为一般常用级配的砂,使用效果较好。

(3)Ⅲ区砂属于细砂或偏细砂,用它配制的混凝土拌合物黏度略大,保水性较好,容易插捣成型,配合比设计时应采用较小的砂率。

六十六、碎石中存在山皮与水锈(风化)对混凝土性能的影响

山皮与水锈颗粒,都是以风化岩石经轧制而成的碎石。山皮与水锈是岩石风化的两个不同阶段,风化严重时,成层较厚,称为山皮石;风化轻微时,仅颗粒表面带黄褐色水锈,称为水锈石。对于石灰石,这种风化是在有水和碳酸盐作用下生成新的可溶性物质的现象。

石灰石经风化后生成易溶的碳酸氢钙,其反应式如下:
$$CaCO_3 + CO_2 + H_2O = Ca(HCO_3)_2$$

由于受到长期的溶解,石灰石中的氧化钙显著减少,残留的铁、铝、硅的氧化物(即 Fe_2O_3、Al_2O_3、SiO_2)相对增多,这就是风化石灰石的化学特征,对于花岗石,因其中的长石和黑云母容易风化而变成高岭土,并分解出可溶于水的碳酸钾。长石受风化时的反应式如下:
$$2KAlSi_3O_3 + CO_2 + 2H_2O = Al_2Si_2O_5(OH)_4 + 4SiO_2 + K_2CO_3$$

经风化的岩石呈黄褐色或棕红色,结晶较粗而酥松,对混凝土的强度和抗冻性产生不利的影响。

六十七、用碎石配制的混凝土比用卵石配制的混凝土强度较高的原因

砂石是将各种硬质岩石经机械或人工轧制而成的,一般含泥量和杂质含量较少,而且颗粒富有棱角,表面粗糙,与水泥砂浆之间的黏结力较强,因此碎石混凝土的强度较高。同时,碎石颗粒越接近正方,颗粒间的搭配情况就越好,孔隙率也越小,使混凝土更加密实,所得强度也越高。

六十八、石灰石碎石比花岗石碎石配制的混凝土抗折强度高的原因

在配合比完全相同的条件下,石灰石碎石比花岗石碎石配制的混凝土抗折强度高,而抗压强度则相反。这是由于石灰岩石属于方解石晶体,能与水泥凝胶体或晶体紧密结合,从而提高了抗折强度,而花岗岩表面含有较多云母矿物,影响了与水泥石的黏结力,故使抗折强度降低。但花岗岩自身强度高,一般为120~250 MPa,而石灰岩一般为80~180 MPa,而且花岗岩表面粗糙,富有棱角,内摩阻力较大,故抗压强度高。

六十九、对混凝土粗骨料强度检验有用压碎指标来代替立方体强度的趋势

用岩石立方体强度来表示粗骨料强度存在以下主要特点:
(1)试件加工比较复杂,强度离差系数大。
(2)混凝土的破坏主要是拉、折、剪力破坏,受压破坏的可能性很小,故用抗压强度指标不尽合理。
(3)试件加工时往往将表面的风化层去掉,使其强度失去代表性。
(4)有些骨料(如粒径较小的卵石)无法加工成立方体试件。

因此,对混凝土骨料有用压碎指标来代替立方体强度检验的趋势。但由于对压碎指标的研究和实践经验还不足,目前只能把它和立方体强度并列为粗骨料的强度检验指标,作为一种间接规定的石料强度指标。

七十、酸类、盐类和海水对混凝土的侵蚀作用

硫酸、盐酸等无机酸能与水泥水化产物氢氧化钙起作用,反应式如下:

$$Ca(OH)_2 + H_2SO_4 = CaSO_4 \cdot 2H_2O$$

$$Ca(OH)_2 + 2HCl = CaCl_2 + 2H_2O$$

反应生成的二水石膏在水泥的孔隙内形成结晶,体积膨胀,产生破坏作用;氯化钙则易溶于水,使混凝土受到侵蚀而破坏。

醋酸等有机酸对混凝土的作用比无机酸略小。

硫酸盐类如硫酸镁、硫酸钠能与水泥水化产物氢氧化钙和水化铝酸钙起作用,如:

$$Ca(OH)_2 + MgSO_4 + 2H_2O = CaSO_4 \cdot 2H_2O + Mg(OH)_2$$

生成物中氢氧化镁松软无胶结力,二水石膏则在水泥石中结晶膨胀,甚至与水化铝酸钙作用生成水化硫铝酸钙结晶,引起更严重的破坏,其反应式如下:

$$3CaO \cdot Al_2O_3 \cdot 6H_2O + 3(CaSO_4 \cdot 2H_2O) + 19H_2O =$$
$$3CaO \cdot Al_2O_3 \cdot 3CaSO_4 \cdot 31H_2O$$

海水中含有硫酸盐类,对混凝土有侵蚀作用,但由于海水中含有大量的氯离子,能提高硫铝酸钙的溶解度,阻止这些结晶体的生成和长大,因而侵蚀速度十分缓慢。

七十一、引气剂能引气的原因

引气剂是一种憎水性表面活性剂,溶解于水,加入混凝土拌合物内,在拌和过程中,由于混入一些空气,使引气剂分子被吸附到空气泡表面而产生大量稳定、均匀的微小气泡,直径大部分为 0.025~0.300 mm,从而能改善混凝土的某些性能。

引气剂的憎水性是由于它的分子具有对称性的结构,其一端具有极性的基(亲水基),另一端则为非极性的基(憎水基)。这种分子在水泥浆中发生吸附作用时,分子的极性基朝向水泥浆中极性较大的水泥颗粒;另一端非极性基则朝向极性较小的水分子。由于非极性基像一根细毛似的转向水中,在水泥颗粒表面造成特殊的细毛,阻碍水泥颗粒被水湿润,使水泥颗粒憎水化,形成憎水性毛细孔壁,这就是引气剂在水泥浆中带有憎水性质的原因。

因为混凝土中掺入引气剂或引气型外加剂后,混凝土的弹性模量有所降低,承受预应力筋的压力后,混凝土的压缩变形引起的预应力损失比不掺这类引气剂的应力损失大,有的会超过设计规范定的损失值,故引气剂和引气型外加剂不得用于预应力混凝土中。

七十二、减水剂的作用

能使混凝土显著地减少拌和用水的外加剂,称为减水剂。它是一种有机化合物,是一种表面活性剂,由于它对水泥能产生分散作用,因此又称为水泥分散剂。

水泥加水拌和后,减水剂可以使水泥颗粒均匀地分散在混凝土拌合物中,使水泥颗粒与水结合而成的凝聚结构变成分散结构。即将凝聚结构中的水分解放出来,从而提高了混凝土拌合物的流动性。如果不是为了提高拌合物的流动性,而是为了改善混凝土性能或为了节省水泥,则可在配合设计中减少用水量。

减水剂的作用是:

(1)在保持混凝土配合比和水灰比不变的情况下,可提高混凝土的流动性,并不致降低

混凝土的强度。

(2)在保持流动性和水灰比不变的情况下,可减少用水量和水泥用量,从而节省水泥。

(3)在保持流动性和水泥用量不变的情况下,可以降低水灰比,从而提高混凝土的强度和耐久性。

七十三、混凝土中 M 减水剂(木钙)掺量过多对混凝土的影响

M 减水剂常用掺量为水泥质量的 0.25%,但在施工中有时由于不慎往往出现掺量过多,有的掺量超过常用量的 4 倍以上,使混凝土数天不凝固。

(1)超过常用量 0.2~0.8 倍时,随着掺量增加,水灰比相应减小,初凝和终凝时间都有所延缓,同龄期强度也随着掺量增加依次增加,坍落度和含气量变化不明显。

(2)在水灰比不变情况下超过常用量 2 倍时,坍落度和含气量均直线增大,凝结时间延缓,但强度无大影响。

(3)在水灰比不变情况下超过常用量 3 倍时,坍落度剧增,凝结时间大大延长,含气量增大,早期强度极低,28 d 强度约降低 20%。

超掺量对混凝土质量的影响还与季节有关,由于夏季气温高,水泥水化热较大,强度增长速度较快,90 d 强度还可超过标养强度;在低温季节,强度增长速度极为缓慢,对混凝土质量有明显影响,故应考虑施工时气温,并严格按规定掺量施工,以免延误工期,影响工程质量。

当出现上述失误时,应采用无破损或芯样法检测其实际强度。

七十四、盐类外加剂对混凝土强度的影响

氯化钙能加快水泥水化放热,提高了混凝土内部的早期温度,又能与水泥中铝酸三钙作用生成氯铝酸钙,引起水泥颗粒强烈分散,使水化和凝结过程加快。此外,还会引起混凝土中化学结合水量增加,游离水分减少,空隙率降低,故硬化快,早期强度高。

氯化钙的适宜掺量,一般规定钢筋混凝土中不大于水泥质量的 2%,同时规定每立方米混凝土中不应超过 8 kg,无筋混凝土中则不大于水泥质量的 3%。如果超过 3%,不仅不产生效果,而且会引起混凝土凝结过快,难以进行灌筑,并引起早期产生体积收缩,容易出现裂纹,后期强度降低,而且对钢筋有腐蚀作用。因此,对处于高湿度环境下的混凝土工程(如海港码头和浴室等),因为氯化钙容易导致钢筋锈蚀而限制使用。

亚硝酸钠是一种强氧化型外加剂,能促进钢筋表面的氧化薄膜趋向稳定,弥补表面缺陷,使整个钢筋被一层致密的氧化膜所包裹,能阻止氯离子穿透,降低铁的阳极过程的速度而达到缓蚀的目的。

硫酸钠易溶于水,能与水泥水化时析出的氢氧化钙作用,生成具有高度分散性的石膏,与水泥熟料反应比外掺石膏的作用快,能迅速生成硫铝酸钙,大大地加快水泥硬化。

七十五、三乙醇胺在混凝土中的作用

三乙醇胺在化学反应过程中是一种催化剂,在水泥水化过程中可起催化作用,提高水泥熟料中铝酸三钙的溶解速度,加速铝酸三钙与石膏的反应,从而加速水泥硬化过程,并使硫铝酸钙的生成量增多。这种变化会提高水泥石致密性,对提高混凝土的强度(尤其是早期

强度)、抗渗性和抗冻性都有利的。三乙醇胺在混凝土拌合物中还可起塑化作用,便于施工,对混凝土性能也会产生一些有利作用,对钢筋则无腐蚀的作用。

七十六、速凝剂促使硅酸盐水泥速凝的原因

速凝剂的主要成分一般为铝酸钠和碳酸钠,如目前我国生产应用的红星一型速凝剂中,铝酸钠占20%,碳酸钠占40%。速凝剂之所以会促使硅酸盐水泥速凝是因为这两种成分能与水泥中的石膏发生如下反应:

$$NaAlO_2 + 2H_2O \Longrightarrow Al(OH)_3 + NaOH$$
$$2NaAlO_2 + 3CaO + 7H_2O \Longrightarrow 3CaO \cdot Al_2O_3 \cdot 6H_2O + 2NaOH$$
$$Na_2CO_3 + CaO + H_2O \Longrightarrow CaCO_3 + 2NaOH$$
$$Na_2CO_3 + CaSO_4 \Longrightarrow CaCO_3 + Na_2SO_4$$
$$2NaOH + CaSO_4 \Longrightarrow Na_2SO_4 + Ca(OH)_2$$

水泥水化时,不断从硅酸三钙中析出氢氧化钠,并与新生成的硫酸钠发生如下反应:

$$Ca(OH)_2 + Na_2SO_4 \Longrightarrow CaSO_4 + 2NaOH$$

新生成的硫酸钠与水泥熟料中的铝酸三钙的水化产物水化铝酸钙作用生成水化硫铝酸钙结晶,加速水泥凝结硬化。

七十七、早强剂和速凝剂使混凝土的后期强度增长的原因

在掺有早强剂或速凝剂的混凝土中,由于水泥在短期内水化、硬化,使水泥颗粒表面生成一层硬壳,阻碍了水泥进一步水化,使后期强度偏低。对于速凝剂来说,还由于它的铝酸盐成分与水泥作用生成疏松的铝酸盐水化物,结构强度比硅酸盐水化物低。因此,掺有速凝剂的混凝土在7d以后的强度比不掺者低。

七十八、使用含有碱分的外加剂时应注意的事项

速凝剂中的铝酸钠、碳酸钠和早强剂中的硫酸钠等在水解后生成氢氧化钠,将这些外加剂掺入水泥中,将会增大水泥的含碱量。当采用活性骨料时,将有可能发生碱-骨料反应而引起混凝土的破坏。因此,应注意检验所用砂石中有无活性骨料的成分,防止出现碱-骨料反应的可能。

附录一 回弹仪检测技术

回弹仪检测是混凝土非破损检测方法之一。目前,回弹仪有数字式和指针直读式两种,其优点是仪器体积小、携带方便、检测快捷、效率高,所以使用非常广泛,尤其在混凝土工程现场使用回弹仪检测混凝土强度更普遍;其缺点是受混凝土表面碳化、干湿、光洁程度的不同、测试角度、方向及检测人员操作过程等影响因素较多,往往检测结果不够准确。但在实际检测中严格按照规程要求,检测人员培训持证上岗,上述缺陷完全可以降低至最低程度,其检测结果仍是作为处理混凝土强度的参考依据。

一、基本规定

(一)回弹仪的适用范围

回弹仪适用于检测普通混凝土抗压强度(主要由水泥、砂石、外加剂、掺合料和水配制的密度为 $2000\sim2800\ kg/m^3$ 的混凝土),不适用于混凝土表层与内部,质量有明显差异或内部存在缺陷的混凝土强度检测。当发现混凝土表面受物理或化学作用产生损伤时,不得使用回弹仪进行检测。

(二)对水泥性能的要求

对水泥性能的主要要求:水泥安定性不合格则不能检测。

(三)对回弹仪的要求

1. 检定要求

每半年应检定一次,但有以下 5 种情况时,应及时检定:一是新回弹仪启用前;二是超过检定有效期;三是数字式回弹仪数字显示的回弹值与指针直读示值相差大于 1;四是经保养后在钢钻上率定值不合格;五是遭受严重撞击或其他损害。

2. 率定值的要求

率定值在洛氏硬度 HRC 为 60 ± 2 的钢钻上率定值为 80 ± 2。

3. 环境温度要求

使用温度为 $-4\sim40\ ℃$;率定试验应在室内进行,其室温为 $5\sim35\ ℃$。

4. 指示刻度线指示位置要求

回弹仪示值指示滑块中的指示刻度红线起跳应指示"0"点位置。

5. 数字式回弹仪指示值误差要求

数字式回弹仪应带有指针直读示值系统,数字显示的回弹仪值与指针直读示值相差不超过 1。

6. 保养的要求

在以下情况时需要保养:

①弹击超过 2 000 次后;②在钢钻上的率定值不合格时;③对检测值有怀疑时。

(四)对回弹仪率定用的钢钻要求

(1)检定和校准的要求:应每 2 年检定和校准一次。

(2)钢钻硬度要求:钢钻的洛氏硬度 HRC 为 60±2。

(3)钢钻表面要求:应干燥清洁。

(五)回弹值换算混凝土强度的要求

由回弹值换算混凝土强度,我国住房和城市建设部为了统一使用回弹仪检测普通混凝土抗压强度的方法,保证检测精度,制定了《回弹法检测混凝土抗压强度技术规程》(JGJ/23—2011),利用统一测强曲线进行换算。

其要求如下:

1. 龄期要求

①蒸汽养护出池经自然养护龄期 7 d 以上。

②自然养护为 14～1 000 d。

2. 强度要求

抗压强度为 10～60 MPa。

3. 混凝土表面状态要求

混凝土表面为原浆面,应干燥、清洁、平整,不应有疏松层、浮浆、油垢、涂层以及蜂窝、气孔、麻面,且混凝土测试部位面曲率半径大于等于 250 mm。如果有粉刷层及表面因养护不当产生疏松层,应清除后方可检测。

4. 被测混凝土件稳定状态的要求

为了确保混凝土在检测弹击时不产生颤动,因此对薄壁、小型构件应进行固定,防止检测时发生颤动。

5. 对混凝土的要求

①混凝土采用的水泥、砂、石、外加剂、掺合料、拌和水必须符合国家现行有关标准。

②采用普通成型工艺(特殊成型工艺制作的混凝土不得使用)。

③采用符合国家标准规定的模板。

④粗骨料最大公称粒径:泵送混凝土时小于等于 31.5 mm,非泵送混凝土时小于等于 60 mm。

6. 测区抽样的方法和检测操作的方法要求

抽样应严格遵守"随机"的原则,并宜由建设、监理、施工单位会同检测单位共同商量抽样的范围。

检测操作时,回弹仪的轴线应始终垂直于混凝土检测面,并且缓慢施压不能冲击,否则回弹值读数不准确。

7. 混凝土回弹值强度换算的要求

测区混凝土强度换算见附表 1.1。泵送测区混凝土强度换算见附表 1.2。

注:当用其他方式换算强度时,应按其他方式的规定。

附表 1.1　测区混凝土强度换算

平均回弹值 R_m	测区混凝土强度换算值 $f_{cu,i}$/MPa 平均碳化深度值 d_m/mm											
	0	0.5	1	1.5	2	2.5	3	3.5	4	4.5	5	5.5	≥6
20.0	10.3	10.1	—	—	—	—	—	—	—	—	—	—	—
20.2	10.5	10.3	10.0	—	—	—	—	—	—	—	—	—	—
20.4	10.7	10.5	10.2	—	—	—	—	—	—	—	—	—	—
20.6	11.0	10.8	10.4	10.1	—	—	—	—	—	—	—	—	—
20.8	11.2	11.0	10.6	10.3	—	—	—	—	—	—	—	—	—
21.0	11.4	11.2	10.8	10.5	10.0	—	—	—	—	—	—	—	—
21.2	11.6	11.4	11.0	10.7	10.2	—	—	—	—	—	—	—	—
21.4	11.8	11.6	11.2	10.9	10.4	10.0	—	—	—	—	—	—	—
21.6	12.0	11.8	11.4	11.0	10.6	10.2	—	—	—	—	—	—	—
21.8	12.3	12.1	11.7	11.3	10.8	10.5	10.1	—	—	—	—	—	—
22.0	12.5	12.2	11.9	11.5	11.0	10.6	10.2	—	—	—	—	—	—
22.2	12.7	12.4	12.1	11.7	11.2	10.8	10.4	10.0	—	—	—	—	—
22.4	13.0	12.7	12.4	12.0	11.4	11.0	10.7	10.3	10.0	—	—	—	—
22.6	13.2	12.9	12.5	12.1	11.6	11.2	10.8	10.4	10.2	—	—	—	—
22.8	13.4	13.1	12.7	12.3	11.8	11.4	11.0	10.6	10.3	—	—	—	—
23.0	13.7	13.4	13.0	12.6	12.1	11.6	11.2	10.8	10.5	10.1	—	—	—
23.2	13.9	13.6	13.2	12.8	12.2	11.8	11.4	11.0	10.7	10.3	10.0	—	—
23.4	14.1	13.8	13.4	13.0	12.4	12.0	11.6	11.2	10.9	10.4	10.2	—	—
23.6	14.4	14.1	13.7	13.2	12.7	12.2	11.8	11.4	11.1	10.7	10.4	10.1	—
23.8	14.6	14.3	13.9	13.4	12.8	12.4	12.0	11.5	11.2	10.8	10.5	10.2	—
24.0	14.9	14.6	14.2	13.7	13.1	12.7	12.2	11.8	11.5	11.0	10.7	10.4	10.1
24.2	15.1	14.8	14.3	13.9	13.3	12.8	12.4	11.9	11.6	11.2	10.9	10.6	10.3
24.4	15.4	15.1	14.6	14.2	13.6	13.1	12.6	12.2	11.9	11.4	11.1	10.8	10.4
24.6	15.6	15.3	14.8	14.4	13.7	13.3	12.8	12.3	12.0	11.5	11.2	10.9	10.6
24.8	15.9	15.6	15.1	14.6	14.0	13.5	13.0	12.6	12.2	11.8	11.4	11.1	10.7
25.0	16.2	15.9	15.4	14.9	14.3	13.8	13.3	12.8	12.5	12.0	11.7	11.3	10.9
25.2	16.4	16.1	15.6	15.1	14.4	13.9	13.4	13.0	12.6	12.1	11.8	11.5	11.0
25.4	16.7	16.4	15.9	15.4	14.7	14.2	13.7	13.2	12.9	12.4	12.0	11.7	11.2
25.6	16.9	16.6	16.1	15.5	14.9	14.4	13.9	13.4	13.0	12.5	12.2	11.8	11.3
25.8	17.2	16.9	16.3	15.8	15.1	14.6	14.1	13.6	13.2	12.7	12.4	12.0	11.5
26.0	17.5	17.2	16.6	16.1	15.4	14.9	14.4	13.8	13.5	13.0	12.6	12.2	11.6

续附表 1.1

平均回弹值 R_m	测区混凝土强度换算值 $f_{cu,i}$/MPa											
	平均碳化深度值 d_m/mm											
	0	0.5	1	1.5	2	2.5	3	3.5	4	4.5	5	5.5	≥6
26.2	17.8	17.4	16.9	16.4	15.7	15.1	14.6	14.0	13.7	13.2	12.8	12.4	11.8
26.4	18.0	17.6	17.1	16.6	15.8	15.3	14.8	14.2	13.9	13.3	13.0	12.6	12.0
26.6	18.3	17.9	17.4	16.8	16.1	15.6	15.0	14.4	14.1	13.5	13.2	12.8	12.1
26.8	18.6	18.2	17.7	17.1	16.4	15.8	15.3	14.6	14.3	13.8	13.4	12.9	12.3
27.0	18.9	18.5	18.0	17.4	16.6	16.1	15.5	14.8	14.6	14.0	13.6	13.1	12.4
27.2	19.1	18.7	18.1	17.6	16.8	16.2	15.7	15.0	14.7	14.1	13.8	13.3	12.6
27.4	19.4	18.0	18.4	17.8	17.0	16.4	15.9	15.2	14.9	14.3	14.0	13.4	12.7
27.6	19.7	18.3	18.7	18.0	17.2	16.6	16.1	15.4	15.1	14.5	14.1	13.6	12.9
27.8	20.0	19.6	19.0	18.2	17.4	16.8	16.3	15.6	15.3	14.7	14.2	13.7	13.0
28.0	20.3	19.7	19.2	18.4	17.6	17.0	16.5	15.8	15.4	14.8	14.4	13.9	13.2
28.2	20.6	20.0	19.5	18.6	17.8	17.2	16.7	16.0	15.6	15.0	14.6	14.0	13.3
28.4	20.9	20.3	19.7	18.8	18.0	17.4	16.9	16.2	15.8	15.2	14.8	14.2	13.5
28.6	21.2	20.6	20.0	19.1	18.2	17.6	17.1	16.4	16.0	15.4	15.0	14.3	13.6
28.8	21.5	20.9	20.0	19.4	18.5	17.8	17.3	16.6	16.2	15.6	15.2	14.5	13.8
29.0	21.8	21.1	20.5	19.6	18.7	18.1	17.5	16.8	16.4	15.8	15.4	14.6	13.9
29.2	22.1	21.4	20.8	19.9	19.0	18.3	17.7	17.0	16.6	16.0	15.6	14.8	14.1
29.4	22.4	21.7	21.1	20.2	19.3	18.6	17.9	17.2	16.8	16.2	15.8	15.0	14.2
29.6	22.7	22.0	21.3	20.4	19.5	18.8	18.2	17.5	17.0	16.4	16.0	15.1	14.4
29.8	23.0	22.3	21.6	20.7	19.8	19.1	18.4	17.7	17.2	16.6	16.2	15.3	14.5
30.0	23.3	22.6	21.9	21.0	20.0	19.3	18.6	17.9	17.4	16.8	16.4	15.4	14.7
30.2	23.6	22.9	22.2	21.2	20.3	19.6	18.9	18.2	17.6	17.0	16.6	15.6	14.9
30.4	23.9	23.2	22.5	21.5	20.6	19.8	19.1	18.4	17.8	17.2	16.8	15.8	15.1
30.6	24.3	23.6	22.8	21.9	20.9	20.2	19.4	18.7	18.0	17.5	17.0	16.0	15.2
30.8	24.6	23.9	23.1	22.1	21.2	20.4	19.7	18.9	18.2	17.7	17.2	16.2	15.4
31.0	24.9	24.2	23.4	22.4	21.4	20.7	19.9	19.2	18.4	17.9	17.4	16.4	15.5
31.2	25.2	24.4	23.7	22.7	21.7	20.9	20.2	19.4	18.6	18.1	17.6	16.6	15.7
31.4	25.6	24.8	24.1	23.0	22.0	21.2	20.5	18.7	18.9	18.4	17.8	16.9	15.8
31.6	25.9	25.1	24.3	23.3	22.3	21.5	20.7	19.9	19.2	18.6	18.0	17.1	16.0
31.8	26.2	25.4	24.6	23.6	22.5	21.7	21.0	20.2	19.4	18.9	18.2	17.3	16.2
32.0	26.5	25.7	24.9	23.9	22.8	22.0	21.2	20.4	19.6	19.1	18.4	17.5	16.4
32.2	26.9	26.1	25.3	24.2	23.1	22.3	21.5	20.7	19.9	19.4	18.6	17.7	16.6

续附表 1.1

平均回弹值 R_m	测区混凝土强度换算值 $f_{cu,i}$/MPa											
	平均碳化深度值 d_m/mm											
	0	0.5	1	1.5	2	2.5	3	3.5	4	4.5	5	5.5	≥6
32.4	27.2	26.4	25.6	24.5	23.4	22.6	21.8	20.9	20.1	19.6	18.8	17.9	16.8
32.6	27.6	26.8	25.9	24.8	23.7	22.9	22.1	21.3	20.4	19.9	19.0	18.1	17.0
32.8	27.9	27.1	26.2	25.1	24.0	23.2	22.3	21.5	20.6	20.1	19.2	18.3	17.2
33.0	28.2	27.4	26.5	25.4	24.3	23.4	22.6	21.7	20.9	20.3	19.4	18.5	17.4
33.2	28.6	27.7	26.8	25.7	24.6	23.7	22.9	22.0	21.2	20.5	19.6	18.7	17.6
33.4	28.9	28.0	27.1	26.0	24.9	24.0	23.1	22.3	21.4	20.7	19.8	18.9	17.8
33.6	29.3	28.4	27.4	26.4	25.2	24.2	23.3	22.6	21.7	20.9	20.0	19.1	18
33.8	29.6	28.7	27.7	26.6	25.4	24.4	23.5	22.8	21.9	21.1	20.2	19.3	18.2
34.0	30.0	29.1	28.0	26.8	25.7	24.6	23.7	23.0	22.1	21.3	20.4	19.5	18.3
34.2	30.3	29.4	28.3	27.0	25.8	24.8	23.9	23.2	22.3	21.5	20.6	19.7	18.4
34.4	30.7	29.8	28.6	27.2	26.0	25.0	24.1	23.4	22.5	21.7	20.8	19.8	18.6
34.6	31.1	30.2	28.9	27.4	26.2	25.2	24.3	23.6	22.7	21.9	21.0	20.0	18.8
34.8	31.4	30.5	29.2	27.7	26.4	25.4	24.5	23.8	22.9	22.1	21.2	20.2	19.0
35.0	31.8	30.8	29.6	28.0	26.7	25.8	24.8	24.0	23.2	22.3	21.4	20.4	19.2
35.2	32.1	31.1	29.9	28.2	27.0	26.0	25.0	24.2	23.4	22.5	21.6	20.6	19.4
35.4	32.5	31.5	30.2	28.6	27.3	26.3	25.4	24.4	233.7	22.8	21.8	20.8	19.6
35.6	32.9	31.9	30.6	29.0	27.6	26.6	25.7	24.7	24.0	23.0	22.0	21.0	19.8
35.8	33.3	32.3	31.0	29.3	28.0	27.0	26.0	25.0	24.3	23.3	22.2	21.2	20
36.0	33.6	32.6	31.2	29.6	28.2	27.2	26.2	25.2	24.5	23.5	22.4	21.4	20.2
36.2	34.0	33.0	31.6	29.9	28.5	27.5	26.5	25.5	24.8	23.8	22.6	21.6	20.4
36.4	34.4	33.4	32.0	30.3	28.9	27.9	26.8	25.8	25.1	24.1	22.8	21.8	20.6
36.6	34.8	33.8	32.4	30.6	29.2	28.2	27.1	26.1	25.4	24.4	23.0	22.0	20.9
36.8	35.2	34.1	32.7	31.0	29.6	28.5	27.5	26.4	25.7	24.6	23.2	22.2	21.1
37.0	35.5	34.4	33.0	31.2	29.8	28.7	27.7	26.6	25.9	24.8	23.4	22.4	21.3
37.2	35.9	34.8	33.4	31.6	30.2	29.1	28.0	26.9	26.2	25.1	23.7	22.6	21.5
37.4	36.3	35.2	33.8	31.9	30.5	29.4	28.3	27.2	26.6	25.4	24.0	22.9	21.8
37.6	36.7	35.6	34.1	32.2	30.8	29.7	28.6	27.5	26.8	25.7	24.2	23.1	22
37.8	37.1	36.0	34.5	32.6	31.2	30.0	28.9	27.8	27.1	26.0	24.5	23.4	22.3
38.0	37.5	36.4	34.9	33.0	31.5	30.3	29.2	28.1	27.4	26.2	24.8	23.6	22.5
38.2	37.9	36.8	35.2	33.4	31.8	30.6	29.5	28.4	27.7	26.5	25.0	23.9	22.7
38.4	38.3	37.2	35.6	33.7	32.1	30.9	29.8	28.7	28.0	26.8	25.3	24.1	23.0

续附表 1.1

平均回弹值 R_m	测区混凝土强度换算值 $f_{cu,i}$/MPa											
	平均碳化深度值 d_m/mm											
	0	0.5	1	1.5	2	2.5	3	3.5	4	4.5	5	5.5	≥6
38.6	38.7	37.5	36.0	34.1	32.4	31.2	30.1	29.0	28.3	27.0	25.5	24.4	23.2
38.8	39.1	37.9	36.4	34.4	32.7	31.5	30.4	29.3	28.5	27.2	25.8	24.6	23.5
39.0	39.5	38.2	36.7	34.7	33.0	31.8	30.6	29.6	28.8	27.4	26.0	24.8	23.7
39.2	39.9	38.5	37.0	35.0	33.3	32.1	30.8	29.8	29.0	27.6	26.2	25.0	25.0
39.4	40.3	38.8	37.3	35.3	33.6	32.4	31.0	30.0	29.2	27.8	26.4	25.2	24.2
39.6	40.7	39.1	37.6	35.6	33.9	32.7	31.2	30.2	29.4	28.0	26.6	25.4	24.4
39.8	41.2	39.6	38.0	35.9	34.2	33.0	31.4	30.5	29.7	28.2	26.8	25.6	24.7
40.0	41.6	39.9	38.3	36.2	34.5	33.3	31.7	30.8	30.0	28.4	27.0	25.8	25.0
40.2	42.0	40.3	38.6	36.5	34.8	33.6	32.0	31.1	30.2	28.6	27.3	26.0	25.2
40.4	42.4	40.7	39.0	36.9	35.1	33.9	32.3	31.4	30.5	28.8	27.6	26.2	25.4
40.6	42.8	41.1	39.4	37.2	35.4	34.2	32.6	31.7	30.8	29.1	27.8	26.5	25.7
40.8	43.3	41.6	39.8	37.7	35.7	34.5	32.9	32.0	31.2	29.4	28.1	26.8	26.0
41.0	43.7	42.0	40.2	38.0	36.0	34.8	33.2	32.3	31.5	29.7	28.4	27.1	26.2
41.2	44.1	42.3	40.6	38.4	36.3	35.1	33.5	32.6	31.8	30.0	28.7	27.3	26.5
41.4	44.5	42.7	40.9	38.7	36.6	35.4	33.8	32.9	32.0	30.3	28.9	27.6	26.7
41.6	45.0	43.2	41.4	39.2	36.9	35.7	34.2	33.3	32.4	30.6	29.2	27.9	27.0
41.8	45.4	43.6	41.8	39.5	37.2	36.0	34.5	33.6	32.7	30.9	29.5	28.1	27.2
42.0	45.9	44.1	42.2	39.9	37.6	36.3	34.9	34.0	33.0	31.2	29.8	28.5	27.5
42.2	13.3	44.4	42.6	40.3	38.0	36.6	35.2	34.3	33.3	31.5	30.1	28.7	27.8
42.4	46.7	44.8	43.0	40.6	38.3	36.9	35.5	34.6	33.6	31.8	30.4	29.0	28.0
42.6	47.2	45.3	43.4	41.1	38.7	37.3	35.9	34.9	34.0	32.1	30.7	29.3	28.3
42.8	45.7	45.7	43.8	41.4	39.0	37.6	36.2	35.2	34.3	32.4	30.9	29.5	28.6
43.0	46.2	46.2	44.2	41.8	39.4	38.0	36.6	35.6	34.6	32.7	31.3	29.8	28.9
43.2	48.5	46.6	44.6	42.2	39.8	38.3	36.9	35.9	34.9	33.0	34.5	30.1	29.1
43.4	49.0	47.0	45.1	42.6	40.2	38.7	37.2	36.3	35.3	33.3	34.8	30.4	29.4
43.6	49.4	47.4	45.4	43.0	40.5	39.0	37.5	36.6	35.6	33.6	32.1	30.6	29.6
43.8	49.9	47.9	45.9	43.4	40.9	39.4	37.9	36.9	35.9	33.9	32.4	30.9	29.9
44.0	50.4	48.4	46.4	43.8	41.3	39.8	38.3	37.3	36.3	34.3	32.8	31.2	30.2
44.2	50.8	48.8	46.7	44.2	41.7	40.1	38.6	37.6	36.6	34.5	33.0	31.5	30.5
44.4	51.3	49.2	47.2	44.6	42.1	40.5	39.0	38.0	36.9	34.9	33.3	31.8	30.8
44.6	51.7	49.6	47.6	45.0	42.4	40.8	39.3	38.3	37.2	35.2	33.6	32.1	31.0

续附表 1.1

平均回弹值 R_m	测区混凝土强度换算值 $f_{cu,i}$/MPa											
	平均碳化深度值 d_m/mm											
	0	0.5	1	1.5	2	2.5	3	3.5	4	4.5	5	5.5	$\geqslant$6
44.8	52.2	50.1	48.0	45.4	42.8	41.2	39.7	38.6	37.6	35.5	33.9	32.4	31.3
45.0	52.7	50.6	48.5	45.8	43.2	41.6	40.1	39.0	37.9	35.8	34.3	32.7	31.6
45.2	53.2	51.1	48.9	46.3	43.6	42.0	40.4	39.4	38.3	36.2	34.6	33.0	31.9
45.4	53.6	51.5	49.4	46.6	44.0	42.3	40.7	39.7	38.6	36.4	34.8	33.2	32.2
45.6	54.1	51.9	49.8	47.1	44.4	42.7	41.1	40.0	39.0	36.8	35.2	33.5	32.5
45.8	54.6	52.4	50.2	47.5	44.8	43.1	41.5	40.4	39.3	37.1	35.5	33.9	32.8
46.0	55.0	52.8	50.6	47.9	45.2	43.5	41.9	40.8	39.7	37.5	35.8	34.2	33.1
46.2	55.5	53.3	51.1	48.3	45.5	43.8	42.2	41.1	40.0	37.7	36.1	34.4	33.3
46.4	56.0	53.8	51.5	48.7	45.9	44.2	42.6	41.4	40.3	38.1	36.4	34.7	33.6
46.6	56.5	54.2	52.0	49.2	46.3	44.6	42.9	41.8	40.7	38.4	36.7	35.0	33.9
46.8	57.0	54.7	52.4	49.6	46.7	45.0	43.3	42.2	41.0	38.8	37.0	35.3	34.2
47.0	57.5	55.2	52.9	50.0	47.8	45.2	43.7	42.6	41.4	39.1	37.4	35.6	34.5
47.2	58.0	55.7	53.4	50.5	47.6	45.8	44.1	42.9	41.8	39.4	37.7	36.0	34.8
47.4	58.5	56.2	53.8	50.9	48.0	46.2	44.5	43.3	42.1	39.8	38.0	36.3	35.1
47.6	59.0	56.6	54.3	51.3	48.4	46.6	44.8	43.7	42.5	40.1	40.0	36.6	35.4
47.8	59.5	57.1	54.7	51.8	48.8	47.0	45.2	44.0	42.8	40.5	38.7	36.9	35.7
48.0	60.0	57.6	55.5	52.2	49.2	47.4	45.6	44.4	43.2	40.8	39.0	37.2	36.0
48.2	—	58.0	55.7	52.6	49.6	47.8	46.0	44.8	43.6	41.1	39.3	37.5	36.3
48.4	—	58.6	56.1	53.1	50.0	48.2	46.4	45.1	43.9	41.5	39.6	37.8	36.6
48.6	—	59.0	56.6	53.5	50.4	48.6	46.7	45.5	44.3	41.8	40.0	38.1	36.9
48.8	—	59.5	57.1	54.0	50.9	49.0	47.1	45.9	44.6	42.2	40.3	38.4	37.2
49.0	—	60.0	57.5	54.4	51.3	49.4	47.5	46.2	45.0	42.5	40.6	38.8	37.5
49.2	—	—	58.0	54.8	51.7	49.8	47.9	46.6	45.4	42.8	41.0	39.1	37.8
49.4	—	—	58.5	55.3	52.1	50.2	48.3	47.1	45.8	43.2	41.3	39.4	38.2
49.6	—	—	58.9	55.7	52.5	50.6	48.7	47.4	46.2	43.6	41.7	39.7	38.5
49.8	—	—	59.4	56.2	53.0	51.0	49.1	47.8	46.5	43.9	42.0	40.1	38.8
50.0	—	—	59.9	56.7	53.4	51.4	49.5	48.2	46.9	44.3	42.3	40.4	39.1
50.2	—	—	60.0	57.1	53.8	51.9	49.9	48.5	47.2	44.6	42.6	40.7	39.4
50.4	—	—	—	57.6	54.3	52.3	50.3	49.0	47.7	45.0	43.0	41.0	39.7
50.6	—	—	—	58.0	54.7	52.7	50.7	49.4	48.0	45.4	43.4	41.4	40.0
50.8	—	—	—	58.5	55.1	53.1	51.1	49.8	48.4	45.7	43.7	41.7	40.3

续附表1.1

平均回弹值 R_m	测区混凝土强度换算值 $f_{cu,i}$/MPa											
	平均碳化深度值 d_m/mm											
	0	0.5	1	1.5	2	2.5	3	3.5	4	4.5	5	5.5	≥6
51.0	—	—	—	59.0	55.6	53.5	51.5	50.1	48.8	46.1	44.1	42.0	40.7
51.2	—	—	—	59.4	56.0	54.0	51.9	50.5	49.2	46.4	44.4	42.3	41.0
51.4	—	—	—	59.9	56.4	54.4	52.3	50.9	49.6	46.8	44.7	42.7	41.3
51.6	—	—	—	60.0	56.9	54.8	52.7	51.3	50.0	47.2	45.1	43.0	41.6
51.8	—	—	—	—	57.3	55.2	53.1	51.7	50.3	47.5	45.4	43.3	41.8
52.0	—	—	—	—	57.8	55.7	53.6	52.1	50.7	47.9	45.8	43.7	42.3
52.2	—	—	—	—	58.2	56.1	54.0	52.5	51.1	48.3	46.2	44.0	42.6
52.4	—	—	—	—	58.7	56.5	54.4	53.0	51.5	48.7	46.5	44.4	43.0
52.6	—	—	—	—	59.1	57.0	54.8	53.4	51.9	49.0	46.9	44.7	43.3
52.8	—	—	—	—	59.6	57.4	55.5	53.8	52.3	49.4	47.3	45.1	43.6
53.0	—	—	—	—	60.0	57.8	55.6	54.2	52.7	49.8	47.6	45.4	43.9
53.2	—	—	—	—	—	58.3	56.1	54.6	53.1	50.2	48.0	45.8	44.3
53.4	—	—	—	—	—	58.7	56.5	55.0	53.5	50.5	48.3	46.1	44.6
53.6	—	—	—	—	—	59.2	56.9	55.4	53.9	50.9	48.7	46.4	44.9
53.8	—	—	—	—	—	59.6	57.3	55.8	54.3	51.3	49.0	46.8	45.3
54.0	—	—	—	—	—	60.0	57.8	56.3	54.7	51.7	49.4	47.1	45.6
54.2	—	—	—	—	—	—	58.2	56.7	55.1	52.1	49.8	47.5	46.0
54.4	—	—	—	—	—	—	58.6	57.1	55.6	52.5	50.2	47.9	46.3
54.6	—	—	—	—	—	—	59.1	57.5	56.0	52.9	50.5	48.2	46.6
54.8	—	—	—	—	—	—	59.5	57.9	56.4	53.2	50.9	48.5	47.0
55.0	—	—	—	—	—	—	59.9	58.4	56.8	53.6	51.3	48.9	47.3
55.2	—	—	—	—	—	—	60.0	58.8	57.2	54.0	51.6	49.3	47.7
55.4	—	—	—	—	—	—	—	59.2	57.6	54.4	52.0	49.6	48.0
55.6	—	—	—	—	—	—	—	59.7	58.0	54.8	52.4	50	48.4
55.8	—	—	—	—	—	—	—	60.0	58.5	55.2	52.8	50.3	48.7
56.0	—	—	—	—	—	—	—	—	58.9	55.6	53.2	50.7	49.1
56.2	—	—	—	—	—	—	—	—	59.3	56.0	53.5	51.1	49.4
56.4	—	—	—	—	—	—	—	—	59.7	56.4	53.9	51.4	49.8
56.6	—	—	—	—	—	—	—	—	60.0	56.8	54.3	51.8	50.1
56.8	—	—	—	—	—	—	—	—	—	57.2	54.7	52.2	50.5
57.0	—	—	—	—	—	—	—	—	—	57.6	55.1	52.5	50.8

续附表1.1

平均回弹值 R_m	测区混凝土强度换算值 $f_{cu,i}$/MPa											
	平均碳化深度值 d_m/mm											
	0	0.5	1	1.5	2	2.5	3	3.5	4	4.5	5	5.5	≥6
57.2	—	—	—	—	—	—	—	—	—	58.0	55.5	52.9	51.2
57.4	—	—	—	—	—	—	—	—	—	58.4	55.9	53.3	51.6
57.6	—	—	—	—	—	—	—	—	—	58.9	56.3	53.7	51.9
57.8	—	—	—	—	—	—	—	—	—	59.3	56.7	54.0	52.3
58.0	—	—	—	—	—	—	—	—	—	59.7	57.0	54.4	52.7
58.2	—	—	—	—	—	—	—	—	—	60.0	57.4	54.8	53.0
58.4	—	—	—	—	—	—	—	—	—	—	57.8	55.2	53.4
58.6	—	—	—	—	—	—	—	—	—	—	58.2	55.6	53.8
58.8	—	—	—	—	—	—	—	—	—	—	58.6	55.9	54.1
59.0	—	—	—	—	—	—	—	—	—	—	59.0	56.3	54.5
59.2	—	—	—	—	—	—	—	—	—	—	59.4	56.7	54.9
59.4	—	—	—	—	—	—	—	—	—	—	59.8	57.1	55.2
59.6	—	—	—	—	—	—	—	—	—	—	60.0	57.5	55.6
59.8	—	—	—	—	—	—	—	—	—	—	—	57.9	56.0
60.0	—	—	—	—	—	—	—	—	—	—	—	58.3	56.4

附表 1.2　泵送测区混凝土强度换算

| 平均回弹值 R_m | 泵送测区混凝土强度换算值 $f_{cu,i}$/MPa |||||||||||||
| | 平均碳化深度值 d_m/mm |||||||||||||
	0	0.5	1	1.5	2	2.5	3	3.5	4	4.5	5	5.5	≥6
18.6	10.0	—	—	—	—	—	—	—	—	—	—	—	—
18.8	10.2	10.0	—	—	—	—	—	—	—	—	—	—	—
19.0	10.4	10.2	10.0	—	—	—	—	—	—	—	—	—	—
19.2	10.6	10.4	10.2	10.0	—	—	—	—	—	—	—	—	—
19.4	10.9	10.7	10.4	10.2	10.0	—	—	—	—	—	—	—	—
19.6	11.1	10.9	10.6	10.4	10.2	10.0	—	—	—	—	—	—	—
19.8	11.3	11.1	10.9	10.6	10.4	10.2	10.0	—	—	—	—	—	—
20.0	11.5	11.3	11.1	10.9	10.6	10.4	10.2	10.0	—	—	—	—	—
20.2	11.8	11.5	11.3	11.1	10.9	10.6	10.4	10.2	10.0	—	—	—	—
20.4	12.0	11.7	11.5	11.3	11.1	10.8	10.6	10.4	10.2	10.0	—	—	—
20.6	12.2	12.0	11.7	11.5	11.3	11.0	10.8	10.6	10.4	10.2	10.0	—	—
20.8	12.4	12.2	12.0	11.7	11.5	11.3	11.0	10.8	10.6	10.4	10.2	10.0	—
21.0	12.7	12.4	12.2	11.9	11.7	11.5	11.2	11.0	10.8	10.6	10.4	10.2	10.0
21.2	12.9	12.7	12.4	12.2	11.9	11.7	11.5	11.2	11.0	10.8	10.6	10.4	10.2
21.4	13.1	12.9	12.6	12.4	12.1	11.9	11.7	11.4	11.2	11.0	10.8	10.6	10.3
21.6	13.4	13.1	12.9	12.6	12.4	12.1	11.9	11.6	11.4	11.2	11.0	10.7	10.5
21.8	13.6	13.4	13.1	12.8	12.6	12.3	12.1	11.9	11.6	11.4	11.2	10.9	10.7
22.0	13.9	13.6	13.3	13.1	12.8	12.6	12.3	12.1	11.8	11.6	11.4	11.1	10.9
22.2	14.1	13.8	13.6	13.3	13.0	12.8	12.5	12.3	12.0	11.8	11.6	11.3	11.1
22.4	14.4	14.1	13.8	13.5	13.3	13.0	12.7	12.5	12.2	12.0	11.8	11.5	11.3
22.6	14.6	14.3	14.0	13.8	13.5	13.2	13.0	12.7	12.5	12.2	12.0	11.7	11.5
22.8	14.9	14.6	14.3	14.0	13.7	13.5	13.2	12.9	12.7	12.4	12.2	11.9	11.7
23.0	15.1	14.8	14.5	14.2	14.0	13.7	13.4	13.1	12.9	12.6	12.4	12.1	11.9
23.2	15.4	15.1	14.8	14.5	14.5	13.9	13.6	13.4	13.1	12.8	12.6	12.3	12.1
23.4	15.6	15.3	15.0	14.7	14.4	14.1	13.9	13.6	13.3	13.1	12.8	12.6	12.3
23.6	15.9	15.6	15.3	15.0	14.7	14.4	14.1	13.8	13.5	13.3	13.0	12.8	12.5
23.8	16.2	15.8	15.5	15.2	14.9	14.6	14.3	14.1	13.8	13.5	13.2	13.0	12.7
24.0	16.4	16.1	15.8	15.5	15.2	14.9	14.6	14.3	14.0	13.7	13.5	13.2	12.9
24.2	16.7	16.4	16.0	15.7	15.4	15.1	14.8	14.5	14.2	13.9	13.7	13.4	13.1
24.4	17.0	16.6	16.3	16.0	15.7	15.3	15.0	14.7	14.5	14.2	13.9	13.6	13.3
24.6	17.2	16.9	16.5	16.2	15.9	15.6	15.3	15.0	14.7	14.4	14.1	13.8	13.6

续附表 1.2

平均回弹值 R_m	泵送测区混凝土强度换算值 $f_{cu,i}$/MPa											
	平均碳化深度值 d_m/mm											
	0	0.5	1	1.5	2	2.5	3	3.5	4	4.5	5	5.5	$\geqslant 6$
24.8	17.5	17.1	16.8	16.5	16.2	15.8	15.5	15.2	14.9	14.6	14.3	14.1	13.8
25.0	17.8	17.4	17.1	16.7	16.4	16.1	15.8	15.5	15.2	14.9	14.6	14.3	14.0
25.2	18.0	17.7	17.3	17.0	16.7	16.3	16.0	15.7	15.4	15.1	14.8	14.5	14.2
25.4	18.3	18.0	17.6	17.3	16.9	16.6	16.3	15.9	15.6	15.3	15.0	14.7	14.4
25.6	18.6	18.2	19.7	17.5	17.2	16.8	16.5	16.2	15.9	15.6	15.2	14.9	14.7
25.8	18.9	18.5	18.2	17.8	17.4	17.1	16.6	16.4	16.1	15.8	15.5	15.2	14.9
26.0	19.2	18.8	18.4	18.1	17.7	17.4	17.0	16.7	16.3	16.0	15.7	15.4	15.1
26.2	19.5	19.1	18.7	18.3	18.0	17.6	17.3	16.9	16.6	15.3	15.9	15.6	15.3
26.4	19.8	19.4	19.0	18.6	18.2	17.9	17.5	17.2	16.8	16.5	16.2	15.9	15.6
26.6	20.0	19.6	19.3	18.9	18.5	18.1	17.8	17.4	17.1	16.8	16.4	16.1	15.8
26.8	20.3	19.9	19.5	18.2	18.8	18.4	18.0	17.7	17.3	17.0	16.7	16.3	16.0
27.0	20.6	20.2	19.8	19.4	19.1	18.7	18.3	17.9	17.6	17.2	16.9	16.6	16.2
27.2	20.9	20.5	20.1	19.7	19.3	18.9	18.6	18.2	17.8	17.5	17.1	16.8	16.5
27.4	21.2	20.8	20.4	20.0	19.6	19.6	18.8	18.5	18.1	17.7	17.4	17.1	16.7
27.6	21.5	21.1	20.7	20.3	19.9	19.5	19.1	18.7	18.4	18.0	17.6	17.3	17.0
27.8	21.8	21.4	21.0	20.6	20.2	19.8	19.4	19.0	18.6	18.3	17.9	17.5	17.2
28.0	22.1	21.7	21.3	20.9	20.5	20.0	19.6	19.3	18.9	18.5	18.1	17.8	17.4
28.2	22.4	22.0	21.6	21.1	20.7	20.3	19.9	19.5	19.1	18.8	18.4	18.0	17.7
28.4	22.8	22.3	21.9	21.4	21.0	20.6	20.2	19.8	19.4	19.0	18.6	18.3	17.9
28.6	23.1	22.6	22.2	21.7	21.3	20.9	20.5	20.1	19.7	19.3	18.9	18.5	18.2
28.8	23.4	22.9	22.5	22.0	21.6	21.2	20.7	20.3	19.9	19.5	19.2	18.8	18.4
29.0	23.7	23.2	22.8	22.3	21.9	21.5	21.0	20.6	20.2	19.8	19.4	18.0	18.7
29.2	24.0	23.5	23.1	22.6	22.2	21.7	21.3	20.9	20.5	20.1	19.7	19.3	18.9
29.4	24.3	23.9	23.4	22.9	22.5	22.0	21.6	21.2	20.8	20.3	19.9	19.5	19.2
29.6	24.7	24.2	23.7	23.2	22.8	22.3	21.9	21.4	21.0	20.6	20.2	19.8	19.4
29.8	25.0	24.5	24.0	23.5	23.1	22.6	22.2	21.7	21.3	20.9	20.5	20.1	19.7
30.0	25.3	24.8	24.3	23.8	23.4	22.9	22.5	22.0	21.6	21.2	20.7	20.3	19.9
30.2	25.6	25.1	24.6	24.2	23.7	23.2	22.8	22.3	21.9	21.4	21.0	20.6	20.2
30.4	26.0	25.5	25.0	24.5	24.0	23.5	23.0	22.6	22.1	21.7	21.3	20.9	20.4
30.6	26.3	25.8	25.3	24.8	24.3	23.8	23.3	22.9	22.4	22.0	21.6	21.1	20.7
30.8	26.6	26.1	25.6	25.1	24.6	24.1	23.6	23.2	22.7	22.3	21.8	21.4	21.0

续附表1.2

平均回弹值 R_m	泵送测区混凝土强度换算值 $f_{cu,i}$/MPa 平均碳化深度值 d_m/mm											
	0	0.5	1	1.5	2	2.5	3	3.5	4	4.5	5	5.5	≥6
31.0	27.0	26.4	25.9	25.4	24.9	24.4	23.9	23.5	23.0	22.5	22.1	21.7	21.2
31.2	27.3	26.8	26.2	25.7	25.2	24.7	24.2	23.8	23.3	22.8	22.4	21.9	21.5
31.4	27.7	27.1	26.6	26.0	25.5	25.0	24.5	24.1	23.6	23.1	22.7	22.2	21.8
31.6	28.0	27.4	26.9	26.4	25.9	25.3	24.8	24.4	23.9	23.4	22.9	22.5	22.0
31.8	28.3	27.8	27.2	26.7	26.2	25.1	24.7	24.2	23.7	23.2	22.8	22.3
32.0	27.7	28.1	27.6	27.0	26.5	26.0	25.5	25.0	24.5	24.0	23.3	23.0	22.6
32.2	29.0	28.5	27.9	27.4	26.8	26.3	25.8	25.3	24.8	24.3	23.8	23.3	22.9
32.4	29.4	28.8	28.2	27.7	27.1	26.6	26.1	25.6	25.1	24.6	24.1	23.6	23.1
32.6	29.7	29.2	28.6	28.0	27.5	26.9	26.4	25.9	25.4	24.9	24.4	23.9	23.4
32.8	30.1	29.5	28.9	28.3	27.8	27.2	26.7	26.2	25.7	25.2	24.7	24.2	23.7
33.0	30.4	29.8	29.3	28.7	28.1	27.6	27.0	26.5	26.0	25.5	25.0	24.5	24.0
33.2	30.8	30.2	29.6	29.0	28.4	27.9	27.3	26.8	26.3	25.8	25.2	24.7	24.3
33.4	31.2	30.6	30.0	29.4	28.8	28.2	27.7	27.1	26.6	26.1	25.5	25.0	24.5
33.6	31.5	30.9	30.3	29.7	29.1	28.5	28.0	27.4	26.9	26.4	25.8	25.3	24.8
33.8	31.9	31.3	30.7	30.0	29.5	28.9	28.3	27.7	27.2	26.7	26.1	25.6	25.1
34.0	32.3	31.6	31.0	30.4	29.8	29.2	28.6	28.1	27.5	27.0	26.4	25.9	25.4
34.2	32.6	32.0	31.4	30.7	30.1	29.5	29.0	28.4	27.8	27.3	26.7	26.2	25.7
34.4	33.0	32.4	31.7	31.1	30.5	29.9	29.3	28.7	28.1	27.6	27.0	26.5	26.0
34.6	33.4	32.7	32.1	31.4	30.8	30.2	29.6	29.0	28.5	27.9	27.4	26.8	26.3
34.8	33.8	33.1	32.4	31.8	31.2	30.6	30.0	29.4	28.8	28.2	27.7	27.1	26.4
35.0	34.1	33.5	32.8	32.2	31.5	30.9	30.3	29.7	29.1	28.5	28.0	27.4	26.9
35.2	34.5	33.8	33.2	32.5	31.9	31.3	30.6	30.0	29.4	28.8	28.3	27.7	27.2
35.4	34.9	34.2	33.5	32.9	32.2	31.6	31.0	30.4	29.8	29.2	28.6	28.0	27.5
35.6	35.3	34.6	33.9	33.2	32.6	31.9	31.3	30.7	30.1	29.5	28.9	28.3	27.8
35.8	35.7	35.0	34.3	33.6	32.9	32.3	31.6	31.0	30.4	29.8	29.2	28.6	28.1
36.0	36.0	35.3	34.6	34.0	33.3	32.6	32.0	31.4	30.7	30.1	29.5	29.0	28.4
36.2	36.4	35.7	35.0	34.3	33.6	33.0	32.3	31.7	31.1	30.5	29.9	29.3	28.7
36.4	36.8	36.1	35.4	34.7	34.0	33.3	32.7	32.0	31.4	30.8	30.2	29.6	29.0
36.6	38.2	36.5	35.8	35.1	34.4	33.7	33.0	32.4	31.7	31.1	30.5	29.9	29.3
36.8	38.6	36.9	36.2	35.4	34.7	34.1	33.4	32.7	32.1	31.4	30.8	30.2	29.6
37.0	38.0	37.3	36.5	35.8	35.1	34.4	33.7	33.1	32.4	31.8	31.2	30.5	29.9

续附表1.2

平均回弹值 R_m	泵送测区混凝土强度换算值 $f_{cu,i}$/MPa												
	平均碳化深度值 d_m/mm												
	0	0.5	1	1.5	2	2.5	3	3.5	4	4.5	5	5.5	≥6
37.2	38.4	37.7	36.9	36.2	35.5	34.8	34.1	33.4	32.8	32.1	31.5	30.9	30.2
37.4	38.8	38.1	37.3	36.6	35.8	35.1	34.4	33.8	33.1	32.4	31.8	31.2	30.6
37.6	39.2	38.4	37.7	36.9	36.2	35.5	34.8	34.1	33.4	32.8	32.1	31.5	30.9
37.8	39.6	38.8	38.1	37.3	36.6	35.9	35.2	34.5	33.8	33.1	32.5	31.8	31.2
38.0	40.0	39.2	38.5	37.7	37.0	36.2	35.5	34.8	34.1	33.5	32.8	32.2	31.5
38.2	40.4	39.6	38.9	38.1	37.3	36.6	35.9	35.2	34.5	33.8	33.1	32.5	31.8
38.4	40.9	40.1	39.3	38.5	37.7	37.0	36.3	35.5	34.8	34.2	33.5	32.8	32.2
38.6	41.3	40.5	39.7	38.9	38.1	37.4	36.6	35.9	35.2	34.5	33.8	33.2	32.5
38.8	41.7	40.9	40.1	39.3	38.5	37.7	37.0	36.3	35.5	34.8	34.2	33.5	32.8
39.0	42.1	41.3	40.5	39.7	38.9	38.1	37.4	36.6	35.9	35.2	34.5	33.8	33.2
39.2	42.5	41.7	40.9	40.1	39.3	38.5	37.7	37.0	36.6	35.5	34.8	34.2	33.5
39.4	42.9	42.1	41.3	40.5	39.7	38.9	38.1	37.4	36.6	35.9	35.2	34.5	33.8
39.6	43.4	42.5	41.7	40.9	40.0	39.2	38.5	37.7	37.0	36.3	35.5	34.8	34.2
39.8	43.8	42.9	42.1	41.3	40.4	39.6	38.9	38.1	37.3	36.6	35.9	35.2	34.5
40.0	44.2	43.4	42.5	41.7	40.8	40.0	39.2	38.5	37.7	37.0	36.2	35.5	34.8
40.2	44.7	43.8	42.9	42.1	41.2	40.4	39.6	38.8	38.1	37.3	36.6	35.9	35.2
40.4	45.1	44.2	43.3	42.5	41.6	40.8	40.0	39.2	38.4	37.7	36.9	36.2	35.5
40.6	45.5	44.6	43.7	42.9	42.0	41.2	40.4	39.6	38.8	38.1	370.3	36.6	35.8
40.8	46.0	45.1	44.2	43.3	42.4	41.6	40.8	40.0	39.2	38.4	37.7	36.9	36.2
41.0	46.4	45.5	44.6	43.7	42.8	42.0	41.2	40.4	39.6	38.8	38.0	37.3	36.5
41.2	46.8	45.9	45.0	44.1	43.2	42.4	41.6	40.7	39.9	39.1	38.4	37.6	36.9
41.4	47.3	46.3	45.4	44.5	43.7	42.8	42.0	41.1	40.3	39.5	38.7	38.0	37.2
41.6	47.7	46.8	45.9	45.0	44.1	43.2	42.3	41.5	40.7	39.9	39.1	38.3	37.6
41.8	48.2	47.2	46.3	45.4	44.5	43.6	42.7	41.9	41.1	40.3	39.5	38.7	37.9
42.0	48.6	47.7	46.7	45.8	44.9	44.0	43.1	42.3	41.5	40.6	39.8	39.1	38.3
42.2	49.1	48.1	47.1	46.2	45.3	44.4	43.5	42.7	41.8	41.0	40.2	39.4	38.6
42.4	49.5	48.5	47.6	46.6	45.7	44.8	43.9	43.1	42.2	41.4	40.6	39.8	39.0
42.6	50.5	49.0	48.0	47.1	46.1	45.2	44.3	43.5	42.6	41.8	40.9	40.1	39.3
42.8	50.4	49.4	48.5	47.5	46.6	45.6	44.7	43.9	43.0	42.2	41.3	40.5	39.7
43.0	50.9	49.9	48.9	47.9	47.0	46.1	45.2	44.3	43.4	42.5	41.7	40.9	40.1
43.2	51.3	50.3	48.3	48.4	47.4	46.5	45.6	44.7	43.8	42.9	42.1	41.2	40.4

续附表1.2

平均回弹值 R_m	泵送测区混凝土强度换算值 $f_{cu,i}$/MPa 平均碳化深度值 d_m/mm											
	0	0.5	1	1.5	2	2.5	3	3.5	4	4.5	5	5.5	≥6
43.4	51.8	50.8	49.8	48.8	47.8	46.9	46.0	45.1	44.2	43.3	42.5	41.6	40.8
43.6	52.3	51.2	50.2	49.2	48.3	47.3	46.4	45.5	44.6	43.7	42.8	42.0	41.2
43.8	52.7	51.7	50.7	49.7	48.7	47.7	46.8	45.9	45.0	44.1	43.2	42.4	41.5
44.0	53.2	52.2	51.1	50.1	49.1	48.2	47.2	46.3	45.4	44.5	43.6	42.7	41.9
44.2	53.7	52.6	51.6	50.6	49.6	48.6	47.6	46.7	45.8	44.9	44.0	43.1	42.3
44.4	54.1	53.1	52.0	51.0	50.0	49.0	48.0	47.1	46.2	45.3	44.4	43.5	42.6
44.6	54.6	53.5	52.5	51.5	50.4	49.4	48.5	47.5	46.6	45.7	44.8	43.9	43.0
44.8	55.1	54.0	52.9	51.9	50.9	49.9	48.9	47.9	47.0	46.1	45.1	44.3	43.4
45.0	55.6	54.5	53.4	52.4	51.3	50.3	49.3	48.3	47.4	46.5	45.5	44.6	43.8
45.2	56.1	55.0	53.9	52.8	51.8	50.7	49.7	48.6	47.8	46.9	45.9	45.0	44.1
45.4	56.5	55.4	54.3	53.3	52.2	51.2	50.2	49.2	48.2	47.3	46.5	45.4	44.5
45.6	57.0	55.9	54.8	53.7	52.7	51.6	50.6	49.6	48.6	47.7	46.7	45.8	44.9
45.8	57.5	56.4	55.3	54.2	53.1	53.1	51.0	50.0	49.0	48.1	47.1	46.2	45.3
46.0	58.0	56.9	55.7	54.6	53.4	52.5	51.5	50.5	49.5	48.5	47.5	46.6	45.7
46.2	58.5	57.3	56.2	55.4	54.0	52.9	51.9	50.9	49.9	48.9	47.9	47.0	46.1
46.4	59.0	57.8	56.7	55.6	54.5	53.4	52.3	51.3	50.3	49.3	48.3	47.4	46.4
46.6	59.5	58.3	57.2	56.0	54.9	53.8	52.8	51.7	50.7	49.7	48.7	47.8	46.8
46.8	60.0	58.8	57.6	56.5	55.4	54.3	53.2	52.2	51.1	50.1	49.1	48.2	47.2
47.0	—	59.3	58.1	57.0	55.8	54.7	53.7	52.6	51.6	50.5	49.5	48.6	47.6
47.2	—	59.8	58.6	57.4	56.3	55.2	54.1	53.0	52.0	51.0	50.0	49.0	48.0
47.4	—	60.0	59.1	57.9	56.8	55.6	54.5	53.5	52.4	51.4	50.4	49.4	48.4
47.6	—	—	59.6	58.4	57.2	56.1	55.0	53.9	52.8	51.8	50.8	49.8	48.8
47.8	—	—	60.0	58.9	57.7	56.5	55.4	54.4	53.3	52.2	51.2	50.2	49.2
48.0	—	—	—	59.3	58.2	57.0	55.9	54.8	53.7	52.7	51.6	50.6	49.6
48.2	—	—	—	59.8	58.6	57.5	56.3	55.2	54.1	53.1	52.0	51.0	50.0
48.4	—	—	—	60.0	59.1	57.9	56.8	55.7	54.6	53.5	52.5	51.4	50.4
48.6	—	—	—	—	59.6	58.4	57.3	56.1	55.0	53.9	52.9	51.8	50.8
48.8	—	—	—	—	60.0	58.9	57.7	56.6	55.5	54.4	53.3	52.2	51.2
49.0	—	—	—	—	—	59.3	58.2	57.0	55.9	54.8	53.7	52.7	51.6
49.2	—	—	—	—	—	59.8	58.6	57.5	56.3	55.2	54.1	53.1	52.0
49.4	—	—	—	—	—	60.0	59.1	57.9	56.8	55.7	54.6	53.5	52.4

续附表 1.2

平均回弹值 R_m	泵送测区混凝土强度换算值 $f_{cu,i}$/MPa 平均碳化深度值 d_m/mm												
	0	0.5	1	1.5	2	2.5	3	3.5	4	4.5	5	5.5	≥6
49.6	—	—	—	—	—	—	59.6	58.4	57.2	56.1	55.0	53.9	52.9
49.8	—	—	—	—	—	—	60.0	58.8	57.7	56.6	55.4	54.3	53.3
50.0	—	—	—	—	—	—	—	59.3	58.1	57.0	55.9	54.8	53.7
50.2	—	—	—	—	—	—	—	59.8	58.6	57.4	56.3	55.2	54.1
50.4	—	—	—	—	—	—	—	—	60.0	59.0	57.9	56.7	55.6	54.5
50.6	—	—	—	—	—	—	—	—	59.5	58.3	57.2	56.0	54.9
50.8	—	—	—	—	—	—	—	—	60.0	58.8	57.6	56.5	55.4
51.0	—	—	—	—	—	—	—	—	—	59.2	58.1	56.9	55.8
51.2	—	—	—	—	—	—	—	—	—	59.7	58.5	57.3	56.2
51.4	—	—	—	—	—	—	—	—	—	60.0	52.9	57.8	56.6
51.6	—	—	—	—	—	—	—	—	—	—	59.4	58.2	57.1
51.8	—	—	—	—	—	—	—	—	—	—	59.8	58.7	57.5
52.0	—	—	—	—	—	—	—	—	—	—	60.0	59.1	57.9
52.2	—	—	—	—	—	—	—	—	—	—	—	59.5	58.4
52.4	—	—	—	—	—	—	—	—	—	—	—	60.0	58.8
52.6	—	—	—	—	—	—	—	—	—	—	—	—	59.2
52.8	—	—	—	—	—	—	—	—	—	—	—	—	59.7

查表须具备以下两个条件：

①回弹平均值 R_m（水平检测混凝土侧面的平均回弹值）。

②碳化深度值。

由于现场检测条件的限制，有时不能满足水平方向检测混凝土浇筑侧面的要求，需按附表 1.3 非水平方向检测时的回弹值修正值和附表 1.4 不同浇筑面的回弹值修正值，根据经两次连续修正的回弹值（可视为水平方向和混凝土侧面）再查相应的强度换算附表 1.1 或附表 1.2。

修正的方法：先修正角度得到修正后的回弹值，再修正不同浇筑面得出回弹值，此值为查表用的回弹值（视为水平方向和混凝土侧面的回弹值）。修正顺序不能颠倒，更不允许用分别修正后的回弹值直接与原回弹值相加减。

一般规定：

①测强曲线：为了统一回弹值换算混凝土强度的一致性，根据大量的混凝土试件实测数据建立的回弹值与混凝土强度的关系曲线。测强曲线可分为统一测强曲线、地区测强曲线和专用测强曲线。

附表1.3 非水平方向检测时的回弹修正值

R_{aa}	检测角度							
	向上				向下			
	90°	60°	45°	30°	−30°	−45°	−60°	−90°
20	−6.0	−5.0	−4.0	−3.0	+2.5	+3.0	+3.5	+4.0
21	−5.9	−4.9	−4.0	−3.0	+2.5	+3.0	+3.5	+4.0
22	−5.8	−4.8	−3.9	−2.9	+2.4	+2.9	+3.4	+3.9
23	−5.7	−4.7	−3.9	−2.9	+2.4	+2.9	+3.4	+3.9
24	−5.6	−4.6	−3.8	−2.8	+2.3	+2.8	+3.3	+3.8
25	−5.5	−4.5	−3.8	−2.8	+2.3	+2.8	+3.3	+3.8
26	−5.4	−4.4	−3.7	−2.7	+2.2	+2.7	+3.2	+3.7
27	−5.3	−4.3	−3.7	−2.7	+2.2	+2.7	+3.2	+3.7
28	−5.2	−4.2	−3.6	−2.6	+2.1	+2.6	+3.1	+3.6
29	−5.1	−4.1	−3.6	−2.6	+2.1	+2.6	+3.1	+3.6
30	−5.0	−4.0	−3.5	−2.5	+2.0	+2.5	+3.0	+3.5
31	−4.9	−4.0	−3.5	−2.5	+2.0	+2.5	+3.0	+3.5
32	−4.8	−3.9	−3.4	−2.4	+1.9	+2.4	+2.9	+3.4
33	−4.7	−3.9	−3.4	−2.4	+1.9	+2.4	+2.9	+3.4
34	−4.6	−3.8	−3.3	−2.3	+1.8	+2.3	+2.8	+3.3
35	−4.5	−3.8	−3.3	−2.3	+1.8	+2.3	+2.8	+3.3
36	−4.4	−3.7	−3.2	−2.2	+1.7	+2.2	+2.7	+3.2
37	−4.3	−3.7	−3.2	−2.2	+1.7	+2.2	+2.7	+3.2
38	−4.2	−3.6	−3.1	−2.1	+1.6	+2.1	+2.6	+3.1
39	−4.1	−3.6	−3.1	−2.1	+1.6	+2.1	+2.6	+3.1
40	−4.0	−3.5	−3.0	−2.0	+1.5	+2.0	+2.5	+3.0
41	−4.0	−3.5	−3.0	−2.0	+1.5	+2.0	+2.5	+3.0
42	−3.9	−3.4	−2.9	−1.9	+1.4	+1.9	+2.4	+2.9
43	−3.9	−3.4	−2.9	−1.9	+1.4	+1.9	+2.4	+2.9
44	−3.8	−3.3	−2.8	−1.8	+1.3	+1.8	+2.3	+2.8
45	−3.8	−3.3	−2.8	−1.8	+1.3	+1.8	+2.3	+2.8
46	−3.7	−3.2	−2.7	−1.7	+1.2	+1.7	+2.2	+2.7
47	−3.7	−3.2	−2.7	−1.7	+1.2	+1.7	+2.2	+2.7
48	−3.6	−3.1	−2.6	−1.6	+1.1	+1.6	+2.1	+2.6
49	−3.6	−3.1	−2.6	−1.6	+1.1	+1.6	+2.1	+2.6
50	−3.5	−3.0	−2.5	−1.5	+1.0	+1.5	+2.0	+2.5

注：①表中未列入的相应于R_{aa}的修正值R_{ma}，可用内插法求得,精确至0.1；
②R_{aa}指非水平方向检测时的回弹值的修正值

附表1.4 不同浇筑面的回弹值修正值

R_m^t 或 R_m^b	表面修正值 (R_a^t)	地面修正值 (R_a^b)	R_m^t 或 R_m^b	表面修正值(R_a^t)	地面修正值(R_a^b)
20	+2.5	−3.0	36	+0.9	−1.4
21	+2.4	−2.9	37	+0.8	−1.3
22	+2.3	−2.8	38	+0.7	−1.2
23	+2.2	−2.7	39	+0.6	−1.1
24	+2.1	−2.6	40	+0.5	−1.0
25	+2.0	−2.5	41	+0.4	−0.9
26	+1.9	−2.4	42	+0.3	−0.8
27	+1.8	−2.3	43	+0.2	−0.7
28	+1.7	−2.2	44	+0.1	−0.6
29	+1.6	−2.1	45	0	−0.5
30	+1.5	−2.0	46	0	−0.4
31	+1.4	−1.9	47	0	−0.3
32	+1.3	−1.8	48	0	−0.2
33	+1.2	−1.7	49	0	−0.1
34	+1.1	−1.6	50	0	0
35	+1.0	−1.5			

注：①表中有关混凝土浇筑表面的修正系数，是指一般原浆抹面的修正值；
②表中有关混凝土浇筑底面的修正系数，是指构件底面与侧面采用同一类模板在正常浇筑情况下的修正值；
③表中未列入相应于 R_m^t 或 R_m^b 的 R_a^t 和 R_a^b，可用内插法求得，精确至0.1；
④ R_a^b 指回弹仪检测混凝土底面时，回弹值的修正值；
⑤ R_a^t 指回弹仪检测混凝土浇筑表面时，回弹值的修正值；
⑥ R_m^t 指水平方向检测混凝土浇筑表面时，测区的平均回弹值；
⑦ R_m^b 指水平方向检测混凝土浇筑底面时，测区的平均回弹值

②统一测强曲线由全国有代表性的材料、成型工艺制作的混凝土试件，通过试验所建立的测强曲线。此曲线的误差不应大于±15%，相对标准差不应大于18%。但我国疆土辽阔，气候差别很大，混凝土所用材料种类繁多，其质量差异较大，而且工程分散所处环境不同。因此为了尽量提高测强曲线的精度，且符合各地区的实际，发挥各地区的技术作用，各地区可根据各地的实际情况，因地制宜地制定专用测强曲线和地区测强曲线。

③地区测强曲线由本地区常用的材料、成型工艺制作的混凝土试件，通过试验所建立的测强曲线。此曲线平均相对误差不应大于±14%，相对标准差不应大于17%。

④专用测强曲线由与构件混凝土相同的材料、成型养护工艺制作的混凝土试件，通过试验所建立的测强曲线。此曲线平均相对误差不应大于±12%，相对标准差不应大于14%。

⑤使用测强曲线的顺序宜按专用测强曲线、地区测强曲线、统一测强曲线。

⑥测区是检测构件混凝土强度时的一个检测单元。

⑦测点是测区内的一个回弹检测点。

⑧测区混凝土强度换算值由测区的平均回弹值和碳化深度值,通过测强曲线表得到的测区现龄期混凝土强度值。

⑨泵送混凝土的检测区点应选在混凝土浇筑侧面,其原因是泵送混凝土的流动性大,其浇筑面的表面和底面性能相差较大,其差值由于缺乏足够的具有说服力的试验数据,所以规定检测点在浇筑侧面。所以在检测时必须搞清混凝土施工方法后再检测,否则将出现人为的错误。

⑩泵送混凝土的回弹值换算混凝土强度时,大于非泵送混凝土强度 5%～13%。如泵送混凝土回弹值为 23.0 时换算强度为 15.1 MPa,而相同的非泵送混凝土的换算强度仅为 13.7 MPa。相反对于同强度混凝土而言,泵送混凝土的回弹值低于非泵送混凝土的回弹值 3%～7%。所以在回弹混凝土实体时和查测区强度换算表时,必须要清楚浇筑方法。根据浇筑方法得出回弹值,再查相应的换算表,不得混乱。否则将发生人为的错误,后果非常严重。

⑪回弹仪检测混凝土强度,回弹值与混凝土强度的关系是混凝土表面的硬度与混凝土实际强度的关系。表面越硬,回弹值越高,表示混凝土强度越大。表面混凝土硬度与混凝土碳化有关,碳化越深,表面硬度越大,这时回弹值也大,但碳化后的回弹值不代表混凝土的实际强度,须进行碳化换算。其混凝土实际碳化深度为 0.5 mm,强度降低 0.2～2 MPa,并且随回弹值的增大,强度有降低更多的趋势。

⑫回弹仪水平弹击时,标准能量为 2.207 J。

⑬同一测点只能弹击一次,若重复弹击则后者回弹值高于前者。

⑭当弹击隐藏在薄薄一层水泥浆的气孔或石子上的数值无效。其判定方法是:这种数值与该测区回弹值偏差很大。

⑮回弹仪向上回弹时,回弹值偏大,修正值为负值;向下回弹时,回弹值偏小,修正值为正值。回弹仪回弹混凝土浇筑表面时,回弹值偏小,修正值为正值;回弹混凝土浇筑底面时,回弹值偏大,修正值为负值。

二、回弹仪检测

混凝土结构或构件的回弹检测包括回弹值的检测和碳化深度的检测。

(一)基本情况

①工程名称及施工单位。

②构件名称、数量、混凝土类型(泵送、非泵送)及混凝土环境位置。

③强度等级、施工方法(普通工艺、特种工艺)及施工配合比。

④水泥安定性及粗骨料最大粒径。

⑤浇筑日期、养护方法及混凝土龄期。

⑥天气情况及温度。

⑦检测部位曲率半径不小于 250 mm。

⑧检测原因。

⑨回弹仪型号及回弹仪检定证书。

(二)回弹仪的检查和率定

①检查回弹仪是否性能良好,指针是否在"0"点位置。

②率定回弹仪。在检测前后均应在钢砧上做率定试验,其率定值应为80±2,率定环境温度为5~35℃。

率定方法:

①把钢砧稳固地平放在刚度大的物体上。

②率定试验分4个方向进行,且每次弹击前弹击杆应旋转90°,每个方向应取连续向下弹击3次的稳定回弹结果的平均值,平均值应为80±2。

(三)分批检测

可按单个构件或按批量进行检测。

批量检测:对条件基本一致的(生产工艺、强度、配合比及原材料、养护、龄期等相近)为一批,抽样数量不宜少于总数的30%且不少于10件。当检测构件数量大于30个时,抽样试件数量可适当调整,但不少于国家现行有关标准规定的最少抽样数量。

(四)测区确定及布设

①随机抽取测区。

②对于一般构件,测区数不宜少于10个。当受检构件数量大于30个且不需提供单个构件推定强度或受检构件某一方向尺寸不大于4.5 m且另一方向尺寸不大于0.3 m时,每个构件的测区数量可适当减少,但不应少于5个。

③相邻两测区的构件不应大于2 m。测区离构件端部或施工缝边缘的距离不宜大于0.5 m且不宜小于0.2 m。

④测区宜首先选在能使回弹仪处于水平方向的混凝土浇筑的两个对称侧面。如果不能满足这一要求,也可在同一侧面。对于非泵送混凝土也可选在使回弹仪处于非水平方向的混凝土浇筑表面或底面,对于泵送混凝土宜选在混凝土浇筑侧面,如果不能满足应采取措施。

⑤每个测区的面积不宜大于400 cm^2,测区表面应为混凝土原浆面,并应清洁、平整,不应有疏松、浮浆、油垢、涂层以及蜂窝、麻面。

⑥测区应标有清晰的编号,并宜在记录纸上绘制测区布置示意图及描述外观质量情况。

(五)回弹值测量

①测点宜在测区内均匀分布,相邻两测点的净距离不宜小于20 mm;测点距外漏钢筋、预埋件的距离不宜小于30 mm;测点不应在气孔或外露石子上,同一测点只弹击一次。

②每一测区应读取16个回弹值,每一测点的回弹值读数应精确至1。

③测量回弹值时,回弹仪的轴线应始终垂直于混凝土检测面,并应缓慢施压,准确读数,快速复位。

(六)混凝土碳化深度值测量

1. 选点及测量点数的确定

回弹值测量完毕后,应在有代表性的测区上测量碳化深度值,测点数不应少于测区数的30%,取其平均值作为每个测区的碳化深度。但当碳化深度值极差(最大值减去最小值)大于 2.0 mm 时,应在每一测区分别测量碳化深度值。

2. 碳化深度测量方法

①在测区表面用合适的工具形成直径约为 15 mm、深度应大于混凝土的碳化深度(估计深度一般在 7 mm)的孔洞,并消除孔洞中的粉末和碎屑,但不能用水擦洗(一般用小刷或压缩空气)。

②采用浓度为 1‰~2‰ 的酚酞酒精溶液滴在孔洞内壁的边缘处,稍后观察颜色的变化(碳化部分不变色,未碳化部分变蓝色)。当碳化与未碳化界限清楚时(有时要等一会儿才能清楚,这是因为掺合料品种不同所致),应采用碳化深度测量仪测量碳化与未碳化混凝土界面到混凝土表面的垂直距离,并应测量 3 次,每次读数精确至 0.25 mm,取 3 次的平均值作为碳化深度的代表值,精确至 0.5 mm。

三、回弹值计算

把每测区得到的 16 个回弹值中剔除 3 个最大值和 3 个最小值,剩余的 10 个回弹值进行计算得到平均值 R_m。

非水平方向检测混凝土浇筑侧面时,测区的平均回弹值应按下式修正:

$$R_m = R_{ma} + R_{aa}$$

式中 R_{ma}——非水平方向(向上 90°,60°,45°,30°,向下 -90°,-60°,-45°,-30°)时,测区的平均回弹值,精确至 0.1;

R_{aa}——非水平方向检测时回弹值修正值,见附表 1.3。

水平方向检测混凝土浇筑表面或浇筑底面时,测区的平均回弹值应按下式修正:

$$R_m = R_m^t + R_a^t$$
$$R_m = R_m^b + R_a^b$$

式中 R_m^t,R_m^b——水平方向检测混凝土浇筑表面、底面时,测区的平均回弹值,精确至 0.1;

R_a^t,R_a^b——混凝土浇筑表面、底面时的修正值,查附表 1.4。

当为非水平方向且不是浇筑侧面时,应二次修正。先对回弹值进行角度修正后,再对修正后的回弹值进行浇筑面修正。

四、由回弹值换算混凝土强度的方法

由回弹值换算混凝土强度的方法有两种,即计算法和查表法。

(一)计算法

$$R_s = 0.25 R_m^2$$

式中 R_s—— 由平均回弹值计算得到的混凝土换算强度;

R_m^2——平均回弹值的平方。

注意:此法很少使用,仅作为参考。

(二)查表法(查测强曲线表)

1. 查表的 3 个条件

①回弹值为水平且在混凝土浇筑侧面的平均值 d_m(实际如果不符合要经换算使其相

符)。

②碳化深度。

③混凝土种类(对统一测强曲线,分为泵送混凝土和非泵送混凝土)。

2. 查表顺序

查表顺序为专用测强曲线、地区测强曲线、统一测强曲线。

当使用统一测强曲线时,其要求见基本规定;当使用其他测强曲线时,按其他曲线的要求。

五、构件或结构混凝土强度计算

(一)构件或结构混凝土强度的平均值计算

根据各测区的混凝土强度换算值来计算,公式如下:

$$m_{f_{cu}}^c = \frac{\sum_{i=1}^{n} f_{cu,i}^c}{n}$$

式中 $m_{f_{cu}}^c$ ——构件测区混凝土强度换算值的平均值,精确至 0.1 MPa;

$f_{cu,i}^c$ ——修正后第 i 个测区的混凝土强度换算值。

当测区数为 10 个及以上时,还应计算混凝土强度标准差,公式如下:

$$S_{f_{cu}}^c = \sqrt{\frac{\sum_{i=1}^{n}(f_{cu,i}^c)^2 - n(m\overline{f}_{cu}^2)^2}{n-1}}$$

式中 n ——对于单个检测的构件,取该构件的测区数;对批量检测的构件,取所有被抽检的构件测区数之和;

$S_{f_{cu}}^c$ ——结构或构件测区混凝土强度换算值的标准差,精确至 0.01 MPa。

(二)构件的现龄期混凝土强度推定值 $f_{cu,e}$ 的确定

①当测区数少于 10 个时,其混凝土强度推定值 $f_{cu,e}$ 等于构件中最小的测区混凝土强度的换算值 $f_{cu,min}^c$,即

$$f_{cu,e} = f_{cu,min}^c$$

②当测区混凝土强度值中出现小于 10.0 MPa 时,其混凝土强度推定值小于 10.0 MPa,即 $f_{cu,e} < 10.0$ MPa。

③当测区数不小于 10 个时,混凝土强度推定值等于混凝土强度的换算值的平均值减去 1.645 与混凝土强度换算值的标准差的乘积,即

$$f_{cu,e} = m_{f_{cu}}^c - 1.645 S_{f_{cu}}^c$$

④当批量检测时,混凝土强度推定值等于混凝土强度的换算值的平均值减去推定值系数 R 与混凝土强度换算值的标准差的乘积,即

$$f_{cu,e} = m_{f_{cu}}^c - RS_{f_{cu}}^c$$

式中 R ——推定值系数,宜取 1.645。当需要进行推定强度区间时,可按现行国家有关标准的规定取值。

混凝土强度推定值是指相应于强度换算值总体分布中保证率不低于 95% 的构件中混

凝土抗压强度值。

混凝土强度推定值与换算值的区别：换算值是由平均回弹值经查表得来的每一测区的混凝土强度值,而推定值是由多个(5个及以上)混凝土换算强度值得来的每批(包括单个)构件混凝土强度的代表值。

⑤对按批量检测的构件,当混凝土平均强度小于 25 MPa 且标准差大于 4.5 MPa 时或平均强度不小于 25 MPa 且不大于 60 MPa、标准差大于 5.5 MPa 时,该批构件应全部按单个构件检测。

附录二 现场实体混凝土强度与回弹结果强度的粗略比较方法

通过试件的回弹换算强度与实测抗压强度的关系来间接与实体设计强度等级比较,从而了解混凝土强度质量情况。

① 试件:用正常施工中制作的检查强度的标准养护试件(150 mm×150 mm×150 mm,大致相同的一批,至少 20 块)。

② 每个试件必须同时进行回弹试验和抗压强度试验,得出回弹换算强度 R_{sh} 和实测抗压强度 R_{ss}。回弹试验操作参照回弹方法进行,抗压强度试验参照抗压强度试验方法进行。

③ 在进行抗压强度试验时,加至 60~100 kN 时保持压力不变,用回弹仪在试件的两侧面(避开浇筑面)分别弹击 8 个点,每块试件共弹击 16 个点,换算混凝土强度值 R_{sh}。

④ 当回弹完毕后,将试块加荷直至破坏,记录破坏荷载,然后计算混凝土抗压强度 R_{ss}。

⑤ 计算换算强度与实测强度的比值 R_B,用百分数表示。通过条件基本相同的不少于 20 块试件结果进行比较计算,得出一个粗略的回弹换算强度与实测强度比值的平均值。此值称为准确系数 Z。

⑥ 回弹与试件相同配合比、强度等级的混凝土实体,换算混凝土强度 R_H,再修正成实体混凝土的实际强度($R_s = R_H/Z$)。

⑦ 用实体回弹强度经修正后得出的混凝土实际强度 R_{sq} 与试件实测抗压强度比较,初步掌握实体强度质量。

附录三　跳桌安装及标定

1. 跳桌的组成

跳桌主要由铸铁机架凸轮、电机、滑轮、推杆、圆盘桌面和跳动部分组成。

（1）铸铁机架：由一圆形底座上有3根相隔120°分布的增强筋延伸整个机架高度，圆形底座有3个直径为12 mm的孔，用于混凝土基座连接，3个孔均匀分布在直径为200 mm的圆形底座上。

（2）跳动部分：由圆盘桌面和推杆组成，总质量为4.35 kg±0.15 kg，以推杆为中心均匀分布。圆盘桌面为布氏硬度不低于200HB的铸钢，直径为300±1 mm，边缘厚约5 mm，其上表面应光滑平整，并镀硬铬，表面粗糙度R_a为0.8~1.6。桌面中心有直径为125 mm的圆，用以确定锥形试模的位置。跳桌落距为10.0 mm±0.2 mm。

（3）电机：由转动轴与转速为60 r/min的同步电机组成，其转动机构能保证胶砂流动度测定仪在(25±1) s内完成25次跳动。

（4）凸轮：由钢制成，表面硬度不低于洛氏硬度，当推杆和凸轮接触时不应察觉出有跳动，上升过程中保持圆盘桌面平稳，不抖动。

2. 跳桌的安装和润滑

（1）跳桌宜通过膨胀螺栓安装在已硬化的水平混凝土基座上。基座由容重至少为2 240 kg/m³的重混凝土浇筑而成，基部尺寸约为400 mm×400 mm，高约690 mm。

（2）跳桌推杆应保持清洁，并稍涂润滑油。圆盘与机架接触面不应该有油。凸轮表面上涂油可减少操作的摩擦。

3. 检定

跳桌安装好后，采用流动度标准样（JBW01—1—1）进行检定，测得标样的流动度值与给定的流动度值相差在规定范围内，则该跳桌的使用性能合格。

注意：流动度标准样由600 g粉料及180 mL专用油剂组成。在配制和使用时不允许有水加入，很少几滴水都将明显地影响流动度。

①流动度标准样包装打开之前，水泥胶砂搅拌机、跳桌应洁净和完全干燥，其他工具（如天平、量筒（200 mL）、小刀、卡尺（200 mm）等）准备好。跳桌能按规定每秒跳一次先跳25次，说明跳桌是灵活的。同时再用洁净棉丝吸取10 mL左右专用油剂将跳桌桌面、搅拌锅、试模、捣棒、小刀擦拭一遍，使其表面覆盖一薄层油膜。

②试样：粉料600 g，专用油剂180 mL。

③搅拌：先将专用油倒入搅拌锅内，并空转1 min，再加入称好的粉料，开动搅拌机进行搅拌，搅拌后进行流动度试验，其方法同流动度试验方法。

④实测标准样的流动值，然后同标准样给定的流动度值进行比较，其差在规定范围内则表明该跳桌性能合格。

附录四　试料层体积的测定方法

试料层体积的测定方法采用用水银排代法。将两片滤纸沿圆筒壁放入透气圆筒内,用一直径比透气圆筒略小的细长棒往下按,直到滤纸平整放在金属的穿孔板上。然后装满水银,用一小块薄玻璃轻压水泥表面,使水银面与圆筒平齐,并须保证在玻璃片和水泥之间没有气泡或空洞存在。从圆筒中倒出水银,称量,精确至 0.05 g。重复几次测定,到数值基本不变为止。然后从圆筒中取出一片滤纸,用约 3.3 g 的水泥,倒入圆筒。轻敲圆筒的边,使水泥层表面平坦。再放入一片滤纸,用捣器均匀捣实试料直至捣器的支持环紧紧接触圆筒顶边并旋转两周,慢慢取出捣器。再在圆筒上部空间注入水泥,同上述方法除去气泡,压平,倒出水银,称质量,重复几次,直到水泥称量值相差小于 50 mg 为止。

注意:应制备坚实的水泥层,如果太松或水泥不能压到要求体积时,应调整水泥的试用量。穿孔板的滤纸直径应与圆筒内径相同,边缘光滑的圆片。如果滤纸直径比圆筒内径小时,会有部分试样粘于圆筒内壁,高出圆板上部;如果滤纸直径大于圆筒内径时,会引起滤纸片起皱使结果不准,每次测定需用新的滤纸。

圆筒内试料层体积 V 按下式计算,精确到 0.005 cm³:

$$V = (P_1 - P_2)/\rho_{水银}$$

式中　V——试料层体积,cm³;

　　　P_1——未装水泥时,充满圆筒的水银质量,g;

　　　P_2——装满水泥后,充满圆筒的水银质量,g;

　　　$\rho_{水银}$——在试验温度下水银的密度,g/cm³。

试料层体积的测定,至少应进行两次,并记录测定过程中圆筒附近的温度。每隔 3 个月至半年应重新校正。

附录五 砂的表观密度试验(简易法)

本方法(简易法)适用于测定砂的表观密度。

1. 仪器设备

(1)天平:称量1 000 g,感量1 g。

(2)李氏瓶:容量250 mL两个。

(3)烘箱:温度控制为(105±5)℃。

2. 试样制备的规定

将样品缩分至不少于120 g,在(105±5)℃的烘箱中烘干至恒重,并在干燥器中冷却至室温,分成大致相等的两份备用。

3. 试验步骤

(1)向李氏瓶中注入冷开水至一定刻度处,擦干瓶颈内部附着水,记录水的体积(V_1)。

(2)称取烘干试样50 g(m_0),徐徐加入盛水的李氏瓶中。

(3)试样全部倒入瓶中后,用瓶内的水将黏附在瓶颈和瓶壁的试样洗入水中,摇转李氏瓶以排除气泡,静置约24 h后,记录瓶中水面升高的体积(V_2)。

注意:在砂的表观密度试验过程中应测量并控制水的温度,允许在15~25 ℃进行体积测定,但两次体积测定(指V_1和V_2)的温差不得大于2 ℃。从试样加水静置的最后2 h起,直至记录完瓶中水面高度时止,其相差温度不应超过2 ℃。

4. 结果计算

表观密度(简易法)应按下式计算,精确至10 kg/m³:

$$\rho = \left(\frac{m_0}{V_2 - V_1} - \alpha_t\right) \times 1\,000$$

式中 ρ——表观密度,kg/m³;

m_0——试样的烘干质量,g;

V_1——水的原有体积,mL;

V_2——倒入试样后的水和试样的体积,mL;

α_t——水温对砂的表观密度影响的修正系数。

以两次试验结果的算术平均值作为测定值,两次结果之差大于20 kg/m³时,应重新取样进行试验。

附录六 砂的含水率试验(快速法)

本方法(快速法)适用于快速测定砂的含水率。对含泥量过大及有机杂质含量较多的砂不宜采用。

1. 仪器设备

(1)电炉(或火炉)。

(2)天平:称量 1 000 g,感量 1 g。

(3)炒盘(铁制或铝制)。

(4)油灰铲、毛刷、小铲等。

2. 试验步骤

(1)由密封样品中取 500 g 试样放入干净的炒盘(m_1)中,称取试样和炒盘的总质量(m_2)。

(2)置炒盘于电炉(或火炉)上,用小铲不断地翻拌试样,到试样表面全部干燥后,切断电源(或移出火外),再继续翻拌 1 min,稍予冷却(以免损坏天平)后,称取干样与炒盘的总质量(m_3)。

3. 结果计算

砂的含水率(快速法)应按下式计算,精确至 0.1%:

$$w_{wc} = \frac{m_2 - m_3}{m_3 - m_1} \times 100\%$$

式中　w_{wc}——砂的含水率,%;

　　　m_1——炒盘的质量,g;

　　　m_2——未烘干的试样与炒盘的总质量,g;

　　　m_3——烘干后的试样与炒盘的总质量,g。

以两次试验结果的算术平均值作为测定值。

参考文献

[1] 中华人民共和国国家质量监督检验检疫总局,中国国家标准化管理委员会. GB 175—2007 通用硅酸盐水泥[S]. 北京:中国标准出版社,2009.

[2] 中华人民共和国国家质量监督检验检疫总局,中国国家标准化管理委员会. GB 13693—2005 道路硅酸盐水泥[S]. 北京:中国标准出版社,2005.

[3] 中华人民共和国国家质量监督检验检疫总局,中国国家标准化管理委员会. GB/T 12573—2008 水泥取样方法[S]. 北京:中国标准出版社,2008.

[4] 中华人民共和国国家质量监督检验检疫总局,中国国家标准化管理委员会. GB/T 1345—2005 水泥细度检测方法(筛析法)[S]. 北京:中国标准出版社,2005.

[5] 中华人民共和国国家质量监督检验检疫总局,中国国家标准化管理委员会. GB/T 208—2014 水泥密度测定方法[S]. 北京:中国标准出版社,2014.

[6] 中华人民共和国国家质量监督检验检疫总局,中国国家标准化管理委员会. GB/T 8074—2008 水泥比表面积测定方法(勃氏法)[S]. 北京:中国标准出版社,2008.

[7] 中华人民共和国国家质量监督检验检疫总局,中国国家标准化管理委员会. GB/T 2419—2005 水泥胶砂流动度测定方法[S]. 北京:中国标准出版社,2005.

[8] 中华人民共和国国家质量监督检验检疫总局,中国国家标准化管理委员会. GB/T 1346—2011 水泥标准稠度用水量、凝结时间、安定性检验方法[S]. 北京:中国标准出版社,2011.

[9] 中华人民共和国国家质量监督检验检疫总局,中国国家标准化管理委员会. GB/T 17671—1999 水泥胶砂强度检验方法(ISO 法)[S]. 北京:中国标准出版社,1999.

[10] 中华人民共和国国家质量监督检验检疫总局,中国国家标准化管理委员会. GB/T 176—2008 水泥化学分析方法[S]. 北京:中国标准出版社,2008.

[11] 中华人民共和国国家质量监督检验检疫总局,中国国家标准化管理委员会. GB/T 1596—2005 用于水泥和混凝土中的粉煤灰[S]. 北京:中国标准出版社,2005.

[12] 中华人民共和国国家质量监督检验检疫总局,中国国家标准化管理委员会. GB/T 2847—2005 水泥中的火山灰质混合材料[S]. 北京:中国标准出版社,2005.

[13] 中华人民共和国国家质量监督检验检疫总局,中国国家标准化管理委员会. GB/T 203—2008 粒化高炉矿渣粉[S]. 北京:中国标准出版社,2008.

[14] 中华人民共和国国家质量监督检验检疫总局,中国国家标准化管理委员会. GB/T 20491—2006 用于水泥和混凝土中的钢渣粉[S]. 北京:中国标准出版社,2006.

[15] 中华人民共和国工业和信息化部. JC/T 742—2009 掺入水泥中的回转窑灰[S]. 北京:中国建材工业出版社,2009.

[16] 中华人民共和国建筑材料工业部. GB/T 5483—2008 石膏和硬石膏[S]. 北京:中国标准出版社,2008.

[17] 中华人民共和国建设部. GBJ 146—90 粉煤灰混凝土应用技术规范[S]. 北京:中国计划出版社,1991.

[18] 中华人民共和国国家质量监督检验检疫总局,中国国家标准化管理委员会. GB/T 14684—2011 建设用砂[S]. 北京:中国标准出版社,2011.

[19] 中华人民共和国国家质量监督检验检疫总局,中国国家标准化管理委员会. GB/T 14685—2011 建设用碎石、卵石[S]. 北京:中国标准出版社出版发行,2011.

[20] 中华人民共和国建设部. JGJ 52—2006 普通混凝土用砂、石质量及检验方法标准[S]. 北京:中国建筑工业出版社,2007.

[21] 中华人民共和国建设部. JGJ 63—2006 混凝土用水标准[S]. 北京:中国建筑工业出版社,2006.

[22] 中华人民共和国国家质量监督检验检疫总局,中国国家标准化管理委员会. GB/T 8075—2005 混凝土外加剂的定义、分类、命名和术语[S]. 北京:中国标准出版社,2005.

[23] 中华人民共和国国家质量监督检验检疫总局,中国国家标准化管理委员会. GB 8076—2008 混凝土外加剂[S]. 北京:中国标准出版社,2009.

[24] 中华人民共和国建设部. JG/T 223—2007 聚羧酸系高性能减水剂[S]. 北京:中国标准出版社,2007.

[25] 中华人民共和国国家发展和改革委员会. JC 475—2004 混凝土防冻剂[S]. 北京:中国建材工业出版社,2004.

[26] 中华人民共和国国家质量监督检验检疫总局,中国国家标准化管理委员会. GB/T 8077—2012 混凝土外加剂匀质性试验方法[S]. 北京:中国标准出版社,2012.

[27] 中华人民共和国建设部,中华人民共和国国家质量监督检验检疫总局. GB 50119—2003 混凝土外加剂应用技术规范[S]. 北京:中国建筑工业出版社,2003.

[28] 中华人民共和国住房和城乡建设部. JGJ 55—2011 普通混凝土配合比设计规程[S]. 北京:中国建筑工业出版社,2011.

[29] 中华人民共和国国家质量监督检验检疫总局,中国国家标准化管理委员会. GB/T 8170—2008 数值修约规则与极限数值的表示和判定[S]. 北京:中国标准出版社,2008.

[30] 中华人民共和国建设部,国家质量监督检验检疫总局. GB/T 50080—2002 普通混凝土拌合物性能试验方法标准[S]. 北京:中国建筑工业出版社,2003.

[31] 中华人民共和国建设部,中华人民共和国国家质量监督检验检疫总局. GB/T 50081—2002 普通混凝土力学性能试验方法标准[S]. 北京:中国建筑工业出版社,2010.

[32] 中华人民共和国住房和城乡建设部,中华人民共和国国家质量监督检验检疫总局. GB/T 50082—2009 普通混凝土长期性能和耐久性能试验方法标准[S]. 北京:中国建筑工业出版社,2010.

[33] 中华人民共和国住房和城乡建设部. JGJ/T 23—2011 回弹法检测混凝土抗压强度技术规程[S]. 北京:中国建筑工业出版社,2011.

[34] 中华人民共和国住房和城乡建设部. JGJ/T 10—2011 混凝土泵送施工技术规程[S]. 北京:中国建筑工业出版社,2011.

[35] 中华人民共和国铁道部. TB 10424—2010 铁路混凝土工程施工质量验收标准[S]. 北京:中国铁道出版社,2011.

[36] 严家伋. 道路建筑材料[M]. 北京:人民交通出版社,2004.

[37] 中华人民共和国铁道部. TB 40426—2004 铁路工程结构混凝土强度检测规程[S]. 北

京:中国铁道出版社,2010.
[38] 中华人民共和国铁道部. TB 10425—94 铁路混凝土强度检验评定标准[S]. 北京:中国铁道出版社,2010.
[39] 中华人民共和国住房和城乡建设部,中华人民共和国国家质量监督检验检疫总局. GB 50164—2011 混凝土质量控制标准[S]. 北京:中国建筑工业出版社,2011.
[40] 中华人民共和国住房和城乡建设部,中华人民共和国国家质量监督检验检疫总局. GB/T 50107—2010 混凝土强度检验评定标准[S]. 北京:中国建筑工业出版社,2010.
[41] 国家技术监督局,中华人民共和国建设部. GB 50152—92 混凝土结构试验方法标准[S]. 北京:中国建筑工业出版社,1992.
[42] 中华人民共和国建设部,中华人民共和国国家质量监督检验检疫总局. GB 50204—2002. 混凝土结构施工质量验收规范[S]. 北京:中国建筑工业出版社,2002.
[43] 中华人民共和国住房和城乡建设部. GB 50010—2010 混凝土结构设计规范[S]. 北京:中国建筑工业出版社,2010.
[44] 中华人民共和国交通部. JTG D40—2011 公路水泥混凝土路面设计规范[S]. 北京:人民交通出版社,2011.
[45] 中华人民共和国交通部. JTG/T F30—2014 公路水泥混凝土路面施工技术细则[S]. 北京:人民交通出版社,2014.
[46] 中华人民共和国交通部. JTG E80/1—2004 公路工程质量检验评定标准[S]. 北京:人民交通出版社,2004.
[47] 中华人民共和国国家质量监督检验检疫总局,中国国家标准化管理委员会. GB/T 14902—2012 预拌混凝土[S]. 北京:中国标准出版社,2013.
[48] 蔡锐华. 混凝土技术问答[M]. 2版. 北京:人民交通出版社,1992.
[49] 文梓云,钱春香,杨长辉. 混凝土工程与技术[M]. 武汉:武汉理工大学出版社,2004.
[50] 冯乃谦. 实用混凝土大全[M]. 北京:北京科学出版社,2001.
[51] 张建边. 工程施工现场技术管理丛书(试验员)[M]. 北京:中国铁道出版社,2010.
[52] 杨文科. 现代混凝土科学的问题与研究[M]. 北京:清华大学出版社,2012.
[53] 李彦武,李福普. 公路水运工程试验检测人员考试用书[M]. 2版. 北京:人民交通出版社,2013.
[54] 刘传福. 粉煤灰对混凝土性能的影响[M]. 北京:中国建材工业出版社,2003.
[55] 汪澜. 水泥对混凝土组成性能的影响[M]. 北京:中国建材工业出版社,2005.
[56] 徐定华,徐敏. 混凝土材料科学概述[M]. 北京:中国标准出版社,2002.